상징의 숲, 등록
왕실 가족의 삶과 문화를 담다

김
지
영 金志榮, Kim Jiyoung

전북대학교 고고인류학과 학사
한국학중앙연구원 한국학대학원 석사(사회·민속 전공)
한국학중앙연구원 한국학대학원 박사(인류학 전공)
서울대학교 인류학과 박사후연구원
한국학중앙연구원 비교한국학연구센터 연구교수
성균관대학교 동아시아학술원 한국학연계전공 초빙교수
현재 서울대학교 비교문화연구소 객원연구원

2010년에 「조선 왕실의 출산문화 연구:역사인류학적 접근」으로 박사학위를 받았다. 주요 논문으로는 「조선시대 왕실 여성의 출산력:시기별 변화추이와 사회문화적 함의」(2011), 「17세기 인조(仁祖) 가족의 갈등 양상과 세 왕실 여성의 주체성」(2023) 등이 있다. 공저로는 『왕실 가족의 출생과 성장』(2018), 『17세기 조선 로열패밀리의 결혼』(2021), 『한양의 여성 공간』(2021), 『예천의 태실과 조선시대 태실문화』(2021) 등이 있고, 공역서로는 『숙종과 영조의 일생의례:책례가례등록』(2017), 『17세기 조선 왕실 가족의 혼례:가례등록·명안공주가례등록』(2022)이 있다.

왕실문화총서 5

김지영

상징의 숲, 등록謄錄
왕실 가족의 삶과 문화를 담다

민속원

| 책을 내며 |

　이 책은 과거에 분명 존재했으나 현재는 사라진 낯선 의례 현장에서 필자가 만난 왕실 가족의 삶과 문화를 독자들과 함께 나누고 싶은 마음을 담아 엮은 것이다.

　조선 왕조 500여 년 동안 왕실 가족들이 살았던 삶의 공간인 궁궐은 소중한 문화유산으로 잘 보존되어 있다. 그런데 일제 강점기, 한국 전쟁과 분단, 근대화를 경험한 한국인들에게 왕실 가족은 너무나 빠르게 잊혔다. '문서고Archives'에 남겨진 삶의 흔적이 사라지지 않고 켜켜이 쌓여 있는 것이 기적일 정도이다.

　필자는 1996년 한국학중앙연구원 한국학대학원에 입학하면서 연구자의 길에 들어섰다. 학부에서 인류학을 전공한 필자는 석사논문을 준비하면서 한국 사회에서 폭발적으로 증가하던 지역 축제의 현장을 4년 정도 돌아다녔다. 첫 번째 현지 '남원'의 대표적인 지역 축제인 춘향제의 의례 조직과 그 역사적 변화과정을 추적하던 필자가 현지에서 만난 남원사람들의 삶이 오래된 '과거'와 연결되어 있다는 사실을 깨닫는 데 시간이 얼마 걸리지 않았다. 그 과거는 필자에게 낯선 '문서'의 형태로 다가왔다. 예를 들면, 과거 남원지역 향리 집단의 명단을 적은 선생안先生案, 남원 양씨 족보族譜, 춘향사당에서 제사할 때 썼던 유교식 제사 홀기笏記….

　필자는 역사인류학자로서 낯선 '현지field'에 사는 사람들의 삶을 이해하기 위해 1년 이상 장기간 거주하며 현지인들과 이야기 나누고, 그들의 일상생활에 참여하고 관찰하며 현지인들의 '문화'를 연구하는 정통 인류학자와 달리 과거의 '기록'과 씨름하며 '낯선' 과거 사람들의 삶과 문화를 이해하기 위해 '역사적 상상력'을 펼치는데 더 익숙하다.

30여 년 전 남원에서 현지 조사하면서 우연히 마주친 문서와의 만남이 필자를 왕실 서고인 장서각으로 이끌었다. 오래된 문서고에서 혹독한 수련 과정을 거친 후 왕실 가족의 일생 의례를 기록한 국가 기록물인 '등록'을 활용하여 첫 단행본 출판을 앞둔 필자에게는 이 순간이 더없는 축복이다.

2010년 8월에 『조선 왕실의 출산문화 연구:역사인류학적 접근』으로 박사학위를 받고 왕실 가족의 의례적 삶의 중요성을 깨닫기 시작할 무렵이었다. 2013년 한국학중앙연구원 한국학진흥사업단의 왕실문화총서 사업 '조선시대 왕실 문화의 상징 코드'라는 연구과제에 공동연구자로 참여하게 되었다. 당시 박사학위를 받고 얼마 지나지 않은 신진연구자로 의욕은 넘쳤지만 왕실 의례에 대해서는 문외한이었던 필자를 공동연구자로 참여할 수 있도록 이끌어 주신 한국의례문화연구소 임민혁 소장님께 감사를 드린다. 공동연구자인 임민혁 선생님과 이순구 선생님의 도움으로 2015년 4월 의례 등록 강독 모임을 만들 수 있었다. 매주 화요일 저녁 2시간씩 연구실에 옹기종기 모여 앉아 함께 낯선 등록 자료를 읽었던 경험이 쌓여 이 책을 쓸 용기를 낼 수 있었다. 연구과제를 시작한 처음부터 책을 마무리하는 지금까지 동고동락하며, 가까이서 이끌어 주시고 격려해 주신 두 분 선생님께 진심으로 감사드린다.

연구책임자이신 김해영 선생님 이하 7명으로 구성된 '왕실상징팀'과 충북 보은 속리산 아래에서 가졌던 뜨겁고 활기 넘치던 첫 만남을 시작으로 한국학중앙연구원, 경상대학교, 경북대학교에서 워크숍과 세미나를 했고, 국내 답사와 베트남 해외 학술 답사 등을 함께 하였다. 연구팀에서 가장 미숙한 필자는 왕실 문화 연구 분야의 전문가이신 공동연구원 선생님들의 도움으로 왕실 문화에 관한 지식과 견문을 조금씩 넓혀 갈 수 있었다. 3년의 연구 기간을 마치고 탁월한 성과를 내시는 공동연구원 선생님들과 달리 늦둥이 출산과 양육으로 연구에 진척이 없던 필자에게 2019년 10월 2일 경북대학교 사학과 한국사학 전공 대학원생들을 대상으로 "조선시대 왕실 '의례등록' 자료의 특징과 문화사 쓰기"라는 주제로 발표할 기회를 주신 정재훈 교수님께 특별히 감사드린다.

관악산 아래 조용하고 쾌적한 연구 공간에서 책을 마무리할 수 있도록 배려해 주신 서울대학교 비교문화연구소 소장님들께 진심으로 감사드린다. 서울대학교 아시아연구소 채수홍 소장님은 필자가 비교문화연구소의 객원연구원 자격을 유지할 수 있도록 매년 추천서를 써주셨다. 또한 필자가 외롭지 않도록 곁을 내어주고 잊지 못할 추억을 선물해 준 비교문화연구소의 선배 언니 조숙정 박사와 임안나 박사와는 출판의 기쁨을 함께 나누고 싶다.

한국학중앙연구원 석사 과정부터 박사를 마칠 때까지 여러모로 부족한 필자를 지도해주신 문옥표 교수님은 왕실 서고인 장서각에서 문헌 연구를 시작할 수 있도록 길을 열어주셨다. 또한 양영균 교수님의 추천으로 서울대학교 비교문화연구소에서 연구를 지속할 수 있었다. 두 분 스승님의 은혜에 진심으로 감사드린다.

여러 번 출판이 지연되는 과정에서 경상대학교 산학협력단과 한국학중앙연구원 한국학진흥사업단에 번거로움을 드려 죄송하고 또 부끄러운 마음뿐이다. 두 기관의 지원 덕분에 최신 연구까지 보완해서 한 권의 책으로 엮을 수 있었다.

출판을 흔쾌히 맡아주신 민속원의 홍종화 대표님과 부족한 원고를 멋

진 책으로 탄생시켜 세상에 빛을 보게 해 준 친절한 민속원 직원들에게도 감사드린다.

　마지막으로 사랑하는 가족에게 감사의 마음을 전한다. 대학원 연애 시절부터 지금까지 변함없는 사랑과 위트로 날 울고 웃게 해주는 남편과 큰아들 경욱이, 둘째 딸 수아, 셋째 딸 민아, 넷째 아들 경빈이도 이 책의 출판이 한없이 기쁠 것이다.

　필자를 낳아주시고 길러주시고 또 공부할 수 있도록 도와주신 부모님께 진심으로 감사드린다. 엄마는 맏딸이 지천명知天命의 나이임에도 새벽마다 기도해주시고, 맛있는 전라도 반찬을 철마다 보내주신다. 성실하고 정직하게 한평생을 가족을 위해 헌신하신 아빠는 올 6월에 팔순을 맞이하신다. 특별히 사랑하는 아빠에게 존경의 마음을 듬뿍 담아 이 책을 선물로 바친다.

저자 김지영

| 차례 |

책을 내며 4

서언
등록은 제2의 의궤: 왕실 가족의 삶과 문화가 여기 다 있네! _ 13

제1장
왕실 가족의 일생 의례와 등록 _ 23
1. 인간의 한평생과 일생 의례―生儀禮 ··· 24
2. 17세기 '예송禮訟 논쟁'과 왕실 가족의 일생 의례 ··· 27
3. '왕자가 실행하면 아랫사람이 본받게 된다' ··· 35
4. 왕실 가족의 일생 의례와 그 기록 ··· 45

제2장
등록이란 무엇인가 _ 55
1. 등록은 언제부터 만들었을까? ··· 56
   등록의 문화적 기원 ··· 56
   국가 기록물 '등록'의 탄생 ··· 58
   등록의 현황과 종류 ··· 61
   현전하는 가장 오래된 등록 ··· 71
2. 등록은 왜 제작했을까? ··· 79
   '전례前例'를 중시하는 문화 전통 ··· 79
   18세기 초 예조 계제사稽制司에서 소장한 등록謄錄의 종류 ··· 83
3. 의례 등록은 어떻게 제작했을까? ··· 97
   가례등록의 제작 과정 ··· 98
   장태등록의 제작 과정 ··· 106
   가례등록의 서술방식과 그 변화 사례 ··· 109
4. 등록은 몇 건을 제작했을까 ··· 113
5. 등록은 어디에 보관했을까 ··· 118
   조선시대 기록물 보존소 ··· 118
   장서각과 규장각의 등록 소장 경위 ··· 122
6. 등록은 의궤와 어떻게 다를까? ··· 125

제3장
등록 속 왕자녀의 일생 의례 이야기 _ 133

1. 왕녀와 왕자의 탄생이야기 ··· 134
    탄생 순간 첫 칭호는? ··· 134
    궁궐 안에서 치러지는 출생의례 ··· 137
    궁궐 밖 장태藏胎의례 ··· 141
    어람용 안태등록과 분상용 안태의궤? ··· 148
    17~18세기에 태어난 왕녀와 왕자의 장태의례 ··· 151
    창덕궁 어원御苑에 왕녀와 왕와의 태를 묻다 ··· 163
2. 왕녀와 왕자의 봉작이야기 ··· 171
    『경국대전』에 명문화된 왕자녀의 봉작 규정 ··· 171
    완화군完和君과 의화군義和君, 경복궁에서 봉작 교지를 받다 ··· 176
3. 왕녀와 왕자의 성년식이야기 ··· 191
    공주와 옹주, 혼인 후에 관례를 행하다 ··· 191
    왕자, 혼인 전에 관례를 치르다 ··· 204
4. 왕녀와 왕자의 혼례와 출합出閤 이야기 ··· 214
    『가례등록』이 남아 있지 않은 대군의 혼례 ··· 214
    왕자의 가례 ··· 216
    왕녀의 가례 ··· 224
    친영과 동뢰연이 치러진 장소: 공주궁과 부마가, 왕자궁과 부인가 ··· 229
    출합: 궁궐 밖 왕자녀의 살림집, 궁가宮家로 나가 살다 ··· 232
4. 왕자녀의 죽음이야기 ··· 237
    궐내에서 혼인 전에 죽은 공주의 죽음 의례 ··· 251
    옹주의 초장지를 옮겨 천장하다 ··· 254
6. 왕녀와 왕자의 제례이야기 ··· 257

제4장
등록 속 후궁의 일생 의례 이야기 _ 271

1. 후궁의 봉작과 혼례이야기 ··· 272
   종2품 숙의 김씨의 봉작과 가례 ··· 277
   정1품 경빈 김씨의 책봉과 가례 ··· 286
2. 후궁의 죽음이야기 ··· 289
   숙종의 승은 후궁 희빈 장씨의 죽음 ··· 291
   정조의 간택 후궁 유빈 박씨의 죽음 ··· 297
   헌종의 간택 후궁 경빈 김씨의 죽음 ··· 308
   후궁 정1품 빈 묘소의 제청祭廳과 석물의 조성 ··· 315
3. 후궁의 제례이야기 ··· 320
   종친과 옹주가 후궁의 제사를 맡다 ··· 322
   수진궁, 무후無後한 후궁의 제사를 받들다 ··· 324

제5장
왕실 가족의 일생 의례에 나타난 상징 이야기 _ 327

1. "장수를 누리시고 총명하게 하소서" ··· 332
   좋은 땅에 조성한 태실胎室과 안태사安胎使 ··· 332
2. 많은 자손이 태어나길 소망하다 ··· 334
   '종사지경螽斯之慶'을 새겨 넣은 옥책과 책봉 교명 ··· 334
   혼례용 병풍〈곽분양행락도〉 ··· 340
   납채서와 서사관 ··· 345
   산 기러기[生雁]와 집안충찬위執雁忠贊衛 ··· 348
3. 부부가 한 몸 되어 복의 근원이 되다 ··· 350
   교배석交拜席 ··· 353
   근잔卺盞 ··· 355
4. 왕실 가족 내 위계질서를 세우다 ··· 357
   왕자녀 사이의 위계질서 ··· 358
   왕비와 후궁 사이의 위계질서 ··· 360

5. 왕실 가족의 신분과 사회적 지위를 구별 짓다 … 362
   금혼령과 간택 단자 … 362
   별궁 생활 … 365
   선온례宣醞禮에 사용되는 술, '향온주香醞酒' … 366
   화려한 친영 행렬 … 368

결언
상징의 숲, 등록: 문화콘텐츠의 보고寶庫,
세계기록유산으로서의 가치! _ 377

|부록 1| 381
|부록 2| 385
|참고문헌| 387

서언

등록은 제2의 의궤:
왕실 가족의 삶과 문화가 여기 다 있네!

조선시대 최상층 신분 집단인 왕실王室은 양반兩班과 구별되는 독특한 문화 전통을 향유하였다. 조선 왕실은 조선이라는 나라를 건국한 초기에 새롭게 구성되기 시작하여 500여 년 동안 역사적 변화과정을 거치면서 다른 신분 집단과 구별되는 왕실 특유의 사회문화적 정체성을 형성하였다.

한국 사회에서는 1970~1980년대 '민중民衆'을 문화의 생산과 소비의 주체로 바라보면서 왕실 문화보다 '민중 문화'에 대한 관심이 먼저 시작되었다. 왕실 문화는 21세기 들어서면서 뒤늦게 대중적인 관심을 받았다. 특히 2007년에 조선 왕실과 국가의 중요한 의식과 행사에 관한 기록물인 조선왕조의 의궤儀軌가 유네스코UNESCO 세계기록유산Memory of the World에 등재되면서 왕실 문화 연구 또한 활기를 띠었다. 왕실 의례, 왕실 미술, 왕실 재정, 왕실 고문서, 왕실 교육, 왕실 음식, 왕실 복식, 왕실 종교, 왕실 연향宴享 등 왕실 문화 연구 분야는 의식주를 포함하여 교육, 재정, 의례, 예술에 이르기까지 폭넓게 확장되었다. 그 후 2011년 5월 프랑스에서 강화도 외규장각外奎章閣에 보관했던 의궤(총 297책)가 145년 만에 영구 대여의 형식으로 한국으로 반환되는 과정에서 사회적 주목을 받았다. 외규장각 의궤는 1866년(고종 3) 병인양요丙寅洋擾 때 강화도에 상륙한 프랑스 군인들이 약탈해 갔던 것이다.

또한 2017년에는 조선 왕실의 어보御寶와 어책御冊이 유네스코 세계기록유산으로 등재되었다. 10년 만에 다시 한번 왕실 기록문화의 가치와 우수성이 세계적으로 인정받는 순간이었다. 조선 왕실의 어보는 금·은·옥에 아름다운 명칭을 새긴 것이다. 어책은 옥이나 대나무에 책봉하거나 아름다운 명칭을 수여하는 글을 새긴 옥책과 죽책, 금동판에 책봉하는 내용을 새긴 금책 등이 있다. 책봉 의식에서 왕비, 왕세자, 왕세자빈 등에게 전해진다. 왕과 왕비는 승하한 뒤에도 묘호廟號와 시호諡號가 정해지면 시보諡寶와 시책諡冊을 받았다. 왕과 왕비가 한평생 동안 받은 책보冊寶는 신주와 함께 종묘에 봉안되었다. 국가의 중요한 의례 현장 속에 등장하는 어보와 어책은 조선 왕실의 정통성과 권위를 상징하는 성스러운 의물儀物이다.

그렇다면 21세기 세계적인 문화유산으로 주목받은 의궤, 어보와 어책에 등장하는 주인공들인 '왕실'은 구체적으로 누구를 말하는 것일까?

조선왕조실록에서 왕실은 왕이 사는 집인 궁宮 안에서 '왕과 함께 사는 사람들'이라고 하는 사회적 범주를 지칭하는 용어로 쓰였다. 왕실은 조선의 왕이 사는 집인 경복궁, 창덕궁, 창경궁, 경희궁 등 가시적인 건물이나 거주 공간을 의미하지 않았다. 조선사람들은 궁 안에서 왕과 함께 사는 사람들을 언급할 때 왕가王家보다는 왕실이라는 용어로 지칭하는 것을 더 선호하였다. 왕실과 왕가 다음에 '친親'이나 '지친至親', '존속尊屬'을 붙여 친함의 정도에 따라 왕실과 구별되는 또 다른 사회적 범주를 나타내기도 하였다. '왕실지친王室之親', '왕실지친王室至親', '왕실존속王室尊屬', '왕가지친王家至親'은 한 인물이 왕실과 어떠한 사회적 관계를 맺고 있는지를 드러낼 때 흔히 썼다. 왕실의 지친에는 왕의 부계 친족인 종친宗親, 왕의 모계 친족인 외척外戚, 왕의 인척姻戚인 부마駙馬 등이 포함되었다. 조선왕조실록의 용례를 볼 때, 왕실은 궁 밖에 사는 왕실 친인척을 포함하지 않으며, 궁 안에 거주하는 왕과 그의 가족만을 지칭하였다.

그러나 지금까지 학계뿐만 아니라 대중적으로 통용되어 온 왕실이라는 용어는 사용되는 맥락에 따라서 그 범위와 대상이 서로 달랐다. 궁궐 안에서 왕과 함께 거주하는 사람들과 궁궐 밖에 사는 왕실 친인척뿐만 아니라 국가적 예우와 규제의 대상이 되었던 왕실의 확장된 최대 대상 범위인 의친議親에 이르기까지 '왕실 구성원' 또는 '왕실 일원'에 포함하여 논의하였다. 의친은 왕, 왕비, 왕대비, 대왕대비의 일정 범위 내의 친척을 지칭하며, 이들에게는 형벌을 감면하거나 절차상 특별 대우를 해주었다.

이 책에서는 궁 안에서 왕과 함께 거주하는 사람들을 '왕실 일원'이나 '왕실 구성원'이라는 애매모호한 용어를 써서 지칭하는 대신 '왕실 가족' 또는 '왕실 가족 구성원'이라는 보다 명확한 용어를 사용하고자 한다.

왕실 가족은 왕과 혼인과 혈연(또는 양자관계) 관계를 통해 형성된 사회 집단이다. 왕실 가족은 기본적으로 왕과 혼인 관계에 있는 왕비와 혈연 관계에 있는 왕녀와 왕자로 구성된다. 이들은 모두 품계品階를 초월한 사회적 존재들이다. 그리고 왕의 후사를 넓히고廣繼嗣, 왕비의 내치內治를 돕는 왕의 후궁이 포함된다. 후궁은 품계를 초월한 존재인 왕비와 달리 내명부內命婦의 품계에 따라 등급이 정해졌다. 이외에도 왕의 어머니인 왕대비, 왕의 할머니인 대왕대비 등이 포함된다. 이들은 왕과 함께 구중궁궐九重宮闕 안에 거주하는 것이 '허용된' 왕실 가족 구성원이다. 왕실 가족은 즉위한 왕이 누구이냐에 따라 인조 가족, 효종 가족, 현종 가족, 숙종 가족 등 개별 가족으로 부를 수 있다.

그렇다면 조선 사회에서 왕실 가족을 왕실 가족답게 만들어 주는 핵심적인 문화 요소는 무엇일까? 이 질문에 대한 답을 찾기 위해서는 조선의 왕이 조선 사회에서 어떤 존재였는가를 먼저 이해하는 데서 시작해야 한다. 조선시대 사람들은 한 인간을 어떻게 조선이라는 국가를 다스리는 최고통치자인 왕으로 인정하는 것일까? 조선의 왕이 되려면 궁극적으로 어떤 자격 조건이 필요한 것일까?

조선시대에는 종법宗法의 가계 계승 원리 가운데 가장 이상적인 적장자嫡長子 계승원칙을 따랐다. 왕실 가족도 적처嫡妻인 왕비가 낳은 왕의 맏아들로 태어나면 미래의 왕이 될 수 있었다. 왕의 맏아들은 특별히 원자元子라고 불렀다. 원자는 건강하게 자라서 왕세자로 책봉된다. 왕세자 책봉 의식을 통과하여 국본國本의 지위에 오른 왕세자는 아버지인 부왕이 승하하면 왕가의 계승방식을 따라 즉위식을 거쳐 조선의 왕이 되었다.

그러나 조선시대 왕의 적장자인 원자로 태어나 즉위한 조선의 왕은 우리가 생각하는 것보다 많지 않다. 실제 조선을 다스린 26명의 왕 가운데 단지 6명만이 적장자 계승원칙에 따라 왕위를 계승하였다. 조선 전기에는 단종, 연산군, 인종이, 조선 후기에는 숙종, 정조, 헌종이 적장자나 적장손으로 태어나 즉위한 조선의 왕들이다. 나머지 20명의 왕은 태어날 때부터 왕이 될 운명은 아니었다. 그들은 국가의 공식적인 의례를 거쳐 후천적으로 왕이라는 명위名位를 얻었다.

특히 조선 후기 왕실 가족은 왕비가 원자를 낳지 못하면서 후궁이 낳은 서장자庶長子로 왕위를 계승해야 할 일이 종종 있었다. 생물학적으로 왕비의 적장자인 원자로 태어나지 않았기 때문에 '문화적인 조치'가 필요했다. 우선 후궁이 낳은 서장자를 원자로 '정호定號'한 후 '내전취자內殿取子'라고 하여 후궁이 낳은 아들을 왕비가 데려다 아들로 삼았다. 숙종 가족부터 정조 가족까지 불임인 왕비들이 출현하면서 100여 년 동안 '원자 정호'와 '내전취자' 같은 조선 후기 왕실 가족 특유의 문화 전통이 이어졌다. 정조대부터는 차기 왕위계승권자인 원자를 얻기 위해 양반가의 딸 가운데 후궁을 간택하게 되면, 내명부의 가장 높은 품계인 정1품 빈嬪으로 책봉하는 의식을 거친 후에 입궁하도록 하였다. 그녀가 미래의 왕이 될 원자를 낳을 것을 기대하며 후궁의 지위를 미리 높여준 것이다. 숙종 때 공식적인 간택을 거쳐 입궁한 후궁인 김씨에게 처음에 종2품 숙의淑儀의 지위가 주어졌던 사실에 비추어 보면 극진한 대우였다.

조선의 왕은 생물학적으로 태어나는 것이기도 하지만 이와 같이 '문화적'으로 만들어지기도 했다. 조선의 왕은 혈연적인 요소와 의례적인 요소가 동시에 충족될 때 정통성正統性을 지닌 조선 최고의 권력자로서 국가를 다스릴 수 있었다. 그러나 조선 후기로 갈수록 적장자라고 하는 혈연적인 요소가 충족되지 않는 왕들이 종종 출현하였다. 이들은 혈연적인 약점을 최소화하기 위해 왕실 의례를 통해서 정통성을 확보하려고 하였다. 광해군, 영조와 같은 왕들은 후궁 출신인 어머니의 신분과 지위를 국가의 공적인 의례를 통해 바꾸거나 높여서 왕 자신의 정통성을 강화하고, 궁극적으로 모계母系로부터 오는 혈연적인 약점에서 벗어나려고 하였다.

조선의 왕뿐만 아니라 왕실 가족 구성원도 예외는 아니었다. 신분과 사회적 지위를 상징적으로 표현해 주는 공적인 의례가 그들의 삶의 영역에서 점점 더 중요해졌다. 예를 들면, 왕실 가족 구성원의 혼례 때 유교식 혼례의 하이라이트인 친영親迎 행렬을 더욱 정교하고 화려하게 함으로써 신하들과 백성들이 왕실 가족을 유교 의례의 이상적인 실천자로 기억하도록 하였다. 아름답게 채색한 친영반차도親迎班次圖는 의례 참여자의 위치와 행렬의 순서를 명확하게 그려냄으로써 조선이 지향하는 유교적 사회질서를 상징적으로 구현具現하였다. 친영 행렬은 사회구조 내에서 왕으로서, 왕비로서, 공주로서, 왕자로서, 영의정으로서, 한성부판윤으로서, 예조판서로서, 궁녀로서, 의녀로서 자신이 어디에 소속되어 있는지, 어디에 위치해야 하는지, 자신의 사회적 역할은 무엇인지를 또렷하게 의식할 뿐만 아니라 무대 위에 선 연행자performer처럼 실제로 그 역할을 몸소 수행하는 중요한 의례적 장치였다.

유교적 이상사회를 지향했던 조선은 태조의 즉위 교서에서도 명시한 바와 같이 '관혼상제冠婚喪祭'로 일컬어지는 네 종류의 일생 의례를 매개로 유교 윤리에 기초하여 사회질서를 바로잡고자 하였다. 따라서 조선시대 왕실 가족 구성원들을 왕실 가족답게 만들어 주는 가장 중요한 문화적 실천으로 일생 의례를 꼽을 수 있다. 왕실 가족이 생애 과정에서 경험하는 일생 의례의 현장에는 왕실 가족 구성원들의 사회문화적 정체성과 왕실 가족 내 위계질서를 드러내 주는 문화적 가치들이 상징적으로 표현되기 때문이다.

왕의 가족 구성원 가운데 왕비와 후궁은 왕의 배우자이고, 왕세자와 대군, 공주, 왕자군, 옹주는 왕의 자녀이다. 왕의 배우자 가운데 왕비는 왕의 적처嫡妻로서 후궁과 본질적으로 구별되었다. 왕의 자녀 가운데 적장자인 원자는 부왕父王을 이어 다음 왕위를 계승할 아들이기 때문에 다른 왕자녀와 태어날 때부터 구별되었다.

예를 들면, 왕실 가족 내 신분과 지위를 구별하기 위해 왕위계승과 직접적으로 관련이 있는 왕비, 왕세자, 왕세자빈은 모두 책봉冊封이라는 성대한 의식을 거치도록 하였다. 반면 왕의 후궁은 내명부의 품계에 따라 봉작封爵을 받고, 왕의 자녀는 봉호封號를 받는다. 책봉의 상징물 대신 왕이 내린 임명장인 교지敎旨가 전달된다.

왕실 가족 구성원들 사이의 '구별 짓기'와 별도로 왕위계승과 직접적인 관련이 없는 왕의 자녀와 후궁이더라도 왕실 가족이라는 조선 사회 최상층 신분 집단의 구성원이었다. 그들은 궁궐 밖에 사는 다른 신분에 속하는 조선사람들과 구별되는 특징적인 사고방식과 행동양식인 왕실 문화를 공유하였다.

　조선 왕실 특유의 위계화된 가족 구조는 그들에 관한 공적인 '기록'에도 영향을 미쳤다. 왕실 가족 구성원은 예외 없이 공식적인 기록의 대상이 되었다. 그 가운데 왕과 왕비, 왕세자와 왕세자빈은 역사 무대의 전면부에 배치되어 공식적인 기록을 많이 남길 수 있었다. 반면, 왕녀와 왕자, 후궁에 관한 기록은 상대적으로 많이 남아있지 않다. 왕실 가족 구성원 가운데 왕자녀와 후궁의 삶과 문화에 대해서 잘 알려지지 않은 이유이기도 하다.

　조선시대 의례를 주관하는 상설 관청인 예조禮曹와 예조 산하의 임시 관청에서 왕자녀와 후궁의 일생 의례에 관한 국가 기록물인 '등록謄錄'을 남겼다. 조선시대 국가의 공무를 수행하는 관청에서 생산한 다양한 종류의 등록 가운데 왕실 가족의 일생 의례를 기록하고 있는 등록은 '의례 등록'으로 분류할 수 있다. 좀 더 세분하면 '일생 의례 등록'에 속한다. 이 등록은 왕실 가족의 사회문화적 정체성을 형성하고, 공공연하게 드러내 주는 왕실 의례를 담당했던 예조에서 보존하고, 활용하고자 하는 목적으로 작성한 국가 기록물이다.

　왕실 가족 구성원 가운데 왕과 왕비, 왕세자와 왕세사빈의 일생 의례는 상설 관청인 예조에서 작성한 의례 등록과 별도로 임시 관청인 도감都監에서 의궤를 따로 제작하여 보관하였다. 반면 왕녀와 왕자, 후궁의 일생 의례는 등록으로만 남겨졌다. 따라서 이 등록 속에 왕자녀와 후궁의 삶과 문화가 다 들어있다고 해도 과언이 아니다.

　왕자녀와 후궁의 한평생을 담고 있는 다양한 '의례 등록' 가운데서도 혼인을 기록한 『가례등록嘉禮謄錄』이 가장 많이 남아 있고, 또 잘 알려져 있다. 의례를 주관하는 임시 기구가 도감都監이 아니라 그보다 규모가 작은 청廳이라는 점과 화려한 의식의 행렬을 그린 반차도班次圖와 도설圖說이 없다는 점만 제외하면 왕실 가족의 혼례를 기록한 『가례등록』의 기록 방식은 대체로 『가례도감의궤』와 동일하다. 왕실 가족 구성원의 일생 의례를 기록하고 있다는 점에서 등록은 '제2의 의궤'라고 부를 만한 가치 있는 세계적인 기록유산이다.

필자는 이 책에서 왕실 가족의 일생 의례를 기록한 국가 기록물인 등록을 상징으로 가득 찬 숲에 비유하고자 한다.

『상징의 숲The Forest of Symbols: Aspects of Ndembu Ritual』의 저자인 빅터 터너Victor Turner(1920~1983)는 아프리카 잠비아의 은뎀부Ndembu 사회에서 장기간 현지 조사를 한 영국의 상징주의 인류학자이다. 그는 은뎀부인들의 의례를 연구한 것으로 유명하다. 의례는 신비한 존재와 힘에 대한 믿음과 관련된 정형화된 행위이며, 이 의례를 분석하기 위한 기본 단위가 '상징symbol'이다. 상징은 의례 현장이라는 경험적 실재 속에서 사건, 사물, 활동, 관계, 몸짓, 공간적 단위와 같은 것들이다.

때론 나무와 새, 꽃과 같이 눈에 선명하게 들어오기도 하고, 공기와 바람같이 눈에 보이지 않지만, 분명히 존재하는 왕실 가족이 뿜어낸 의미로 가득 찬 상징의 숲에서 왕실 가족 특유의 사회관계와 세계관을 발견하게 된다. 궁극적으로 조선 후기 중요한 국가 기록물인 '등록謄錄'의 형태로 현대인에게 전해진 왕실 가족의 일생 의례 이야기를 통해서 과거 역사 속에서 존재했던 그들의 낯선 행위를 이해할 수 있다. 그런 의미에서 이 책에서 주목하고 있는 왕실 가족의 일생 의례와 그 기록인 '등록'은 왕실 가족의 실제 삶과 문화를 엿볼 수 있는 또 하나의 창이다. 이 책이 상징의 숲에서 독자들이 길을 잃지 않도록 길을 안내해주는 친절한 길라잡이가 되길 소망한다.

제1장

왕실 가족의
일생 의례와 등록

1. 인간의 한평생과 일생 의례 一生儀禮

인간의 한평생은 자연 세계에서 나타나는 계절의 변화를 닮았다. 자연 세계는 봄이면 싹을 틔우고, 여름이면 무성히 자라난다. 가을이면 열매를 맺고, 겨울이면 또 다른 재생再生(regeneration)을 위해 죽음을 맞이한다.

자연 세계의 일부인 인간 또한 인간 사회에 태어나서 아이에서 어른이 되고, 배우자를 만나 혼인을 하고, 새로운 생명을 낳아 기르다가, 나이 들어 죽음을 맞이한다.

20세기 초에 활동한 프랑스의 인류학자 아놀드 반 겐넵Arnold Van Gennep(1873~1959)은 한 인간이 특정 사회적 세계에서 다른 사회적 세계로 통과할 때, 이에 수반되는 모든 의식의 유형을 '통과의례通過儀禮(Rites of Passage)'라고 하였다.

삶의 고비 고비마다 행하는 통과의례에는 출생 의례, 성년 의례, 혼인 의례, 죽음 의례가 포함되어 있다. 한국 사회에서는 삶의 위기 때마다 치러지는 통과의례를 보통 일생 의례라고 부른다. 인간의 생애 과정에서 치러지는 다양한 일생 의례들은 새로운 정체성을 획득하는 중요한 사회적 계기가 된다.

인간은 특정 시간에 의미 있는 장소를 선정하여 상징이 가득한 옷을 차려입고 정성스레 마련한 특별한 음식을 함께 먹고 마시는 일련의 공적인 의례 행위를 통해 지위의 변화를 사회적으로 '표시mark'한다. 즉 문화적으로 고안된 일생 의례를 통과함으로써 새로운 정체성을 얻게 된다. 아이에서 어른으로, 미혼에서 기혼으로, 산 자에서 죽은 자의 세계로 들어가게 된다.

인간 생애 가운데 사회적 지위와 정체성의 변화를 표시하는 다양한 종류의 일생 의례는 예외 없이 분리分離(separation), 전이轉移(transition), 통합統合(incorporation)의 세 단계를 거치게 된다. 첫 단계인 분리는 개인 또는 집단이 사회구조 혹은 일련의 문화적 조건 속에 고착되어 있던 그전까지의 위치에서 떨어져 나오는 것을 알리는 상징적 행위들로 구성된다. 중간 단계인 전이는 문지방limen을 넘어가는 기간에 해당한다. 이때 의례 주인공인 '통과해 가는 사람'의 상태state는 모호해진다. 의례 대상은 과거 상태 또는 다가오는 상태의 속성이 전혀 없거나 있더라도 극히 적은 어떤 영역을 통과해 간다. 상징인류학자 빅터 터너Victor Turner(1920~1983)는 '이도 저도 아닌betwixt and between' 구조의 가장자리에 놓이는 이 전이 기간에 주목하였다. 그는 과도기過渡期를 특징짓는 리미널리티liminality의 반구조적anti-structure 상태를 심도 있게 고찰하여 '코뮤니타스Communitas'라는 개념으로 정립하여, 이론적으로 발전시킨 바 있다. 마지막 세 번째 통합 단계에서 통과의 여정은 완성된다. 개인이건 집단이건 의례 대상은 이제 다시 한번 안정된 상태를 찾게 된다.

여기서 주목되는 것은 분리, 전이, 통합의 세 단계는 일생 의례의 종류에 따라 단계별 강조점에 있어서 차이를 나타낸다는 점이다. 유교식 일생 의례 또한 분리, 전이, 통합의 세 단계를 모두 거치며, 의례 과정에서 단계별 소요 기간은 유교식 일생 의례의 종류마다 다르다.

첫 번째 단계인 분리는 죽은 자를 산 자의 세계에서 분리하는 죽음 의례에서 더욱 뚜렷하다. 유교의 삼년상三年喪은 죽은 자를 산 자의 세계에서 완전하게 분리하는데 걸리는 삼 년이라는 긴 기간을 의미한다. 조선시대 죽은 자의 가족들은 고인故人이 돌아가신 지 13개월째(만 12개월) 소상小祥

을, 25개월째(만 24개월) 대상大祥을, 27개월째(만 26개월) 담제禪祭를 지냄으로써 탈상脫喪을 하게 된다. 정확하게 만 2년 2개월이 지나서 지내는 담제를 기준으로 상을 마치게 된다. 담제를 드리게 되는 시기가 돌아가신 해를 기준으로 햇수로 3년이 되기 때문에 삼년상이라고 부른다. 이때 비로소 죽은 자는 조상신으로 완전하게 변화된다. 그리고 살아남은 가족들은 삼년상의 상례 기간 동안 죽은 자에 대한 슬픔을 다 했기 때문에 온전히 일상을 회복할 수 있다. 이때부터 시집가고 장가갈 수 있고, 아이도 낳을 수 있었다.

두 번째 단계인 전이는 성인 세계로의 진입을 앞둔 아이를 대상으로 하는 성년 의례에서 강조된다. 우리가 흔히 성인식 또는 성년식이라고 부르는 성년 의례는 '무성적인asexual' 세계에 속해있던 아이가 성인 남녀로 구분된 남성의 세계와 여성의 세계로 각각 편입해 들어갈 때 행하는 의례이다. 남녀유별을 중시했던 유교식 성년 의례에서 남자의 성년식은 관례冠禮라고 하고, 여자의 성년식은 계례笄禮라고 하였다. 예를 들어 남자아이의 관례를 살펴보자. 남자아이는 아이의 복식에서 성인 남성의 복식으로 세 번에 걸쳐 옷을 갈아입는데, 옷에 어울리는 관冠을 세 번 바꿔 쓰는 의식을 행한다. 그리고 마지막 세 번째로 갈아입는 옷은 관리의 예복인 관복官服이다. 삼가三加의 예를 마치면 새로운 지위에 어울리는 호칭인 자字를 받는다. 다음으로 집안과 마을의 남성 어른들에게 공식적인 인사를 함으로써 남성 세계의 구성원이 된다. 여자아이의 성년식인 계례 또한 의례 요소에 있어서는 차이를 보이지만, 의례의 구조는 관례와 동일하다.

세 번째 단계인 통합은 성인 남녀의 육체적, 경제적, 사회적 결합을 강조하는 혼인 의례에서 뚜렷하게 나타난다. 남녀의 하나 됨은 유교식 혼인 의례의 하이라이트인 친영 후에 치러지는 동뢰연同牢宴에 등장하는 의례

용품과 의례 행위를 통해 상징적으로 표현된다. 동뢰는 신랑과 신부가 함께 희생犧牲을 먹는 의식이다. 즐겁고도 엄숙한 혼인 잔치에서 치러지는 교배례交拜禮와 합근례合巹禮는 부부로서 일심동체一心同體되는 과정을 점진적으로 형상화한 것이다. 특히 합근례는 하나의 표주박을 두 개로 쪼개어 두 개의 술잔을 미리 만들어 두었다가 신랑과 신부가 각각 그 표주박 잔에 술을 나눠 마시는 의식을 말한다. 부부의 하나 됨을 상징하는 이 특별한 술잔을 근잔巹盞이라고 한다. 즉 동뢰연에서 행하는 합근례는 성인 남녀가 부부라는 새로운 사회관계로 묶였음을 상징적으로 표현한 통합 단계의 결정체이다.

2. 17세기 '예송禮訟 논쟁'과 왕실 가족의 일생 의례

유교의 형이상학적 세계인 천리天理는 하늘의 바른 이치이다. 하늘의 바른 이치인 천리가 인간 사회의 일상 세계로 구체화된 것이 유교 의례이다. 조선시대에는 사례四禮, 즉 관례冠禮·혼례昏禮·상례喪禮·제례祭禮로 구성된 유교식 일생 의례가 유교적 생활세계를 구축하는 핵심적 요소였다.

조선을 개국한 태조는 1392년(태조 1) 7월 28일 신하와 백성들에게 반포한 즉위 교서에서 불교 국가인 고려와 다른 새로운 유교 국가를 만들기 위해 '관혼상제冠婚喪祭'로 대표되는 유교식 예법을 강조하였다.

> 관례·혼례·상례·제례는 나라의 큰 법이다. 예조禮曹에서 경전을 세밀히 구명하고, 고금古今을 참작하여 일정한 법령으로 정하게 함으로써 인륜

人倫을 후하게 하고, 풍속風俗을 바로잡도록 하라.

- 『태조실록』 1권, 태조 1년 7월 28일 정미

즉 유교식 예법 가운데 관례·혼례·상례·제례를 기반으로 조선사람들의 사회관계人倫와 생활문화風俗를 새롭게 바꿈으로써 유교의 이상적인 사회질서를 일상생활 속에 구현하도록 명시한 것이다.

이와 관련하여 중국 송나라 때 유학자 주희朱熹(1130~1200)의 저작으로 널리 알려진 『주자가례朱子家禮』의 서문을 주목해서 살펴보자.

> 예禮는 근본根本과 문식文飾이 있다. 집에서 행하는 것부터 말하자면 명분을 지키는 것과 사랑하고 공경하는 진실이 그 근본이다. **관혼상제와 의장도수儀章度數는 그 문식이다.** 근본이라는 것은 집에서 날마다 실행하는 상체常體이니 진실로 하루라도 닦지 않을 수 없다. **문식 또한 모두 사람된 도리의 처음과 끝을 바로 세우는 것이다.** 비록 그것을 행함에 때가 있고 그것을 베풂에 장소가 있더라도 강구함이 분명하고 익힘이 익숙하지 않으면 일에 부닥쳤을 때 이치에 맞고 절문節文에 상응하지 못할 것이니, 이 또한 하루라도 강습하지 않을 수 없다. …

- 『주자가례』 「가례서(家禮序)」 중에서

주희는 특별한 때에 특별한 장소에서 베풀어지는 관혼상제의 '문식'을 통하여 예의 근본인 사람된 도리의 처음과 끝을 바로 세울 수 있다고 여겼다. 이러한 이유에서 조선 건국 당시부터 주목받았던 유교식 일생 의례는 조선사회의 신분 질서를 바로 세우는 중요한 매개체였다. 조선의 위정

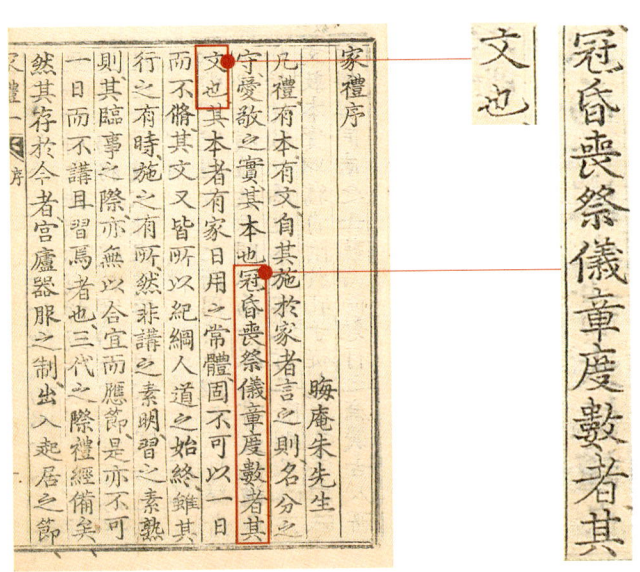

『주자가례』「가례서」 1759년(영조 35) 교서관에서 간행한 조선본(한국학중앙연구원 장서각 소장)

자들은 형법刑法보다는 예법禮法을 통해 신생 국가인 조선의 백성들을 안정적으로 다스릴 수 있다고 굳게 믿었다.

조선이 추구했던 유교의 이상적인 사회질서는 유교식 일생 의례에 상징적으로 구현되어 있었다. 조선의 유학자들을 통해 종법宗法에 대한 이해가 깊어지고, 국가적인 노력을 통하여 사회적 인식이 확산되는 과정에서 '신식 유교식 예법'은 토착적인 생활문화와 때론 충돌하고, 때론 타협하면서 유교에 기반한 조선적인 의례 문화를 형성해 나갔다. 예를 들면, 혼례에서 신랑이 신부의 집으로 가서 신부를 직접 맞이하여 신랑의 집으로 오는 절차인 친영親迎에 대하여 강하게 저항하는 태도라던가, 제례에서 사대四代에 이르는 조상의 신주가 모셔진 사당인 가묘家廟에서 드러지는 사시제四時祭보다 부모를 비롯한 조상의 시신이 묻혀있는 무덤에서 행하는 묘제墓祭를 더욱 중시하는 태도 등에서 주로 충돌하였다.

그럼에도 불구하고 '예치禮治'의 정신을 따라 조선사람들의 일상적 삶은 새로 도입된 유교식 관혼상제인 일생 의례를 중심으로 형성되었다. 특히 조선사회의 지배층은 의례 중심의 삶 속에서 유교적 인간관계를 따라 사회질서를 적극적으로 익혀 나갔다. 새롭게 형성된 유교적 생활세계 속에서 조선사람들의 일상 또한 변화되어 갔다. 조선사람들은 『주자가례』를 일상에서 몸소 실천하면서 새로운 방식의 유교식 일생 의례를 중심으로 한 삶에 점점 익숙해져 갔다.

17세기 조선 사회의 중요한 시대적 특징으로 관혼상제의 의례를 고증하는 예학禮學이 발달하고, 유교식 일생 의례가 일상적 차원에서 자연스럽게 실천되기 시작하였다는 점을 주목할 필요가 있다. 특히 효종孝宗과 효종비 인선왕후仁宣王后의 국상國喪에서 비롯된 복제服制 논쟁인 두 차례의 예송은 조선사람들의 일상에서 유교적 생활세계를 긴밀하게 구축하는 사회변화의 역사적 계기가 되었다.

왕실 가족의 전례典禮를 둘러싸고 치열하게 벌어진 예송은 '기해예송己亥禮訟'부터 '갑인예송甲寅禮訟'에 이르기까지 15년 이상 지속되었다. 기해예송은 1659년(효종 10) 6월 23일에 효종이 갑자기 승하하자 인조의 계비繼妃인 장렬왕후莊烈王后가 종통宗統을 이은 아들인 효종을 위하여 어머니로서 어떤 상복을 입어야 예법에 맞는지를 놓고 벌인 논쟁을 일컫는다. 갑인예송은 기해예송이 일어난 지 15년 후인 1674년(현종 15)에 효종의 아내인 인선왕후가 승하하자 시어머니 장렬왕후가 며느리 인선왕후를 위해 어떤 상복을 입어야 옳은지를 두고 다시 벌어진 논쟁을 일컫는다.

효종은 인조의 맏아들인 소현세자昭顯世子가 갑자기 죽은 후에 소현세자의 적장자인 원손元孫을 제치고 인조의 둘째 아들로서 인조의 뒤를 이어 즉위한 왕이다. 효종은 장자가 아닌 차자次子로서 왕위를 계승했다. 따라서 왕위를 계승한 효종을 맏아들로 볼 것인가 아니면 중자衆子를 의미하는 서자庶子로 볼 것인가에 따라서 복상 기간과 입어야 하는 상복이 달라졌다. 기해예송에서 서인西人은 차자를 위한 기년상期年喪을 주장하였고, 남인南人은 장자를 위한 삼년상을 주장하였다. 갑인예송에서 서인들은 둘째 며느리를 위해 9개월 동안 입는 대공복大功服을 주장하였고, 남인은 큰며느리를 위해 1년 동안 입는 기년복을 주장하였다. 이는 곧 국왕 효종의 정통성 문제와 관련이 되었고, 이로 인하여 정치적으로 큰 논쟁을 불러일으켰다.

왕실 상례의 복제 문제에서 비롯된 두 차례에 걸친 '예송 논쟁'은 왕가王家의 예와 사가私家의 예에 대한 예학적 입장을 둘러싸고 두 갈래의 예학파를 형성하였다. 예학파는 지역적 기반과 학문적 입장에 따라 기호 서인과 영남 남인으로 범주화되었다. 두 예학파 사이에서 벌어진 치열한 논쟁은 의례에 대한 매우 정밀한 분석뿐만 아니라 의례의 변화에 대한 세밀한 검토와 미세한 의례 문제에 대한 깊이 있는 인식 및 예학 저술을 체계적으로 정리하는 측면에서 획기적인 수준을 이루는 것으로 평가되었다. 예를 들면, 왕실 가족이 거주하는 궁궐이 있던 한양에서는 도암陶菴 이재李縡(1680~1746)의 『사례편람四禮便覽』이 널리 읽혔다. 『사례편람』은 조선 후기에 가장 널리 보급된 예서이며, 1844년(헌종 10)에 목판본으로 간행되었다. 도암 이재는 이이李珥(1536~1584) - 김장생金長生(1548~1631) - 송시열宋時烈(1607~1689) - 김창협金昌協(1651~1708)으로 이어지는 기호학파의

학맥을 이어오면서도 그 나름의 학통을 수립한 대학자로 성리학과 예학에 조예가 깊었다. 특히 그의 예서에는 중국의 문화 전통에 기반하여 원론을 중심으로 서술된 『주자가례』를 당시 조선의 현실時俗에 맞게 보완함으로써 조선적인 일생 의례를 창출하려는 문제의식이 담겨 있다.

예학파를 중심으로 예에 관한 담론이 깊어지면서 조선사람들에게 유교식 관례와 혼례, 그리고 상례는 사람이 일생을 살아가면서 반드시 거쳐야 할 삶의 각 단계에서 행하는 통과의례로 인식되었다. 유교식 제례는 후손이 돌아가신 조상신을 주기적으로 만나는 정기적인 의례로 정착되

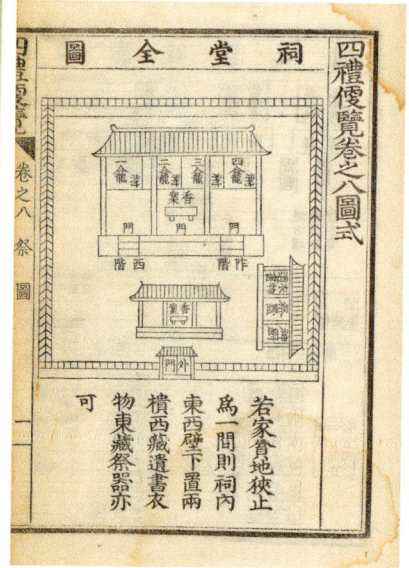

도암 이재의 초상화(좌)
심의(深衣)를 입고 복건幅巾을 쓰고 있는 모습으로 엄숙한 유학자의 풍모를 보여준다. (국립중앙박물관 소장)
『사례편람』「권지8 도식」'사당전도'(우)
사례(四禮)를 보기 편하게 엮은 종합적인 참고서. 1844년(헌종 10)에 간행한 목판본은 총 8권 4책이다. (국립중앙박물관 소장)

었다. 유교의 예가 『주자가례』를 통해 형식적 규범으로 자리 잡게 됨에 따라 개인들의 일상생활에서 모든 삶의 영역에 침투하는 강력한 힘으로 작용하였다. 실제로 유교식 일생 의례 가운데 상례에서 부모를 위한 '삼년상'을 온전히 지키는 것이야말로 '효'를 실천하는 중요한 기준으로 인식되었다. 부모님의 묘 곁에서 삼 년 동안 시묘侍墓살이를 한 자식은 조선 사회에서 효자로 인정받았다.

아이러니하게 시묘살이는 예서에 언급된 '반혼返魂'의 절차를 거스르는 조선 고유의 상례 문화에 그 기원을 두고 있다. 유교식 상례에서는 시신을 묻고 난 후에 망자의 신주를 집에 있는 사당에 들여야 하는데 상주가 삼 년 동안 시묘살이를 하게 되면 반혼을 삼년상 이후로 미뤄야 하는 문제가 발생하였다. 퇴계退溪 이황李滉(1502~1571)은 "지금 여묘廬墓의 풍속은 성하고 반혼하는 예는 없어졌으니 한탄스럽다. 다만, 말세에 예법이 무너져 집으로 부모의 혼백을 모셔와 근신謹愼하지 못하는 일이 많이 생긴다면, 여묘를 행하여 혼잡을 피하는 것보다 못하게 된다"라고 하며 시묘살이를 일부 용인하는 태도를 보였다.

또한 유교식 긴 상례를 모두 마치기까지 다양한 제사 의식과 함께 일상생활에 영향을 미치는 다양한 행위의 규제가 수반되었다. 상喪 중에 따라야 하는 행위에 대한 규제는 의례적이고 규범적인 차원에 그치는 것이 아니었다. 이를 위반하면 형사 처벌의 대상이 되었다.

조선의 법전인 『경국대전經國大典』과 『속대전續大典』에도 상喪 중에 있는 사람들은 혼인을 삼가야 함을 명시하였다. 이 법을 위반한 사람에게는 실제로 엄한 벌이 가해졌다.

『속대전』「예전禮典」'혼가조婚嫁條'에는 몸이 상 중에 있고 아들의 기년복朞年服이 아직 다하지 아니하였는데, 바로 혼례를 행한 자는 '상 중에 삼가지 않은 것에 관한 법률不謹居喪律'로써 논죄하며 장杖 80대를 맞도록 규정하였다. 또한 혼인은 일체 가례家禮에 의거하여야 하는데 혼인 전에 납폐納幣를 했더라도 양가의 부모상이 있으면 3년을 기다려야 했다. 이를 위반하면 매우 엄하게 다스렸다. 가장이 장 100대를 맞아야 했다. 또한 '상인喪人'으로서 도성 안에서 말을 탄 자에게 장 60대의 형벌이 가해졌다.

부모의 상 중에 혼인은 당연히 금지되었고, 첩을 얻는 것 또한 더불어 금지되었다. 법적 금지 규정을 통해서 짐작할 수 있듯이 일상생활 속에서 상례와 제례와 같은 죽은 자를 위한 의례가 혼인과 출산과 같은 산 자를 위한 의례를 압도해 가며 다양한 사회문제를 일으켰다.

왕실 가족도 예외는 아니어서 부모의 삼년상 중에는 만민이 서로 화합하여 기쁨에 참여하는 가례嘉禮를 행하지 않았다. 예를 들면, 효종 가족은 1651년(효종 2) 5월 8일에 인조의 대상제를 지내고, 7월 7일 인조와 인열왕후의 신주를 종묘에 부묘祔廟하는 의식을 마치고 나서야 책봉도 하고, 혼인도 할 수 있었다.

현종은 효종이 봉림대군鳳林大君 시절 형인 소현세자와 함께 청나라의 수도인 심양瀋陽에 볼모의 신분으로 잡혀 있을 때 태어났다. 현종은 조선의 왕 중에서 유일하게 외국에서 태어난 왕이다. 현종이 태어날 당시에 그의 아버지는 종친宗親인 봉림대군이었다. 인조의 왕위를 계승할 사람은 적장자인 소현세자로 정해져 있었다. 그러나 소현세자가 갑자기 죽자, 인조의 뜻을 따라 현종의 아버지 봉림대군은 왕세자로 책봉되었다. 인조가 승하하자 아버지 효종이 즉위하였다. 그리고 할아버지 인조의 삼년상을 마친 후에 현종은 1651년(효종 2) 8월 11세의 나이로 왕세자에 책봉되었고, 11월에 청풍 김씨 명문가 출신인 김우명金佑明의 딸과 혼인하였다.

두 번에 걸친 예송은 왕실 가족의 의례 문제가 왕권뿐만 아니라 왕실 가족의 권위와 위엄에 직접적인 영향을 미치는 매우 중요한 문제임을 뼛속 깊이 경험한 사건이었다. 왕실 가족의 입장에서는 왕실 의례를 통해 왕실 가족의 권위와 위엄을 세워야 한다는 의식이 더욱 커지게 되는 계기였다.

3. '왕자가 실행하면 아랫사람이 본받게 된다'

조선 사회에서 왕실 가족은 이념형에 최대한 가깝도록 예법에 맞게 예를 실천하는데 가장 적극적인 자세를 가졌다.

1430년(세종 12) 12월 22일 세종은 혼례에서 신랑이 신부를 직접 신랑집으로 데리고 와서 혼례를 치르는 친영 의식이 유교적 생활방식을 조선 사회에 정착시키는데 중요한 데 백성들이 이를 잘 지키지 않자, 친영이 어려운 이유를 알고 싶었다.

김종서金宗瑞는 "우리나라의 풍속은 남자가 여자의 집으로 가는 것男歸女第이 그 유래가 오랩니다. 만일 여자가 남자의 집으로 들어가게 된다면 女歸男第, 곧 거기에 필요한 노비·의복·살림살이器皿를 여자의 집에서 모두 마련해야 하므로, 그것이 곤란하여 어렵게 되는 것입니다" 라고 답하였다.

김종서의 설명을 들은 세종은 '왕실에서 먼저 실행하여, 사대부들로 하여금 본받게 하면 어떨까'라고 제안하였다. 즉 왕실 가족이 먼저 모범을 보이도록 한 것이다.

1435년(세종 17) 3월 4일 파원군坡原君 윤평尹泙(1420~1467)이 숙순옹주
淑順翁主(생몰년미상)를 친히 맞이하였다.

> 파원군 윤평이 숙순옹주(필자주: 원문에는 숙신옹주로 되어 있음)를 친히 맞아
> 가니, 본국에서의 친영이 이때부터 시작되었다.
> - 『세종실록』 67권, 세종 17년 3월 4일 병자

숙순옹주는 태종과 후궁 이씨 사이에서 태어난 태종의 13번째 막내딸
이다. 숙순옹주 부부의 혼례식 때 조선 땅에서 처음으로 친영이 시작되었
다고 실록에 특별히 기록하고 있다.

『세종실록』 67권, 세종 17년 3월 4일 병자(좌)(국사편찬위원회)
『세종실록』 71권, 세종 18년 1월 13일 기묘(우)(국사편찬위원회)

다음 해인 1436년(세종 18) 1월 13일 광평대군廣平大君 이여李璵(1425~1444)가 신자수申自守의 딸 평산 신씨를 친영하였다. 광평대군은 세종과 소헌왕후 사이에서 태어난 세종의 다섯 번째 아들이다. 세종의 아들 가운데 친영을 실행에 옮긴 첫 사례이다.

그러나 왕실 가족이 실천했던 친영은 '의례적 친영'이지 친영의 핵심 가치인 부계 의식을 강화하기 위해 실제 혼인 후 거주방식을 바꾸는 것은 아니었다는 점을 주목할 필요가 있다. 혼인 후 왕녀 부부와 왕자 부부 모두 궁 안에서 왕실 가족과 함께 살다가 왕명이 내려지면 궁궐 근처에 따로 마련한 살림집인 궁가宮家로 출합出閤하였기 때문이다. 그럼에도 불구하

광평대군과 영가부부인(永嘉府夫人) 평산 신씨 묘역이 있는 광평대군파 묘역 전경(문화재청)

고 조선 초기부터 왕실 가족 구성원들이 먼저 모범적인 예를 행함으로써 아랫사람인 사대부士大夫와 서인庶人까지도 유교식 예법을 따르도록 독려한 것은 사실이다.

조선 사회의 유교화 과정에서 유교식 일생 의례의 이상적인 실천은 신분 집단의 사회문화적 정체성을 구성하는 중요한 문화 요소가 되었다. 특히 왕실 가족의 일생 의례는 적장자로 태어나서 순조롭게 왕위를 계승한 왕과 그의 가족 보다는 혈통적인 취약점을 가지고 왕위에 오른 왕과 그의 가족에게 왕권을 강화하고, 왕실 가족의 권위와 위엄을 세우는 하나의 중요한 사회적 계기를 마련하는 문화적 자원으로 인식되었다. 왕실 가족 구성원은 예를 이념형에 가깝게 실천함으로써 다른 신분에 속한 사람들과 구별되는 상징성을 새롭게 획득하기도 하고, 신분 집단의 사회문화적 정체성을 강화하거나 공공연하게 드러낼 수도 있었다.

조선시대 양반도 예외는 아니었다. 양반은 법제도적인 차원에서 보면, 4대代 이내에 과거 급제자가 배출되어야 한다. 양반이라는 신분은 개인을 중심으로 그의 4대 이내의 가족과 친족, 즉 당내堂內에 해당하는 팔촌八寸 범위 이내의 혈연에게만 적용된다. 그러나 실제로 조선 사회에서 인정되는 양반이라는 신분은 복합적인 사회적, 문화적 요소에 의해 형성되며, 법적 규정에 합당한 성취지위 외에도 유교 이데올로기와 문화적 성향을 뛰어나게 실천함으로써 '사회적 인정'을 받는 존재였다. 양반은 필수적으로 의례를 알아야 하고, 아는 바대로 의례를 실천해야 사회적으로 공인된 양반이 될 수 있었다. 이와 같이 조선 사회에서 의례는 신분 집단의 사회문화적 정체성과 긴밀하게 연결되는 강력한 문화적 자원으로 인식되었다.

왕실 가족은 의례가 일상인 사람들이었다. 특히 조선의 왕은 매일 아침에 일어나서 저녁에 잠이 들 때까지, 태어나서 죽을 때까지 유교 이념을 몸소 실천하고, 체득한 이상적인 군주가 되어야 했다. 왕은 삶 자체가 의례화된 존재였다.

다음은 조선의 제19대 왕 숙종이 태어나서 죽을 때까지 60년 생애 속에서 경험한 왕실 가족 구성원의 일생 의례를 연표 형식으로 재구성한 것이다. 숙종은 정쟁政爭으로 비화된 예송 논쟁 과정에서 실추된 왕실 가족의 권위를 세우고, 실제 강력한 왕권을 행사했던 왕으로 잘 알려져 있다. 17세기 후반~18세기 초반까지 존재했던 왕실 가족인 현종 가족과 숙종 가족의 사례를 통해 왕실 가족의 삶이 가족 구성원의 탄생, 책봉과 봉작, 관례, 혼례, 상례와 같은 일생 의례의 연속임을 구체적으로 이해할 수 있다.

년도	17세기 왕실 가족의 일생 의례(당시 숙종 나이)
1661년(현종 2)	8월 15일 숙종 탄생, 원자 탄생 백관진하를 행함(1세)
1667년(현종 8)	1월 22일 왕세자 책봉례를 행함(7세)
1669년(현종 10)	8월 25일 성균관 입학례를 행함(9세)
1670년(현종 11)	3월 9일 관례를 행함(10세)
1671년(현종 12)	3월 22일 왕세자빈(인경왕후)과 가례를 행함(11세)
1673년(현종 14)	4월 27일 누이 명혜공주 졸卒함
	8월 2일 누이 명선공주 졸함(13세)
1674년(현종 15)	2월 23일 할머니 효종비 인선왕후 승하
	8월 18일 아버지 현종 승하
	8월 23일 숙종 즉위(14세)
1676년(숙종 2)	4월 9일 할머니 효종비 인선왕후의 신주를 종묘에 부묘함
	10월 15일 아버지 현종의 신주를 종묘에 부묘함
	10월 26일 인경왕후가 정식으로 왕비에 책봉됨(16세)

1679년(숙종 5)	10월 23일 숙종의 1녀가 태어남(일찍 죽음)(19세)
1680년(숙종 6)	2월 18일 막내 여동생 명안공주의 가례를 행함
	10월 숙종의 2녀가 태어남(일찍 죽음)
	10월 26일 부인 인경왕후 승하(20세)
1681년(숙종 7)	2월 11일 부인 인경왕후를 익릉에 장사지냄
	4월 3일 명안공주 부부가 궁 밖 궁가 宮家로 출합(出閤)함
	5월 2일 계비 인현왕후와 가례를 행함(21세)
1683년(숙종 9)	12월 5일 어머니 현종비 명성왕후 승하(23세)
1684년(숙종 10)	4월 5일 어머니 명성왕후를 숭릉에 장사지냄(24세)
1686년(숙종 12)	2월 10일 숙종이 어머니 명성왕후의 신주를 종묘에 부묘함
	4월 26일 후궁 숙의 김씨(영빈 김씨)가 입궐함(26세)
1688년(숙종 14)	8월 26일 증조할머니 인조 계비 장렬왕후가 승하함
	10월 28일 후궁 장씨(희빈 장씨)가 서1남(경종)을 출산함(28세)
1689년(숙종 15)	1월 11일 후궁 장씨가 낳은 서1남(후일의 경종)을 원자로 정호함
	5월 2일 계비 인현왕후가 궁에서 쫓겨남(29세)
1690년(숙종 16)	6월 17일 3세의 어린 원자를 왕세자(후일의 경종)로 책봉함
	10월 10일 증조할머니 장렬왕후의 신주를 종묘에 부묘함
	10월 22일 희빈 장씨를 왕비로 책봉함
	후궁 장씨가 숙종의 서2남(아명 성수)을 출산함(일찍 죽음)(30세)
1693년(숙종 19)	10월 6일 후궁 최씨(숙빈 최씨)가 서3남(영수)를 출산함(일찍 죽음)(33세)
1694년(숙종 20)	9월 13일 후궁 최씨가 서4남(후일의 영조)을 출산함(34세)
1695년(숙종 21)	3월 12일 왕세자의 성균관 입학례를 행함
	4월 18일 왕세자의 관례를 행함(35세)
1696년(숙종 22)	왕세자가 가례를 행함(36세)
1698년(숙종 24)	7월 7일 후궁 최씨가 서5남을 출산함(일찍 죽음)(38세)

1699년(숙종 25)	6월 13일 후궁 박씨(명빈 박씨)가 서6남(연령군)을 출산함
	12월 24일 최씨 소생 서4남을 연잉군으로 봉작함(39세)
1701년(숙종 27)	8월 14일 계비 인현왕후가 승하함
	10월 8일 희빈 장씨에게 자진하라고 명함
	12월 9일 인현왕후를 명릉에 장내지냄(41세)
1702년(숙종 28)	10월 13일 계비 인원왕후 김씨와 가례를 행함(42세)
1703년(숙종 29)	7월 15일 후궁 명빈 박씨가 죽음
	9월 3일 박씨 소생 서6남을 연령군으로 봉작함
	12월 26일 왕자 연잉군의 관례를 행함(43세)
1704년(숙종 30)	2월 21일 왕자 연잉군의 가례를 행함(44세)
1706년(숙종 32)	8월 8일 왕자 연령군의 관례를 행함(46세)
1707년(숙종 33)	2월 6일 왕자 연령군의 가례를 행함(47세)
1712년(숙종 38)	2월 20일 연잉군 부부가 궁 밖으로 출합함(52세)
1715년(숙종 41)	12월 22일 연령군 부부가 궁 밖으로 출합함(55세)
1718년(숙종 44)	2월 7일 맏며느리 왕세자빈 심씨가 죽음
	윤8월 1일 두 번째 며느리 왕세자빈 어씨를 간택함
	3월 9일 후궁 숙빈 최씨가 죽음(58세)
1719년(숙종 43)	10월 2일 서6남 연령군이 궁 밖 궁가(宮家)에서 죽음(59세)
1720년(숙종 46)	6월 8일 숙종이 경덕궁 융복전에서 승하함(60세)

국왕 숙종의 생애사를 중심으로 숙종 가족이 새롭게 형성되는 과정을 살펴보자.

숙종은 아버지 현종 가족의 원자로 태어났다. 왕세자로 책봉된 후 성균관 입학례와 관례, 가례를 치렀다. 숙종은 왕세자 시절 차기 왕위계승권자로서 부인인 왕세자빈과 함께 궁 안에서 부모인 현종 부부와 혼인하지 않은 누이동생 명안공주明安公主와 함께 살았다. 현종이 승하하기 직전 현종 가족은 4대 직계가족의 형태로 생활하였다.

아버지 현종이 34세로 갑자기 승하하자 14세의 어린 숙종이 즉위하였다. 새로 즉위한 왕인 숙종을 중심으로 왕실 가족 구성원들의 신분과 지위가 재편되었다. 그 과정에서 왕실 가족 구성원의 생활공간도 변화되었다. 숙종과 숙종의 부인인 인경왕후는 왕세자 부부 시절에 살던 동궁東宮 생활을 정리하고, 왕과 왕비의 일상생활 공간인 내전內殿으로 옮겨 와서 생활하게 된다. 승하한 남편인 현종과 함께 왕비로서 내전에 살고 있던 명성왕후는 왕 숙종의 어머니인 왕대비가 되어 내전 근처 동조東朝 공간으로 옮겨서 생활하게 된다.

부왕인 현종의 국상 중에 치러지는 숙종의 즉위식은 왕실 가족이 현종 가족에서 숙종 가족으로 새롭게 재편되는 전환점이기도 했다. 1674년(숙종 즉위년) 8월 숙종이 즉위했을 당시 숙종 가족은 숙종 부부와 증조할머니 장렬왕후 조씨, 어머니 명성왕후明聖王后 김씨, 혼인하지 않은 여동생 명안공주로 구성된 3대 방계傍系 가족의 모습이었다. 1680년(숙종 6) 2월 18일 명안공주가 배우자인 해창위海昌尉 오태주吳泰周와 혼인한 후에 여동생 부부와 1년 조금 넘게 궁 안에서 함께 생활하기도 하였다. 1681년(숙종 7) 4월 3일 명안공주 부부가 궁궐 밖 중부中部 경행방慶幸坊 전석동磚石洞에 마련한 살림집인 궁가宮家로 출합 할 때까지 숙종 가족은 3대 방계가족의 형태를 유지하였다.

17세기 후반~18세기 초에 걸쳐 조선의 왕으로 살았던 숙종은 60년 생애 동안 증조할머니와 할머니, 아버지, 어머니, 부인 5명(왕비와 후궁 포함)과 자녀 세 명, 맏며느리의 죽음을 경험했다.

숙종의 60년 생애사를 통해서 살펴보면, 숙종은 부모의 삼년상 동안 금욕적인 생활을 몸소 실천한 왕이었다. 부모의 신주를 종묘에 부묘한 후에 후궁 김씨를 간택하였고, 여동생 명안공주를 혼인시켰다.

아버지 현종의 삼년상을 마친 후 부인 인경왕후와의 사이에서 2명의 딸이 태어났다. 숙종의 첫째 딸은 1679년(숙종 5) 10월 23일 태어났으나 이튿날 죽었다. 그다음 해인 1680년(숙종 6) 인경왕후는 둘째 딸을 임신하였다. 인경왕후는 둘째 딸을 출산하였으나 불행히도 둘째 공주는 태어나자마자 죽었다. 인경왕후도 출산 후 얼마 지나지 않은 10월 26일 경덕궁慶德宮(후일의 경희궁) 회상전會祥殿에서 20세로 승하하였다.

어머니 명성왕후의 삼년상을 마치고 곧이어 후궁을 간택하였고, 숙의 김씨(후일의 영빈 김씨)가 입궁하였다. 숙종이 후궁 간택을 서두른 이유는 계비인 인현왕후와의 사이에서도 원자가 태어나지 않았기 때문이다. 그러나 숙종은 간택 후궁인 숙의 김씨와의 사이에서도 원자를 얻지는 못하였다. 그리고 숙종의 승은을 입어 후궁이 된 장씨로부터 2명의 아들이 태어났다. 그 가운데 서장자庶長子로 태어난 왕자(후일의 경종)가 신하들의 반대에도 불구하고 원자로 정호되고, 곧이어 왕세자로 책봉되었다. 증조할머니 장렬왕후 조씨의 신주를 종묘에 부묘한 후에 4명의 아들을 또 얻을 수 있었다. 숙종의 나이 39세에 막내 아들 연령군延齡君(1699~1719)을 얻은 이후 숙종의 자녀는 더 이상 태어나지 않았다.

현재 한국학중앙연구원 장서각에는 다양한 종류의 왕실 족보가 소장되어 있다. 그 가운데 『당대선원록當代璿源錄』은 재위 중인 왕 당대當代 자녀들의 출생, 혼인, 봉작, 죽음 등에 관한 신상 변화를 자子・묘卯・오午・유酉가 드는 식년式年인 3년마다 기록하고 있는 것이 특징이다.

숙종 재위 시에 작성된 『당대선원록』 가운데 병자식년(1696), 기묘식년(1699), 임오식년(1702)을 시계열적으로 함께 살펴보면, 왕실 족보 기록상의 흥미로운 점을 발견할 수 있다. 우선 숙종의 3남 영수永壽(早卒), 4남 연잉군延礽君, 5남(早卒), 6남 인수仁壽의 출생 순서의 변화과정을 예를 들어 살펴보자. 숙종의 3남, 4남, 5남은 모두 숙빈 최씨 소생이고, 6남은 명빈 박씨 소생이다. 영조의 생모인 숙빈 최씨가 숙종의 아들을 연이어 출산하며 그녀의 숙종 가족 내 위상 또한 점점 높아졌다. 1699년(숙종 25) 기묘식년에 작성된 『당대선원록』(K2-923)에서 기록되지 않았던 후궁 최씨 소생의 셋째 아들의 등장으로 왕실 족보에 기록된 출생 순서에 변화가 발생했다. 숙종의 후궁 최씨 소생의 셋째 아들은 1698년(숙종 24) 7월 7일 태어났는데 사흘 만에 죽었다. 짧은 생을 살다 간 왕자가 죽고 난 다음 해인 1699년(기묘식년)에 작성된 『당대선원록』에는 빠져 있다가, 다음 식년인 1702년(임오식년)에 숙종의 5남으로 새로 기재된 것이다. 이로 인하여 1699년(기묘식년)에 숙종의 5남으로 기재되었던 숙의 박씨 소생 인수는 임오식년에서는 6남으로 출생 순서가 수정되었다. 17세기 이후 왕실의 저출산이 심각해지면서 왕의 자녀가 더욱 귀해졌고, 태어나서 아명도 없이 일찍 죽은 숙종의 5남과 같이 왕의 자녀로 태어나면 어머니의 신분과 상관없이 왕실 족보에 빠짐없이 모두 기록하였다는 사실 또한 알 수 있다.

　계사년癸巳年인 1713년(숙종 39)에 작성된 『당대선원록』은 식년에 작성하는 관례를 따르지 않았다. 그 이유는 1713년(숙종 39)을 숙종 자녀의 출생과 혼인이 모두 마무리되는 시점으로 보고 숙종 재위 시에 자녀들의 출생, 봉작, 혼인, 죽음에 관한 사실을 최종적으로 정리하려 한 것으로 보인다. 왕세자 윤昀, 1녀(早卒), 2녀(早卒), 그리고 2남 성수盛壽(早卒), 3남 영수

永壽(早卒), 4남 연잉군 금延礽君 昑, 5남(早卒), 6남 연령군 훤延齡君 昍을 차례대로 기록하였다.

숙종은 한 명의 왕비와 세 명의 후궁 사이에서 총 8명의 자녀(6남 2녀)를 얻었다. 그 가운데 3남 2녀는 일찍 죽고, 3명의 아들만 살아남았다. 장성한 세 명의 아들 가운데 넷째 아들 영조만이 83세로 장수하였다. 후궁 희빈 장씨가 낳은 맏아들 경종은 원자로 정호된 후 어린 나이에 왕세자에 책봉되고 숙종이 승하한 뒤에 왕위를 계승하였다. 그러나 즉위 후 4년 만에 후사를 두지 못하고 37세로 승하하였다. 여섯 째 아들 연령군은 생모인 명빈 박씨가 일찍 죽자 9세 어린 나이에 서둘러 한 살 연상인 상산 김씨와 혼인하였다. 불행히도 부인 상산군부인商山君夫人 김씨와의 사이에서 자녀를 두지 못하고 1719년(숙종 45) 10월 2일 21세의 젊은 나이로 세상을 떠났다.

4. 왕실 가족의 일생 의례와 그 기록

숙종은 1674년(숙종 15) 8월부터 1720년(숙종 46) 6월까지 총 45년 10개월 동안 재위하였다. 숙종의 재위 기간 중 숙종 가족의 구성원 가운데 숙종의 배우자와 자녀만을 따로 정리하여 〈숙종 가족의 가계도〉를 작성하면 다음과 같다.

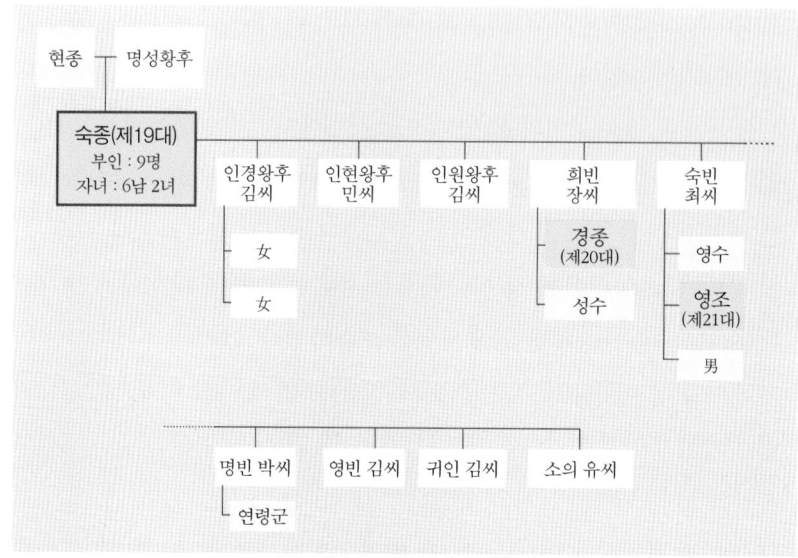

숙종 가족의 가계도

　국가의 공식적인 기록물로 남겨지는 왕실 가족의 일생 의례가 의궤와 등록이라는 두 종류의 위계화된 형태로 존재하게 된 방식을 이해하기 위해 숙종 가족의 일생 의례와 그 기록 사례를 살펴보고자 한다.
　다음은 숙종 가족 구성원 가운데 숙종의 배우자(왕비와 후궁)와 일찍 죽지 않고 건강하게 자라나 혼인한 세 명의 아들을 대상으로 하여 그들의 일생 의례에 관한 국가 기록물인 의궤와 등록의 존재 양상을 정리한 것이다.

숙종 가족의 일생 의례와 국가 기록물의 존재 양상

가족관계	의례대상자	의궤	등록
배우자 (왕비)	인경왕후	책례도감의궤 국장도감의궤 빈전혼전도감의궤 산릉도감의궤	인경왕후국휼등록(계제사) 인경왕후국휼등록(전향사) 인경왕후국휼의주등록(계제사)
	인현왕후	가례도감의궤 책례도감의궤 국장도감의궤 빈전혼전도감의궤 산릉도감의궤	왕비가례등록(1681) 인현왕후국휼등록(K2-3002) 초출용 인현왕후국휼등록(K2-3003) 정서용 왕비폐출사례급복위등록 (1694년 이후)
	인원왕후	가례도감의궤	왕비가례등록(1702)
배우자 (후궁)	영빈 김씨		숙의가례청등록(1686)
	희빈 장씨	책례도감의궤	장희빈상장등록 (천장등록, 추보등록 포함)
맏아들	왕세자 (경종)	왕세자책례도감의궤 왕세자가례도감의궤(1696) 왕세자가례도감의궤(1718)	왕세자가례등록 (입학례·관례 포함)(1696) 왕세자가례등록(1718)
맏며느리	왕세자빈 (단의빈 심씨)	단의빈예장도감의궤(1718)	단의빈상장등록(계제사) 단의빈상장등록(전향사)
넷째 아들	연잉군		왕자가례등록(관례 포함)
여섯째 아들	연령군		왕자가례등록(관례 포함)

    숙종 가족의 사례를 통해 살펴보면, 왕실 가족의 일생 의례에 관한 기록은 의례 대상자가 왕비, 왕세자, 왕세자빈이면 의궤와 등록 두 종류가 모두 존재한다. 의궤는 임시 관청인 도감에서 의례를 마친 후에 의궤청을 따로 조직하여 제작하였다. 반면 왕비, 왕세자, 왕세자빈의 의례 등록은

제1장 왕실 가족의 일생 의례와 등록   47

임시 관청이 아닌 상설 관청인 예조에서 제작한 것이다.

영빈 김씨와 연잉군, 연령군과 같이 일생 의례의 대상자가 간택 후궁과 왕자의 신분이면 의궤는 제작하지 않고 등록만 존재하였다. 간택 후궁과 왕자의 가례 때 가례도감보다 규모가 작은 임시 관청인 가례청을 상설 관청인 예조 산하에 조직하여 가례를 마친 후에 『가례등록』을 제작하였다. 반면 희빈 장씨, 숙빈 최씨, 명빈 박씨와 같이 왕의 개인적인 승은을 통해 후궁의 반열에 오른 경우 따로 혼례를 치르지 않기 때문에 『가례등록』은 존재하지 않는다.

숙종은 왕세자 시절에 한 번, 왕으로 즉위한 이후에 두 번 혼인하였고, 재위 중에 배우자인 인경왕후와 인현왕후가 죽었다. 인경왕후의 죽음 의례에 관한 국가 기록물은 세 종류의 의궤와 세 종류의 등록이 현전한다. 먼저 세 종류의 의궤는 왕비의 국장을 치르기 위해 조직된 임시 관청인 국장도감國葬都監, 빈전혼전도감殯殿魂殿都監, 산릉도감山陵都監에서 각각 제작한 것이다. 세 종류의 등록 가운데 예조의 속사인 계제사에서 『인경왕후국휼등록』와 『인경왕후국휼의주등록』을, 전향사에서 『인경왕후국휼등록』을 제작하였다. 『인경왕후국휼등록』과 같이 서명은 동일하지만, 등록의 작성 주체가 계제사와 전향사로 각각 다르기 때문에 등록에 기록된 내용 또한 달라지게 된다.

숙종은 계비인 인현왕후를 폐위시킨 후, 후궁이었던 희빈 장씨를 왕비로 책봉하였다. 그 후 또다시 희빈 장씨를 왕비에서 후궁으로 강등시키고, 인현왕후를 다시 책봉하였다. 그 과정에서 1691년(숙종 17)에 희빈 장씨를 왕비로 책봉한 기록인 『책례도감의궤』(K2-2721)와 1694년(숙종 20) 폐위되었던 인현왕후를 다시 책봉한 기록인 『책례도감의궤』(K2-2715)가 현전한다. 서명은 동일하지만, 책봉 대상과 책봉 시기를 달리하며 제작된 것이다. 희빈 장씨는 숙종의 명으로 자진하여 죽었으나 왕세자의 생모로서 다른 후궁과 달리 예조에서 작성한 개별적인 『장희빈상장등록』이 따로 제작되었다. 이 등록에는 「인장리천장등록」, 「추보등록」이 포함되었다. 숙종의 가족사가 다른 왕실 가족에 비하여 복잡하여 가족 구성원의 일생 의례에 관한 기록 또한 다양한 양상을 보인다.

조선시대 왕과 왕비, 왕세자, 대군, 공주, 왕자, 옹주, 후궁으로 구성된 왕실 가족의 일생 의례는 의궤나 등록과 같은 형태의 국가 기록물로 후세에 전해졌다.

대체로 왕과 왕비, 왕세자와 같이 왕위계승과 관련된 왕실 가족 구성원의 일생 의례는 등록과 의궤로 남겨졌고, 왕위계승과 관련이 없는 왕의 자녀와 후궁의 일생 의례는 등록으로만 남겨졌다.

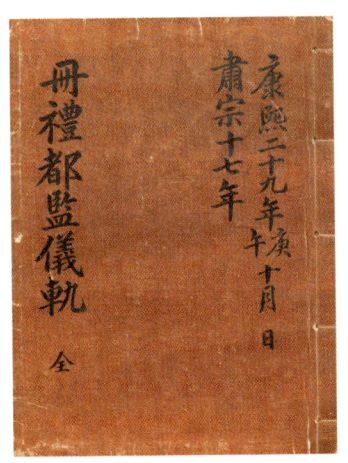 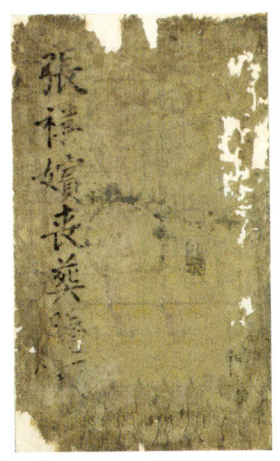

『책례도감의궤(冊禮都監儀軌)』(K2-2721)(좌)와 『장희빈상장등록(張禧嬪喪葬謄錄)』(우) 표지 (한국학중앙연구원 장서각 소장) 희빈 장씨의 신분 변화에 따라 왕비 책봉은 의궤로, 상장례는 등록으로 각각 제작되었다.

그렇다면 왜 왕실 가족의 일생 의례를 의궤와 등록으로 남겼을까? 왕을 위한 의례만 기록으로 남기지 않고 왕의 가족 구성원의 일생 의례까지도 철저하게 기록으로 남겼다는 것은 무엇을 의미할까?

본질적으로 왕의 가족이라는 특수한 신분과 사회적 지위로 인하여 왕실 가족 구성원들의 일생 의례가 공적인 국가 기록물로 남겨질 수 있었다. 왕실 가족의 일생 의례에 국가의 재정이 투입되었기 때문에 명명백백하게 기록으로 남겨야 하는 실용적인 목적도 분명히 존재한다.

왕실 가족 내 위계 질서를 바로 세우기 위하여 왕위계승과 직접적인 관련이 없는 왕실 가족 구성원은 왕위계승과 관련 있는 왕실 가족 구성원과 분명하게 구별해줄 필요가 있었다. 그 과정에서 국가 기록물인 의궤와 등록의 위계에 관한 원칙이 세워진 것으로 이해할 수 있다.

그러나 그러한 국가 기록물 내에서의 위계화된 구별은 왕의 개인적인 의도나 정치적인 상황에 따라서 그 경계가 흐려지기도 하였다.

예를 들면, 영조는 의례 대상자의 신분에 따른 국가 기록물의 위계를 일시적으로 없애기도 하였다. 영조는 사도세자의 아들인 은언군恩彦君과 은신군恩信君의 관례와 혼례, 사도세자의 딸인 청근현주淸瑾縣主의 혼례를 행한 후에 여러 건의 의궤를 제작하도록 명하였다. 그러나 영조는 은전군恩全君의 혼례를 치른 후에는 따로 의궤를 제작하지 못하게 하였다.

의궤와 등록 간의 위계를 깨뜨리는 예

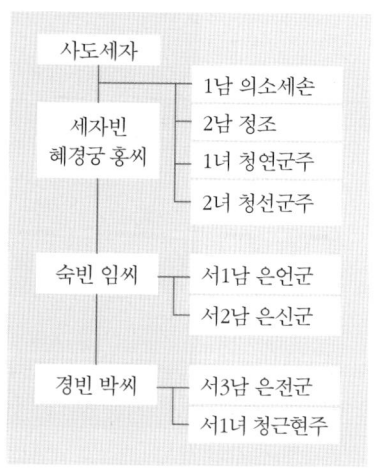

사도세자 가족의 가계도

외적인 사례는 그 이후에도 등장한다. 정조의 첫 번째 간택 후궁인 원빈 홍씨의 장례를 치른 후에 『인숙원빈궁예장의궤仁淑元嬪宮禮葬儀軌』를 제작하였다. 원빈 홍씨는 왕위계승자를 얻기 위해 들인 정조의 첫 번째 간택 후궁이다. 그러나 입궁 후 1년도 안 된 1779년(정조 3) 5월 7일 창덕궁 양심합에서 죽었다. 예외적으로 왕위계승자를 낳지 못한 간택 후궁의 예장禮葬에 관한 국가 기록물을 의궤라고 일컬을 수 있었던 것은 당시 권력을 쥐고 있었던 원빈 홍씨의 오라버니 홍국영洪國榮의 정치적 영향 때문으로 보인다.

정조의 세 번째 간택 후궁으로 순조를 낳은 유빈 박씨도 장례와 관련하여 『현목유빈장례도감의궤顯穆綏嬪葬禮都監儀軌』, 『현목유빈빈궁혼궁도

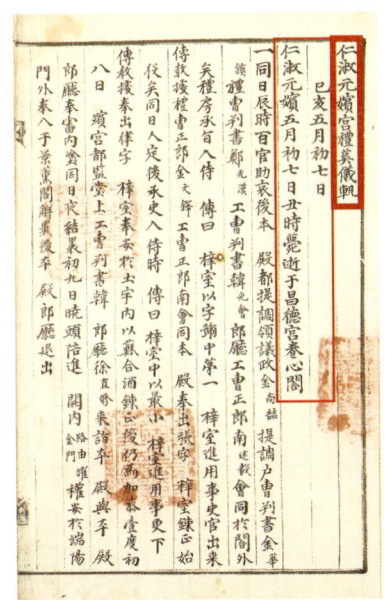

『인숙원빈궁예장의궤(仁淑元嬪宮禮葬儀軌)』
이 의궤 첫 기사에는 원빈 홍씨가 1779년(정조 3) 5월 7일 축시(丑時)에 창덕궁 양심합(養心閤)에서 훙서하였다고 기록하고 있다. '장생전낭청인(長生殿郎廳印)'이 각 면 여러 곳에 날인되어 있다. (한국학중앙연구원 장서각 소장)

제1장 왕실 가족의 일생 의례와 등록 51

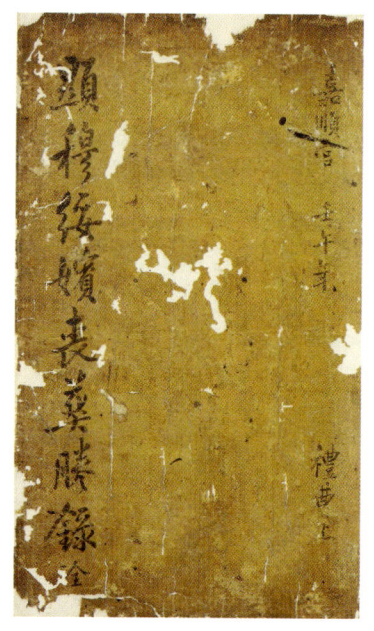 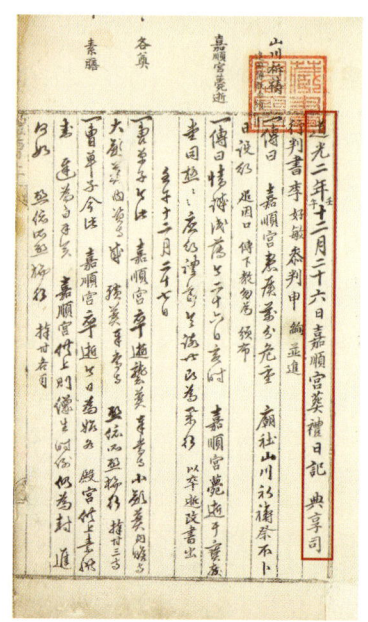

『현목유빈상장등록(顯穆綏嬪喪葬謄錄)』 표지(좌)와 첫 면(우)
내제는 "道光二年(세주:壬午) 十二月二十六日 嘉順宮 葬禮日記 典享司"로 표제와 내제가 각각 다르다. (한국학중앙연구원 장서각 소장)

감의궤顯穆綏嬪殯宮魂宮都監儀軌』, 『휘경원원소도감의궤徽慶園園所都監儀軌』를 각각 제작하였다. 또한 『현목유빈상장등록顯穆綏嬪喪葬謄錄』, 『가순궁현목유빈상례의주등록嘉順宮顯穆綏嬪喪禮儀註謄錄』도 함께 현전한다.

유빈 박씨의 삼년상을 마치고 1835년(순조 25) 신주를 별묘別廟인 경우궁景祐宮으로 모시는 전 과정을 기록한 의궤인 『현목유빈입묘도감의궤顯穆綏嬪入廟都監儀軌』도 제작되었다. 순조의 생모인 유빈 박씨가 아들인 순조가 재위 중에 죽으면서 발생한 특수한 사례에 해당한다. 유빈 박씨의 죽음에 관한 일생 의례와 그 기록인 의궤와 등록이 공존하는 현상을 통해

19세기에는 왕을 낳은 간택 후궁의 위상이 다른 후궁과 확연하게 달랐음을 이해할 수 있다.

    왕자녀와 후궁의 일생 의례와 그 기록인 등록은 의궤와 함께 왕실 가족의 위엄과 권위를 상징적으로 조선 천하에 드러냈던 일회적인 행사를 영구적으로 보존하기 위한 중요한 수단이었다.

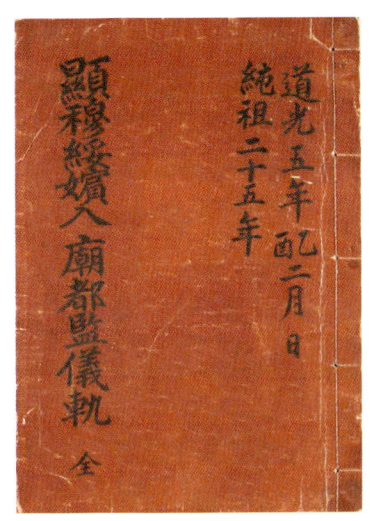

『현목유빈입묘도감의궤(顯穆綏嬪入廟都監儀軌)』
표지(한국학중앙연구원 장서각 소장)

제2장

등록이란 무엇인가

1. 등록은 언제부터 만들었을까?

등록의 문화적 기원

등록謄錄은 '베낄 등謄'자와 '적을 록錄'자로 구성된 한자어이다. 그 뜻을 풀면, '베껴 적는다'는 의미이다. 등록과 같은 뜻으로 등서謄書, 등사謄寫, 등초謄抄, 필사筆寫를 쓰기도 한다. 보통 '등록하다'라는 동사로 쓰며, '등사하다', '필사하다'와 같이 베껴 적는 행위를 가리켰다.

국립국어원 표준국어대사전에 등록은 '① 베껴 적음', '② 전례前例를 적은 기록'이라고 정의하고 있다. 그렇다면 등록의 특수한 용례에 해당하는 '② 전례를 적은 기록'으로서의 등록은 어떻게 출현한 것일까?

중국에서 간행된 『한어대사전漢語大詞典』에서 등록을 찾아보면, '① 정교한 해서楷書로 깨끗하게 베껴서 초록抄錄하는 것. ② 과거科擧 때 시권試券을 교열校閱하기 전의 수속 중 하나'라고 정의하고 있다. 일본에서 간행된 『대한화사전大漢和辭典』에서도 등록은 '① 옮겨 적다. 과거 시험의 답안을 다른 사람에게 등사시켜서 채점자에게 보내어, 필적에 의한 부정을 막는 것, 등사謄寫. ② 초사抄寫를 담당하는 서기書記'라 하였다.

사전적인 정의를 통해 등록이라는 용어가 전통 시대에 어떤 맥락에서 쓰였는지 그 용례에 대해서 새로운 사실을 발견하게 된다. 등록이라는 용어의 쓰임새는 유능한 관리를 뽑는 과거 시험이라는 국가기관의 공적인 업무와 관련되어 있었다.

한국도 고려 1369년(공민왕 18)부터 시행된 역서법易書法에서 등록의 문화적 기원을 찾을 수 있다. 역서법이란 과거 시험에서 부정한 행위를 방지하기 위하여 다른 사람이 붉은 글씨로 시험답안지인 시권試券의 내용을 베껴 쓰도록 한 법 규정을 말한다. 이를 관장하는 관원을 등록관謄錄官이라고 하였다. 등록관은 30~50인의 서사인書寫人을 동원하여 시험답안지를 붉은 글씨로 베껴 쓰도록 하였다. 이때 원본과 사본을 구분하기 위해 과거 응시자가 쓴 본래의 답안을 본초本草라 하고, 베낀 답안을 주초朱草라 하였다. 과거 시험에서 역서법을 시행하는 과정에서 원래의 시권을 보고 담당 관원이 해서체로 베껴 쓰는 과정을 등록이라고 한 것이다. 고려시대 말기에 시행된 역서법은 1835년(헌종 1) 공식적으로 폐지될 때까지 문관文官을 등용하는 식년문과式年文科와 증광문과增廣文科 시험에서 계속해서 적용되었다.

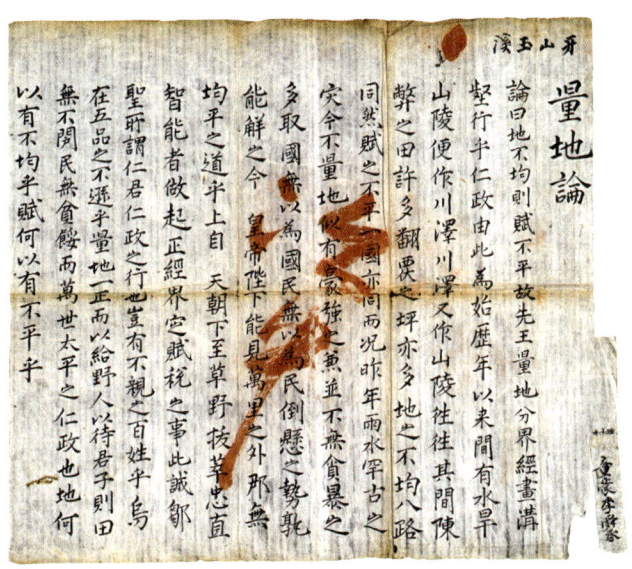

시권 이순승이 '양지론'이란 제목으로 써낸 과거시험 답안지(국사편찬위원회 소장)

따라서 동아시아 한자문화권에서 등록은 과거 시험과 관련하여 생겨난 개념으로 이해된다. 등록은 과거 시험에서 부정을 방지하기 위한 대책으로 담당 관원이 시험답안을 글자 모양 가운데 가장 반듯한 서체인 해서로 베껴 쓰는 공적인 행위였다. 과거 시험 응시생 개인마다 다른 다양한 서체를 하나의 서체로 규격화하여 원래 답안을 쓴 사람이 누구인지를 알아보지 못하도록 한 것이다.

국가의 인재를 뽑는 공식적인 행사인 과거 시험에서 공정한 행정업무를 사적으로 처리하지 못하도록 막기 위해 등장한 등록의 문화적 관행은 그 용어의 쓰임이 변화되고, 확장되었다. 그리고 조선시대 대표적인 국가 기록물의 하나이자 전례를 적은 기록물로서의 등록이 등장하는 배경이 되었다.

국가 기록물 '등록'의 탄생

조선시대 사람들은 베껴 적은 모든 기록물을 등록이라고 하지 않았다. 등록은 공문서를 베껴 적은 조선시대 국가 기록물을 지칭할 때 주로 사용되었다.

조선시대 새로운 형식의 국가 기록물인 '등록'이 탄생하게 된 배경으로 『경국대전』「예전禮典」'장문서조藏文書條'의 규정이 주목된다.

> 모든 관사와 고을의 문서文書는 분류分類하고, 작종作綜하고, 현첨懸籤하여 각각 보관한다.
>
> -『경국대전』「예전」'장문서조'

조선시대 최고의 법전인 『경국대전』에는 국가를 운영하는 과정에서 생산된 다양한 종류의 공문서를 보관하는 방법을 명시하고 있다. 법전에 명시된 공문서 보존 조항에 따르면, 중앙과 지방의 관청들은 예외 없이 맡은 일을 처리하는 과정에서 생성되는 공문서를 보존해야 할 의무가 있었다.

공문서 보존 의무와 함께 공문서 보존 절차에 대해서도 명문화하였다. 먼저 다양한 종류의 공문서를 분류分類한다. 분류는 어떤 연관성에 따라 나누거나 모은다는 의미이다. 다음으로 작종作綜이라는 과정을 거치게 된다. 여기서 작종은 문서를 '묶는다'는 의미이다. 작종은 조선시대 선박을 묶을 때 주로 사용한 용어였다. 지금까지 작종은 편집해서 철한다는 뜻의 '편철編綴'로 번역되기도 하였다. 그러나 편철은 갑오개혁 전후 일본의 공기록 관리 규정의 적용을 받으면서 등장한 용어이다. 작종은 분류한 문서를 종류별로 한데 모아서 묶는 것을 의미한다. 분류하고 묶는 과정에서 편집의 단계가 포함되는지의 여부는 법전의 조문만으로는 정확하게 파악할 수 없다. 마지막은 현첨懸籤 단계이다. 첨지籤紙란 '찌' 또는 '찌지'라고 부르는 것으로 책에 표시용으로 붙이는 쪽지를 의미한다. 따라서 현첨은 종류별로 모아서 묶은 문서들이 어떤 종류의 것인지 알아보기 쉽게 찌지와 같은 덧종이를 다는 것을

『경국대전』「예전(禮典)」'장문서조(藏文書條)'
(서울대학교 규장각한국학연구원 소장)

의미한다.

『경국대전』에서는 국정을 운영하는 과정에서 산출된 다양한 종류의 공문서를 세 단계를 거쳐 보존하도록 규정하고 있다. 첫 번째는 분류하는 단계이다. 두 번째는 모아서 묶는 단계이다. 세 번째는 표시해 두는 단계이다. 국가의 공문서들은 세 단계의 공정을 거친 후에 담당 기관에서 각각 보관하도록 법으로 규정하였다.

이러한 법적인 규정하에서 실제 공문서를 보관하는 방식은 크게 세 가지 유형으로 나뉜다.

① 원본 문서를 그대로 보관하는 방식
② 원본 문서를 모아서 묶고 성책成冊하여 보관하는 방식
③ **원본 문서를 베껴 적고, 성책하여 보관하는 방식**

조선왕조실록, 승정원일기, 의궤와 함께 조선시대 중요한 국가 기록물로 손꼽히는 등록은 세 가지 공문서 보관 유형 가운데 세 번째 유형에 해당하는 공문서 보관방식을 선택하면서 출현하였다.

그렇다면 왜 공문서를 원본 문서 그대로 보관하는 대신 베껴 적는 등록의 형태로 보관하는 방식을 선호하게 된 것일까?

한국은 갑오개혁 이전까지 공문서의 크기는 규격화되지 않았으며, 공문서의 종류에 따라 문서의 크기 또한 상당히 다양하였다. 따라서 다양한 크기의 공문서를 원본 문서 그대로 묶어 보존하는 방식보다 원본 문서의 내용을 베껴 쓰는 등서謄書의 방식이 효과적으로 보존하고 편리하게 활용할 수 있는 가장 좋은 방식으로 자리 잡았던 것으로 보인다. 이는 원본 문

서를 베껴 쓴 등록이 원본 문서를 대신할 정도의 신뢰성을 가졌기 때문에 가능한 것이었다. 그리고 종이가 귀했던 전통 시대에 효용가치가 사라진 원본 문서는 '등록'이라는 새로운 공적인 기록물 형태로 바꿔서 문서의 내용을 보존한 후 폐기하여 휴지休紙로 재활용할 수 있었다.

국가 기록물로서의 등록은 조선시대 모든 국가기관에서 공적인 일을 명명백백하게 처리하는 과정에서 주고받은 공문서를 보존하고, 전례前例로서 공무에 활용하기 위한 목적의 국가기록관리 체계 속에서 출현하였다. 조선시대 기록관리제도를 연구한 이형중(2020)은 원본 문서를 수집하고 정리하여 베껴 적는 등록의 방식으로 성책成冊한 후 이를 보존하는 전반적인 체계를 '등록체계謄錄體系'라고 명명하였다. 즉 등록은 성리학적 가치관과 역사관이 투영된 조선 특유의 기록관리체계에서 탄생한 국가 기록물이었다.

등록의 현황과 종류

한국에서 조선시대 국가 기록물인 '등록'이 처음으로 주목받기 시작한 계기는 국사편찬위원회에서 1981년을 시작으로 조선시대 한양과 지방 관청의 공문서들을 『각사등록各司謄錄』이라는 책 이름으로 영인 간행하면서부터이다. 당시 수집된 등록류 자료는 모두 813종 3,482책이었다. 김인걸(1998)은 『각사등록 자료의 기초조사 및 연구』에서 '등록은 국가의 전례와 전고典故를 위하여 등사하여 비치하여 뒤에 참고자료로 한다는 의미'이며, '각사등록'이란 '중앙과 지방의 각 관청에서 전고를 위하여 등사하여 비치해둔 기록'이라고 정의하였다. 『각사등록』에는 계록啓錄, 계첩

關牒, 등록謄錄, 첩보牒報, 관록關錄, 존공안存公案, 보취報聚, 래첩來牒, 등래登來, 래거안來去案, 장록狀錄, 문첩文牒, 주본奏本, 밀계密啓, 기록記錄, 일기日記, 별단別單, 일조日照, 군시안郡市案, 항안港案 등등 다양한 각종 공문서가 포함되었다.

그 후 2000년에 한국학중앙연구원 장서각과 서울대학교 규장각한국학연구원에서 소장 등록을 전수 조사하였다. 다음 <표>를 통해 당시 기관별 등록 총 건수와 기관별 총 건수 가운데 의례 등록이 차지하는 비중을 파악할 수 있다.

장서각과 규장각의 '등록' 현황과 기관별 의례 등록 건수

	등록 총 건수	의례 등록 건수
장서각	375건	270건
규장각	337건	63건
총계	690건(22건 동일본)	323건(10건 동일본)

* 김혁, 「장서각 소장 등록의 문헌학적 특성」, 『한국학』 제4집, 22쪽, 각주 21 <장서각과 규장각의 소장 등록 현황 분석> 인용.

이 시기에 행한 조사에서 두 기관이 소장한 등록은 장서각 375건, 규장각 337건으로 각각 집계되었다. 따라서 두 기관에서 소장한 등록은 총 690건으로 이 가운데 22건이 동일본으로 파악되었다. 이때부터 등록 자료를 주로 소장하고 있는 두 기관이 등록을 소장하게 된 경위에 따라 주로 소장하고 있는 등록의 종류가 다르다는 것을 파악하게 되었다. 장서각에는 예조의 의례 등록과 조선시대 오군영에서 작성한 군영등록이 주로 소장되어 있다. 반면, 규장각에는 경향 각사의 관청등록이 주로 소장되어 있다. 즉 왕실 가족의 일생 의례를 기록한 의례 등록은 현재 한국학중앙연구원 장서각에 대부분 소장되어 있음을 알 수 있다.

한국학중앙연구원에서는 군영등록을 유네스코 세계기록유산으로 등재하기 위해 2015년 국내학술회의를 개최하였고, 2016년에 국제학술회의를 개최한 바 있다. 당시 정해은(2016)이 현전하는 등록의 현황을 다시 조사하였는데, 총 782종의 등록이 확인되었다. 국내 소장 등록은 752종으로 장서각 419종, 규장각 337종으로 파악되었다. 2000년 조사에서는 장서각에 소장된 등록의 건수가 375건이었는데 2016년 재조사 과정에서 44종이 추가되었다.

해외 소장 등록은 총 30종이다. 해외에 있는 등록의 현황은 국립중앙도서관에서 2011년에 조사한 『국외 소재 한국 고문헌 수집 성과와 과제』를 참고할 수 있다. 해외 기관에서 소장하고 있는 등록은 국립중앙도서관에서 국외 소재 한국 고문헌 수집 과정에서 새롭게 조사한 것이다. 미국 버클리대학교 도서관에 2종의 등록이 있고, 일본에도 28건의 등록이 소재하고 있는 것으로 밝혀졌다. 앞으로 방대한 양의 등록류 자료에 대한 종합적인 조사가 이루어지면 좀 더 정확한 현황이 드러날 것이다. 실제 목록과 구체적인 내용을 정밀하게 대조하며 조사해 보면 더 늘어날 가능성은 열려있는 것으로 보인다.

한국학중앙연구원 장서각에 소장된 등록만을 대상으로 작성 시기별 분포를 살펴보면 다음과 같다.

17세기에는 60종, 18세기에는 97종, 19세기에는 140여 종, 20세기에는 40종으로 나타났다. 그 외 17~18세기에 걸쳐있는 등록이 21건, 19~20세기에 걸쳐있는 등록이 4건, 17~19세기에 걸쳐있는 등록이 6건, 18~19

세기에 걸쳐있는 등록이 19건, 18~20세기에 걸쳐있는 등록이 2건, 미상은 30건으로 나타났다. 따라서 현전하는 등록은 의궤와 마찬가지로 대체로 임진왜란과 병자호란을 거쳐 광해군과 인조 대에 새로 작성되기 시작하였으며, 19세기에 작성된 등록이 가장 많다.

조선시대 생산된 방대한 국가 기록물인 등록류 자료의 현황이 조사 기관과 조사 시기에 따라 다소 차이를 보이는 것과 같이 등록의 종류 또한 분류의 '기준'을 무엇으로 삼을 것인가에 따라 달라진다. 예를 들면, 등록의 편찬 방식에 따라 편철형 등록과 첨입형 등록으로 구분하기도 한다. 편철형 등록은 단순하게 원문서의 내용만을 베껴 적어 정리한 등록을 일컫는다. 대부분의 상설 관청에서 작성한 관청등록이 편철형 등록에 속한다. 반면, 첨입형 등록은 도식圖式이나 좌목座目 등을 추가한 등록이다. 『문희묘영건청등록文禧廟營建廳謄錄』이나 『경빈김씨가례청등록慶嬪金氏嘉禮廳謄錄』이 대표적인 첨입형 등록에 해당한다. 첨입형 등록은 영건청營建廳이나 가례청嘉禮廳과 같이 왕실 가족 구성원을 위한 건물의 영건이나 혼인과 같은 일생 의례를 위해 임시로 조직된 관청에서 작성한 등록이라는 공통점이 있다.

등록의 종류를 분류하는 방식에 관하여는 김혁(2000, 2002)과 연갑수(2000)의 개척적인 선행 연구에서도 시도된 바 있다. 김혁은 등록을 작성 방식, 작성 기관, 주제를 기준으로 분류하고 그 장단점을 제시하기도 하였다. 특히 장서각 소장 등록을 중심으로 왕실, 군영, 관청이라는 주제에 따른 분류를 제안한 바 있어 주목된다. 특히 왕실 관련 등록을 길례, 가례, 군례, 빈례, 흉례의 오례로 세목을 나누어 분류를 시도함으로써 왕실 가족의 의례 등록을 따로 유형화하여 살펴볼 가능성을 열어주었다.

2000년에 시작된 등록에 관한 선행 연구를 기반으로 하여 이형중(2012)이 기록관리학적 측면에서 제시한 세 가지 유형 분류법에 따라 등록의 종류를 살펴보고자 한다.

첫째, 각 관청에서 제작한 일지 형식을 띠는 관청 일지류 등록이다. 일반적으로 가장 잘 알려진 등록의 형태이다. 국사편찬위원회에서 영인 간행한 각사등록 시리즈가 이에 해당한다. 앞에서 설명했던 것처럼 각사등록이란 중앙과 지방의 각 관청에서 전고典故를 위하여 등사하여 비치해둔 기록을 총칭하는 것으로, 각 관청의 명칭을 등록 앞에 붙여 제목을 삼은 것이 특징이다. 『비변사등록備邊司謄錄』, 『의정부등록議政府謄錄』, 『종부시등록宗簿寺謄錄』 등이 이에 속한다. 예를 들면, 『비변사등록』은 모두

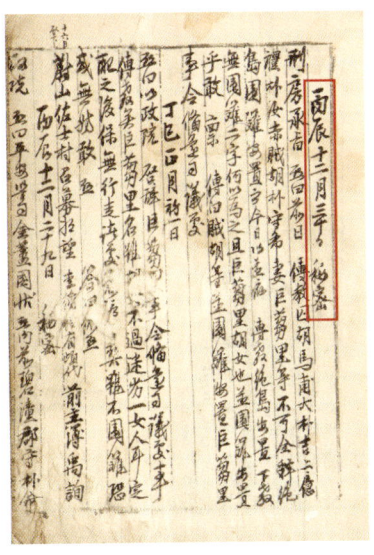

『비변사등록(備邊司謄錄)』 표지(좌)와 1616년(광해군 8) 12월 30일 형방승지의 비밀문서 기사 부분(우) (서울대학교 규장각한국학연구원 소장)

273책이며, 1616년(광해군 8) 11월 18일부터 1892년(고종 29) 12월 30일까지 277년간의 기록을 담고 있다. 국보로 지정된『비변사등록』은 조선왕조실록, 승정원일기와 함께 조선시대 3대 관찬 사료로 손꼽힌다. 1517년(중종 12)에 창설된 국가 최고 회의기관이었던 비변사의 활동을 기록한 이 등록은 조선시대 정치, 군사, 경제, 사회, 문화 등 다양한 분야의 방대한 정보가 담겨 있다. 국사편찬위원회에서는 1959~1960년에 영인본 28책으로 간행하였고, 1989~2007년에 국역본을 30책으로 간행하였다. 그리고 2005~2012년에 서울대학교 규장각한국학연구원 소장 원문 이미지와 국역본 DB 구축이 완료되어 웹 서비스를 하고 있다.

보통 해당 관청에서 수행하는 공무의 시말始末, 매일의 관청 상황 등을 일자별로 기록하여 책자 형태로 편찬된 등록이 여기에 속한다. 중앙 관청에서 생산하는 등록 외에도 경기감영을 비롯한 각 지방의 관아와 감영, 병영 등에서 생산한 업무일지도 여기에 포함된다.

해당 관청의 전반적인 업무에 대한 일상의 기록을 등록이라는 형태로 편찬한 관청등록 이외에 관청의 역사와 업무 활동, 조직구성, 회의록 등을 통합하여 특정한 시기에 하나의 기록물로 편찬한 등록도 여기에 포함된다.『장원서등록掌苑署謄錄』이 대표적인 사례이다. 장원서는 1466년(세조 12)에 한성부 북부 진장방鎭長坊에 설치된 관청이다. 현재 서울대학교 규장각한국학연구원에서 소장하고 있는『장원서등록』은 옛 장원서등록에 새로운 사항을 가감하여 1794년(정조 18) 이후 다시 작성한 것이다. 목차가 따로 있고, 궁중의 정원과 꽃·과일 나무의 위치 등 장원서의 운영 및 규모를 파악할 수 있다.

등록 가운데 첫 번째 종류에 속하는 등록이 개별 관청의 전반적인 상황과 업무를 기록한 것이라고 한다면, 두 번째와 세 번째 종류에 속하는 등록은 개별 관청이 담당했던 중요한 업무 가운데 업무의 성격이 지속성을 띠느냐 아니면 일회성을 띠느냐에 따라 다시 구분한 것이다.

둘째, 각 관청에서 지속성을 띠는 단위별 과제를 수행하는 과정에서 생산된 공문서를 찬집纂輯한 형식의 단위 과제별 공문서철류 등록이다. 등록 앞에 붙인 제목만으로도 개별 관청에서 지속적으로 수행하는 다양한 업무

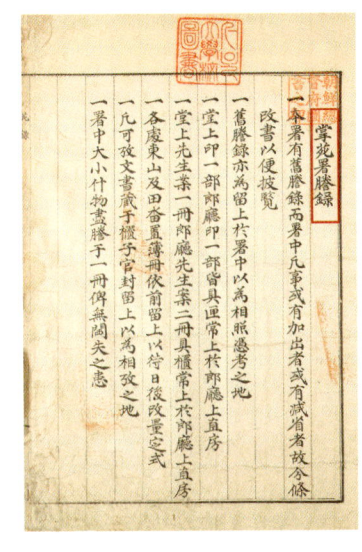

『장원서등록(掌苑署謄錄)』 첫 면
(서울대학교 규장각한국학연구원 소장)

가운데 어떤 업무에 관한 등록인지를 한 눈에 파악할 수 있다. '지속성'이 주요한 특징이므로 주로 단위 과제별 업무에 대하여 수년 또는 수십 년, 수백 년의 기록을 하나의 책자로 만든 등록이다. 단위 과제별 업무의 시말과 업무 과정에서 생산된 문서를 등서 및 요약하여 수록하는 방식으로 편찬하였다.

예를 들면, 『통신사등록通信使謄錄』은 1641년(인조 19)부터 1811년(순조 8) 사이에 조선과 일본을 왕래한 통신사에 대한 기록이다. 예조의 속사인 전객사典客司에서 제작한 등록이다. 또 다른 예로, 『수양시양등록收養侍養謄錄』은 예조에서 양자養子의 입적入籍 허가 여부를 날짜별로 묶어 편찬한 등록이다. 이 등록 중 일부는 개개인의 신분 혹은 소유권을 증빙하는 하나의 증거자료로서의 가치를 지니기도 하였다.

『수교등록受敎謄錄』은 임금의 전교나 명령을 기관별 또는 날짜순으로 정리한 기록으로 단위 과제별 공문서철류 등록에 포함된다. 조선시대 각 관청에서는 개별 사안에 대해 의견을 제시하고, 조정에서 검토한 다음 국왕의 최종 승인을 거쳐서 공무를 처리하게 된다. 따라서 개별 관청은 수시로 국왕의 명령[敎]을 받아[受] 시행하였다. 그리고 공무 처리 과정에서 내려진 수교를 업무의 연속성과 효율성을 위하여 개별적으로 모아 등록으로 만들어 두었다. 이 외에 『칙사등록勅使謄錄』, 『장계등록狀啓謄錄』, 『계후등록繼後謄錄』, 『과거등록科擧謄錄』, 『서원등록書院謄錄』, 『태봉등록胎峯謄錄』 등이 이에 속한다.

셋째, 일회성을 띠는 왕실 의례와 국가적인 사업에 관하여 기록한 단일 사안별 보고서 및 자료집류 등록이다. 앞에서 두 번째로 분류한 지속성을 띠는 상설 관청의 업무에 관한 등록과 구분되는 점은 일회적인 성격이 강하다는 점이다. 국가가 추진하는 단일한 특정 사업이나 일회성을 띠는 왕실 의례에 대한 행사보고서 및 자료집 형식을 갖추고 있다. 특히 왕실 가족의 일생 의례에 관한 등록은 국왕의 전교와 각종 공문서 이외에 해당 업무를 수행한 관리들의 명단인 좌목座目이나 참석자의 행렬 순서를 글로 적은 반차도班次圖, 동뢰연배설도同牢宴排設圖, 제상祭床 진설도陳設圖, 의례의 세부적인 절차를 적은 의주儀註 등이 추가되기도 한다.

왕실 가족 구성원 가운데 왕자녀와 후궁의 일생 의례는 국가의 재정이 상당히 소요되는 일회성 행사이며, 이에 관한 등록은 대체로 채색된 그림이나 반차도가 없다는 점만 제외하면 의궤와 거의 유사한 형태를 나타낸다. 왕자녀와 간택 후궁의 혼인 기록인 『가례등록』이 가장 대표적이다. 예를 들면, 『덕온공주가례등록德溫公主嘉禮謄錄』은 1837년(헌종 3)에 치러진 순조의 셋째 딸 덕온공주德溫公主(1822~1844)와 부마 남녕위南寧尉 윤의선尹宜善(1823~1887)의 혼례에 관하여 일목요연하게 편집하여 제작하였다. 『덕온공주가례등록』의 맨 앞에는 다음과 같은 목차가 등장한다.

간택 - 택일 - 사목 - 좌목 - 전교 - 계사 - 부마관례의 - 납채 - 납폐 - 명복내출 - 친영 - 공주예부마방의 - 동뢰연 - 상전 - 이문 - 내관 - 감결 - 각사소장물목 - 별공작

『덕온공주가례등록(德溫公主嘉禮謄錄)』(K2-2631) 의주 '동뢰연의'(좌)와 그림 대신 문자로 위치를 표시한 '동뢰연 배설도'(우)(한국학중앙연구원 장서각 소장)

배우자 간택부터 동뢰연까지 진행되는 구체적인 혼례 절차 뿐만 아니라 왕의 전교와 왕에게 보고한 계사, 각 관청 사이에 오고 간 공문서뿐만 아니라 사목과 좌목, 물목과 반차, 의주 등이 모두 수록되어 있다.

국가의 비상시적 특정 업무에 대한 종합자료집 형식의 등록도 세 번째 종류에 포함된다. 『진주초군작변등록晉州樵軍作變謄錄』, 『양호초토등록兩湖招討謄錄』이 대표적이다. 반정부 행위 진압과정을 기록한 등록이다. 예를 들면, 『진주초군작변등록』은 1862년(철종 13)에 발생한 진주민란 관련 진주목사의 관문關文, 전령傳令, 상소上疏, 장계狀啓, 회계回啓, 공초供招 등 다양한 공문서를 모아 놓아 진주민란의 전모를 파악할 수 있도록 한 종합자료집 성격의 등록이다.

조선시대 등록류 자료의 분류에 지속적인 관심을 가져온 이형중은 2018년에 등록 자료의 범주를 확대하고, 또 세분화하여 등록을 다음과 같이 다섯 가지 유형으로 재분류하기도 하였다. ①각 관청에서 매일 작성하는 업무일지 형식의 일지형 등록기록, ②수교 또는 전례 등을 정리하여 법전에 준하는 위상을 부여한 준법전형 등록기록, ③사실관계 증빙이나 업무 관리를 위해 핵심 내용 또는 사항을 간략히 초출하거나 단자 등의 형식으로 베껴 적은 대장형 등록기록, ④업무기능이나 단일 주제별로 수발신된 공문서 및 관련된 기타 문서를 편철한 문서철형 등록기록, ⑤특정 업무 및 사안을 국왕에게 보고하거나 업무에 참고하기 위해 작성한 자료집형 등록기록이다.

이와 같이 현전하는 등록의 종류는 조선시대 국가기관의 성격과 주요 업무에 따라 다양하다. 등록의 편찬 방식은 기본적으로 원문서를 베껴 수록하는 방식을 공통적으로 채택하고 있으나 세부적인 구성 방식이나 유형은 무엇을 기록하고 있느냐에 따라 차이를 보인다. 이는 한편으로는 등록을 단일한 성격과 형식을 지닌 정형화된 하나의 국가 기록물로 바라볼 것이 아니라 동일한 기록관리 시스템상에서 파생되는 다양한 성격과 형식의 기록물로 인식해야 함을 의미한다.

현전하는 가장 오래된 등록

그렇다면 현전하는 다양한 성격과 형식의 등록 가운데 가장 오래된 등록은 무엇일까? 우리가 잘 알고 있는 바와 같이 현재 남아 있는 역사 기록은 주로 임진왜란 이후의 자료들이다. 왜냐하면 1592년(선조 25) 임진왜란 당시 선조가 파천播遷을 하자, 한양도성 안의 성난 백성들이 경복궁에 불을 질러 궁궐이 소실되었는데 이때 궁궐 안에 있던 춘추관의 귀중한 문헌자료도 모두 소실되었기 때문이다.

현전하는 가장 오래된 등록은 등록에 가장 먼저 등장하는 내용을 기준으로 할 것인가 아니면 등록에 가장 나중에 등장하는 내용을 기준으로 할 것인가에 따라 각각 달라진다.

등록에 가장 먼저 등장하는 내용을 기준으로 하면 한국학중앙연구원 장서각에 소장되어 있는 『종묘등록宗廟謄錄』(K2-2172)이 가장 오래된 등록이다. 이 등록은 맨 앞에 1555년(명종 10)에 사간원 대사간 박민헌朴民獻이 쓴 서문이 등장한다. 그리고 1555년(명종 10) 이후 1651년(효종 20) 6월 26일 인조비 인열왕후에게 가상존호를 올리고 제작한 도금보에 관한 기록까지 추록되어 있다.

1705년(숙종 31)에 마련된 「종묘책보등록증수범례」에 "구등록은 명종조에 만들어졌으므로 영녕전이 공정실에 그치고 종묘는 인종실에 그쳤다. 그 후 인조조에 완성부원군 신 최명길이 명종실 이하를 첨록하자고 아뢰어서 그때그때 기록했는데 그다지 잘 정리되지 못하였다"는 기록이 보인다. 따라서 이『종묘등록』은 명종 대 제작한 '구등록'에 이어서 기록한 것임을 알 수 있다.

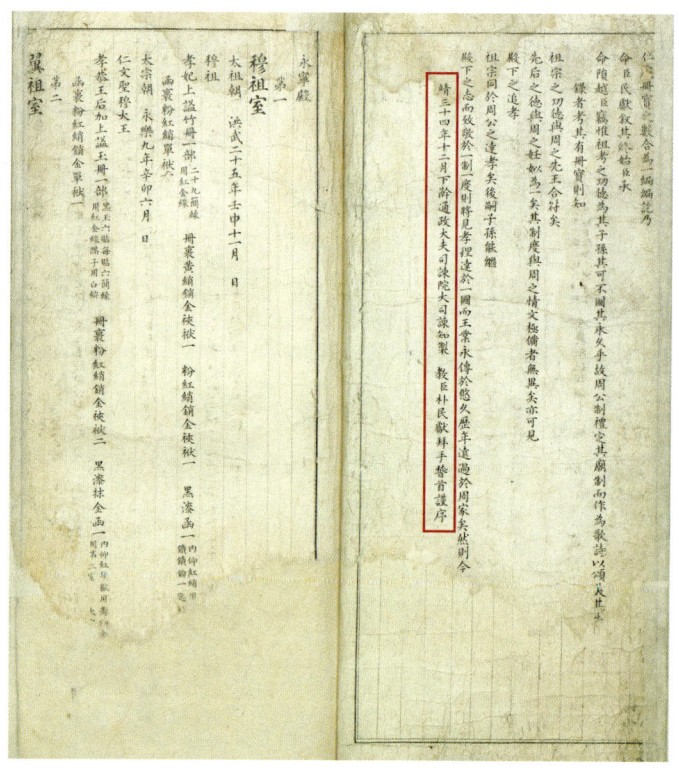

『종묘등록(宗廟謄錄)』(K2-2172) '종묘등록서문' 마지막에 등록의 작성 연대를 알 수 있는 기록이 보인다. '□靖三十四年十二月下澣 通政大夫司諫院大司諫知製 敎 臣 朴民獻 拜手稽首謹序'
(한국학중앙연구원 장서각 소장)

반면 등록에 가장 나중에 등장하는 내용을 기준으로 하면 현전하는 가장 오래된 등록은 『훈국등록訓局謄錄』이다. 『훈국등록』은 총 93책이며, 1책은 1617년(광해군 9) 8월 24일 경덕궁에 친림할 때의 응행절목을 마련하는 일과 관련하여 훈련도감에서 올린 계사과 절목으로 끝이 난다. 등록이라는 서명 앞에 붙인 '훈국'은 훈련도감을 일컫는 용어이다. 훈련도감은 도감이라는 명칭에서도 알 수 있듯이 임진왜란의 전란 중인 1593년(선조 26)에 임시 관청의 성격으로 설치된 새로운 중앙군이다. 1592년(선조 25) 12월 유성룡柳成龍이 군대 업무를 총괄하는 도체찰사都體察使에 제수된 이후 군사를 뽑아 훈련 시키는 일에 관한 사목事目을 선조에게 올렸는데, 이를 계기로 훈련도감이 창설되었다.

『훈국등록』은 훈련도감에서 왕에게 올린 계사 뿐만 아니라 비변사, 병조, 호조, 공조 등으로부터 접수한 각종 문서를 베껴 쓴 관청등록이다. 이 등록은 관청일지류 등록에 속한다. 1615년(광해군 7)부터 1881년(고종 18) 12월까지 266년간의 기록이 전한다. 후금이 조선을 침입했던 정묘호란, 소현세자의 죽음과 왕위계승권자의 교체 등 국내외적으로 불안한 시기의 기록은 빠지기도 하였다. 예를 들면, 1615년(광해군 7)~1617년(광해군 9), 1626년(인조 4)~1628년(인조 6) 10월, 1643년(인조 21) 9월~1645년(인조 23) 7월, 1653년(효종 4) 3월~1657년(효종 8) 12월까지 중간 중간 기록이 없는 기간도 있다.

그렇다면 현전하는 가장 오래된 등록인 『훈국등록』에 처음으로 등장하는 문서는 무엇이며, 어떤 내용을 담고 있을까?

『훈국등록』에는 1615년(광해군 7) 11월 10일 훈련도감에서 광해군에게 올린 계사啓辭가 첫 기록으로 등장한다. 계사는 왕에게 바로 보고할 수 있

는 당상아문堂上衙門에서 임금에게 올리는 글이다. 훈련도감은 직계直啓
가 가능한 당상아문이다.

"전사 우초관 前司右哨官 이선립李先立이 이번 11월 6일 내정內庭 후원後苑에
입직하였을 때, 내금위內禁衛 최만수崔萬壽에게서 훔친 것을 보자기에 싸
두었다가 별장別將, 부장部將 및 같은 임무를 맡은 초관과 포수砲手 등이
모두 모인 곳에서 잡혔습니다. 같이 근무하는 장교와 병사들이 더불어 항
오行伍를 이루는 것을 수치스럽게 여기니, 청하건대 먼저 태거汰去 시키십
시오. 후원에 나오는 초관은 반드시 훈련도감 장관의 천거를 받고 시재
試才에 입격入格한 뒤에 의망擬望하여 차출합니다. 그러함에도 이와 같이
도둑질을 하는 사람을 함부로 천거하니 아주 놀랍습니다. 그를 천거한 사
람 또한 태거 시키는 것이 어떠합니까?□…□"

乙卯十一月初十日
都監 啓曰前司右哨官李先立今十一月
初六日入直內後苑時內禁衛崔萬壽
被偸竊裹之於其袱見捉於別將部將
及其同任哨官砲手等衆會之處
同列壯士羞與爲伍請爲先汰去進
來哨官必奉都監將官之薦擧矣
試才入格後擬差如此偸竊之人□
爲薦擧極爲駭□其薦擧人□…
□……………………………□

1615년(광해군 7) 11월 6일에 창덕궁 후원에서 근무했던 훈련도감 소속 군인 이선립이라는 초관이 도둑질을 하다 붙잡히는 불미스러운 일이 발생하였다. 같이 근무하였던 군사들이 그를 수치스럽게 여기게 되었고, 이 문제를 해결하기 위해 훈련도감에서는 도둑질한 초관뿐만 아니라 그를 천거한 훈련도감의 장관도 함께 파직시키는 벌을 줘야 한다는 내용을 써서 왕에게 아뢰었다. 그리고 당시 올린 계사의 내용을 『훈국등록』에 그대로 베껴 적었다. 원래는 이 사안

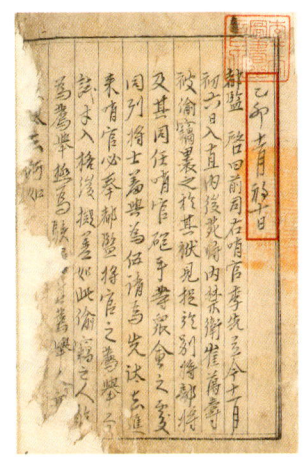

『훈국등록(訓局謄錄)』 첫 면
'을묘 11월 초10일' 기사
(한국학중앙연구원 장서각 소장)

에 관한 왕의 전교를 훈련도감에서 올린 계사 다음에 베껴 적는 방식인데 현재는 글자를 알아 볼 수 없을 정도로 마모가 심하여 실제 이 문제가 어떻게 처리되었는지 알 수 없다.

가장 오래된 등록인 『훈국등록』을 작성한 관청인 훈련도감은 어영청御營廳·총융청總戎廳·수어청守禦廳·금위영禁衛營 등과 함께 조선시대 5군영에 속한다. 군영등록은 이들 5군영에서 처리한 행정 문서를 각 군영마다 베껴 쓴 등록을 총칭하는 용어이다. 한국학중앙연구원 장서각에는 훈련도감에서 작성한 『훈국등록』을 비롯해 모두 569책을 소장하고 있고, 서울대학교 규장각한국학연구원에는 『훈국등록』 9책 등 120책을 소장하고 있다. 군영등록을 가장 많이 소장하고 있는 한국학중앙연구원이 서울대학교 규장각한국학연구원과 공동으로 유네스코 세계기록유산으로 등재하기 위해 2015년에 문화재청에 국내 후보로 신청하였다. 그러나

당시 국내 후보 심사에서 탈락했고, '조선왕실 어보와 어책', '국채보상운동 기록물'이 최종 후보로 선정되었다.

　조선시대 특정 직업집단인 군인의 일상생활을 고스란히 담고 있는 군영등록을 세계적인 기록유산으로 등재하기 위한 노력은 방대한 분량의『훈국등록』을 영인하고, 역주하는 성과로 이어졌다. 그리고 등록 자료의 영인과 역주라는 기초성과를 토대로 한국학중앙연구원에서 2017년에『조선 최정예 군대의 탄생』이라는 대중서를 발간하기도 하였다. 유네스코 세계기록유산에 등재되지는 못했지만, 조선왕조실록이나 승정원일기를 작성할 때 1차 사료였던 등록에 대한 연구와 관심은 군영등록 외에 왕실 가족의 가례등록, 의주등록, 제례등록과 같은 의례 등록에 대한 영인과 번역작업 또한 더욱 활성화되는 계기가 되었다.

　『훈국등록』다음으로 오래된 등록은『수연등록壽宴謄錄』이다.『수연등록』은 1616년(광해군 8)부터 1686년(숙종 12)까지 70여 년간 17세기 왕실의 연향을 준비하는 과정을 기록한 것이다. 이 등록은 개별 관청의 지속성을 띠는 단위 과제별 공문서철류 등록에 속한다. 예조에서 편찬하였으며, 현재 한국학중앙연구원 장서각에 소장되어 있다. 수연은 상수연上壽宴이라고도 하며, 왕실 가족 구성원 가운데 대왕대비, 왕대비, 대비 또는 왕과 왕비의 장수를 기원하는 왕실 연향이다. 선조와 광해군 대에 수연이라는 용어를 쓰다가 조선 후기로 갈수록 진연進宴이나 진찬進饌이라고 하였다.

　『수연등록』에 첫 번째로 등장하는 공문서는 1616년(광해군 8) 6월 25일에 당시 대전인 광해군을 위한 상수연에 관한 사목事目을 적은 예조 단자禮曹單子이다. 가장 오래된 등록인『훈국등록』의 첫 번째 등장 기사와는

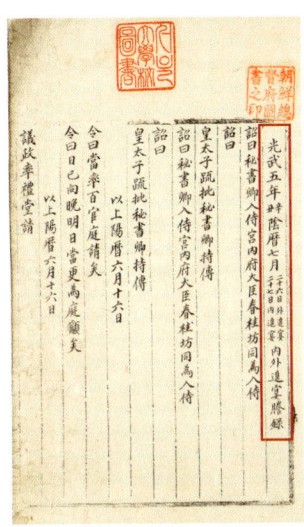

『내외진연등록(內外進宴膳錄)』
1901년(광무 5) 7월, 1902년(광무 6) 4월, 6월 세 번에 걸친 진연을 위한 준비 과정에 관하여 전선사에서 작성한 등록. 총3권으로 구성되어 있다. (서울대학교 규장각한국학연구원 소장)

6개월 정도 차이가 난다. 조선 후기와 대한제국 시기 왕실과 황실의 연향을 기록한 등록으로 서울대학교 규장각한국학연구원에『칙사연례등록 勅使宴禮膳錄』, 『진찬등록進饌膳錄』, 『내외진찬등록內外進饌膳錄』, 『내외진연등록內外進宴膳錄』등도 전한다.

그렇다면 가장 오래된 등록인『훈국등록』은 시기가 가장 올라가는 의궤와는 어느 정도 차이가 나타날까? 조선 왕조의 의궤 가운데 가장 오래된 의궤는 서울대학교 규장각한국학연구원에 소장되어 있는『의인왕후빈전혼전도감의궤懿仁王后殯殿魂殿都監儀軌』와 『의인왕후산릉도감의궤懿仁王后山陵都監儀軌』로 알려져 있다. 선조의 첫 번째 부인인 의인왕후 박씨가 1600년(선조 33) 6월 27일 승하하고, 같은 해 12월 22일에 장례를 마친 후 빈전혼전도감과 산릉도감에서 각각 제작한 의궤이다. 현재 두 의궤 모두 시작하는 부분과 끝나는 부분이 훼손된 상태이다.

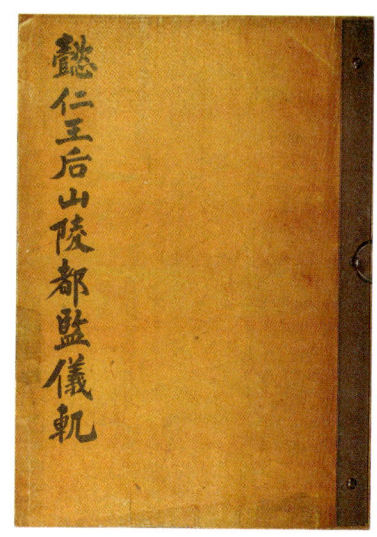 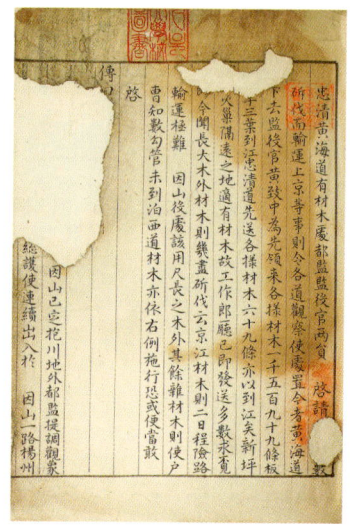

『의인왕후산릉도감의궤(懿仁王后山陵都監儀軌)』 표지(좌)와 첫 면(우) (서울대학교 규장각한국학연구원 소장)

　『의인왕후산릉도감의궤』에는 마지막으로 1601년(선조 34) 3월 14일자 도감제조 공조판서 이충원李忠元과 예조참판 성영成泳의 계문啓聞이 실려 있어 적어도 그 이후에 제작되었음을 알 수 있다. 최근 1601년(선조 34) 3월에 제작된 『세종대왕태실석난간수개의궤世宗大王胎室石欄干修改儀軌』가 학계에 소개되었다. 이 의궤는 현재 세종의 태실이 조성되어있는 경상남도 사천시 시청에 소장되어 있다.

　현재까지 세 종류의 의궤 모두 1601년(선조 34)에 제작된 것으로 파악된다. 현전하는 가장 오래된 의궤가 1601년(선조 34)까지 시기가 올라간다면, 현전하는 가장 오래된 등록은 그보다 15년 후인 1615년(광해군 7)의 기록이라는 점에서 차이를 보인다.

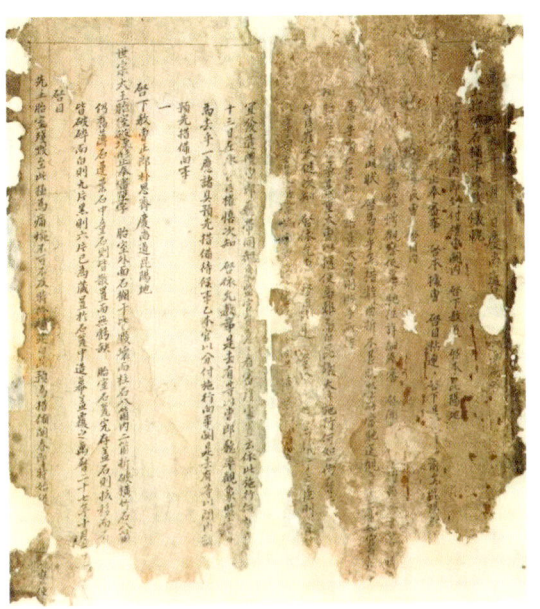

『세종대왕태실석난간수개의궤(世宗大王胎室石欄干修改儀軌)』 첫 면
(경상남도 사천시청 소장)

2. 등록은 왜 제작했을까?

'전례前例'를 중시하는 문화 전통

선조는 1592년(선조 25)에 발발한 일본과의 전쟁으로 한양 도성을 버리고 의주로 피난을 떠난 왕으로 잘 알려져 있다. 그 과정에서 국가 기록물이 거의 소실되었다. 전쟁이 끝나고 국가의 크고 작은 일을 처리할 때마다 신하들은 전쟁으로 국가의 문서가 산실되어 전례를 상고할 수 없다고 하

는 일이 빈번하였다.

그러자 선조는 "우리나라 사람들은 식견이 미치지 못하여 일을 처리할 때마다 담당 관사의 등록을 참고한다. 만일 등록만으로 천하의 일을 처리할 수 있다면 허수아비라도 등록만 지고 다니면 천하를 다스리기에 충분할 것이다"라며 신하들에 대한 불만을 강하게 표시할 정도였다. 또한 선조는 "천하의 일이 변화가 무궁한데 어찌 다 전례가 있겠는가?"라고 탄식하기도 했다. 선조는 신하들이 국가의 공무를 처리하는데 경험이나 식견보다 전례로서 남겨둔 기록물인 등록에 지나칠 정도로 의존하는 경향을 비판한 것이다.

선조와 신하들 사이에 오고간 대화를 통해 임진왜란 이전에도 관청의 등록이 제작되어 담당 부서의 업무에 적극적으로 활용되고 있었음을 알 수 있다. 선조의 불만과 비판, 탄식에도 불구하고 '전례前例'를 적어 둔 등록을 담당 관원들이 맡겨진 공무를 처리하는 데 제일 먼저 살펴보는 것은 중요한 관례였다.

국가 기록물로서의 등록은 보존과 활용이라는 두 가지 목적을 가지고 제작되었다. 즉 국가의 공적인 업무를 수행하는 과정에서 주고받은 공문서의 내용을 보존하고, 실제 동일한 공무를 다시 수행할 때 전례前例로써 활용할 수 있도록 부서마다 등록을 제작하여 비치하였다.

따라서 조선시대 한성부와 개성부를 제외한 77개 중앙행정관서에서는 다양한 업무를 총괄하는 상부 관청뿐만 아니라 상부 관청에 소속되어 개별적으로 전문적인 업무를 수행하는 하부 관청에서도 보존과 활용의 목적으로 등록을 편찬하였다. 지방의 감영이나 병영 등 지방행정과 군사행정을 담당하는 기관에서도 편찬하였다.

조선시대 중앙행정관서

	관계(官階)	관서(官署)		관계(官階)	관서(官署)
국왕직속	정1품	종친부	예조속	정3품	경연
		충훈부			홍문관
		의빈부			예문관
		돈녕부			성균관
	종1품	의금부			춘추관
	종2품	사헌부			승문원
	정3품	승정원			통례원
		사간원			봉상시
의정부	정1품	의정부			교서관
육조	정1품	이조			내의원
	정2품	호조			예빈시
		예조			장악원
		병조			관상감
		형조			전의감
		공조			사역원
이조속	종2품	충훈부		종3품	세자시강원
	정3품	상서원		정4품	종학
		종부시		종5품	소격서
		사옹원			종묘서
	정5품	내수사			사직서
호조속	정3품	내자시			빙고
		내섬시		종6품	전생서
		사향시			사축서
		사섬시			혜민서

호조속	정3품	군자감		종6품	도화서
		제용감			활인서
		사재감			귀후서
	정4품	풍저창			사학
		광흥창	병조속	정3품	사복시
	종4품	전함사			군기시
	종5품	평시서		정4품	전설사
		사온서	형조속	정3품	장예원
		의영고		종6품	전옥서
	정6품	장흥고		정3품	상의원
		사포서			선공감
	종6품	양현고	공조속	정4품	수성금화사
		오부		종4품	전연사
				정6품	장원서
				종6품	조지서
					와서

* 백선혜, 「『경국대전』의 기록관리 규정」, 『기록학연구』 제15집, 122쪽 <표 2> '중앙행정관서 녹사·서리 배치 수효(「이전·경아전」)'를 참고하여 수정함.

전례를 베껴 쓴 국가 기록물인 등록은 대체로 해당 업무를 맡은 개별 관청의 주관 하에서 편찬하였다. 현재 장서각과 규장각에 소장되어 있는 등록을 작성 주체별로 정리해보면 다음과 같다.

의정부, 비변사, 종친부, 종부시, 충훈부, 충익부, 의금부, 이조, 호조(판적사, 별례방), 예조(계제사, 전객사, 전향사, 전선사), 병조(결속색), 공조,

규장각, 사헌부, 사간원, 홍문관, 시강원, 춘추관, 홍문관, 사옹원, 사복시(목장색), 관상감, 장원서, 선전관청, 금위영, 포도청, 수어청, 별군직청, 통리교섭통상사무아문, 육영공원, 순무영, 시종원, 예장청, 정리청, 내수사, 가례청, 예문관, 장생전, 수진궁, 순무영, 종묘서, 사직서, 국장도감, 존호도감, 어영청, 승정원, 각도의 감영

이와 같이 조선시대 왕실과 국가의 업무를 담당하는 대부분의 상설 관청과 임시 관청에서 등록을 제작하였다. 정약용도 『목민심서』에서 등록을 "과거의 절목節目이나 식례式例"라고 명확하게 정의한 것을 미루어 보면 '전례를 베껴 적은 기록'인 등록을 제작하는 문화 전통이 조선시대를 관통하며 이어졌다는 것을 알 수 있다. 이는 『경국대전』에 명시된 문서보관 조항에서 파생되어 탄생한 등록이 공문서를 보존하고 전례로써 활용하는 효율적인 방식으로 채택되었음을 의미한다.

조선시대 중앙 행정 관서 대부분이 전례를 중시하는 문화 전통에 따라 등록을 제작하였지만, 개별 관청의 업무나 권한에 따라 등록의 내용이나 질, 보존 등에서 많은 차이를 보인다.

18세기 초 예조 계제사稽制司에서 소장한 등록謄錄의 종류

그렇다면 이 책에서 주목하고 있는 왕실 가족의 일생 의례를 기록한 의례 등록은 어느 관청에서 제작했을까?

조선시대 왕실 의례를 담당하는 정부 기관은 예조였다. 『경국대전』에

의하면, 예조는 정2품 아문으로, 속사屬司와 속아문을 두었다. 예조의 하급 관청에 해당하는 속사는 세 개 기관으로 구성되었다. 계제사稽制司, 전향사典享司, 전객사典客司가 각각 예조의 다양한 업무를 분담하였다.

첫 번째 기관인 계제사는 의식儀式, 제도制度, 조회朝會, 경연經筵, 사관史官, 학교學校, 과거科擧, 인신印信, 표전表箋, 책명冊命, 천문天文, 누각漏刻, 국기國忌, 묘휘廟諱, 상장喪葬 등에 관한 사무를 맡았다. 계제稽制라는 기관의 명칭은 여러 제도를 신중히 상고한다는 의미이다. 예조의 하급 관청 가운데 계제사에서 대부분의 업무를 담당하고 있었다고 해도 과언이 아니다. 계제사는 왕실의 가례뿐만 아니라 흉례와 같은 왕실 가족 구성원의 일생 의례를 총괄하였다.

두 번째 기관인 전향사는 연향宴享, 제사祭祀, 생두牲豆, 음선飮膳, 의약醫藥에 관한 사무를 맡았다.

세 번째 기관인 전객사는 사신使臣, 왜인과 야인의 영접[倭人野人迎接], 외방外方의 조공朝貢과 이에 대한 연설宴設, 사여賜與 등에 관한 사무를 맡았다. 전객사에서 1640년(인조 8)부터 1886년(고종 23)까지 250년간 전객사에서 수행한 업무와 그에 관한 각종 문서를 기록한『전객사일기』99책이 전한다. 책별로 표제가 다르며,『전객사일기』이외에도『전객사등록』,『전객사일기초』등이라고 하였다. 일기와 등록을 통용해서 사용한 예이다.

예조는 왕실 의례 뿐만 아니라 그 외의 다양한 업무를 담당하고 있었으므로 다른 관청에 비하여 가장 다양하고 많은 종류의 등록을 작성한 기관으로 손꼽힌다. 앞에서 설명한 것과 같이 상부 관청인 예조에 소속된 하부 관청별로 작성하기도 하고, 하부 관청 내에서도 세부 직무별로, 의례의 종류에 따라서 다양한 종류의 등록을 생산하였다.

서울대학교 규장각한국학연구원에 소장된 『계제사등록稽制司謄錄』 (奎 12975)에는 18세기 초까지 예조 계제사에서 보관하고 있던 각종 등록의 목록이 실려 있다. 『계제사등록』은 계제사에서 담당하는 업무 중 기복起復·사고史庫·신원伸冤·태묘악장太廟樂章에 관한 사항만을 1638년(인조 16)부터 1718년(숙종 44)까지 날짜별로 모은 관청등록이다. 이 등록의 원래 표제는 '기복등록起復謄錄'으로 되어 있다. 『계제사등록』에 처음 나오는 내용을 따라 붙여진 것이다. 기복은 기복출사起復出仕의 줄임말이다. 부모의 상을 당해 휴직 중인 관리에게 국가의 필요에 의해 상중이지만 직무를 보게 하던 제도이다. 기복 대상 관원에게 기복을 명하는 공문인 기복출의첩起復出依牒을 예조에서 발급하였다.

『계제사등록(稽制司謄錄)』
이 등록의 원래 표제는 '기복등록(起復謄錄)'으로 되어 있다. 『계제사등록』에 처음 나오는 내용을 따라 붙여진 것이다. (서울대학교 규장각한국학연구원 소장)

『계제사등록』의 첫 표지 다음 면에 등장하는 '계제사등록목록稽制司謄錄目錄'은 당시 계제사에서 소장하고 있던 등록의 목록을 적은 것이다. 이를 순서대로 정리하면 다음과 같다.

18세기 초 예조 계제사 소장 등록(총43건)

번호	계제사등록목록(稽制司謄錄目錄)
1	왕비가례등록 일(무인년)
2	왕비상등록 일(을해년)
3	세자상등록 일(을유년)
4	인조대왕국휼등록 일(기축년)
5	효종대왕국휼등록 제일(기해년), 제이
6	인선왕후국휼등록 일(갑인년)
7	현종대왕국휼등록 일(갑인년)
8	인조대왕부묘등록 일(인열왕후 · 효종대왕부묘, 인종대왕 · 명종대왕조천) 병부
9	신덕왕후부묘등록 일(인선왕후부묘, 현종대왕부묘) 병부
10	대왕대비전존숭등록 일(왕대비전존숭, 중궁전책례) 병부
11	효종대왕천릉등록 일(계축년)
12	세자탄생책례관례입학가례등록 일
13	이어초정온행등록 일
14	조의별하조참상참등록 일
15	각년제례등록 제일, 제이
16	각릉전알등록 제일, 제이
17	왕세자책례관례가례등록 일(세자빈책례, 원손책례) 병부
18	서원등록 제일, 제이, 제삼
19	대군출합공주가례등록 일(숙안 · 숙명 · 숙경공주가례, 숭선 · 낙선군가례) 병부
20	사묘친제등록 일(교화, 지지, 묘제) 병부
21	충효절의증시등록 이
22	사고기복신원등록 일
23	이이등록 일(창준, 서책, 금제, 역수, 일월식, 선생불공, 서원, 전감) 병서
24	인신등록 일

25	시예과시전강합부등록 일
26	시예등록 일
27	과시등록 일
28	전강등록 일
29	칙사등록 제일, 제이, 제삼, 제사(별칙이)
30	학교위판전패등록 제일, 제이, 제삼, 제사, 제오, 제육
31	태봉등록 일
32	과거등록 제일, 제이, 제삼, 제사, 제오, 제육, 제칠
33	상장등록 제일, 제이, 제삼
34	계후등록 제일, 제이, 제삼, 제사, 제오, 제육, 제칠, 제팔
35	별례계후등록 제일, 제이, 제삼
36	명안공주가례등록 일(경신년)
37	숙의가례등록 일(병인년)
38	왕비가례등록 일(신유년)
39	인경왕후국휼등록 일(경신년)
40	명성왕후국휼등록 일(계해년)
41	추상시호등록 일
42	교생고강등록 일
43	장렬왕후국휼등록 일(무진년)

총 43건의 계제사 소장 등록의 목록을 자세히 살펴보면, 조선시대 중앙 관청인 예조 계제사에서 주로 어떠한 업무를 담당했는지를 한 눈에 파악할 수 있다.

18세기 초까지 예조 계제사에서 소장하고 있던 등록은 『계후등록』, 『과거등록』과 같이 지속성을 띠는 단위 과제별 공문서철류 등록, 『왕비가례등록』, 『인경왕후국휼등록』, 『명성왕후국휼등록』과 같이 일회성 단일 사안별 공문서철류 등록, 『명안공주가례등록』, 『숙의가례등록』과 같이 일회성 단일 사안별 보고서 및 자료집류 등록 등 세 종류로 분류할 수 있다.

이형중의 분류 기준에서는 파악되지 않았던 왕실 가족 구성원의 일생 의례에 관한 일회성 단일사안별 공문서철류 등록의 존재를 확인 할 수 있다.

18세기까지 초까지 제작된 예조 계제사에서 소장하고 있던 총 43건의 다양한 등록 가운데 왕실 가족의 일생 의례를 기록한 두 종류의 의례 등록을 따로 구분해서 그 특징을 살펴보자.

예조 계제사 소장 '일생 의례 등록'은 왕위계승과 직접적으로 연관된 왕실

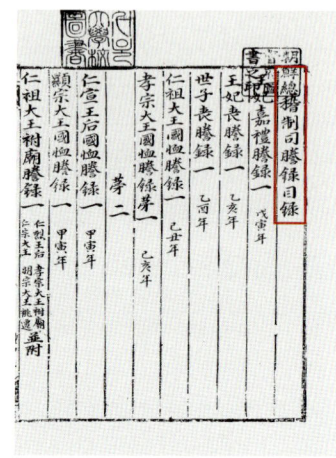

『계제사등록』 '계제사등록목록'
(서울대학교 규장각한국학연구원 소장)

가족 구성원인 대왕대비, 왕대비, 왕과 왕비, 왕세자뿐만 아니라 왕위계승과 일정한 거리를 두고 있는 왕실 가족 구성원인 대군, 공주, 군, 숙의淑儀의 일생 의례를 모두 포함하고 있다.

그리고 『왕비가례등록』, 『숙의가례등록』, 『대군출합공주가례등록』, 『명안공주가례등록』, 『세자상등록』, 『인조대왕국휼등록』, 『인선왕후국휼등록』 등 왕실 가족의 혼인과 죽음 의례를 기록한 가례등록와 국휼등록이 주를 이루고 있다. 가례와 상례 이외에 왕비와 왕세자의 책봉의례를 기록한 책례등록, 왕세자의 성년식을 기록한 관례등록, 왕과 왕비의 삼년상을 마친 후 종묘에 신주를 봉안하는 부묘등록 등 17~18세기 초까지 왕실 가족 구성원을 대상으로 하는 다양한 종류의 일생 의례가 등록으로 제작되었음을 알 수 있다.

일생 의례 가운데 출생 의례에 속하는 왕자녀의 태를 묻는 장태의례와

태실의 관리 실태를 기록인『태봉등록胎峯謄錄』도 예조 계제사에서 보관하고 있었다. 왕과 왕자녀의 태봉에 관한 업무는 예조의 속아문인 관상감에서 담당하였다.『태봉등록』은 지속성을 띠는 단위 과제별 공문서철류 등록에 속한다.

예조 계제사 소장 등록 목록 가운데 가장 먼저 등장하는『왕비가례등록(戊寅年)』이 18세기 초 예조 계제사에서 보관하고 있던 가장 오래된 왕비의 가례등록이다. 이 등록은 1638년(인조 16) 12월 4일에 치러진 인조와 인조의 계비 장렬왕후 조씨의 가례에 관하여 상설 관청인 예조에서 담당한 업무만을 기록한 등록이다. 인조의 정비 인열왕후 한씨는 1635년(인조 13) 12월 9일 대군을 낳은 후 4일 만에 갑자기 승하했다. 그 후 1638년(인조 16) 12월 4일 인조는 계비를 새로 맞이하는 가례를 치렀다. 현재 장서각에 보관 중인 이 등록의 서명은『무인년왕비가례』로 되어 있다. 이 등록의 표제가 '무인년왕비가례'로 되어 있는 까닭은 이 등록에 수록된 첫 번째 기사의 날짜가 '무인년'인 1637년(인조 15) 12월 22일 15~20세의 처녀들에 대한 금혼령으로 시작하고 있기 때문이다. 이 등록은 2017년에 한국학중앙연구원 21세기 장서각 연구사업의 일환으로『장렬왕비가례 계제사등록』이라는 서명으로 번역서가 출간되었다. 번역서에는 예조 계제사에서 작성한 등록임을 서명에 분명하게 밝혀 두었다.

그 다음으로 등장하는『왕비상등록(乙亥年)』은 1635년(인조 13) 인조의 첫 번째 부인인 인열왕후의 상례에 관하여 예조 계제사에서 작성한 등록이다. 18세기 당시 예조 계제사에서 보관하고 있던 가장 오래된 왕비의 상례등록이다. 현재 장서각에는 인열왕후의 상례를 기록한『인열왕후국휼등록』이 소장되어 있다.『왕비상등록』에 표기된 간지가 '을해'인 점을 통해 현재 장서각 소장본과 동일본으로 파악된다. 『인열왕후국휼등록』 은 1책(72장)으로, 1635년(인조 13) 12월 9일 인열왕후가 승하한 이후부터 1636년(인조 14) 4월 24일 졸곡까지 행해진 상례 과정을 기록하고 있다.

현재 한국학중앙연구원 장서각에는 인열왕후보다 3년 더 빠른 시기에 해당하는 왕비 상례 관련 등록이 소장되어 있다. 1632년(인조 8)에 승하한 인목왕후의 국상 때 예조 전향사에서 담당한 업무만 기록한『인목왕후국휼등록』이다. 이 등록은 예조 전향사에서 담당한 업무만을 기록한 등록이므로 당연히 18세기 초에 예조 계제사에서 소장하고 있었던 등록의 목록에는 포함되지 않았다. 현재 장서각에 소장된『명성왕후국휼등록』의

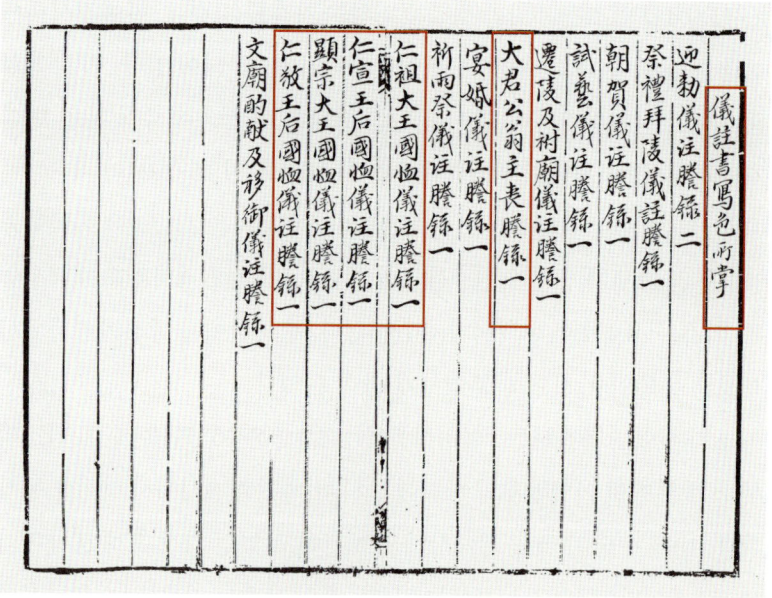

『계제사등록』 '의주서사색소장' 의주 등록(서울대학교 규장각한국학연구원 소장)

경우, 표지의 왼쪽에 등록의 제목인 '明聖王后國恤謄錄'이라 적고, 오른쪽 상단에 작은 글씨로 국상을 당한 해인 '癸亥'라고 적었으며, 그 하단에 '稽制司上'이라 적고 있다. 예조 계제사에서 작성한 국휼등록은 대체로 이와 동일한 형식을 취하고 있다. 18세기 초 계제사에서 소장 목록을 작성할 당시의 표제와 현재 장서각의 표제가 달라진 이유는 확실하지 않다.

18세기 초 예조 계제사에서 소장하고 있던 등록의 목록 가운데 왕자녀와 후궁을 대상으로 한 의례 등록은 모두 6건으로 파악된다. 이 6건 가운데 각종 의주를 서사하는 일을 담당하던 의주서사색이 소장한 『대군공옹주상등록』만 제외하고 모두 현재 규장각과 장서각에 소장되어 있다.

『대군공옹주상등록』은 의주서사색이 따로 소장하고 있었다는 점에서 대군과 공주, 옹주의 상례 의주를 함께 따로 모은 것으로 추정된다. 반면 인조, 인선왕후, 현종, 인경왕후 등 왕과 왕비의 의주등록은 개별적으로 작성되었다.

계제사 의주서사색 소장 의주등록(총13건)

번호	의주서사색소장(儀註書寫色所掌)
1	영칙의주등록 이
2	제례배릉의주등록 일
3	조하의주등록 일
4	시예의주등록 일
5	천릉급부묘의주등록 일
6	**대군공옹주상등록 일**
7	연혼의주등록 일
8	기우제의주등록 일
9	**인조대왕국휼의주등록 일**

10	인선왕후국휼의주등록 일
11	현종대왕국휼의주등록 일
12	인경왕후국휼의주등록 일
13	문묘작헌급이어의주등록 일

이와 달리『상장등록』은 왕자녀와 후궁뿐만 아니라 대신, 훈신, 종친, 외척 등의 상장喪葬과 천장遷葬에 관한 내용을 날짜별로 함께 모아서 기록하고 있다. 현재는『상장등록』제2, 제3, 제6만 장서각에 남아 있다. 제2는 1659년(효종 10) 7월 8일부터 1678년(숙종 4) 8월 6일까지의 기록이다. 제3은 1679년(숙종 5) 2월 4일부터 1706년(숙종 32) 11월 25일까지의 기록이다. 제6은 1737년(영조 13) 1월 2일부터 1744년(영조 20) 5월 27일까지의 기록이다.

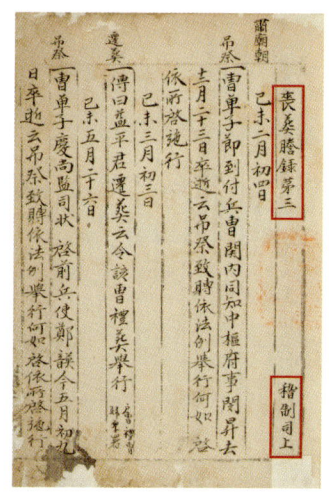

『상장등록』첫 면
(한국학중앙연구원 장서각 소장)

왕자녀의 상장례를 가례등록과 같이 인물별로 제작한 등록은 거의 남아 있지 않다. 현재 서울대학교 규장각한국학연구원에『명온공주방상장례등록明溫公主房喪葬禮謄錄』과 한국학중앙연구원 장서각에『완화군궁예장시등록完和君宮禮葬時謄錄』만이 전하고 있다. 모두 19세기 자료이다.『명온공주방상장례등록』은 1832년(순조 32) 5월 26일에 죽은 순조의 첫째 딸 명온공주의 상장례를 기록한 것이다. 왕실에서는 왕위계승과 관계없는 왕자녀는 혼인한 후 일정 기간 궁 안에 머물다가 출합한 이후에 궁궐을 떠나

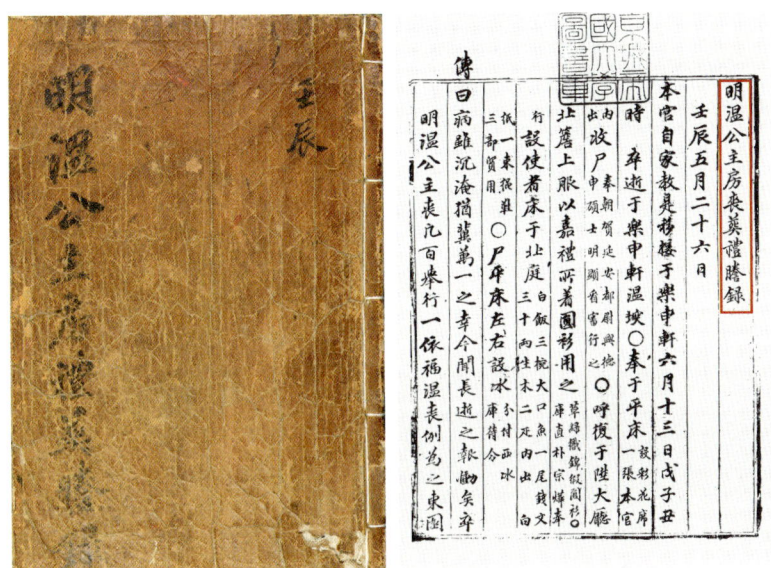

『명온공주방상장례등록(明溫公主房喪葬禮謄錄)』 표지(좌)와 첫 면(우)
(서울대학교 규장각한국학연구원 소장)

궁 밖에 따로 마련한 살림집인 궁가宮家에서 생활한다. 궁궐 밖 궁가에서 생활하는 왕자녀가 죽으면, 국가에서 예장을 하는 법적인 규정은 존재하지만, 장례를 마친 이후에 따로 개별적으로 국가 기록물인 등록을 작성하지는 않았다. 따라서 『명온공주방상장례등록』은 예조가 아닌 궁방인 '명온공주방'에서 작성한 것으로 추정된다.

이와 달리 『완화군궁예장시등록』은 종친부에서 소장한 것이며, 작성 주체는 종부시로 보인다. 고종의 서장자인 완화군은 9세에 완화군에 봉해지고, 10세에 관례를 올렸다. 그러나 혼인 전 13세 어린 나이에 요절하였다.

왕자녀의 가례에 관한 등록으로는 『대군출합공주가례등록』과 『명안

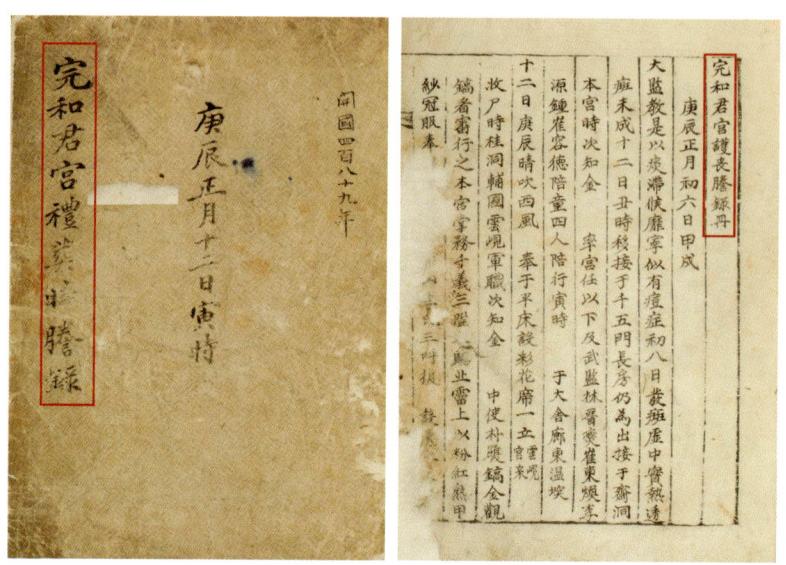

『완화군궁예장시등록(完和君宮禮葬時謄錄)』 표지(좌)와 첫 면(우) (한국학중앙연구원 장서각 소장)
표제와 달리 내제는 '완화군궁호상등록책'으로 되어 있다.

공주가례등록』이 예조 계제사 소장 목록에 포함되어 있다. 두 등록은 모두 왕자녀의 혼례를 기록한 등록이라는 공통점이 있다. 『대군출합공주가례등록』은 인평대군의 출합, 세 명의 공주(숙안공주, 숙명공주, 숙경공주)와 두 명의 왕자(숭선군, 낙선군) 가례를 모아서 한 책으로 엮은 것이 특징이다. 『대군출합공주가례등록』은 현재 장서각에 소장되어 있는데 제목은 『가례등록』으로 되어 있다. 1638~1662년에 혼인한 인조와 효종의 자녀의 가례에 관한 기록이다. 이와 비교했을 때, 『명안공주가례등록』은 명안공주의 가례만을 개별적으로 기록하고 있다. 명안공주는 현종과 명성왕후 김씨 사이에서 태어난 세 명의 공주 가운데 유일하게 혼례를 치른 공주이기도 하다. 명안공주의 가례등록을 시작으로 이후 왕자녀의 가례등록은 모두 인물별로 따로 제작되어 현전하고 있다.

왕실 가족 구성원의 일생 의례 가운데 왕비와 왕자녀의 혼인 기록인 '가례등록'을 서로 비교하여 좀 더 구체적으로 살펴보도록 하자. 당시 예조 계제사에서 보관해 오던 가례등록은 두 유형의 가례등록이 공존하고 있었다. 이 두 유형의 가례등록은 어떠한 차이가 있는지, 그리고 가례등록과 가례도감의궤는 어떠한 공통점과 차이점이 있는 지 17세기 왕실 가족의 가례등록을 통해 설명하고자 한다.

이를 위해 '계제사등록목록'에 가장 먼저 등장하는 『왕비가례등록(무인년)』을 상설 관청에서 제작한 가례등록의 한 예로 살펴보고자 한다. 이 가례등록은 17세기 초반에 작성된 것으로, 18세기 초에 계제사에서 보관하고 있던 가장 이른 시기에 작성된 왕비의 가례등록이다. 현재 한국학중앙연구원 장서각에 소장되어 있으며, 유일본이다. 이 등록은 상설 관청인 예조 계제사에서 1638년(인조 16) 12월 4일에 치러진 인조와 장렬왕후의 가례와 관련하여 계제사에서 담당한 업무만을 기록한 등록이다. 왕비의 가례등록은 계제사에서 왕비의 가례 업무를 담당하면서 생성된 공문서를 모은 등록에 해당한다. 일반적으로 상설 관청에서 담당 업무를 추진하는 과정에서 발생한 공문서를 '베껴 쓴謄錄' 것을 모아 놓은 '단위과제별 공문서철류 등록'의 유형에 속한다. 일종의 '각사등록各司謄錄'이지만, 지속성을 띠는 국가 사업이나 관청의 일상적 업무가 아니라 일회적인 왕실 가족의 일생 의례인 혼례를 기록하고 있다는 점이 특징이다.

상설 관청인 예조 계제사의 『왕비가례등록』과 별도로 현재 규장각한국학연구원에 소장되어 있는 『인조장렬왕후가례도감의궤』(奎 13061)는 임시 관청인 가례도감의 지휘 하에 진행된 인조와 장렬왕후의 가례를 총체적으로 파악할 수 있는 종합적 성격의 기록물이다. 일반적으로 왕과 왕비의 가례를 모두 마친 후 의궤청儀軌廳에서 가례도감의궤를 작성할 때 예조 계제사의 담당 업무만을 기록한 왕비의 가례등록(초등록草謄錄과 정서등록正書謄錄) 또한 참고자료로 활용하였던 것으로 보인다. 의궤는 임시로 조직된 도감의 총지휘 하에 여러 상설 관청뿐만 아니라 임시로 조직된 각 방房과 각 소所에서 국가와 왕실의 행사를 진행하는 과정에서 발생한 각종 공문서와 왕의 전교 등 개별적으로 정리해 둔 등록을 의궤청 소속 관원이 의궤의 편집체제에 맞춰 다시 수정한 것이라는 점에서 상설 관청의 등록과 구별된다. 그러나 의궤 또한 등서해 둔 기록을 바탕으로 제작된다는 점에서 일종의 등록류 책자에 해당한다. 이런 까닭에 당시 조선의 왕과 관료들 사이에서도 의궤와 등록을 서로 혼용해서 지칭하는 사례가 나타난다.

　18세기 초 예조 계제사에서는 왕비의 가례등록과 다른 성격을 지니는 공주와 왕자의 가례등록도 소장하고 있었다. 『대군출합공주가례등록』(현재 서명은 『가례등록』임)과 『명안공주가례등록』이 이에 해당한다. 후궁의 가례등록인 『숙의가례등록』도 동일한 유형의 등록에 속한다.

　일반적으로 왕녀와 왕자, 후궁의 가례는 가례도감보다 규모가 작은 가례청嘉禮廳을 예조 산하에 임시로 조직하여 가례를 총관하도록 하였다. 왕실 가족의 혼례는 국혼國婚이므로 임시 관청인 가례도감과 가례청을 조직하여 준비하였다. 그러나 가례도감에서 주관하는 왕이나 왕세자의 가례는 가례를 마친 후에 따로 어람용과 분상용 '의궤'를 여러 건 제작하는 반면, 왕녀와 왕자, 후궁의 가례를 마친 후에는 등록 1건만 제작하였다. 그리고 앞에서 살펴본 왕비의 가례등록과 같이 계제사에서 담당한 업무만 기록해둔 상설 관청의 가례등록을 따로 제작하지 않았다. 가례 업무를 마친 후 등록청謄錄廳을 조직하여 임시 관청인 가례청에서 주관하여 진행한 업무를 종합적으로 정리하여 의궤와 동일한 성격의 가례등록을 작성한다. '등록청'이라는 용어는 18세기 화순옹주의 가례등록을 제작할 때부터 공식적으로 등장하기 시작한다. 따라서 기록방식은『가례도감의궤』를 닮았다. 그러나 공식적으로 가례청을 조직하기 전 단계에 예조에서 주관하여 치러지는 초간택, 재간택, 삼간택 과정도 함께 기록하고 있다는 측면에서『가례도감의궤』와는 구별된다. 그 외에도 반차도, 도설 등의 유무로 등록과 의궤의 위계를 구분하기도 한다.

왕의 자녀 가운데 왕세자를 제외한 왕녀와 왕자의 혼인은 예조 산하 임시 관청인 가례청에서 담당하였으므로 가례등록은 예조에 보관하였다. 예조 계제사에서 작성하는 왕비의 가례등록과 공주와 왕자의 가례등록은 '가례등록'이라는 서명은 동일하지만, 전자는 상설 관청의 등록이고, 후자는 의궤와 동일한 성격을 갖는 임시 관청의 등록이라는 가장 큰 차이가 있다.

3. 의례 등록은 어떻게 제작했을까?

그렇다면 왕실 가족의 의례 등록은 어떠한 과정을 거쳐 제작되었을까? 예조의 담당 부서에서는 의례를 모두 마친 후에 곧바로 등록을 작성할 팀을 조직하였다. 의례를 준비하는 과정에서 생산된 다양한 문서들을 모두 수합한 다음 날짜별, 문서형식별로 정리하여 개별적인 의례 등록을 작성하는 경우가 대부분이었다.

초고본 → (교정) → (재고본) → 교정 → 정고본

왕실 가족의 상장례 업무를 담당한 예조 계제사의 상장등록을 사례로 살펴보면 위와 같은 과정을 거쳐 정고본 등록이 완성되었다. 예를 들면, 국상이 발생하면, 맨 먼저 초서草書로 초고본草稿本을 작성하였다. 우선 괘판이 없는 백지에 난삽하게 일기형식으로 관련 사항을 기록하고, 주홍색이나 옅은 황색 먹을 사용하여 교정하였다. 초고본에서 교정단계를 거쳐 정고본으로 완성되는 과정에서 등록을 작성하는데 사용하는 서체는 흘려 쓴 초서체에서 단정한 해서체로 변화되었다.

왕이나 왕비의 경우 국상을 전담하는 임시 기구인 도감에서 상장례를 마친 다음에 따로 의궤청을 조직하여 의궤를 작성한다. 이때 예조 계제사를 포함한 각 관청에서 개별적으로 작성한 등록을 의궤청으로 보내어 의궤를 작성하는 근거 자료로 활용한 후에 다시 개별 관청에 비치하도록 한 것으로 보인다. 이러한 구조 하에서 왕실 가족의 일생 의례에 관한 기록물인 의궤와 등록이 함께 존재할 수 있었다. 다만 이 경우, 의궤가 종합적 성격의 보고서라고 한다면, 등록은 담당 부서의 해당 업무만 서술하게 된다.

가례등록의 제작 과정

등록은 대체로 원본 문서의 전문 또는 일부를 해서체로 등서하여 수록하는 방식으로 편찬되었다. 조선시대에는 원칙적으로 반듯한 해서체로 공문서를 작성하도록 하였기 때문이다. 『비변사등록』과 『훈국등록』같이 예외적으로 초서체로 등록을 작성한 사례도 보인다. 그러나 일회성을 띠는 왕실 가족의 일생 의례를 기록한 의례 등록은 초서체로 작성한 등록만 남아 있다면, 마지막 최종본이 만들어지기 이전 단계인 초고본일 가능성이 높다.

왕자녀의 혼례가 국가 기록물인 '등록'으로 남겨질 수 있었던 이유는 국왕의 자녀라는 신분적인 특수성 때문이다. 왕실 가족의 혼인을 국혼國婚이라고 하는데, 국혼에는 왕과 왕세자의 혼인뿐만 아니라 왕의 자녀인 대군, 군, 공주, 옹주의 혼인도 포함된다. 이러한 특성으로 왕자녀의 가례에는 국가기관의 물력과 인력이 지원되었고, 담당 관청인 예조 산하에 가례청이라는 임시 관청을 조직하여 왕자녀의 가례를 순조롭게 진행하도록 하였다.

조선시대 왕의 딸인 공주와 옹주의 일생 의례 가운데 혼인 의례를 기록한 '가례등록'은 현재 장서각과 규장각에 모두 13건이 소장되어 있다. 가장 오래된 『가례등록』 1건에 효종의 딸인 숙안공주, 숙명공주, 숙경공주의 가례를 혼인한 순서에 따라 함께 기록하고 있다. 나머지 왕녀들의 가례는 모두 『○○공주(또는 옹주)가례등록』이라는 서명으로 개별적으로 1건씩 작성하였으며, 모두 12건 남아 있다. 따라서 가례등록이 남아 있는 왕녀들은 모두 15명이다. 왕녀의 가례등록은 17세기 중반부터 19세기 후반까지 골고루 분포하고 있다. 1650년(효종 1) 12월 11일에 가례를 치룬 효종의 딸 숙안공주淑安公主부터 1872년(고종 9) 4월 13일에 가례를 치룬 철종의 딸 영혜옹주永惠翁主(1858~1872)까지 총 15명의 왕녀 가례를 살필 수 있다.

왕자의 가례등록은 모두 4건이 현전하며, 모두 왕자 6명의 가례 기록이 남아 있다. 17세기 초에 작성한 『가례등록』에 인평대군麟坪大君은 출합에 관한 기록만 전하며, 숭선군崇善君과 낙선군樂善君의 가례가 함께 기록되어 있다. 18세기 초 연잉군 가례 이후로 개별적인 가례등록이 작성되었다. 연잉군과 연령군의 『왕자가례등록』에는 관례등록과 출합등록이 함께 묶여 있다. 그 후 19세기 말에 제작된 의화군義和君의 가례등록이 전한다. 의화군의 관례는 봉작등록과 함께 『의화군관례등록義和君冠禮謄錄』으로 따로 작성하였다.

왕의 자녀인 왕자와 왕녀 외에 왕의 손자녀의 가례등록도 현전한다. 모두 사도세자의 자녀들이다. 임오화변으로 아버지 사도세자가 뒤주에 갇혀 죽은 이후 할아버지인 영조가 살아 있을 때 모두 혼인을 하였다. 청연군주淸衍郡主, 청선군주淸璿郡主, 은전군恩全君의 가례에 관하여는 가례등록으로 제작되었다. 반면 은언군恩彥君과 청근현주淸瑾縣主는 등록이 아닌 의궤로 제작되었다. 왕손임에도 불구하고 영조의 특명으로 어람 1건, 동궁 1건, 사각 1건, 예조 1건 총 4건의 의궤가 작성되었다.

명온공주의 혼인에 관한 기록은 한국학중앙연구원 장서각에 소장된 『명온공주가례등록』과 서울대학교 규장각한국학연구원에 소장된 『명온공주방등록』 2종류가 있다. 한국학중앙연구원 장서각에 소장된 『명온공주가례등록』은 모두 3건(K2-2640, K2-2641, K2-2642)이 있다. 예조에서 의례등록을 작성할 때에는 보통 초출初出과 정서正書 2단계를 거치게 되는데, 명온공주의 가례등록을 작성할 당시에는 초출 → 중초中草 → 정서까지 모두 3단계를 거쳐서 제작하였다. 18세기 후반 이후 왕자녀의 가례등록이 목차를 갖춘 의궤의 형식을 갖춰나가는 과정에서 나타난 변화로

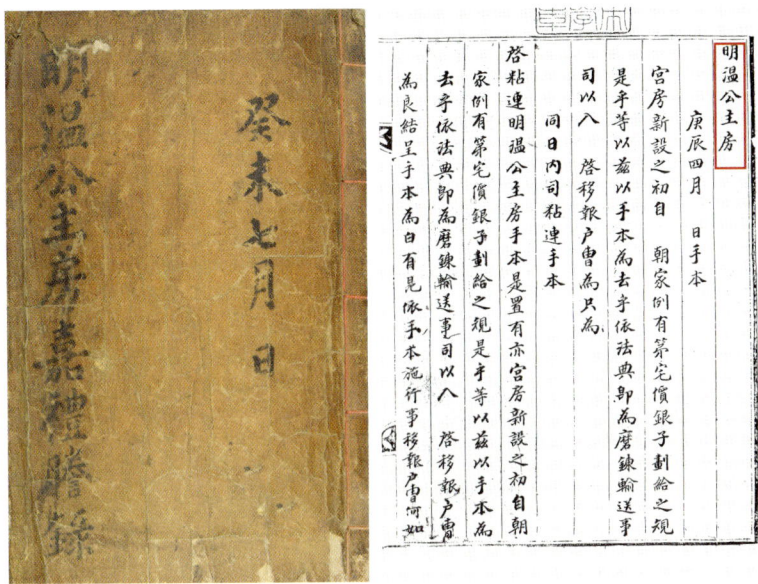

▲ 『명온공주방등록』 표지(좌)와 첫 면(우) (서울대학교 규장각한국학연구원 소장)
▼ 『명온공주가례등록』 목차 일부(우) (한국학중앙연구원 장서각 소장, K2-2641, 중초본)

보인다. 최종적으로 정서한 가례등록을 작성하는 과정에서 산출된 K2-2641은 교정의 흔적이 남아있는 중초본이며, K2-2640은 K2-2641의 일부 내용이 떨어져 나간 형태로 묶인 것으로 둘을 합하면 정서본인 K2-2642의 내용과 일치한다. 다만, 정서본 K2-2642에는 맨 마지막에 출합에 관한 내용이 따로 추가되었다는 차이가 있다.

이에 비해 명온공주방에서 작성한 것으로 보이는 『명온공주방등록』은 1820년(순조 20) 4월 명온공주의 혼인 전에 제택第宅을 구입하여 궁 밖에 살림집을 미리 준비하고, 지방에 궁방전을 마련하는 과정이 포함되어 있다. 그 후 가례와 출합, 순조와 효명세자의 공주가 방문, 1827년(순조 27) 효명세자가 함흥과 영흥본궁으로 보내는 의폐와 향축을 지송한 후에 환궁하는 길에 공주가를 방문하는 내용까지 기록하고 있다. 따라서 현재 등록의 표제는 『명온공주방가례등록』으로 되어 있으나 『명온공주방등록』이 더 적절하다.

예조에서 작성한 『명온공주가례등록』은 가례의 절차뿐만 아니라 가례에 필요한 물품과 인원의 조달과정을 담당하는 국가기관의 입장에서 기록한 등록이다. 반면, 『명온공주방등록』은 명온공주가 혼인 후에 궁을 떠나 평생을 살게 될 살림집과 생활비를 마련하는 과정과 국가에서 지급하는 것들 외에 실제 왕실에서 공주의 가례를 위해 지급한 물품과 비용을 상세하게 적고 있다.

『(연잉군)왕자가례등록(延礽君)王子嘉禮謄錄』과 『화순옹주가례등록和順翁主嘉禮謄錄』에 기록된 내용을 토대로 왕자녀의 가례등록을 실제 어떻게 제작했는지 살펴보도록 하자.

먼저 18세기 초에 작성된 왕자의 가례등록인 『(연잉군)왕자가례등록』

에는 17세기 말에 작성된 『명안공주가례등록』에는 보이지 않던 등록 제작에 관한 기록이 처음으로 등장한다.

등록 제작에 관한 기록은 숙종이 왕자 연잉군의 가례를 마치고, 혼례를 치르는 과정에서 수고한 사람들에게 직접 상을 하사한 '상격' 다음에 나온다. 가례청에서는 가례등록을 제작하기 위해 초주지 2권과 백지 3권, 황필 2자루, 백필 2자루, 진묵 2정, 교말膠末 1승을 호조, 공조, 장흥고, 풍저창, 예빈시에 각각 지급해 줄 것을 요청하였다.

가례등록을 작성하는 과정은 2단계를 거쳤다. 처음 초출 단계에서는 백지와 백필을 사용하였고, 정서 단계에서는 초주지와 황필을 사용하였다.

또한 연잉군의 가례를 등록할 때 수직 군사 1명을 보내줄 것을 요청하는 감결을 병조와 위장소에 보냈다. 다음으로 가례청의 서리 2인, 서사 1인, 고직 1명과 사령의 한달치 품삯을 지급해 줄 것을 호조와 병조, 군자감에 각각 요청하였다. 원래 가례청에 소속되어 일을 맡았던 서리와 서사, 고직, 사령 가운데 필요한 인원만을 따로 남겨두어 한 달 동안 등록을 작성하도록 한 것이다.

대체로 왕자의 가례등록은 한 달을 기한으로 정해두고 작성하였다. 가례등록을 작성하는데 동원되는 인원들의 품삯을 한 달 동안 지급해 주도록 요청하고 있기 때문이다. 등록을 직접 서사하는 사람은 가례청에 소속되어 있던 서사 1명이었고, 나머지 사람들은 관련된 문서를 모으고, 지키는 역할을 담당하였다.

옹주의 가례등록이 어떻게 작성되었는지는 1732년(영조 8)에 치러진 화순옹주의 혼인 기록인 『화순옹주가례등록』을 사례로 살펴보자. 화순옹주는 영조의 둘째 딸이다. 영조가 즉위한 후 처음으로 혼인한 딸로, 『(연잉군)

왕자가례등록』에 기록된 내용보다 더욱 상세하다.

화순옹주의 가례등록 제작에 참여한 인원은 연잉군 때와 같지만 크게 두 가지 점에서 차이를 보인다. 첫째, 등록을 작성할 임시기관의 명칭을 따로 '등록청'이라 칭하고 있다는 점이다. 둘째, 등록을 작성하는 이유를 명시하고 있다는 점이다. "가례 때 의주 절목과 응행 제사를 적어두어 후일의 참고를 위해 갖추어 두기 위한" 목적으로 등록을 작성하였다. 제작 목적을 분명히 제시하였을 뿐만 아니라 규모는 작지만, 의궤를 작성하는 임시 관청을 의궤청이라고 한 것과 같이 청의 이름을 사용하고 있다는 점에서 가례등록 제작이 보다 체계화되어 가고 있음을 알 수 있다.

화순옹주의 가례등록을 제작하기 위한 등록청이 설청 되는 시기, 등록청에 소속되는 사람들, 그리고 등록 제작에 필요한 물품들을 정리하면 다음과 같다.

1732년(영조 8)에 치러진 화순옹주와 월성위 김한신의 혼인은 ① 납채納采(10월 29일 미시), ② 납폐納幣(11월 초8일 오시), ③ 명복내출命服內出(11월 25일 사시), ④ 친영親迎(11월 29일 오시) 까지 순조롭게 진행되었다. 친영을 마친 다음 날인 11월 30일 상격賞格을 위한 별단別單이 작성됨으로써 화순옹주의 가례는 공식적으로 종료되었다.

이에 따라 12월 3일 서리 2인, 서사 1인, 고직 1명, 사령 1명, 수직 군사 1명이 소속된 등록청이 새로이 구성되었다. 등록청 소속 원역의 요포料布는 호조와 병조에서 1개월 품삯을 지급하도록 하였다. 등록청이라는 별도의 임시 부서는 가례청 안에 설치하였다. 또한 등록을 작성할 때 정서와 초출에 필요한 초주지 3권, 백지 3권, 황필 3자루, 백필 3자루, 진묵 3정, 교말 2승 등을 호조, 공조, 장흥고, 풍저창, 예빈시에서 공급하도록 요청하였다. 『(연잉군)왕자가례등록』에 사용한 초주지는 모두 2권이었으나 그보다 1권이 더 추가된 초주지 3권이 정서본 등록을 작성하는데 사용되었다.

그리고 등록청이 조직되고 이틀 후인 5일까지 각사에 소장된 각종 자료와 '별건성책'을 등록청으로 보내도록 요청하였다. 이는 화순옹주의 가례등록을 작성하는 데 필요한 기초자료들이 가례 때 각종 업무를 맡았던 관청에 개별적으로 소장되어 있었기 때문에 등록청에서 이 자료들을 총괄적으로 모으기 위한 것이다. 그리고 화순옹주의 가례등록을 작성하는데 필요한 책지를 인찰冊紙印札하기 위해 선사화원善寫畫員 2인을 등록청으로 보내주도록 도화서圖畵署에 따로 요청하였다. 가례등록을 제작하는데 이전 보다 더 많은 정성을 드리는 모습을 기록을 통해 파악할 수 있다.

18세기와 달리 19세기에 명온공주의 등록을 제작할 때에는 초출 단계와 정서 단계 사이에 중초 단계가 추가되었다. 이때 단계별로 초출용 백휴지 2근, 중초용 백지 3권, 정서용 초주지 3권이 각각 들어갔다. 그리고 "명온공주가례의궤수정시明溫公主嘉禮儀軌修政時"라는 표현이 등장하는데, 의궤와 등록이라는 용어의 엄격한 구별이 희미해지고 혼용되고 있는 모습을 볼 수 있다. 또한 가례의궤 낭청인 예조 정랑 1원, 서리 2, 서사 1, 고직 1, 사령 1, 수직 군사 1명, 포도 군사 1명 등 9명으로 구성된 의궤청의 의궤좌목儀軌座目도 따로 작성하였다. 임시 관청의 명칭이 등록청이 아니라 의궤청으로 바뀌었고, 포도군사 1명이 더 추가되었다.

다음으로 『숙의가례청등록淑儀嘉禮廳謄錄』을 통해 후궁 정2품 숙의의 가례등록 제작 과정을 살펴볼 수 있다. 18세기 초에 작성된 왕자와 옹주의 가례등록보다 이른 시기인 17세기 후반에 작성한 후궁의 가례등록이다. 『숙의가례청등록』은 1686년(숙종 12)에 치러진 숙종과 후궁 김씨의 가례를 기록한 것이다. 후궁 가운데 간택 후궁은 따로 가례청을 설치하여 혼인을 전담하도록 하였고, 후궁이 종2품 숙의로 입궁하는 과정을 모두 기록으로 남겼다.

등록의 작성은 숙종과 숙의 김씨의 가례를 마치고 난 4월 29일에 초주지 1권과 백지 3권을 요청하면서 시작되었다. 왕자녀의 등록 작성에 필요한 인원과 동일하다. 서리 2인, 서사 1인, 고직 1명, 사령 1명이 가례등록 제작을 돕기 위해 일한 삯으로 1개월 요포를 지급 받았다.

가례청의 낭청은 서사와 서리와 같은 실무 담당자들이 가례등록을 작성하는 과정을 감독하는 일을 맡았다. 가례청 낭청은 예조의 근무와 당직에서 제외되었으며, 제관으로 차출하지 않도록 배려했다. 가례등록의 작성이 잘 진행되도록 감독하는 일에 전념하도록 한 조치였다.

장태등록의 제작 과정

이와 비교하여 일생 의례 가운데 출생 의례에 속하는 장태의례를 기록한 장태등록의 제작과정은 가례등록의 제작 과정과 차이를 보인다. 왕자녀와 후궁의 혼인은 한양 도성 안에서 이루어지는 반면, 왕자녀의 태를 묻는 장태의례는 태실을 조성하는 지방에서 이루어졌다. 또한 왕실의 가례가 의례를 마치고 나면 의례의 현장이 사라지지만, 장태의례는 지방에 왕자녀의 태를 묻은 다음 태실이라는 가시적인 조형물이 남게 된다. 그리고 지방관은 왕과 왕자녀의 태실이 화재나 자연재해로 인하여 훼손되는 일은 없는지를 지속적으로 잘 감독해야 할 의무가 있었다.

따라서 장태의례를 마치면, 왕이 어람할 용도로 등록을 제작하고, 태실을 조성한 지방과 담당 관청에 보관할 용도로 여러 건의 의궤를 따로 제작하였다.

예를 들면, 1783년(정조 7) 경상도 예천군에 문효세자의 태를 묻은 장태기록인 『원자아기씨안태등록元子阿只氏安胎謄錄』에는 어람등록과 의궤 4책을 작성하는데 필요한 잡물들이 기록되어 있다. 어람등록 1건 외에 의궤 4책은 예천에서 차출한 등록서사인 1명과 책장 오필홍이 참여하여 등록과 의궤를 각각 제작하였다. 이 때 어람등록 외에 작성된 의궤 4건은 중앙에 있는 담당 부서인 예조에 1건, 본감에 1건, 태실이 소재한 지방의 관리책임자가 속한 감영에 1건, 본관에 각각 1건씩 소장하도록 하였다. 여기서 본감은 장태 업무를 담당하고 있는 예조 소속 관청인 관상감이다. 감영은 예천군이 속한 경상감영이며, 본관은 태실이 조성된 지역인 예천군을 각각 가리킨다.

또 다른 예로 『원손아기씨안태등록元孫阿只氏安胎謄錄』은 1827년(순조 27) 원손(후일의 헌종)의 태를 충청도 덕산에 있는 가야산 명월봉 아래 묻는 장태의례를 기록한 것이다.

원래 순조에게 바치기 위해 작성한 어람등록책과 당시 부왕인 순조의 명으로 대리청정을 하고 있었던 효명세자에게 바치기 위해 작성한 예람등록책을 동일하게 홍색을 사용한다고 계획하였으나, 나중에 왕과 왕세자의 신분을 구별하기 위해 예람용은 청색으로 모두 바꾸도록 하였다. 이에 따라 관상감 제조가 예람등록책에 들어갈 붉은 옷, 면주로 만든 붉은 보자기, 당주홍, 홍목궤자 등의 물건을 푸른색 책의, 면주로 만든 푸른 보자기, 당청사, 당청화, 흑목궤로 바꾸어 대령하도록 공충 감영에 관문을 보냈다.

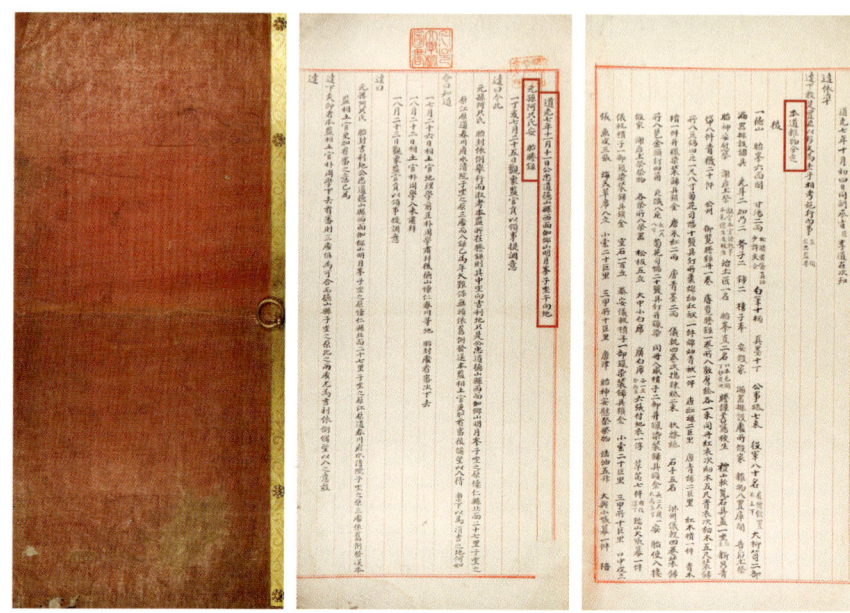

『원손아기씨안태등록(元孫阿只氏安胎謄錄)』 어람용 표지(좌) 및 첫 면(중), 잡물을 지역별로 분정한 내역(우)
(서울대학교 규장각한국학연구원 소장)

    그러나 지방과 중앙의 담당 관청에 보관할 용도로 작성한 의궤 4건의 경우에는 모두 홍색을 사용하도록 하였다.

    다음은 최종적으로 공충도에 속한 덕산, 공주, 홍주, 서산, 태안, 면천 등지에 등록과 의궤 제작에 필요한 인원과 물목을 분정한 내역을 <표>로 정리한 것이다.

공충도에 잡물을 분정한 내역

덕산	등록서사교생
공주	어람등록책 1권과 예람등록책 1권에 들어갈 돈후지 각 1속, 위의 책 홍색 책의용

	세목 5자와 푸른색 책의용 세목 5자, 장식에 들어갈 두석 4편 1자 8치, 못 딸린 국화사복 10쌍, 봉과할 면주로 만든 붉은 보 1건과 면주로 만든 푸른 보 1건, 당홍사 2꾸리, 당청사 2꾸리, 납염장식하고 자물쇠 딸린 홍목궤 1건과 청목궤 1건, 당주홍 2냥, 당청목 2냥, 의궤 4건에 들어갈 도련지 3속
홍주	의궤 4권을 장식하는데 들어갈 걸쇠못 4개, 편철 8편, 못 딸리고 모두 납염한 국화사복 20쌍, 위의 책을 담을 궤자 2부 모두 납염 장식하고 자물쇠 갖춤(길이 2자, 너비 1자, 높이 3치)
서산	납염 장식하고 자물쇠 갖춘 의궤 궤자 1부
태안	납염 장식하고 자물쇠 갖춘 의궤 궤자 1부, 가는 노끈 20꾸리
면천	의궤 4권에 들어갈 홍색 책의용 세목 18자

 태실을 조성한 지방에서 작성한 어람등록은 홍목궤에 담고 예람등록은 청목궤에 담았다. 그리고 분상용으로 작성한 의궤는 각각 궤자에 담았다.
 한양에서 멀리 떨어진 지방에 왕자녀의 태를 묻고 태실을 조성한 후에는 지방관이 태실을 지키고 관리하는 실질적인 책임을 맡게 된다. 따라서 1건만 제작하는 가례등록과 달리 장태등록은 지방 관소에 보관할 용도의 분상용 의궤를 별도로 제작하였다. 그리고 이를 자물쇠가 달린 상자에 각각 보관하고 있다는 점이 그 특징이다.

가례등록의 서술방식과 그 변화 사례

 가례등록은 기본적으로 왕의 명령에 해당하는 전교를 등록의 맨 앞에 놓고, 다음으로 담당 관청에서 왕명을 수행하는 과정에서 생산된 공문서를 베껴 적는 방식을 취하였다. 그리고 의주, 물목, 수본과 같이 하나로 모을 수 있는 문서나 주제를 함께 묶어 '○○秩'의 형식으로 뒤에 따로 배치하였다.

먼저 18세기 초에 작성된 『화순옹주가례등록』을 통해서 왕자녀의 가례등록에 주로 어떠한 내용이 서술되는지를 살펴보도록 하자.

화순옹주(1720~1758)는 영조의 서녀로, 생모는 정빈靖嬪으로 추증된 이씨이다. 남편은 영의정 김흥경의 아들이며 추사 김정희의 증조부인 월성위 김한신이다. 이 등록은 1732년(영조 8)에 행해진 화순옹주의 가례에 관한 제반 사항이 수록된 초기와 각종 공문서 등을 예조에서 모두 모아서 항목별로 베껴놓은 등록이다.

「간택揀擇」은 화순옹주의 부마 간택에 관한 전교와 계사, 각종 공문서 등을 모아서 날짜순으로 정리해 놓았다. 「가례嘉禮」는 화순옹주의 가례에 관한 전교와 계사, 각종 공문서 등을 모아서 날짜순으로 정리해 놓았다. 「별공작수본질別工作手本秩」은 가례청에 소속된 별공작에서 담당한 물건 제작에 필요한 사항을 해당 기관에 요청하거나 받은 문서를 정리해 놓았다. 「각사소장물목질各司所掌物目秩」은 호조와 공조 등 23개 기관에서 담당했던 업무와 관련한 각종 물목을 정리해 놓았다. 「의주儀註 및 홀기笏記」는 가례의 여러 의절에 대한 절차와 순서를 규정한 의주와 홀기를 정리해 놓았다.

17세기와 18세기 중엽까지 왕자녀와 후궁의 가례등록에서는 두주頭註(일종의 표제어)를 사용하였다. 이는 베껴 적은 문서의 내용이 무엇에 관한 것인지를 쉽게 파악할 수 있도록 하기 위한 것이다. 두주는 후일에 해당 등록을 참고할 일이 생겼을 때 필요한 사항을 빨리 파악하여 찾아볼 수 있도록 하는 기능을 한다.

그러나 18세기 중엽 이후 『화완옹주가례등록』에 이르러서 왕자녀 가례등록의 서술방식이 변화되기 시작하였다. 1765년(영조 41) 『청연군주가례등록』부터 의궤와 같이 따로 목차를 구성하면서 체계를 갖춰갔다. 목차는 간택, 택일, 좌목, 계사, 상전, 이문, 내관, 감결, 각사소장물목질, 별공작질, 홀기와 의주로 구성되었다. 그 과정에서 두주가 사라지고, 의궤와 동일하게 목차를 따로 작성하면서 서술방식에 있어서 의궤와 별 차이를 나타내지 않게 된다.

영조는 일시적이기는 하지만, 사도세자의 자녀인 1767년(영조 43) 11월에 은언군이 가례를 치른 후와 1772년(영조 48) 3월 청근현주의 가례를 마친 후에 등록이 아닌 의궤를 제작하도록 하였다. 이에 따라 왕의 손자녀의 가례에 관한 의궤가 처음으로 작성되었다. 모두 4건으로 어람 의궤 1건, 동궁 의궤 1건, 그 외 사각과 예조에 각각 1건씩 분상하도록 하였다.

그러나 영조는 1773년(영조 49) 은전군의 가례를 치른 후에는 의궤를 제작하지 못하게 하였다. 왕위계승과 관계없는 왕자녀의 가례를 의궤의 형식을 따라 체계화하고, 실제로 손자녀 가례를 의궤로 제작하도록 했던 영조의 새로운 시도는 그 이후 왕자녀의 가례등록이 의궤와 동일한 형식을 갖추게 되는 계기가 되었다. 그러나 왕위계승과 직접적인 관련이 있는 왕실 가족과 구별하기 위해 의궤라는 용어를 사용하지는 못하였다.

18세기 말부터 등록 작성 방식에 나타난 변화는 19세기에는 의궤와 동일한 형식으로 정형화되었다. 19세기에 작성된 『명온공주가례등록』을 통해 등록의 서술방식에 나타난 변화를 살펴보자.

『명온공주가례등록』의 맨 앞에 나와 있는 목차이다.

간택, 택일, 사목, 좌목, 전교, 계사, 부마관례의, 납채, 납폐, 명복내출, 친

영, 공주예부마방, 동뢰연, 상전, 이문, 내관, 감결, 각사소장물목, 별공작

목차에는 빠져 있지만, 맨 마지막에 명온공주의 출합에 관한 간단한 내용이 포함되어 있다. 수고한 관원에 대한 포상을 마치고 곧바로 청을 조직하여 1달 동안 가례등록 제작을 먼저 완료하였다. 그리고 혼인 후 명온공주부부의 출합까지 1년 2개월 정도의 간격이 있으므로 출합등록에 해당하는 내용은 나중에 추가되면서 목록에는 들어가지 않은 것이다.

『명온공주가례등록』에는 순조의 전교로 명온공주의 가례에 관한 업무를 담당한 예조와 가례청에서 어떠한 과정을 거쳐서 명온공주의 혼례를 준비하였는지를 상세하게 기록하고 있다.

배우자 선정(간택), 가례일정 선정(택일), 가례청의 조직과 운영규칙(사목과 좌목), 국왕의 지시사항(전교)과 가례청의 업무보고(계사), 가례절차(부마관례의, 납채, 납폐, 명복내출, 친영, 공주예부마방, 동뢰연), 수고한 관원들에 대한 포상(상전), 담당 기관 사이에 주고받은 공문서(이문, 내관, 감결), 각 기관별로 담당한 물건 목록(각사소장물목), 가례 때 새로 만든 물건(별공작), 공주와 부마가 궁 밖으로 나가 생활하도록 준비해서 분가시킴(출합)

명온공주의 혼례에 관하여는 예조에서 작성한 가례등록과 명온공주방에서 따로 작성한 등록도 존재한다. 『명온공주방등록』에는 간택에 관한 순조의 전교가 아니라 명온공주방에서 작성해서 내수사에 보낸 수본手本이 가장 먼저 등장한다.

명온공주의 혼인에 관한 두 종류의 등록은 내용에 있어서 차이가 나타

난다. 국가에서는 법적으로 정해진 규정에 따라 공주의 혼례를 준비하였고, 왕실에서는 법적인 규정 이외에 들어가는 비용을 개별적으로 지급하는 방식으로 개입하였다. 의례 담당자의 선정, 의례 용품의 준비, 세부적인 의례 절차인 의주의 마련 등 의례의 전 과정은 가례청에서 총괄하였다. 그러나 명온공주의 궁방을 새로 조성하고, 공주의 신혼 살림집을 마련하는 일은 명온공주방에서 담당하였다. 또한 납채부터 친영까지 참석한 관원들에게 지급하는 예단은 왕실에서 마련하였는데 그에 관하여는 『명온공주방등록』에만 상세히 기록되어 있다. 예단은 혼례를 모두 마친 후에 가례청 관원들에게 주어지는 공식적인 상격과는 성격이 다르다. 따라서 명온공주의 혼례는 두 종류의 등록을 함께 대조하여 검토함으로써 그 실체를 온전히 파악할 수 있다.

4. 등록은 몇 건을 제작했을까

원본을 베껴 적은 기록물은 크게 두 가지 형태로 존재한다. 첫째는 원본을 하나도 빠뜨리지 않고 그대로 베껴 적은 기록물이다. 둘째는 원본 가운데 중요한 내용만을 일부 베껴 적은 기록물이다.

흔히 원래의 문서를 그대로 베낀 문서를 복사본複寫本 또는 복본複本이라고 한다. 복사본은 대체로 문서의 소장 가치가 분명하고, 혹시나 발생할지 모를 원본 문서의 유실을 막기 위하여 만들어진다.

오늘날 과학기술의 발달로 복사본을 만드는 작업은 그다지 어렵지 않다. 우리 주변에서 흔히 사용하는 복사기나 스캐너를 활용하여 원본 문서를 기계 위에 올려놓고 시작 버튼 하나만 누르면 원본 문서와 동일한 내용의 문서를 그대로 복사copy할 수 있다.

그러나 조선시대에는 복본을 제작하기 위해서 원본 문서를 사람이 직접 보고 베껴 적는 경우가 대부분이었다. 복본을 원하는 부수만큼 제작하려면 값비싼 종이의 양이 증가하여 비용에 대한 부담도 컸다. 조선시대 복본의 제작에는 인력人力과 물력物力이 상당히 요구되었으므로 분명한 이유가 존재하지 않는다면 어려운 일이었다.

또한 등록은 특성상, 보고 베낄 대상인 원본 문서가 반드시 존재해야 한다. 다음으로 원본 문서를 왜 베껴서 적어두어야 하는지 그 이유가 분명해야 한다. 그리고 어떠한 방식으로 베껴서 적을 것인가에 관한 가이드라인이 있어야 한다. 즉 세 가지 요소가 결합 되어서 새로운 형식의 기록물인 '등록'이 탄생하게 된다. 그리고 등록의 형식 또한 이 세 가지 요소들에 의해서 결정되어 진다.

등록은 각 관청의 필요에 따라 작성되었으므로 그에 맞추어 서술되고 편집되었다.

임진왜란은 공문서의 작성과 보관방식에 있어서 결정적인 변화의 계기가 되었다. 임진왜란 이후 왕실과 국가는 "전고문서典故文書가 거의 모두 흩어지거나 유실되어 무릇 상고할 것이 있어도 구할 수 없는" 상황에 처하게 되었다.

1593년(선조 26) 10월 예조에서 "난리를 겪은 뒤로 본조의 삼사의 의궤가 남김없이 유실되어 비록 일상적인 항식恒式이라 하더라도 빙고할 데가 없다"고 선조에게 아뢸 정도였다.

임진왜란을 몸소 경험한 광해군은 1610년(광해군 2) 9월 19일에 각 도감의 등록을 상세히 등서 해서 실록을 봉안하는 곳에 나눠 보관하도록 전교하였다. 그러나 9월 21일 호조에서 종이부족과 같은 현실적인 재정문제를 들어 추가로 4건을 더 등서하지 말고 원래대로 3~4건만 등서하여 비용을 줄이는 것이 어떠한지를 여쭈었다.

    호조에서 아뢰기를,
  "근래에 모든 상급 관사上司에서 사용하는 종이의 비용으로 제출하는 액수가 한이 없습니다. 그런데 담당 관사의 상공常貢은 본래 양이 정해져 있어 늘 부족한 사태를 맞게 되는데, 그러면 어쩔 수 없이 시장에서 종이를 구매하곤 합니다. 그러나 지금은 시장에 비축된 것도 계속 쓸 수 없는 상황이 되었으니 지극히 염려스럽습니다. 모든 도감의 등록은 뒷날 상고하고 살펴보기 위한 것考閱에 불과한 것인만큼 그저 3~4건만 등서해도 충분히 후대에 전할 수 있습니다. 그런데 4건씩이나 더 등서하도록 하였으므로 거기에 소요되는 종이가 엄청나게 많아지게 됩니다. 게다가 이 일에는 모두 도련저주지擣鍊楮注紙를 쓰는데 종이 한 권의 값이 또한 무명綿布 3~4필을 밑돌지 않습니다. 이처럼 국가 재정이 고갈된 때를 당하여 마련해 낼 길이 없으니, **모든 도감의 등록 건수를 일체 옛날부터 내려오는 관례舊例에 따라 더 등서하지 말도록 하고, 어람御覽하실 것 외에는 모두 초주지草注紙를 쓰도록 하여 쓸데없는 비용을 줄이게 하는 것이 어떠합니까?**" 하니,
    전교하기를 "윤허한다" 하였다.
                   - 『광해군일기』[중초본] 33권, 광해 2년 9월 21일 계해

광해군의 전교와 호조의 계사 내용에서 언급된 등록은 맥락상 의궤를

지칭하는 것으로 보인다. 17세기 초에 왕과 호조의 담당 관원 사이에 문서를 통해 나눈 대화 내용을 통해 볼 때 당시 사람들의 관념 속에서 또는 그의 표현인 언어생활에 있어서 의궤와 등록을 분명하게 구분하여 사용하지는 않았던 것을 알 수 있다. 최종적인 의궤의 제작이 등록을 기초자료로 활용하고 있기 때문이다. 임시 관청인 도감에서는 업무가 종료되면 곧 의궤청을 조직한 후 중앙과 지방 관청에 공문을 보내어 각 기관별로 작성한 등록을 의궤청으로 모두 보내도록 요청하였다. 의궤청에서는 담당 관청에서 개별적으로 보내온 등록을 바탕으로 누락된 내용을 추가하거나 보완하여 날짜와 주제별로 편집한 후 최종적으로 의궤를 편찬하였다. 즉 의궤는 행사의 총괄부서이면서 동시에 임시 담당 관청인 도감의 의궤청에 보내온 다양한 종류의 각 상설 부서의 등록을 편집하여 제작한 것이다.

호조의 현실적인 재정문제를 고려한 요청에도 불구하고 실제로 광해군 재위 중에 제작된 의궤의 제작 건수는 7~8건, 많게는 10건에 이르렀다. 원래 3~4건이었던 제작 건수를 4건을 더 제작하게 하여 거의 2배 가까이 증가하였다. 그 과정에서 어람용 의궤와 분상용 의궤가 따로 구분되기 시작한 것으로 보인다.

호조에서 보고한 바에 의하면, 이전에 작성된 의궤는 모두 도련저주지를 사용하였다. 그러나 임진왜란을 겪고 물가가 폭등했던 16세기 말에는 고급 종이인 도련저주지 1권의 값이 면포 3~4필이나 될 정도로 비쌌다. 따라서 호조에서는 의궤에 들어가는 종이 가운데 어람용은 도련저주지를 사용하고, 분상용은 초주지를 사용하여 비용을 절감하는 방향을 제시하였다.

그런데 실제로 1612년(광해군 4)에 편찬된 『제기도감의궤』(1611)은 어람용을 포함하여 모두 10건을 제작하였다. 분상용은 네 사고에 각각 1건

『광해군일기』[중초본] 33권, 광해 2년 9월 21일(계해)(국사편찬위원회 제공)

씩, 의정부, 예조, 춘추관, 종묘, 사직서에 각각 1건씩 보관한 것으로 보인다. 1615년(광해군 7)에 편찬된 『화기도감의궤』는 모두 9건을 제작하였다. 어람용 1건과 분상용으로 네 사고에 각각 1건씩, 의정부, 예조, 비변사, 춘추관에 각각 1건씩 분상하였다.

의궤가 어람용과 분상용을 여러 건 제작하는 것과 달리 등록은 원칙적으로 여러 건을 제작하지 않는다. 여러 건을 제작하면, 이를 의궤라고 칭하고, 등록이라 칭하지 않았다. 다만 예외적으로 『장태등록』과 같이 왕을 위한 어람용 등록과 왕세자를 위한 예람용 등록을 각각 1건씩 작성한 사례도 나타난다. 그리고 태실을 조성한 지방과 담당 관서에 보관할 장태의궤도 따로 작성하도록 하였다. 왕자녀의 장태등록은 지방에서 의례를 치러야 하는 특성상 어람용 등록과 분상용 의궤를 각각 작성한 예외적인 사례로 볼 수 있다.

이를 종합해 보면, 의궤는 복본을 5~9부 정도 만들어 정부 주요 관서와 사고에 보관하도록 하고, 등록은 1부만 작성하여 담당 관청에 보관하도록 하였다. 희소성이라는 측면에서 보면 여러 건을 제작하는 의궤보다 1건만 제작하는 등록의 희소가치가 더 크다고 할 수 있다.

5. 등록은 어디에 보관했을까

조선시대 기록물 보존소

조선시대 국가의 중요 문서를 보관하는 기록물 보존소는 가각고架閣庫, 사고史庫, 외규장각外奎章閣, 문서고文書庫가 존재했다.

가각고는 고려 말에서 조선 전기인 1468년(세조 14)까지 약 200년 동안 국가의 기록물 보존소로서의 역할을 하였다. 문서의 보관뿐만 아니라 활용을 담당하였던 것으로 보인다.

가각고에는 이행문서, 즉 처리가 끝난 문서를 수장하였고, 치리되지 않은 문서는 육조로 하여금 처리하게 하였다. 국가의 중요 문서와 3건씩 작성하는 노비문서, 재용물에 관한 문서의 한 부씩을 반드시 가각고에 비치해 두도록 하였다.

1462년(세조 8) 4월에는 문적의 도난이나 산실을 막기 위하여 궁의 가장자리에서 의정부 안으로 가각고를 옮기기도 하였다. 그러나 곧 가각고에 보존된 문서의 관리가 원활하지 못하여 1468년(세조 14)에 폐지하였다. 가각고는 폐지된 이후에도 문서고로서의 역할은 존속되어 의정부의 문서를 보관하였던 것으로 보인다.

1528년(중종 23) 12월 11일 의정부에서 노비의 정안과 오래된 등록을 보관해 두던 누고에 불이 나서 모두 소실되는 화재 사건이 일어났음을 왕에게 보고하였다.

> 간밤에 본부(필자주: 의정부)의 문서를 두는 누고樓庫에 불이 나서, 노비의 정안正案과 오래된 등록謄錄이 죄다 탔으니 지극히 놀랍습니다. 이것은 아랫사람들이 불을 삼가지 않은 소치이겠으나 이것도 재변이니, 신들은 재직하기 미안하므로 감히 사직합니다.
> - 『중종실록』 64권, 중종 23년 12월 11일 무인

가각고의 역할을 의정부의 문서고가 담당하게 되었다.

사고는 국가의 역사 기록과 중요한 서적, 문서를 보관한 국가의 서적고이다. 사고 안에는 역대 실록을 보관한 사각史閣과 왕실 족보를 보관하는 선원각璿源閣이 따로 있었다.

조선 전기에는 서울의 춘추관, 지방의 충주 사고, 성주 사고, 전주 사고로 구성된 4사고 체계로 운영되었다. 모두 사람들의 왕래가 빈번하고 서울과 지방관이 거주하는 읍치에 위치해 있었다. 화재로 사고에 보관했던 서적들이 불에 타는 수난을 겪기도 하였다. 1592년(선조 25)에 임진왜란이 일어나자 전주 사고를 제외한 모든 사고의 서적이 불에 타 버렸다.

전주사고 전경(한국민족문화대백과사전)

강화도 외규장각(문화재청)

임진왜란을 겪은 후 사고의 위치는 읍치 지역을 벗어나 험준한 산의 정상으로 옮겨졌다. 임진왜란 이후에는 서울의 춘추관 사고, 강화도의 마니산 사고, 평안도 영변의 묘향산 사고, 경상도 봉화의 태백산 사고, 강원도 평창의 오대산 사고가 만들어졌다. 17세기에는 5개의 사고가 운영되었다. 그 후 강화도의 마니산 사고는 병자호란으로 크게 파손되고, 1660년(현종 1) 큰 화재가 나면서 인근의 정족산 사고로 이전하였다. 묘향산 사고는 청나라의 침입을 걱정하여 전라도 무주의 적상산사고로 이전하였다. 따라서 조선 후기에 지방의 4사고는 정족산, 적상산, 태백산, 오대산으로 바뀌게 되었다.

외규장각은 1782년(정조 6) 2월 강화도 행궁 자리에 설치되었다. 원래 국왕이 친히 열람한 왕실의 주요 서책들은 창덕궁 규장각에 보관하도록 하였다. 그러나 정조는 규장각이 창덕궁 안에 위치해 있으므로, 외적의 침입이나 정변이 일어날 경우 이곳에 보관된 왕실의 보물들이 안전할 수 없다고 생각하였다. 따라서 창덕궁 봉모당에 보관해 왔던 왕실의 귀중한 서적과 물품들을 강화도의 외규장각으로 이전하였다. 따라서 외규장각은 특히 왕실 문헌들이 많이 보관되어 있었다.

문서고는 의정부와 육조와 같은 중앙 관청과 지방 관청에서 문서를 보관하는 곳이다. 문서고에 보존되었던 기록물들은 관청 간에 주고받은 문서들로 관문關文, 첩정牒呈, 감결甘結 등 현재 효력을 가진 문서들은 누하고樓下庫에 보관하였다. 효력이 지났거나 시기가 오래된 문서로서 영구보존문서나 준영구보존문서에 해당하는 문서의 경우 누상고樓上庫에 보관하였다.

육조와 여러 중앙 관청에서는 문서고를 설치하고 있었을 것으로 보이나 그 규모는 정확하게 파악되지 않는다. 『동궐도』에도 문서고와 누상고가 표시되어 있고, 『탁지지』와 『춘관지』에도 호조와 형조의 문서고의 규모가 명시되어 있다. 형조는 남랑南廊의 누상고 8방房에 오래된 문서들을 관의 도장을 찍어 봉한 다음 보관하고, 누하고 8방에는 시행할 문서들을 보관하였다.

왕자녀와 후궁의 일생 의례를 기록한 의례 등록은 대부분 예조에서 보관했다. 그러나 예조의 문서고에 관한 정확한 위치나 규모를 현재로서 파악하기가 어렵다. 18세기 초 계제사에서 소장하고 있는 등록의 목록을 따로 작성하였던 점을 미루어 보면 예조의 속사인 계제사에서도 따로 문서고를 운영했던 것으로 추정된다.

왕실 가족의 일생 의례 가운데 장태의례에 관한 기록물인 의궤와 등록은 예조 이외에도 어람용 등록과 분상용 의궤를 따로 제작하였다. 따라서 어람용으로 제작된 등록은 왕이 어람한 이후 왕실 문서를 따로 궁궐 안에 보관해 두었다가 외규장각이 건설되고 난 이후에는 강화도의 외규장각에 보관하였다.

장서각과 규장각의 등록 소장 경위

그렇다면 조선 후기에 작성된 왕실 가족의 일생 의례를 기록한 의례 등록은 현재 어디에 보관되어 있을까? 조선시대 왕실 자료는 대부분 한국학중앙연구원 장서각과 서울대학교 규장각한국학연구원에 보관되어 있다. 일제 강점기 이후 두 기관에서 등록을 소장하게 되는 경위를 살펴보고자 한다.

한국학중앙연구원 장서각 전경(좌)과 장서각 서고(우) (한국민족문화대백과사전)

장서각은 본래 일제 강점기에 왕실도서실로 발족한 특수도서관이었다. 1910년 대한제국의 국권을 박탈한 일제는 이왕직을 설치하고, 이왕직에서 대한제국기의 궁내부를 계승하여 규장각 서적들을 관할 하도록 하였다. 그 후 규장각 서적들은 1911년 6월에 모두 조선총독부 취조국으로 이관되었다. 단, 이때 궁내부 소속 규장각의 전모과에서 관장하던 도서들은 이왕직에서 조선 왕실의 사적인 자료라는 이유를 내세워 인계를 거부하였다. 전모과에서 관장하던 도서들은 기증형식을 통해 이왕가에 남게 되었다. 이와 함께 무주적상산사고의 전적도 기증형태로 돌려받았다.

조선시대의 규장각에는 정조 대 이후에 등록들이 보관되었다. 그리고 현재 서울대학교 규장각에 소장되어 있는 관청 등록들은 조선시대 중앙의 여러 관청이나 지방의 사고에 소장되어 있었던 것들이다.

1908년 9월 통감부는 '규장각'의 조직 정비를 추진하여 전모과, 도서과, 기록과, 문사과 등 4개의 과를 설치하고 업무를 분장하였다. 이어 본래의 규장각 도서 외에 시강원, 홍문관, 집옥재, 경기사고(북한산 행궁) 등과 지방 외사고 4곳에 소장된 도서들을 규장각 도서에 편입시켜 '제실도서'로 명명하고, 규장각에서 통합 관리하도록 하였다. 그런데 이때 지방 외사고 4곳의 서적들이 모두 이관된 것은 아니었고, 서울에서 가까운 강화 정족산 사고의 도서들만 먼저 서울로 이관되었다. 서울에서 멀리 떨어져 있던 나머지 외사고 3곳의 도서들은 일단 지방에 그대로 두고 관리하였다.

조선총독부는 강제 병합 이후 '규장각'을 폐지하고, 규장각 도서의 관리를 이왕직에서 맡도록 하였다. 이어 이듬해인 1911년 조선총독부 산하에 취조국을 설치하고 이곳에서 규장각 도서의 관리를 담당하도록 하였다. 이에 따라 종래 규장각의 도서과와 기록과에서 관리하던 도서 10만여 책과 기록류, 주자, 판목 등이 총독부 취조국으로 이관되었다. 이어서 조선총독부는 오대산, 태백산, 적상산 등 외사고 3곳에 소장된 도서들도 서울로 이관하여 오대산 사고와 태백산 사고의 도서들을 취조국에서 관리하도록 했으며(1912년 이후에는 참사관분실에서 관리), 적산상 사고의 도서는 이왕직의 요청에 따라 이왕직으로 이관하였다.

규장각 소장 의궤는 다음과 같은 기록을 통해 그 소장 경위와 변동사항들을 알 수 있다.

서울대학교 규장각한국학연구원 전경(좌)과 규장각 한국본 서고(우)
(서울대학교 규장각한국학연구원 홈페이지)

조선총독부가 1917년 6월에 소장 의궤들을 조사, 정리한 내역인 『의궤가구』(奎 26747)에는 의궤목록이 나뉘어지고, 별도로 관리되었다. 1921년 작성된 『특별취급도서』(奎 26774)의 제1책 사부 기록류에 의궤 1707건이 주제에 따라 27개 항목으로 분류, 정리되었다. 1920년대 규장각 도서의 현황과 출납 내역을 정리한 『규장각도서출납부』(奎 26798)의 기록에서도 의궤들이 사고별 구분 없이 통합 정리되어 있다. 1922년에 규장각 도서로 관리되던 의궤에 중요한 변동 사항이 발생했다. 5월에 조선총독부는 일본 궁내성 도서료(현재 궁내청 서릉부)의 요청에 따라 참사관 분실에서 관리하던 의궤 중 79종 166책을 궁내성으로 반출하였다.

이와 같이 현전하는 장서각의 등록과 규장각의 등록은 각각 등록의 원 소장처에서 기인하는 기관별 특성 차이를 보이게 되었다. 경성제국대학으로 이관한 규장각에는 규장원, 홍문관, 집옥재, 춘방 등에서 유래한 문헌이 대부분 소장되어 있다. 이에 비해 한국학중앙연구원 장서각에는 경성제국대학으로 이관되지 않은 적상산사고, 군영, 낙선재, 칠궁, 봉모당, 보각, 종묘와 각 능 재실 등에 있던 각종 문헌이 소장되어 있다. 왕실 의례를 담당했던 예조에서 소장했던 각종 문헌도 장서각으로 이관되었다. 이에 따라 서울대학교 규장각한국학연구원에 비하여 한국학중앙연구원 장서각에서 왕실 가족의 일생 의례 등록을 상당수 소장하게 되었다.

6. 등록은 의궤와 어떻게 다를까?

등록은 조선시대 중앙과 지방의 관청에서 공문서를 보관하는 방식인

'등록체계' 내에서 탄생한 국가 기록물이다. 조선시대 관청문서는 『경국대전』에서 원문서를 분류하고, 묶어서 보관하도록 규정함으로써 철저하게 관리하도록 하였다. 그러나 이러한 법 규정과 달리 실제로 현전하는 원본 공문서는 많지 않다.

조선 특유의 공문서 보관방식인 '등록체계' 내에서 상설 관청의 '등록'과 함께 임시 관청에서 작성한 '등록'과 '의궤'라는 독특한 기록물로 분화, 발전된 것으로 보인다. 특히 이형중이 제시한 세 가지 유형별 등록 가운데 '단위사안별 보고서 및 자료집류 등록'으로 분류되는 등록과 의궤는 왕실 가족 구성원 사이의 위계를 '구별 짓기' 위한 의도가 스며들어 있다. 특히 임시 관청 가운데 도감都監은 그보다 작은 규모의 청廳, 소所, 색色, 방房보다 위상이 높은 1품 아문에 해당하며, 왕실의 중요한 사안을 처리하는 기구로서 그 위상을 정립해 갔다.

왕실 가족의 일생 의례를 기록하고 있는 의궤와 등록은 모두 의례를 진행하는 과정에서 내려진 국왕의 전교와 계사 및 각종 공문서를 정해진 형식을 따라 정리한 후 베껴 적은 기록물이다. 왕실 가족의 일생 의례를 기록하고 있다는 점에서 공통점을 지니지만, 등록과 의궤는 여러 가지 측면에서 차이를 보인다.

조선시대에는 왕실과 국가의 중요한 의례와 행사를 수행하기 위해 임시 관청을 설치하여 이를 총괄하도록 하였다. 의례와 행사의 사체가 중요하면 큰 규모의 도감을 설치하고, 사체가 낮다면 그보다 작은 규모의 청을 설치하였다.

다음은 순조의 명으로 1808년(순조 8)에 편찬한 『만기요람 萬機要覽』「재용편」'권설도감權設都監'의 전문이다. 여기서 '권설'이란 '임시로 설치한'

이라는 의미이며, 임시 관청을 의미한다.

> 국가에서 큰 예절과 큰 사역이 있으면 도감을 설치하여 거행하는데, 도제조 1인, 당상 3인, 도청 낭청 2인, 각방 낭청 4인, 감조관 3인, 별공작 낭청 1인이 1방, 2방, 3방, 별공작으로 나누어 각기 맡아 거행하되, 원역과 공장 등의 요포는 호조미와 병조목으로 그 소용을 헤아려 차차 이문하여 취용하고, 도감이 파한 뒤 각방의 실입한 물종을 호조에 이문하여 회계 처리한다. 도감에서 사무를 끝낸 뒤에 의궤청을 설치하는데, 당상은 도감 당상이 그대로 총괄하여 살피고 낭청은 도감 낭청 중에서 1인을 획출하여 전담하여 관리하는 일을 거행한다. 도감을 설치한 날로부터 철파한 날까지의 물력의 구획, 문첩文牒의 거래, 물종物種의 실입實入을 빠짐없이 뽑아내어 차례를卷秩나누고, 종류별로類別 모아서, 책자를 6질이나 7질을 만들되 그중에서 1질을 어람건으로 장출粧出하고 그 나머지는 예조·춘추관과 외방의 사고에 나누어 보낸다. 화원, 사자관, 원역의 요포는 설정 일자의 지속을 물론하고 다만 2개월분의 급료를 출급한다.
>
> - 『국역 만기요람』 재용편 5, '권설도감'

큰 규모의 도감에서 모든 일을 마친 다음에는 의궤청을 설치하고 행사의 전말을 정리하여 의궤를 작성하도록 규정하였다. 그보다 작은 규모의 청에서도 이와 마찬가지로 등록청을 설치하여 담당한 행사의 전말을 정리하여 등록을 작성하도록 하였다.

국가의 큰 예절에 속하는 왕실 의례는 왕위계승과 직접적인 관련이 있는 왕실 가족 구성원의 의례만을 지칭하였다. 국왕과 왕비(왕대비, 대왕대비), 왕세자와 왕세자빈의 일생 의례에는 도감이 설치되고 의궤가 만들어 졌다. 그 외 왕실 가족 구성원인 왕자녀와 후궁의 일생 의례에는 그보다 격이 낮은 청이 설치되고 등록이 만들어졌다.

　도감과 청은 사체와 규모 면에서 차이를 보이며, 의례의 종류에 따라서 조직의 구성이 조금씩 달라졌다. 왕비와 후궁의 출산에는 산실청과 호산청이 설치되었고, 왕자녀와 후궁의 가례에는 가례청이 설치되었다. 모든 경우는 아니지만, 때에 따라서 왕자녀와 후궁의 상장례에 예장청이 설치되기도 하였다.

　국가의 큰 의례와 행사를 마친 후 그 전말을 기록한 의궤는 어람용을 포함하여 여러 건을 인출하여 담당 관청과 사고史庫에 영구 보존하였다. 반면, 등록은 1건만 인출하여 담당 관청에 보관하였다. 1건 이상을 만들게 되면 의궤라고 하고, 1건만 만들면 등록이라고 하였다.

　의궤를 작성하는데 소요되는 기간은 최대 2개월로 규정한 반면, 등록을 작성하는데 소요되는 기간은 최대 1개월로 정하였다.

　의궤는 왕이 열람할 용도로 제작하는 어람용 의궤와 주요 관청과 사고에 보관할 목적으로 제작하는 분상용 의궤로 나뉜다. 어람용 의궤는 고급 초주지에다 사자관이 해서체로 정성 들여 글씨를 써서 만들었다. 어람용 의궤는 각 장마다 붉은 괘선을 둘렀다. 어람용 의궤는 놋쇠 물림(경첩)을 물렸고, 원환圓環, 5개의 박을정朴乙丁과 국화동菊花童을 사용하여 호화롭게 장정하였으며, 표지는 비단으로 화려하게 만들어서 왕실의 위엄과 품격을 한껏 높였다.

　분상용 의궤는 초주지보다 질이 떨어지는 종이인 저주지를 사용하였고, 검은 괘선을 둘렀으며, 표지는 삼베를 쓰는 것이 일반적이었다.

등록청에서 작성한 등록은 초주지를 사용하였고, 등록의 책지를 인찰할 때 특별히 화원을 선정하여 그리도록 하였다. 표지는 황염지를 사용하여 장황하였다.

등록에도 의궤와 같이 채색한 그림 대신 글로 그 위치를 설명하거나 표시한 행렬 반차와 동뢰연 배설도 등이 포함되었다. 다만 의궤에 등장하는 도설과 반차는 화려하게 채색하여 그 상징적 가치를 더하였다.

그러나 앞에서 설명한 등록과 의궤를 구분하는 위계화된 규정들은 왕명에 의해서 바뀔 수 있다.

예를 들면, 영조는 손자와 손녀인 은언군과 은신군의 관례와 은언군의 가례, 청근현주의 가례를 마치고 일시적으로 등록이 아닌 의궤를 만들기도 하였다. 따로 가례도감이나 가례청을 설치하지 않았음에도 불구하고 관례와 가례의 전말을 기록하여 모두 4건의 의궤를 제작하도록 한 것이다. 영조의 명에 의해 어람용 1건, 동궁 1건과 분상용인 사각 1건, 예조 1건이 제작되었다. 의궤 4건 가운데 예조에 분상했던 『은언군은신군관례의궤』와 『청근현주가례의궤』가 현재 한국학중앙연구원 장서각에 소장되어 있다.

서명은 등록이지만, 의궤의 형식을 모두 갖춘 사례도 보인다. 1789년(정조13) 4월 정조와 의빈 성씨 사이에서 태어나 원자로 정호된 문효세자文孝世子(1782~1786)의 문희묘를 영건하고 신위를 옮기는 과정을 기록한 『문희묘영건청등록文禧廟營建廳謄錄』이 대표적이다. 강화도 외규장각에 소장했던 『문희묘영건청등록』은 어람용이며, 의궤와 동일하게 목록과 채색도설과 채색반차도 등이 포함되어 있다. 서울대학교 규장각한국학연구원에 소장된 분상용 『문희묘영건청등록』(奎13926)과 비교하면 검은

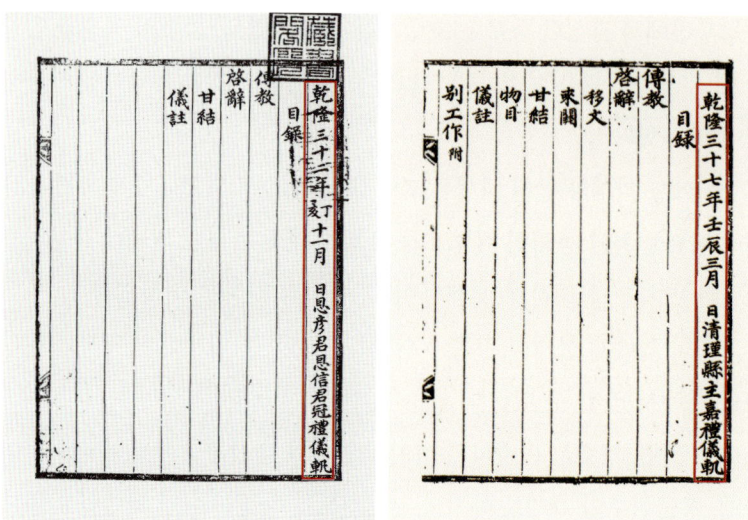

『은언군은신군관례의궤』(좌)와 『청근현주가례의궤』(우) (한국학중앙연구원 장서각 소장)

색 비단(어람용)/홍포 책의 질册衣質(분상용), 놋쇠/무쇠 변철, 국화동 5개/박을정 3개, 사주쌍변 四周雙邊의 붉은 인찰선/사주단변의 검은 괘선. 초주지/저주지 지질紙質 등에서 차이를 보인다.

20세기 초에 후궁의 상장례에 관한 등록을 1건 이상 만들어 분상한 사례도 보인다. 1907년(광무 11) 6월부터 8월에 걸쳐 헌종의 간택 후궁인 경빈 김씨의 상장례를 모두 마친 후 예장소등록을 모두 3건 인출하였다. 등록 3건은 궁내부 1건, 비서감 1건, 장예원에 1건씩 분상하였다. 『경빈예장소등록慶嬪禮葬所謄錄』은 현재 규장각한국학연구원에 궁내부宮內府에 분상했던 1건(奎12945)과 분상처가 불분명한 2건(奎12946, 奎12947)이 남아서 전하고 있다. 후궁이기 때문에 등록이라는 용어는 그대로 사용하였지만, 의궤와 같이 여러 건을 인출하였다.

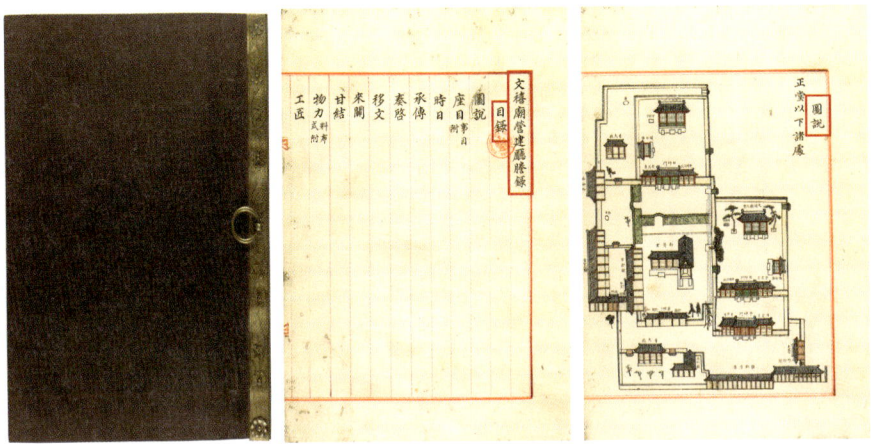

『문희묘영건청등록(文禧廟營建廳謄錄)』 왼쪽부터 표지, 목록, 도설 (국립중앙박물관 제공)

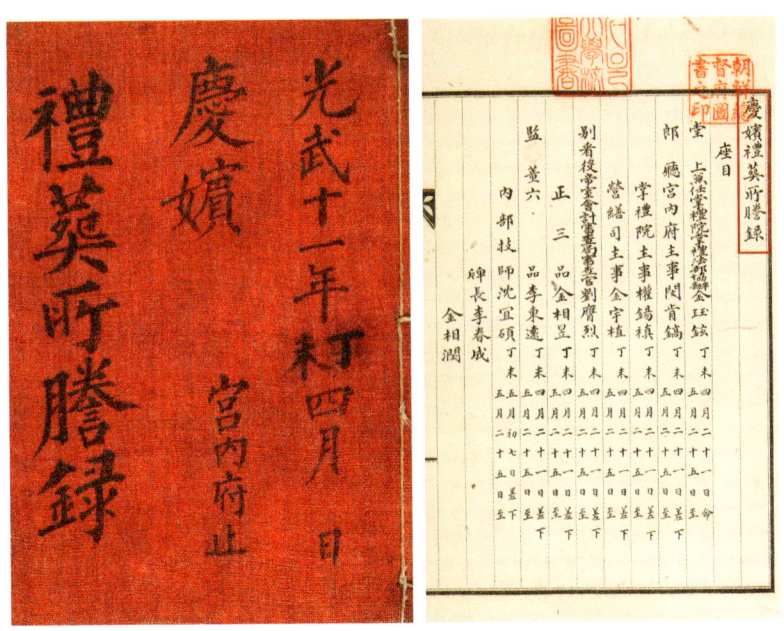

『경빈예장소등록(慶嬪禮葬所謄錄)』(奎12945) 표지(좌)와 첫 면 '좌목' 부분(우)
(서울대학교 규장각한국학연구원 소장)

제2장 등록이란 무엇인가 131

제3장

등록 속 왕자녀의 일생 의례 이야기

1. 왕녀와 왕자의 탄생이야기

탄생 순간 첫 칭호는?

왕실에서 새로 태어난 왕녀와 왕자의 신분은 아버지인 왕에 의해서 결정되었다. 그렇지만 왕의 자녀는 낳아준 어머니의 신분과 사회적 지위가 어떠하냐에 따라 왕실 가족 내에서 적서嫡庶가 구별되었다. 그렇다면 어머니의 신분에 따라 달라지는 왕자녀 사이의 세밀한 구별 짓기는 언제부터 시작되는 것일까?

조선 전기와 달리 조선 후기에는 왕비와 후궁이 모두 궁 안에서 왕의 자녀를 출산할 수 있었다. 그렇지만 궁 안에서 출산을 앞둔 두 여성 사이에 사회적 지위의 구별은 분명히 존재하였다. 우선 왕의 자녀를 낳은 어머니가 왕비인지, 후궁인지에 따라 출산을 담당하는 임시 관청의 명칭과 조직이 달랐다. 왕비의 출산을 돕는 임시 관청은 산실청産室廳이라 하였고, 후궁의 출산을 돕는 임시 관청은 호산청護産廳이라 하였다. 그리고 산실청과 호산청의 규모라든지, 담당 의관의 질적인 차이라든지, 신생아의 무병장수를 기원하는 권초제捲草祭를 담당할 권초관捲草官의 선발 여부라든지, 권초제에 소용되는 품목 가운데 '명정銘正銀'의 액수 등에서 차이를 두는 방식이었다. 그럼에도 불구하고 실제 출산 과정에서 필요한 약물과 물품들은 거의 차이가 없었다. 새로 태어난 왕자녀의 관점에서 보면 그 구별이라는 것이 출생 당시에는 거의 없다고 해도 과언이 아니다.

궁 안에 마련된 출산 공간인 산실産室에서 왕의 자녀가 태어나는 과정을 엿볼 수 있는 공식적인 출산일기가 현재 장서각에 전해오고 있다. 『호산청일기護産廳日記』(K2-3619)과『호산청소일기護産廳小日記』(K2-3618)가 이에 해당한다.

먼저『호산청일기』는 17세기 말 숙종의 후궁인 최씨(후일의 숙빈 최씨)가 1693년(숙종 19), 1694년(숙종 20), 1698년(숙종 24) 세 번에 걸쳐 아들을 출산하는 과정에서 호산청이 설치될 때마다 각각 작성한 일기를 함께 묶은 것이다. 제1책은『계유구월일 최숙원방호산청일기癸酉九月日崔淑媛房護産廳日記』, 제2책은『갑술팔월일 최숙의방호산청일기甲戌八月日崔淑儀房護産廳日記』, 3책은 『무인칠월일 최귀인방호산청일기戊寅七月日崔貴人房護産廳日記』이다. 총 3책으로 구성된『호산청일기』는 최씨가 세 번의 출산을 통과하며 후궁 가운데 가장 낮은 품계인 종4품 숙원에서 종2품 숙의로, 또 종1품 귀인으로 그녀의 사회적 지위 또한 단계적으로 높아졌음을 상징적으로 드러내 준다.

이와 비교했을 때 200여 년의 시차를 두고 작성된『호산청소일기』는 1897년(광무 원년) 9월 25일부터 10월 15일까지 궁인 엄씨(후일의 순헌황귀비 엄씨)가 고종의 일곱째 아들이자 순종의 이복동생(후일의 영친왕)을 출산할 때의 기록이다. 궁인 엄씨는 고종과 함께 머물던 러시아공사관에서 임신하였다. 그 후 고종 가족은 경운궁(지금의 덕수궁)으로 생활공간을 옮겼다. 궁인 엄씨는 1897년(광무 원년) 9월 25일 늦은 밤 경운궁 숙옹재肅雝齋에서 왕자(후일의 영친왕)를 출산하였다. 엄씨는 왕자를 출산한 직후 종1품 귀인으로 봉작되었다.

왕비의 출산을 돕는 산실청에서 기록한 일기는 현전하지 않는다. 다만 왕실 가족의 의료를 담당한 내의원에서 작성한『춘추일기春秋日記』와『산실청총규産室廳叢規』의 기록 속에서 19세기 명성왕후의 출산 과정을 엿볼 수 있다.

왕실 여성의 출산은 비상시적인 기구인 산실청과 호산청에서 담당하였다. 산실청과 호산청은 내의원 안에 임시로 조직하며, 왕실 임산부에 대한 담당 의관과 의녀의 문안 인사와 약물 처방, 왕에게 산모와 신생아의 건강 상태를 보고하는 일이 주요 활동이다. 관청 사이에 협력할 일이 그다지 많지 않기 때문에 따로 등록을 작성하지 않은 것으로 보인다.

『호산청일기』는 전례에 따라 출산예정일 1달 전에 왕의 전교로 호산청을 내의원 안에 임시로 조직한 이후부터 출산 후 7일째 권초제를 행하고 호산청을 해체하는 시점까지 기록하고 있다. 대체로 『호산청일기』의 기록 방식은 산모와 신생아의 출산 직후의 건강 상태를 면밀하게 살펴서 왕에게 보고하는 형식을 띠고 있다.

예를 들면, 숙종의 후궁 최씨가 숙의 시절, 두 번째 출산 후 7일째 되는 날인 1694년(숙종 20) 9월 19일에 호산청에서 왕에게 올린 서계書啓에는 "최숙의의 밤새 기후에 대하여 의녀가 말하기를, '한결 같이 평안하며 탕반을 두 번 연달아 드셨습니다. 아기씨는 젖을 빨고 아주 안온하게 잠들었으며 대소변도 순조롭습니다.'"라는 내용이 기록되었다. 새로 태어난 왕자녀에 관하여는 출생 이후 젖을 잘 빨고 있는지, 태변은 누었는지, 잠은 잘 자고 있는지, 젖을 토하지는 않았는지, 대소변에 문제는 없는지에 대한 의학적인 관찰과 그에 따른 처방이 중심이 된다.

그렇다면 왕의 자녀는 태어나자마자 어떤 칭호를 통해 처음으로 사회적으로 인식되었을까?

1694년(숙종 20) 9월 13일 숙의 최씨가 출산한 직후에 호산청의 담당 의관이 숙종에게 글로 써서 아뢴 서계書啓이다.

최숙의 당일 인시寅時 말末 사내 아기씨가 탄생誕生하였습니다.

후궁 숙의 최씨를 통해 왕의 혈육血肉이 탄생하는 순간 '사내 아기씨[男阿只氏]'라는 칭호로 지칭되었다. 사내 아기씨는 신생아의 성별을 나타내는 말 '사내[男]'와 궁 안에서 성별에 상관없이 왕자와 왕녀를 높여 부르는 말인 '아기씨[阿只氏]'의 합성어이다. 왕녀는 '계집 아기씨[女阿只氏]'라는 칭호를 사용하였다. 다만 왕위계승권자인 원자는 태어날 때부터 '원자 아기씨[元子阿只氏]'라는 칭호로 지칭되었다. 왕의 맏아들인 원자는 건강하게 자라나 왕세자로 책봉되고 왕실 후계자 교육을 통해 앞으로 왕으로 즉위할 것이므로 탄생 순간부터 다른 자녀들과 분명하게 구별되었다.

궁궐 안에서 치러지는 출생 의례

세욕洗浴과 세태洗胎

왕의 자녀는 태어난 지 3일째 되는 날에 처음으로 몸을 씻는다. 또 왕실 산모의 자궁에서 배출된 왕자녀의 태胎도 같은 날에 씻었다. 몸을 씻는 의식을 세욕이라 하고, 태를 씻는 의식을 세태라고 한다. 출산으로 오염된 몸과 태를 정화하기 위한 의식이다.

몸을 씻고 태를 씻을 때에도 하루 중 좋은 시간을 미리 정하여 행하였다. 세욕 후에 세태를 하였다. 산모가 먼저 씻고, 다음으로 신생아를 씻겼다. 산모와 신생아의 세욕 의식이 끝난 다음, 출산 장소인 산실에 보관해 두었던 태를 씻었다. 3일 동안 '이도 저도 아닌' 전이 단계에 있던 태는 정화의식을 거친 후 태신胎神이 깃들어 있는 신성한 존재로 변화되었다.

숙종의 후궁 최씨가 숙의 시절 두 번째 출산을 한 후 정확하게 3일째 되는 날인 1694년(숙종 20) 9월 15일에 행한 세욕과 세태의식을 간단하게 살펴보자.

숙의 최씨는 오전 7~9시 사이에 해당하는 진시辰時에 몸을 씻고, 신생아기씨는 오전 9시에서 11시에 해당하는 사시巳時에 몸을 씻었다. 음력 9월 보름날 아침이고, 당시 날씨가 쌀쌀하였으므로 수건을 가지고 물을 적셔 닦아 주는 방식으로 몸을 씻었다. 아기씨의 몸을 씻기는 물은 매화나무 뿌리, 복숭아 나무 뿌리, 오얏나무 뿌리와 호랑이 머리뼈[虎頭骨]를 넣고 달인 물에 돼지 쓸개 1부를 타서 마련하였다. 왕실에서 태어난 아기씨의 목욕물에 들어가는 다양한 약재는 아기의 피부를 튼튼하게 할 뿐만 아니라 성장 과정에서 생길지도 모르는 만병을 예방할 수 있다고 믿었다. 신생아는 몸을 씻은 후에 새로운 옷을 갈아입었다. 건강하게 오래 산 사람의 무명옷을 구하여 쌀깃[襁褓]을 미리 만들어 두었다가, 몸을 씻긴 후에 신생아를 감쌌다. 아기의 무병장수를 기원할 뿐만 아니라 지나치게 따뜻한 것을 막기 위한 실용성도 지니고 있다.

신생아가 태어난 후에 배출된 태는 산실의 월공방月空方에 보관해 두었는데, 세태를 마친 다음에는 월덕방月德方으로 보관장소가 바뀐다. 또한 출산의 부정이 묻어 있는 태를 씻을 때 사용하는 물도 월덕 방위에서 길어온 물을 사용하였다.

태는 의녀가 깨끗이 씻어 태내항아리에 먼저 넣는다. 다음으로 내관과 의관이 태외항아리에 넣었다. 태의 주인이 누구인지를 알아 볼 수 있도록 태외항아리 앞면에는 '강희 33년 9월 13일에 최숙의방이 해산한 사내 아기씨의 태[康熙三十三年九月十三日崔淑儀房解產男阿只氏胎]라는 붉은 목패를

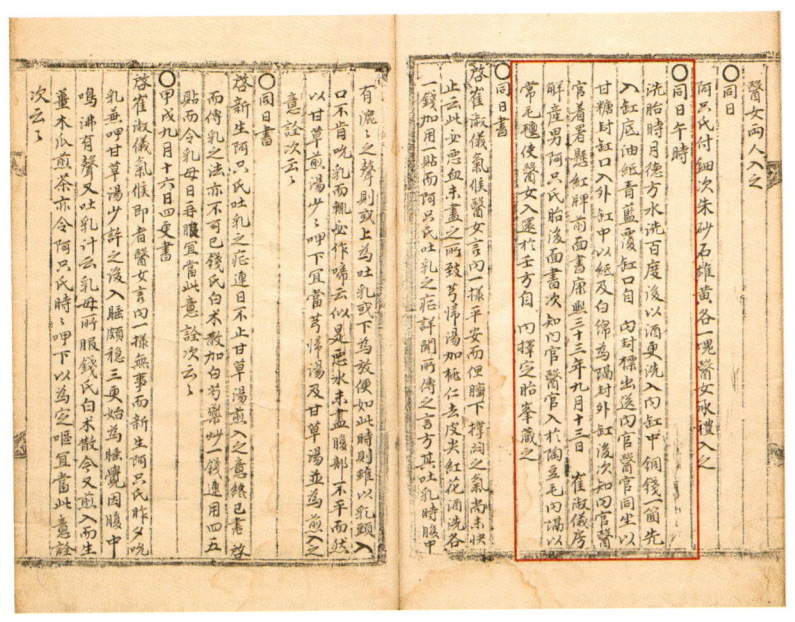

『호산청일기』 제2권 『갑술팔월일 최숙의방호산청일기』 1694년(숙종 20) 9월 15일 '세태' 부분
(한국학중앙연구원 장서각 소장)

매달았다. 이 태항아리는 궁궐 밖에 태봉胎峯을 정하여 장태의례를 행한 후 태실을 조성하여 태를 안치하기 전까지 궁궐 안 산실에 보관해 두었다.

권초제捲草祭

태어난 지 7일째 되는 날 신생아의 무병장수를 기원하는 제사 의식인 권초제를 행하였다. 조선 전기에는 개복신초례開福神醮禮라고 하였다. 조선 후기에 정형화된 권초제와 의례 형식에 있어서는 큰 차이를 보이지만, 갓 태어난 왕자녀의 무병장수를 기원하는 의례의 의미는 동일하였다.

조선 전기의 개복신초례를 살펴보자. 먼저 정2품 이상의 대신 가운데 자식이 많고 재앙이 없는 신하를 개복신초례의 헌관으로 선정하였다. 성현成俔은 1494년(성종 25) 왕세자빈 신씨가 원손을 낳았을 때, 헌관으로 임명되었다. 성현은 소격전에서 직접 초례를 주관한 경험을 그의 저서인 『용재총화慵齋叢話』에 비교적 상세히 기록해 두었다. 개복신초례의 헌관은 왕실 의복을 담당하는 상의원에서 정성스레 바친 의복을 도교의 최고신인 노자를 신격화한 태상노군太上老君 앞에 펼쳐 놓고 새로 태어난 왕 자녀의 복을 구하였다. 소격전에서 3일 동안 진행된 재초 의식이 끝나는 날, 즉 출생 후 7일째 되는 날 저녁에 헌관이 옷감[布段]과 관복冠服을 궁궐 안 산실 근처로 가져와 탁상 앞에 다시 진열하고 향불을 피워 재배하였다. 그 후 그 의복을 내전으로 들여갔다. 그 다음 헌관은 출산 직후 문에 걸어 두었던 새끼줄을 걷어서 특별히 준비한 함에 정성스럽게 넣어서 해당 관서의 관원에게 전달하여 창고에 보관하도록 하였다. 왕자를 낳았을 때 걸어 두었던 새끼줄은 내자시內資寺 소속 창고에 보관하였고, 왕녀의 것은 내섬시內贍寺 소속 창고에 보관하였다. 내자시와 내섬시는 호조에 속하는 관서이다. 주로 왕실에서 쓰는 각종 물건과 각 궁과 전에 대한 공상과 직조업무를 담당하였다. 왕자와 관련된 일은 내자시에서 담당하고, 왕녀와 관련된 일은 내섬시에서 담당하였던 것이다.

 조선 후기에 행해진 권초제는 왕비와 후궁이 출산할 때 산실에 깔아두었던 짚자리[草席]가 의례의 대상물이 된다. 짚자리는 갓 태어난 왕자녀의 몸이 처음 닿는 순간 신성한 산자리[産席]로 변화한다. 왕의 자녀가 태어난 후 산자리를 의녀가 산실에서 내오면, 담당 관원이 산실 근처에 미리 정해둔 현초문懸草門에 걸어 두었다. 그리고 7일째 되는 날 아침 미리 선정해 둔 다복한 권초관이 산자리를 걷어 내어 말아서 미리 준비해 둔 권초함에 넣는다. 명백미命白米, 명견命絹, 명주命紬, 명사命絲, 명정은 등 '목숨 명[命]' 자를 넣은 특별한 제물들을 정해진 순서에 맞춰 배열해 놓고, 붉은 색 보자기를 깐 고족상 위에 권초함을 올려 놓고 분향 재배하면 권초제 의식은 끝이 난다.

당시 숙의 최씨는 신분과 사회적 지위가 낮은 승은 후궁이었기 때문에 권초관을 따로 선정하지 않고 담당 의관이 권초관의 역할을 하였다. 권초한 것을 저포대에 담아 작은 붉은 보자기에 싸서 봉하고 봉한 외면에 '의관 모'라 쓰고, 착압 서명하여 함 속에 넣었다. 함 밖은 붉게 물들인 줄로 묶어 봉하고 붉은 목패를 매달았다. 세태의식을 마친 후 산실에 보관한 태항아리와 마찬가지로 권초의 주인이 누구인지 알 수 있도록 붉은 목패의 앞면에 '강희 33년 9월 19일에 최숙의방이 해산한 사내 아기씨의 권초[康熙三十三年九月十九日 崔淑儀房解産男阿只氏捲草]'라 썼다.

이와 같이 왕실에서 태어난 신생아는 탄생 후 7일째까지 성별의 구분만이 존재하였다.

궁궐 밖 장태藏胎의례

장태의례는 궁궐 안에서 행하는 세욕과 세태, 권초제와 달리 궁궐 밖, 즉 한양도성 밖에서 행해지는 출생 의례이다. 왕자녀가 어머니의 자궁 속에서 10개월간 건강하게 자라날 수 있도록 도왔던 태반과 탯줄을 포함한 '태胎'가 의례의 대상물이 된다. 따라서 장태의례는 삼칠일, 백일, 첫돌과 같이 영유아기의 건강한 성장을 기념하며 궁궐 안에서 치러지는 출생 의례와 구별되는 의례적 특징을 보인다.

왕의 자녀가 태어나면 왕위계승 여부, 적서, 성별의 차이에 관계 없이 모두 정교하게 고안된 장태의례를 통하여 태를 묻고, 태실胎室을 조성하였다. '방서方書의 장태법[藏胎之法]'에 따라 왕자의 태는 태어난 지 5개월째, 왕녀의 태는 태어난 지 3개월째 되는 달에 태를 묻기에 좋은 땅[吉地]을 골라 좋은 날[吉日]과 좋은 시간[吉時]에 정확하게 태를 묻도록 하였다.

조선 후기에 정형화된 장태의례는 출산 후 3일째 되는 날에 태를 씻는 세태의식으로부터 시작된다. 그 후 태봉胎峰의 선정, 장태 일정에 관한 논의, 태실을 조성하는 역사役事, 궁궐에서 태봉까지 태항아리를 모시고 가는 안태사安胎使 일행의 안태 행렬, 태항아리를 태실에 안치하는 안태安胎, 태신胎神과 후토신后土神에게 드리는 제사 등 다양하고 복잡한 의례들이 포함되어 있다.

왕실 가족 구성원들이 일생을 살면서 경험하는 책봉과 봉작, 성년식, 혼인, 죽음과 같이 장태의례와 태실 조성을 마친 다음에 담당 관청에서는 국가 기록물인 등록謄錄과 의궤儀軌를 제작하였다. 왕실 여성의 출산 과정을 『호산청일기』와 같은 일기 형식으로 기록하는 것과는 대조된다.

현재 서울대학교 규장각한국학연구원에 소장되어 있는 『태봉등록胎峯謄錄』(奎12893)은 1643년(인조 21) 4월부터 1740년(영조 16) 10월까지 약 100여 년에 걸친 왕자녀의 장태의례와 평상시 태봉의 관리 실태를 예조에서 일자별로 기록한 것이다. 이 등록은 상설 관청에서 작성한 지속성을 띠는 단위 과제별 공문서철류 등록에 해당한다.

이와 별도로 왕자녀의 장태의례에 관하여는 일회성을 띠는 단일 사안별 보고서류 장태등록도 제작되었다.

18세기 후반~19세기 후반에 태어난 왕위계승권자인 원자와 원손의 장태의례와 태실 조성에 관한 등록과 의궤가 한국학중앙연구원 장서각에 1건, 서울대학교 규장각한국학연구원에 5건이 소장되어 있다. 총 6건 가운데 1783년(정조 7) 정조의 첫 번째 원자(후일의 문효세자)의 장태 기록인 『원자아기씨안태등록』(奎13977)이 가장 이른 시기에 작성된 것이다.

현전하는 원자와 원손의 장태등록과 의궤

	서 명(내제)	제작시기	태(胎)의 주인	소장처
1	원자아기씨안태등록	1783년(정조 7)	문효세자	규장각
2	원자아기씨안태등록	1790년(정조 14)	순조	장서각
3	원자아기씨안태의궤	1809년(순조 9)	효명세자	규장각
4	원손아기씨안태등록	1827년(순조 27)	헌종	규장각
5	원자아기씨안태등록	1859년(철종 10)	철종의 원자	규장각
6	원자아기씨안태등록	1874년(고종 11)	순종	규장각

그렇다면 왕위계승권자인 원자나 원손 이외의 왕녀와 왕자도 장태의례와 태실 조성을 마치고 개별적인 장태등록과 의궤를 제작했을까?

국립중앙도서관에서 1946년에 구입하여 소장 중인 17세기 초 왕자의 장태의궤 1건이 남아 있어 주목된다. 이 의궤의 서명은 『만력36년 11월일 경상도 함창땅 왕자아기씨안태의궤[萬曆三十六年十一月日慶尙道咸昌地王子阿只氏安胎儀軌]』이다. 현재 국립중앙도서관에서 제공하는 해제를 통해서는 이 의궤의 정확한 제작 연대를 파악할 수 없다. 그 기록 내용을 통해 추정해 볼 때, 현전하는 장태의궤 가운데 가장 오래된 의궤이다. 또한 왕자의 장태의궤로는 유일본이다.

1604년(선조 37) 2월 7일에 태어난 선조의 아들 인흥군仁興君의 태를 탄생후 5년째 되는 해인 1608년(광해 즉위년) 11월에 경상도 함창현에 묻는 과정을 기록한 의궤이다. 중국 당나라 현종대의 고승 일행선사一行禪師가 고안한 것으로 알려진『태장경胎藏經』의 '육안태법'에는 남자에게 적합한 장태 시기로 연장태軟藏胎(5월), 중부태中符胎(5년), 향양태向陽胎(7년)가 제시되어 있다. 인흥군의 장태는 부왕인 선조가 살아 있을 때 중부태에 장태하기로 결정되어 있었다. 광해군이 즉위하고 인흥군 탄생 후 5년째가 되자 그에 맞춰서 장태한 사례이다.

서울대학교 규장각한국학연구원 소장『태봉등록』1643년(인조 21) 8월 13일자 기사에서 또 다른 단서를 찾을 수 있다. 당시 기록에 따르면 태봉을 기록한 문적이 병란으로 산실되었는데,『을축년 광산땅 대군장태등록[乙丑年光山地大君藏胎謄錄]』이 다행히 유실되지 않고 관상감觀象監에 보관되어 있었다. 여기서 '을축년'은 1625년(인조 3)이다. 당시 관상감에서 소장하고 있던 이 장태등록은 인조와 인열왕후 한씨 사이에서 태어난 인조의 넷째 아들인 용성대군龍城大君의 장태의례와 태실 조성에 관한 기록임을 알 수 있다.

또한 17세기 초부터 왕자와 왕녀의 장태등록이 개별적으로 제작되었음을 알 수 있는 외규장각의 소장 목록이 현전하고 있다. 1857년(철종 7) 9월까지 강화부 외규장각에 소장되었던 문서와 서책의 목록을 기록한「외규장각형지안」(奎 9165-2)이 바로 그것이다. 원래 책명은「강화부외규장각봉안책보보략지장어제어필급장치서적형지안江華府外奎章閣奉安冊寶譜略誌狀御製御筆及藏置書籍形止案」이다. 이「외규장각형지안」에 따르면, 1606년(선조 39)부터 1754년(영조 30)까지 행한 장태의례와 태실 조성 및 가봉 사실을 기록한 의궤와 등록은 총 30종에 달하였다. 이 가운데 태실의 가봉, 수보나 수개에 관한 기록을 제외하고, 태를 묻는 의식인 장태의례를 기록한 등록과 의궤는 총11종이다.

19세기 중반까지 강화부 외규장각에 보관했던 왕자녀의 장태 등록과 의궤를 시대순으로 정리하면 다음과 같다.

	서 명	제작시기	태실소재지 / 태의 주인
1	대군안태등록	1606년(선조 39)	가평/영창대군
2	왕자안태의궤	1643년(인조 21)	충주/숭선군
3	왕자장태의궤	1645년(인조 23)	충주/낙선군
4	원손안태의궤	1647년(인조 25)	대흥/현종
5	공주안태의궤	1659년(현종 즉위년)	남포/명선공주
6	숙명공주·숙경공주안태등록	1660년(현종 1)	지례/숙명공주, 숙경공주
7	숙휘공주·숙정공주안태등록	1662년(현종 3)	원주/숙휘공주, 숙정공주
8	명혜공주·신생공주장태등록	1665년(현종 6)	임천/명혜공주, 명안공주
9	옹주장태등록	1740년(영조 16)	면천/화유옹주
10	원손장태의궤	1752년(영조 28)	영월/정조
11	군주안태등록	1754년(영조 30)	홍천/청연군주

19세기 중반까지 강화부 외규장각에 소장되어 있던 가장 오래된 장태등록은 1606년(선조 39) 가평에 조성된 영창대군의 장태기록인 『대군안태등록』이다. 영창대군은 1606년(선조 39) 3월 5일 탄생하였으며, 7월 27일 가평에 태를 묻었다. 오월장태법에 따라 영창대군이 태어난 지 정확하게 5개월째 태실을 조성하였다.

1782년(정조 6) 2월에 완성된 강화도 외규장각의 모습은 현재 국립중앙

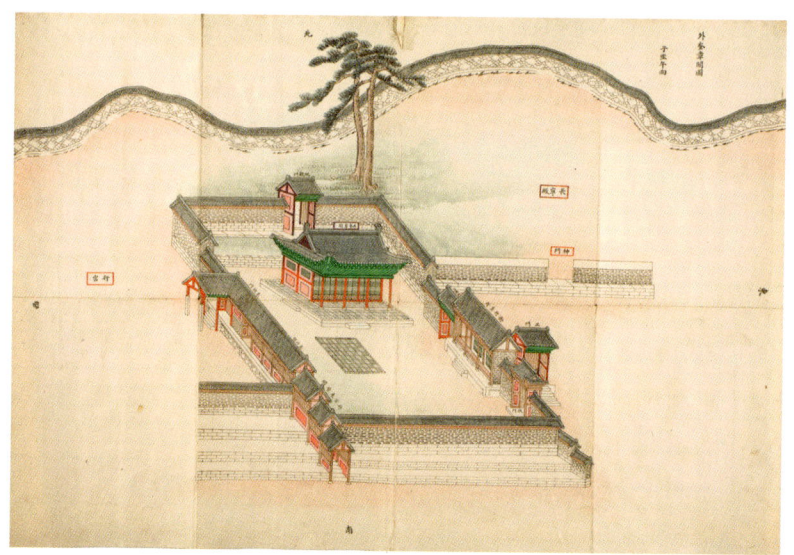

「강화부궁전도(江華府宮殿圖)」제2폭 〈외규장각도〉 외규장각은 왕실 기록물을 주로 봉안하는 문서고이며, 남색으로 인찰선을 직접 그린 책지에 형지안을 작성하였다. (국립중앙도서관 소장)

도서관에서 소장하고 있는 「강화부궁전도江華府宮殿圖」를 통해 살펴볼 수 있다. 「강화부궁전도」의 제2폭에 〈외규장각도〉가 그려져 있다. 외규장각은 '강도외각' 혹은 '규장외각'으로 불리는데, 강화부 행궁의 동쪽, 장녕전長寧殿의 서쪽에 정면 3칸과 측면 2칸 총 6칸 크기의 규모로 건립되었다.

외규장각에 봉안했던 의궤는 정각의 오른쪽에 위치한 동협간東夾間과 왼쪽에 위치한 서협간西夾間의 북쪽 벽쪽으로 탁자를 배치하고 그곳에 수장했고, 서협간의 서쪽 벽쪽에 배치한 탁자 2개 등에 수장했다. 서협간에 배치한 작은 탁자에는 『문헌통고文獻通考』 80책을 비롯해 『자치통감강목資治通鑑綱目』 106책 등을 수장했다. 동협간은 서협간과 마찬가지로 두 개의 탁자와 하나의 소탁을 배치해 많은 서책을 수장했으며, 서책을 대내大內

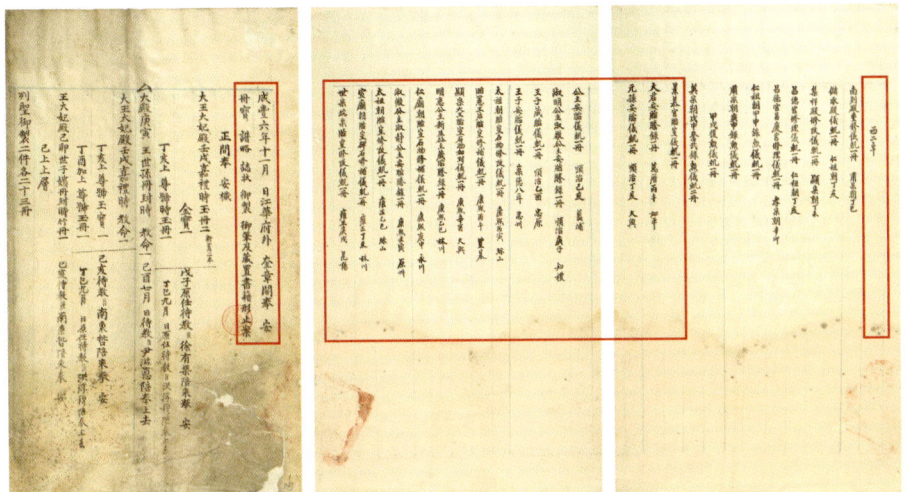

「함풍 6년(필자주: 1856) 11월일 강화부외규장각봉안책보보략지장어제어필급장치도서형지안」첫 면(좌)과 '서2탁' 부분(중)(우) (국립중앙박물관 소장)

로 들이거나 다른 궤로 이동했을 때에는 변동 사항을 형지안에 기록해 놓았다. 또한 의궤의 수량이 증가함에 따라 배치에 변동이 발생하였다.

「외규장각형지안」에 따르면 1782년(정조 6) 4월 원래 '2'에 봉안했던 어람건 의궤를 '3'으로 옮겼다는 기록이 있다. 이때 옮긴 어람건 의궤는 1711년(숙종 37)에 서산에 있던 명종의 가봉 태실, 부여에 있던 선조의 가봉 태실, 예산에 있던 현종의 가봉 태실의 석물과 비석을 수리하여 고친 후에 제작한 의궤 3건을 지칭한다.

그 후 1791년(정조 15) 2월의 봉안에서 동협간 동쪽 벽에 조그만 탁자를 새로 가져다 놓았다. 「외규장각형지안」에는 보관 위치가 '동협간 동쪽 벽에 새로 놓은 탁자[東挾間東壁新卓]'로 표기되어 있다. 이 탁자는 한양에서 가져온 『대군안태등록』 외 27종의 장태의례와 가봉 태실 수개 관련 등록과 의궤를 봉안하기 위한 용도였다.

이를 종합하면, 창덕궁 안에 정조가 만든 규장각 내 왕실 서고에 보관했던 원손, 대군, 왕자, 공주, 옹주 등의 장태기록인 장태등록과 장태의궤 11건이 1791년(정조 15) 2월에 강화도 외규장각 동협간 동벽으로 옮겨졌다. 그 후 '서쪽 두 번째 탁자[西二卓]'로 이동하여 1857년(철종 8) 9월까지 그대로 보관한 것으로 보인다.

1857년(철종 8) 9월 이후의 보관 상황은 「외규장각형지안」이 남아 있지 않아 알 수 없다. 2011년 프랑스에 있던 외규장각 의궤가 한국에 반환될 때 함께 돌아온 2건의 「외규장각형지안」(外奎296, 外奎297) 가운데 가장 늦은 시기에 작성한 형지안(外奎297)이 서울대학교 규장각한국학연구원 소장 「외규장각형지안」(奎 9165-2)과 일치하는데, 이를 통해 미루어 짐작해 볼 뿐이다. 17세기 초부터 18세기 중엽까지 행해진 왕자녀의 장태의례에 관한 기록인 장태등록과 장태의궤는 강화도 외규장각에 그대로 보관되어오다가 병인양요 때 프랑스 군인들의 방화로 소실된 것으로 보인다.

어람용 안태등록과 분상용 안태의궤?

일회성을 띠는 단일사안별 보고서류에 속하는 왕자녀의 장태의례에 관한 개별적인 국가 기록물이 어떻게 등록과 의궤 두 종류의 형태로 남아 있게 된 것일까?

이에 관하여는 1783년(정조 7) 경상도 예천군에 태실을 조성한 정조의 첫 번째 원자(후일의 문효세자)의 장태의례를 기록한 『원자아기씨안태등록』(奎 13977)을 통해 파악할 수 있다. 이 등록에는 "황의의궤黃衣儀軌 4건에 들어갈 도련지 3속, 어람등록 1건에 들어갈 돈후지 15장"과 같이 어람등록 1건과 의궤 4건을 만드는데 필요한 물품들이 상세히 적혀있다. 책의 표지는 '책의冊衣'라고 하고, 책의 본문에 사용된 종이는 '책지冊紙'라고 한다. 예천에서 차출한 등록서사인 1명과 책장 오필홍이 참여하여 어람등록 1건과 의궤 4건을 제작하도록 하였다. 이 때 제작한 의궤 4건은 예조 1건, 본감 1건, 감영 1건, 본관 1건으로 각 기관에서 소장하도록 하였다. 이에 따라 한양에 있는 중앙관서인 예조와 본감인 관상감에 의궤를 각각

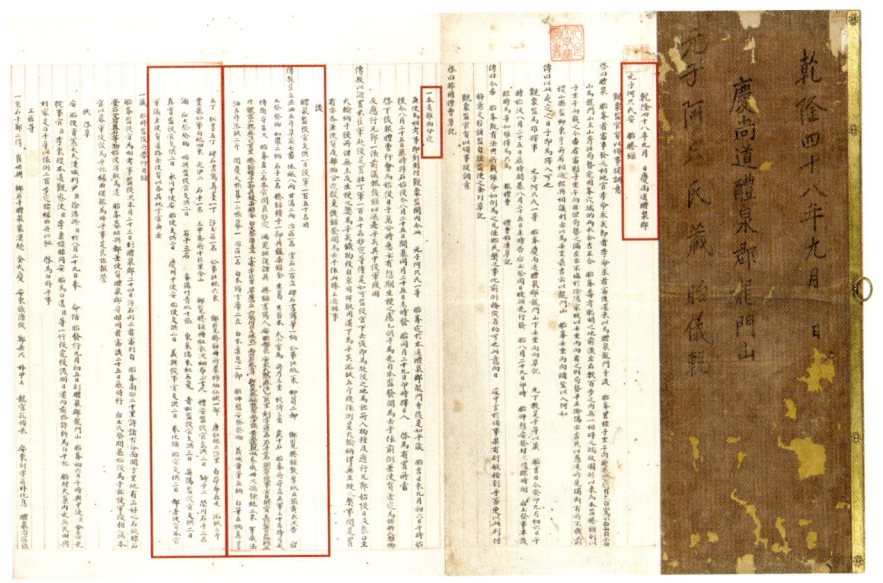

『원자아기씨안태등록』 표지(우)와 내제(중), 어람용 등록과 분상용 의궤 제작을 위해 지역별로 잡물을 분정한 내역 부분(좌)
(서울대학교 규장각한국학연구원 소장, 奎 13977)

1건씩 보관하였다. 그리고 원자의 태실이 조성된 경상도 감영과 본관인 예천군에 의궤를 각각 1건씩 보관하였다.

1608년(광해 즉위년) 11월에 행한 선조의 왕자 인흥군의 장태의례와 태실 조성 과정을 기록한 『만력 36년 11월 일 경상도 함창땅 왕자아기씨안태의궤』에도 의궤 제작 건수에 관한 기록이 보인다. 의궤 4건을 제작하여 1건은 예조, 1건은 지리학, 1건은 본도인 경상도 감영, 1건은 본관인 함창현에서 보관하도록 하였다. 여러 건을 제작하였으므로 장태의례와

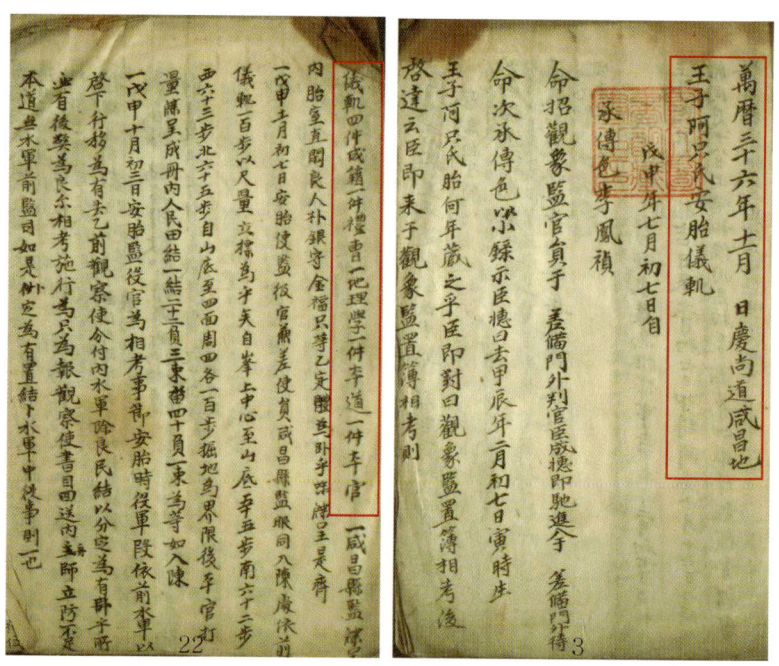

『왕자아기씨안태의궤』 첫 면(우)과 의궤 제작 건수를 기록한 부분(좌)
왕자의 장태의궤로는 유일본이며, 17세기 초 왕자 인흥군의 장태의례와 태실 조성 과정을 기록하고 있어 사료적 가치가 높다. (국립중앙도서관 소장)

태실 조성에 관한 국가 기록물의 서명은 의궤라고 하였다. 이때에는 어람용 등록을 따로 제작하지 않았다.

현전하지는 않지만, 강화도 외규장각에 보관했던 1606년(선조 39)에 제작된 영창대군의 장태의례에 관한 국가 기록물은 서명이 『대군안태등록』으로 되어 있다.

왕자녀의 장태의례에 관한 국가 기록물이 국왕이 직접 보는 용도로 제작하는 책자가 어람의궤가 아닌 어람등록이라는 점은 흥미롭다. 보통 왕실 가족 구성원 가운데 왕과 왕비, 왕대비, 대왕대비, 왕세자, 왕세자빈의 일생 의례를 마친 후에는 여러 건의 의궤를 제작하였다. 그 외 왕자녀와 후궁의 일생 의례는 등록으로 작성하였다. 그러나 장태의례에 관한 기록은 기존의 의궤와 등록의 위계 전통을 따르고 있지 않다. 따라서 현전하는 『원자아기씨안태등록』 4건과 『원손아기씨안태등록』 1건은 어람용이고, 『원자아기씨안태의궤』 1건은 분상용으로 제작한 것으로 추정된다. 앞으로 일생 의례 가운데 원자아기씨의 장태 의례와 태실 조성에 관한 기록이 어람용 안태등록과 분상용 안태의궤로 분화되는 과정을 좀 더 면밀히 검토할 필요가 있다.

17~18세기에 태어난 왕녀와 왕자의 장태의례

현재 서울대학교 규장각한국학연구원 소장 『태봉등록』에는 17세기~18세기 치러진 왕자녀의 장태의례와 태실 조성의 실상을 살펴볼 수 있는 내용들이 포함되어 있다. 『태봉등록』은 인조 가족부터 영조 가족까지 왕위계승권자인 원자뿐만 아니라 공주와 왕자 등 왕자녀의 출생 순서와 성별에 따라 장태의례가 어떻게 달라지며 그 의미는 무엇인지를 이해할 수 있는 중요한 내용을 담고 있다.

17세기에 태어난 왕자녀의 장태의례와 관련하여 주목되는 점은 1604년(선조 37)과 1624년(인조 2) 두 번에 걸쳐 전국의 각도와 각 읍에 소재한 태봉胎峯을 조사하였다는 점이다. 왕자녀의 태봉으로 사용하기에 적당한 좋은 땅을 미리 정하여 두기 위한 조치였다.

17세기 초반에 이루어진 두 번의 태봉 조사는 모두 왕비의 출산과 관련이 있다. 1604년(선조 37)에 이루어진 첫 번째 태봉 조사는 두 번에 걸친 일본과의 전쟁을 치룬 직후에 이루어졌다. 선조의 계비 인목왕후 김씨가 1603년(선조 36)에 정명공주를 출산한 이후였다. 그리고 1605년(선조 38)에 선조는 정명공주의 태실을 조성하고, 공주의 태봉을 2백보로 제한한다는 정식을 마련하였다. 1624년(인조 2)에 이루어진 두 번째 태봉 조사는 인조가 계해년의 반정을 통해 왕위에 오른 직후 인조의 정비인 인열왕후 한씨가 낳은 용성대군의 태실 조성을 위한 것이었다. 인조의 넷째 아들인 용성대군은 인조가 즉위한 이후인 1624년(인조 2) 9월 3일에 태어났고, 용성대군의 장태는 다음 해인 1625년(인조 3) 3월 20일에 행해졌다. 용성대군의 태실은 조성하는데 7개월 정도 시간이 소요되었다. 1624년(인조 2) 1월에 발발한 이괄의 난과 역모 사건 등으로 혼란한 당시 정국의 상황이 반영되어 오월장태법을 적용할 수 없었던 것이다.

『태봉등록』은 1637년(인조 15) 1월 30일 청과의 전쟁에서 굴욕적인 패배를 경험한 이후 6년이 지난 1643년(인조 21) 4월 5일 성주에 있는 세종대왕 아들들의 태봉에 발생한 실화사건에 관한 기록으로부터 시작된다. 이 태봉 실화사건과 관련하여 7월 27일 경상감사가 올린 장계에 의하면 인조의 전교대로 4월에 태봉화재 때 불을 끈 승려 6명에게 각각 베 1필과 쌀 2말씩을 지급하고, 승역을 감면해주고, 태봉을 수직하도록 하였다.

성주 태봉의 실화사건이 마무리된 바로 다음 달인 8월 5일 인조는 앞으로 안태할 일에 대비하라는 전교를 내렸다. 그러나 병자호란을 겪으면서 관상감에 있던 '태봉치부문적胎封置簿文籍'이 이미 없어진 상황이었다. 예조에서는 급하게 각도에 공문을 보내어 각 고을마다 산재한 태봉을 일일이 조사한 후 지명과 좌향坐向을 기록한 태봉성책胎封成冊을 만들어서 올려보내도록 하였다. 당시 병자호란의 여파로 인하여 경기도와 충청도의 다섯 고을만 태봉을 성책하여 보내오는 등 전국적인 태봉 조사가 어려웠던 것을 알 수 있다.

『태봉등록』 권1 표지(좌)와 첫 기사(우) (서울대학교 규장각한국학연구원 소장)

곧이어 8월 13일 인조의 후궁 귀인 조씨가 낳은 숭선군의 태를 먼저 갈무리하라는 인조의 전교가 이어졌다. 『태봉등록』에 나오는 왕자의 장태의례에 관한 첫 기록이다. 다행히도 관상감에 『을축년 광산땅 대군장태등록乙丑年光山地大君藏胎謄錄』이 유실되지 않고 남아 있었다. 이 등록은 18년 전인 1625년(인조 3) 용성대군의 장태과정을 기록한 것이었다. 관상감의 계사에 의하면, 용성대군의 태를 묻을 때에는 1등, 2등, 3등을 분명히 상고할 수 있었으나, 1643년(인조 21) 숭선군의 장태 때에는 등수나 우열을 상세히 알 수 없는 상황이었다. 9월 29일에 예조에서 올린 계목에 인조는 '역군이 너무 많은 것 같으니 알맞게 줄여서 하라'고 특별히 전교하였다. 인조의 전교대로 1643년(인조 21) 10월 25일 숭선군의 태를 충북 충주에 묻고 태실을 조성할 때에 역군은 50명을 줄였으며, 돌을 옮기는 예석군도 100명을 줄였다.

숭선군의 장태의례는 숭선군이 태어난 후 5년째 되는 해에 행해졌다. 숭선군은 1639년(인조 17) 10월 17일에 인조와 후궁 조씨 사이에서 태어났다. 그의 동복누이인 효명옹주는 1637년(인조 15)에 태어났다. 그리고 동복동생인 낙선군은 1641년(인조 19) 11월 7일에 태어났다. 인조는 정비인 인열왕후 한씨가 1635년(인조 13) 출산 후 갑자기 승하한 이후 후궁인 조씨를 특별히 총애히 였다. 후궁 조씨는 인조와의 사이에서 2남 1녀를 낳았다. 인조는 숭선군의 태를 묻을 당시 세 아기씨의 태실을 장유長幼의 차서次序를 따라서 한 봉우리 위에 함께 묻도록 특별히 전교하였다. 그리고 1645년(인조 23) 8월 24일에 낙선군의 태는 태어난 지 5년째 되는 해에 형인 숭선군의 태실 남쪽에 묻었다.

인조의 아들인 숭선군의 태실을 조성한 지 2년 후 1647년(인조 25) 6월

17일 원손(후일의 현종)의 장태에 관한 기사가 나온다. 인조의 원손은 1641년(인조 19) 2월 4일 효종이 봉림대군 시절에 형 소현세자 가족과 함께 심양에 볼모로 끌려갔을 때 태어났다. 1645년(인조 23) 9월 27일 봉림대군이 왕세자로 책봉되고, 2년 후에 원손의 태실이 조성된 것이다. 원손의 태실은 태어난 지 7년째 되는 해에 조성되었다. 당시 원손의 나이는 7세였다.

원손의 장태를 할 때, 심양에서 먼저 태어났던 누이들의 태실은 아직 조성하지 않은 상태였다. 인조 재위시에는 우선순위에 따라 당대 왕인 인조 자녀들의 태실이 먼저 조성되었고, 왕위계승권자였던 왕세자의 적장자인 원손의 태실이 다음으로 급하게 조성되었다. 효종의 적녀인 숙명공주, 숙휘공주, 숙정공주, 숙경공주의 태실은 그 후 아버지인 효종대에 와서도 조성하지 못하고, 현종대에 가서 가뭄으로 여러 번 미뤄진 이후에 겨우 조성할 수 있었다.

17세기 중엽 현종과 명성왕후의 첫 딸인 명선공주는 1659년(현종 즉위년) 11월 25일에 태어났는데, 4개월째인 1660년(현종 1) 2월 17일에 이르러 충남 보령에 명선공주의 태실을 조성하였다. 현종의 적녀이고, 첫 번째 소생임에도 불구하고 삼월장태법을 따르지 않았다. 그리고 태봉으로 정결한 땅을 써야 한다는 '고정지처高淨之處'의 기준 또한 지켜지지 않았다. 태실을 조성하려고 준비하던 중에 명선공주의 태를 안치하려고 정한 혈자리 근처에서 해골이 발견되었기 때문이다. 이 문제가 당시 비인庇仁의 장태감역관에 의해 예조 관상감에 보고되었다. 예조에서는 공주의 태봉을 다른 곳으로 옮기지 않고 그대로 조성하되, 해골을 다른 곳으로 이장하자는 의견을 제시하였고, 현종은 이를 윤허하였다.

현종의 첫딸인 명선공주의 태실을 조성한 이후 1660년(현종 1) 3월에 현종은 고모인 효종의 딸 숙명공주, 숙휘공주, 숙정공주, 숙경공주의 장태를 가을 중으로 하라는 전교를 내렸다. 그러나 좌승지 오정위吳挺緯는 백성들이 흉년과 기근으로 어려운 때를 당하였는데, 지금까지 미루어온 장태를 지금 거행하는 것보다는 추수가 끝날 때까지 기다렸다 행하여 백성들의 폐해를 덜어줄 것을 현종에게 아뢰었다. 현종은 이를 윤허하였고, 그 해 가을 10월 2일에 경상도 지례에 숙명공주와 숙경공주의 태실을 조성하였다. 그리고 숙휘공주와 숙정공주의 태실 조성은 1661년(현종 2) 11월로 미뤄졌다가, 8월 15일에 현종의 원자(후일의 숙종)가 태어나면서 다시 미뤄지게 되었다. 두 공주의 태실은 1661년(현종 2) 12월 25일 원자의 태실을 조성한 이후인 1662년(현종 3) 11월 25일 강원도 원주땅에 함께 조성하였다.

현종의 원자로 태어난 숙종의 태실은 탄생 후 오월장태법을 따라 1661년(현종 2) 12월 25일 충남 공주에 조성되었다. 11월 17일 원자아기씨의 장태에 합당한 곳을 조사하라는 현종의 전교를 따라 술관術官 김극만金克晩을 보내어 조사해 오도록 하였다. 김극만은 공주와 청주가 가장 좋고, 그 다음으로 춘천이 좋다는 의견을 제출하였다. 세 후보지 가운데 원자의 태봉은 공주로 결정되었다. 이에 대한 관상감 제조의 계사에 태봉의 등급에 대한 언급이 없다는 점이 눈에 띤다. 다만 날씨가 춥고, 부역에 동원하기가 쉽지 않은데 남은 날짜도 얼마 남지 않은 점을 걱정하고 있었다. 그 후 11월 28일 관상감 첩정에 따르면, 원자아기씨 장태에 쓸 잡물을 급히 진상하도록 하고, 안태사 일행이 지나갈 도로를 빨리 닦도록 해당 도에 공문을 보내도록 하였다. 그리고 12월 13일 경기감사의 장계에, 원자의 안태는 공주와 옹주의 안태와는 사리와 체면이 다르므로, 공주와 옹주의 안태처럼 도로차사원과 군위차사원만 배행할 것이 아니라 이외에 경기도

▲ 강원도 원주시 흥업면 대안3리에 조성한 숙휘공주와 숙정공주의 태실 (한국학중앙연구원 디지털인문학연구소)
▼ 숙정공주 태내항아리(좌)와 태지석(우) 효종(孝宗)의 여섯째 딸인 숙정공주(1646~1668)의 태지석으로 음각된 명문이 있는데, 글자수는 앞면 21자, 뒷면 14자 총 35자이다. 글자 크기는 2cm 내외다. 명문 내용은 '병술년(丙戌: 1646) 11월 초7일 해시(亥時)에 태어난 숙정공주(淑靜公主) 아기씨의 태를 청(淸) 황제 강희(康熙) 1년(1662) 11월 25일 사시(巳時)에 묻다(丙戌年十一月初七日亥時誕生淑靜公主阿只氏胎康熙元年十一月二十五日巳時藏)'이다. (국립고궁박물관 소장)

와 공충도의 도사都事가 각기 도 경계에서 마중하고, 다음 도의 경계에서 교체하는 방식으로 배행하도록 하였다.

원자의 장태의례를 마치고 1년 후인 1662년(현종 3) 12월 4일에 숙종의 여동생인 명혜공주가 태어나고, 1665년(현종 6) 5월 18일에 명안공주가 태어났다. 그러나 두 명의 공주에 대한 장태 전교는 1670년(현종 11) 1월 16일에 내려졌다. 이 때 현종은 명혜공주와 신생공주아기씨(후일의 명안공주)의 장태를 함께 거행하라고 전교하였다. 현종의 전교를 따라, 숙종의 누이동생인 명혜공주와 명안공주의 태는 1670년(현종 11) 3월 13일 충남 부여 땅에 함께 갈무리하였다.

17세기 중엽에 치러진 원자의 장태의례와 태실 조성은 다른 왕자녀들과 구별되기 시작하는 중요한 사례라는 점에서 주목된다. 장태 시기를 오월장태법의 원칙을 지켜 태를 묻었고, 태를 묻기에 가장 좋은 장소를 선택하였다. 반면, 1661년(현종 2) 원자의 태실 조성을 전후한 시기에 진행된 다른 왕자녀들의 장태는 이와 달랐다. 예외 없이 장태법의 기준을 따르지 않고 태를 묻었다. 인조는 장태 시기는 달리했지만, 동복 남매의 태실을 같은 봉우리에 함께 조성하도록 하였다. 현종도 동복누이의 경우, 같은 날 동일한 태봉에 태실을 조성하도록 하였다.

임진왜란과 병자호란이라는 혹독한 전쟁을 치르고, 인조반정으로 왕권교체가 이루어진 이후, 국내외적으로 혼란한 시기에 치러진 인조 자녀와 효종 자녀들의 장태는 그 시기가 미뤄지거나 태봉을 함께 쓰는 경향을 보였다. 이러한 현상은 현종의 딸인 공주들에게도 일부 적용되었다. 특히 현종대에는 계속되는 흉년과 기근으로 왕녀들의 장태가 미뤄지는 현상이 나타났다. 왕자녀의 장태는 '민폐'가 될 수 있으니, 왕자녀의 장태시기를 이상적으로 따라 행하기보다는, 백성들의 농사일에 방해가 되지 않는 시기를 선택하는 방향으로 진행되었다. 이는 왕실의 번영이나 안위보다는 민생을 먼저 돌보라는 신하들의 강력한 요구를 받아들일 수밖에 없었던 왕실의 입장을 잘 보여준다. 그러나 원자의 경우에는 예외였다. 왕위 계승권자인 원자의 장태는 탄생 후 5개월째에 맞춰서 시기를 놓치지 않았다. 장태행렬의 위의威儀 또한 다른 왕자녀와는 다른 배행 행렬을 갖추도록 하였다.

숙종은 정비인 인경왕후와의 사이에서 두 딸을 두었으나, 모두 일찍 죽었다. 인경왕후 또한 일찍 죽었다. 『태봉등록』에는 두 번째로 태어난 공주의 장태에 관한 기사가 1677년(숙종 3) 6월 19일에 보인다. 이 때 첫 번째 공주의 장태를 전례로 하여 행하도록 하였으나, 내용은 상세하지 않다.

그로부터 11년 후 1688년(숙종 14) 10월 28일 숙종은 후궁 장씨와의 사이에서 왕자(후일의 경종)를 얻게 되었다. 나이가 서른이 되었지만, 왕위계승권자인 원자가 없었던 숙종이었다. 11월 12일과 11월 13일 두 차례에 걸쳐 왕자의 장태 날짜를 논의 한 결과, 오월장태법을 따라 다음 해 2월에 행하기로 정하였다. 지관 김극만을 보내어 1등 태봉 후보지인 충원의 태봉에 탈이 없는지를 조사하도록 하였다. 1689년(숙종 15) 1월 1일 왕자아기씨 장태 일정이 결정되었고, 1월 6일과 1월 10일에 장태에 사용할 잡물과 도로 치수에 관한 공문이 발송되었다.

다음날 1월 11일 후궁 장씨 소생의 왕자는 원자로 정호되었다. 2월 3일 예조에서 올린 계사는 원자아기씨 장태시 안태사 이하 배행하는 관원의 복색을 길복을 입을 것인가 시복을 입을 것인가를 숙종이 결정해줄 것을 아뢰는 내용이었다. 원자의 장태는 사체가 막중하기 때문에 가볍게 단정할 수가 없다는 입장이었다. 왕자가 원자로 정호定號된 후로부터 한 달 후인 2월 22일 원자(후일의 경종)의 태를 1등 태봉인 충원에 묻고, 태실을 조성하였다. 2월 27일 주강晝講에 입시한 지사知事 심재沈梓는 원자의 태봉 금표 안에 들어간 가옥을 철거하고 전답을 묵히는 과정에서 백성들이 원망할 단서가 없도록 해야 한다고 왕에게 아뢰었고, 숙종은 백성들에게 끼치는 폐해를 최대한 줄이도록 배려하였다.

숙종은 원자의 장태 이후 후궁이 낳은 다른 왕자들의 장태에 모두 1등 태봉을 사용하도록 하였으며, 오월장태법에 맞춰 정확하게 태를 묻도록 하였다. 즉 1694년(숙종 20) 갑술년, 1699년(숙종 25) 기묘년에 태어난 왕자들의 장태에 동일하게 적용되었다. 1693년(숙종 19) 계유년 10월 6일에 태어난 왕자는 장태법의 기준에 따라 1694년(숙종 20) 2월 28일에 태실을 조성하고자 하였으나 장태의례를 준비하는 과정에서 갑자기 죽었다. 1698년(숙종 24) 무인년에 태어난 왕자는 태어난 지 7일도 안되어 갑자기 죽었기 때문에 왕자의 태는 계유년 왕자의 전례를 따라 무덤에 함께 묻도록 하였다. 숙종의 아들은 모두 신분이 낮은 후궁이 낳았지만, 1등 태봉을 쓰도록 하고, 장태 시기를 정확하게 장태법에 맞춰 시행하였다. 영조 또한 옹주의 장태에 이를 동일하게 적용하였다.

영조는 1721년(경종 1) 9월 26일 왕세제로 책봉되었고, 1724년(영조 즉위년) 경종의 뒤를 이어 즉위하였다. 즉위 후 1727년(영조 3), 1728년(영조 4), 1729년(영조 5), 1732년(영조 8), 1733년(영조 9), 1735년(영조 11), 1738년(영조 14), 1740년(영조 16), 1753년(영조 29), 1754년(영조 30)에 옹주가 태어났다. 네 명의 후궁에게서 12명의 딸과 2명의 아들을 둔 영조는 현종과 숙종에 비하여 자녀를 많이 두었을 뿐만 아니라, 유난히 딸자식이 많았다.

1728년(영조 4)에 태어난 옹주의 태봉은 경기도 마전현으로, 1729년(영조 5)에 태어난 옹주의 장태는 경기도 개성부로 정해졌다. 이때 태어난 옹주의 장태를 할 때에 영조의 수교와 장태 시 필요한 잡물의 내역이 처음으로 상세하게 등장한다. 예조에서 첩연한 관상감의 첩정 안에 그 내용이 수록되어 있다. 역군의 수 100명 가운데 정미년에 30명을 줄이고, 무신년에 20명을 줄이고 승군을 사용하도록 하였다. 1733년(영조 9) 또 옹주가 태어났고, 강원도 춘천에 장태하였다.

　1732년(영조 8) 태어난 옹주의 태봉을 선정하는 과정에서 영조는 경기도에서 가까운 곳으로 정하여 다시 올리라고 하교하였다. 이에 관상감에서는 현재 경기도에서는 양성과 양주 두 곳만 남아있다고 보고하고 상지관 김우하金佑夏를 보내어 상세히 조사하도록 하였다. 양주 북면과 양성 서면 두 곳을 비이망備二望으로 올리면서, 이 두 곳 외에는 경기도에서 태봉문적에 실려 있는 태봉이 없다고 보고하였다. 이에 영조는 양성 서면을 옹주의 태봉으로 정하였다. 영조는 1732년(영조 8) 2월 20일 예조의 계목에 첩연한 관상감의 첩정에 대하여 역군을 다시 10명을 줄이고, 잡물 가운데 긴요하지 않은 것은 우선 감축하고, 될 수 있으면 절약하도록 관상감과 경기도에 특별히 분부하는 전교를 내렸다. 영조의 전교를 따라 관상감에서는 역군과 잡물을 줄인 내역을 고쳐서 다시 마련하였다. 태실 조성으로 인한 백성들의 폐해를 조금이라도 줄이기 위한 영조의 뜻이 반영된 것이다.

　그리고 1735년(영조 11) 1월 21일 영조의 맏아들인 원자(후일의 사도세자)가 태어났다. 1월 26일에 원자의 장태에 관한 전교가 내려졌다. 관상감에서는 1604년(선조 37)과 1624년(인조 2) 태봉 조사 때 정해졌던 태봉은 100여 년 동안 거의 다 사용하였고, 1690년(숙종 16)에 다시 택정하여 9곳을 정했지만, 그 뒤로 계속 태봉을 골라 쓰고, 겨우 2곳만이 남은 상태였다. 남은 두 곳은 바로 충청도 덕산과 강원도 춘천이었다. 그러나 원자의 태봉으로 쓰기에는 적합하지 않다고 판단하여 급하게 강원도와 충청도에 상지관을 보내어 태봉을 다시 택정하도록 하였다. 1달이 지난 후인 3월 4일에 상지관 이광홍李光弘이 택정한 12곳 가운데 경상도 풍기현과 예천 소백산, 강원도 원성현 3곳을 후보로 올렸고, 3월 7일 원자의 태봉은 경상도 풍기현으로 낙점되었다. 원자의 태봉으로 정해진 경상도 풍기현 외에 나머지 태봉 11곳을 백성들이 점유하지 못하도록 금지시키도록 하자는 뜻으로 관상감에서 올린 계사를 영조는 윤허하였다. 영조는 옹주들의 태를 가까운 경기도 지역으로 정한 반면, 왕위계승권자인 원자의 태실은 한양에서 먼 경상도 지역에 조성하는 것을 허락하였다.

원자가 태어난 같은 해 9월 19일에 옹주가 다시 태어났다. 1735년(영조 11) 10월 2일 영조는 관상감에서 올린 삼망 단자를 경기로 고쳐서 올리도록 전교하였다. 관상감 지관 김우하를 경기도로 보내어 후보지 4곳을 보고하였다. 포천의 병좌 임향 언덕과 을좌 신향 언덕 2곳, 영평의 경좌 갑향과 유좌 묘향 언덕 2곳이었다. 이 가운데 옹주의 태봉은 경기도 포천현 서쪽 소흘산면 약사동 병좌 임향으로 정하였다. 그리고 1738년(영조 14)에 옹주가 태어나자, 옹주의 태를 1735년(영조 11)에 태어난 옹주의 태봉과 가까운 경기도 포천현 북면 만세교 동쪽 을좌 신향에 묻도록 하였다. 그 후 1740년(영조 16) 옹주가 태어나자 태봉을 현재 충남 당진에 위치한 면천군 북쪽 성 뒤쪽 마을 동쪽의 곤좌 간향으로 낙점하였다.

『태봉등록』의 기록은 1740년(영조 16) 영조의 10녀 화유옹주和柔翁主의 태를 충청도에 묻었다는 내용으로 끝이 난다. 그 후 영조와 숙의 문씨 사이에서 2명의 옹주가 더 태어났다. 1753년(영조 29) 3월 2일에 태어난 화령옹주和寧翁主의 태는 충남 예산에 묻었고, 1754년(영조 3) 5월 19일에 태어난 화길옹주和吉翁主의 태는 충북 단양에 묻었다. 아마도 경기 지역에 마땅한 태봉이 없어서 충청도 지역을 선택할 수밖에 없었던 것으로 보인다.

　사도세자의 자녀들도 이즈음에 태어나기 시작하였다. 왕세자빈 홍씨와의 사이에서 1750년(영조 26) 의소세손이 태어났다. 1752년(영조 28) 정조가 태어나고, 1754년(영조 30) 청연군주가, 1756년(영조 32)에 청선군주가 태어났다. 의소세손의 태실은 경북 영주에, 정조의 태실은 강원도 영월에, 청연군주의 태실은 강원도 홍천에 조성되었다.

　사도세자와 후궁 임씨 사이에서 1754년(영조 30)에 은언군과 1755년(영조 31)에 은신군이 태어났다. 사도세자와 후궁 박씨 사이에서 1758년(영조 34)에 청근현주와 1759년(영조 35)에 은전군이 태어났다.

창덕궁 어원御苑에 왕녀와 왕자의 태를 묻다

　그 무렵 인구는 증가하고 토지는 부족해지면서, 왕자녀의 태봉이 산 하나씩을 점유하여 민폐를 끼친다는 신하들의 비판이 지속되었다. 영조는 신하들의 비판에 대한 반응으로 1758년(영조 34)에 태봉윤음을 반포하였다. 주요 내용은 왕자녀들의 태를 같은 산등성이에 함께 묻도록 한 것이다.

　1758년(영조 34) 3월 24일 영조는 다음과 같은 내용의 태봉윤음胎峰綸音을 선포하였다.

　　이제 상고해 온 ≪실록≫을 보니, 광묘光廟의 잠저潛邸 때 태봉胎峰이 성주

星州 선석산禪石山에 있는데, 여러 대군大君과 여러 왕자의 태봉이 같이 있기 때문에 예조에서 다시 봉封하기를 청하매, 그때 민폐民弊를 위하여 동태同胎의 <매장에 관한> 하교가 있었는데, 단지 다시 돌만 세우게 하였으니, 아름답고 거룩하다. 이로써 보건대, 근래에 태봉을 반드시 봉정峯頂에 하는 것은 바로 그릇된 예例이고 또 예조의 초기草記 가운데에 '동강同崗'이란 두 글자로써 보더라도 정상頂上이 아님을 알 수 있다. 동태의 아우를 형의 태봉 아래에 묻고 손아래 누이를 손위의 누이 태봉 아래에 묻는 것은 이치의 떳떳함이다. 하물며 예전의 고사故事가 있으니, 비록 동강에 묻는다 하더라도 무슨 혐의로움이 있겠는가? 지금은 한 태胎를 묻는 데에 문득 한 고을을 이용하니, 그 폐단은 이루 다 말할 수 없다. 이것도 마땅히 조종祖宗의 제도를 본받아야 될 것이니, 이 뒤로는 새로 정하지 말고 차례로 이어서 묻되, 한 산등성이가 비록 다하였을지라도 한 산 안에 또 다른 산등성이를 이용할 것이며, 그 이어서 묻는 곳은 서로의 거리가 2, 3보步에 지남이 없도록 하라. 이른바 동생을 형의 태봉 아래에 묻는다는 것이다. 세자世子와 여러 서자庶子의 장태藏胎는 이미 그냥 두라고 명하였으나, 이 뒤에는 비록 여러 적자嫡子와 군주郡主가 있을지라도 원손元孫과 두 군주郡主의 장태한 산을 같이 이용할 것이며, 일후에 대군大君·왕자王子 이하의 장태도 그렇게 하도록 하라. 대代의 멀고 가까움을 구애하지 말고 산등성이가 다하는 것으로 한정할 일을 운관雲觀에 분부하라.

- 『영조실록』 91권, 영조 34년 3월 24일 경술

영조의 태봉윤음은 영조의 자녀들을 모두 장태법에 맞게 1등 태봉에 태실을 조성한 이후에 내려진 것이었다. 실질적으로 태봉윤음의 영향을 받

아 같은 장소에 태실을 조성해야 하는 대상은 1758년(영조 34) 3월 이후에 태어난 사도세자의 자녀들이었다. 현재 사도세자의 자녀 가운데 청선군주, 은언군, 은신군, 은전군, 청근현주의 태실 조성에 관한 기록을 찾을 수 없다.

그 후 1765년(영조 41) 5월 13일 경복궁의 위장衛將이 옛 궁궐 근처에서 석함 하나를 얻어다 바쳤는데 이를 가져오게 하여 살펴 본 후에 영조는 왕자녀의 태봉에 관하여 다음과 같이 수교하였다.

"국초國初의 헌릉獻陵 능 위에 있는 사방석四方石이 민폐民弊가 크다고 하여 성조聖祖께서 친히 능소陵所에 나아가시어 양편석兩片石으로 고치게 하셨다. 《국조능지國朝陵誌》에 옛날에는 돌로써 하라고 되어 있는데, 나는 정축년 이후에 열조列朝의 검소한 덕德을 우러러 본받아 도자기[磁]로 대신하게 하였다. 막중한 곳인 능陵도 오히려 그러하였거든, 하물며 그 다음 가는 것이겠는가? 장태藏胎하는 폐단은 내가 익히 아는 바이다. 고례古例를 고치기 어려우나, 지금 구궐舊闕에서 장태藏胎한 석함石函을 얻었는데, 이는 중엽中葉 이후의 일이다. 이전에 이미 봉태封胎한 것은 지금에 와서 논할 것이 없고, 지금부터는 장태를 할 때는 반드시 어원御苑의 정결淨潔한 곳에 도자기 항아리에 담아 묻게 하고 이로써 의조儀曹에 싣게 하라." 하고, 정식定式으로 삼았다.

- 『영조실록』 105권, 영조 41년 5월 13일 정해

영조의 수교는 왕자녀의 태를 먼 지방의 길지를 찾아서 묻지 말고 궁궐의 어원에 묻으라는 내용이었다. 그리고 지금까지 석함을 사용하여 태실

을 조성한 전례를 따르지 말고 태항아리만을 묻도록 하였다. 왕실 장태의 폐단으로 지적되어 오던 두 가지 사항에 대한 혁신적인 조치였다.

그러나 1762년(영조 38) 윤5월 21일 사도세자가 뒤주에 갇혀서 죽은 이후에 내려진 영조의 수교는 그 후 20여 년 동안 실질적으로 적용할 대상이 없었다.

1782년(정조 6) 9월 정조의 맏아들인 원자가 태어났다. 정조는 처음에 영조의 수교를 따라 원자의 태를 어원에 묻으려 하였다. 그러나 원자의 장태는 다른 왕자녀와 사체가 다르다는 신하들의 의견을 따라 '국운'과 관련된 원자의 장태는 1등 태봉을 따로 정하고, 그곳에 태실을 조성하도록 하였다. 반면 1793년(정조 17) 3월 1일에 태어난 숙선옹주淑善翁主의 태는 영조의 수교를 따라 창덕궁의 내원內苑 주합루 북쪽 돌계단 아래에 묻도록 하였다.

창덕궁 주합루(한국민족문화대백과사전)

다음은 19세기 말 고종과 후궁 엄씨 사이에서 태어난 왕자(후일의 영친왕)의 장태의례 과정을 재구성한 것이다. 왕자의 장태의례는 출산 후 7일째 되는 날 권초제를 마친 후 같은 날에 행해졌다.

1897년(광무 원년) 9월 25일 고종의 후궁 엄씨의 출산 후에 배출된 왕자의 태胎는 태항아리에 담아 덕수궁 숙옹재 산실 안 월덕月德 병방丙方에 안치하였다. 엄씨의 산실로 쓰인 덕수궁 숙옹재는 고종이 침전인 함녕전咸寧殿 근처이고, 명성황후의 빈전과 혼전으로 사용된 경효전景孝殿의 부속건물이다.

〈덕수궁 평면도〉 숙옹재는 고종의 침전인 함녕전 바로 옆에 위치한 명성황후의 혼전인 경효전 뒤에 위치하고 있다.
(한국학중앙연구원 장서각 소장)

출산 후 삼일째인 9월 27일 산실 길방에 놓아두었던 태를 씻었다. 숙옹재 앞 뜰에 월덕 병방의 물을 자정에 길러 넣어 둔 독 4좌를 배열하였다. 묘정 초각 금루에서 시각을 아뢰자 호산관이 흑단령을 차려 입고, 차지와 종사관이 함께 차례로 서고, 의녀 죽엽竹葉과 진향眞香이 태항아리를 받들고 나가 도소라에 옮겨 담고 병방의 물을 부어 깨끗이 씻은 후 향온주로 다시 씻었다. 〈개원통보〉를 먼저 넣고 그 위에 태를 안치한 다음 태항아리를 봉하였다. 붉은 목패 전면에 쌍행雙行으로 '광무 원년 9월 25일 궁인 엄씨가 순산한 사내 아기씨 태'라 쓰고, 뒷면에 차지내관과 호산의원의 성명을 함께 썼다. 세태의식을 마친 후 엄씨와 아기씨의 세욕이 진행되었다.

9월 30일 산후 초칠일에 숙옹재 대청에서 권초제를 행한 후 안태 중사 김규복金圭復을 선두로 한 48명의 장태행렬은 석류문과 선양문, 새로 세운 목책문, 은행소銀行所 앞 길, 정동, 명례궁 앞 길, 사동, 황토현, 혜정교, 파자전, 석교, 돈화문 앞길, 금호문, 진선문, 숙장문, 건양문, 동용문, 경화문, 집례문, 숭지문, 명광문, 청양문, 금마문, 연경당 앞 길을 거쳐 능허정 남쪽 기슭 자좌子坐에 왕자의 태를 안치하였다.

일제시대 창덕궁 응봉 아래 영친왕과 덕혜옹주, 고종의 제8왕자의 태를 묻은 태봉의 위치를 파악할 수 있도록 그린 도면인 〈태봉산도〉가 한국학중앙연구원 장서각에 전하고 있다. 능허정 근처에 '정유 태봉', '임자 태봉', '갑인 태봉'의 위치가 각각 표시되어 있다. 정유 태봉은 영친왕의 태봉이고, 임자 태봉은 덕혜옹주의 태봉이며, 갑인 태봉은 고종 제8왕자의 태봉이다. 1765년(영조 41) 5월 13일에 이후에 태어나는 왕자녀의 태를 창덕궁 어원에 묻으라는 영조의 수교를 그대로 따른 사례이다.

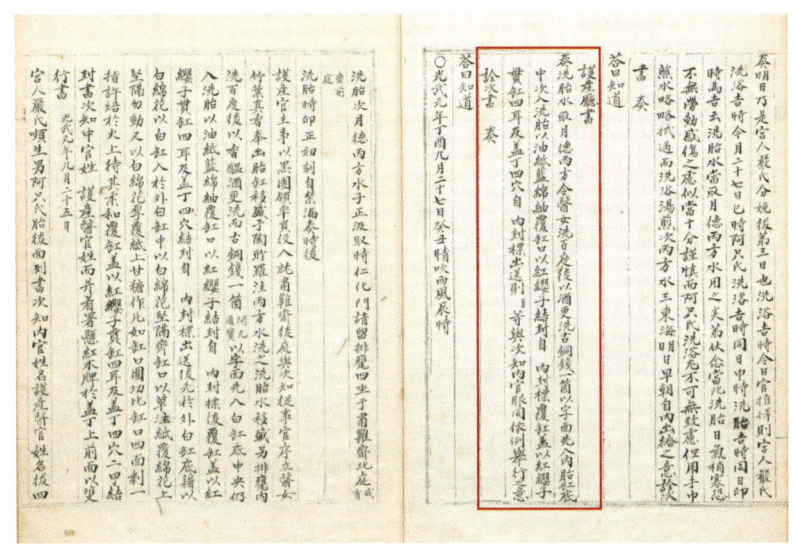

『호산청소일기』 산실로 사용한 덕수궁 숙옹재 앞 뜰에서 세태의식을 행하였다.
(한국학중앙연구원 장서각 소장)

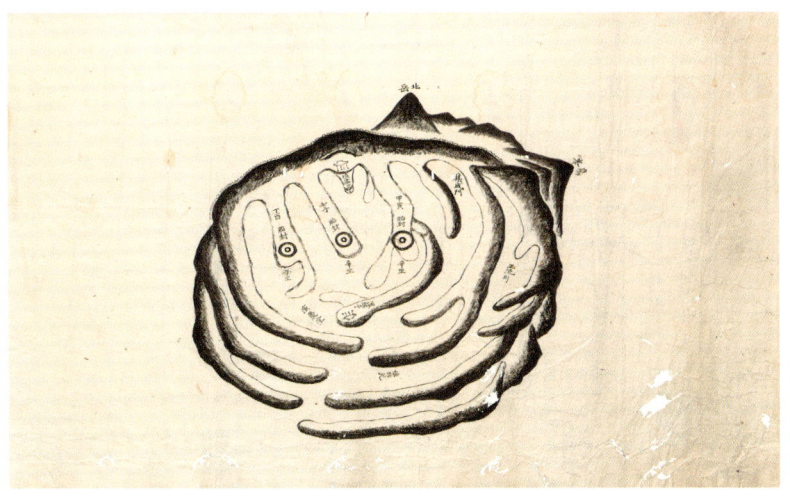

〈태봉산도〉 조선 왕조 500여 년 동안 지속된 장태 의례와 전국적인 명당에 조성된 왕자녀의 태실은 54기가 고양시에 위치한 서삼릉 경내로 옮겨지는 과정에서 크게 훼손되어 현재에 이르고 있다.
(한국학중앙연구원 장서각 소장)

제3장 등록 속 왕자녀의 일생 의례 이야기　169

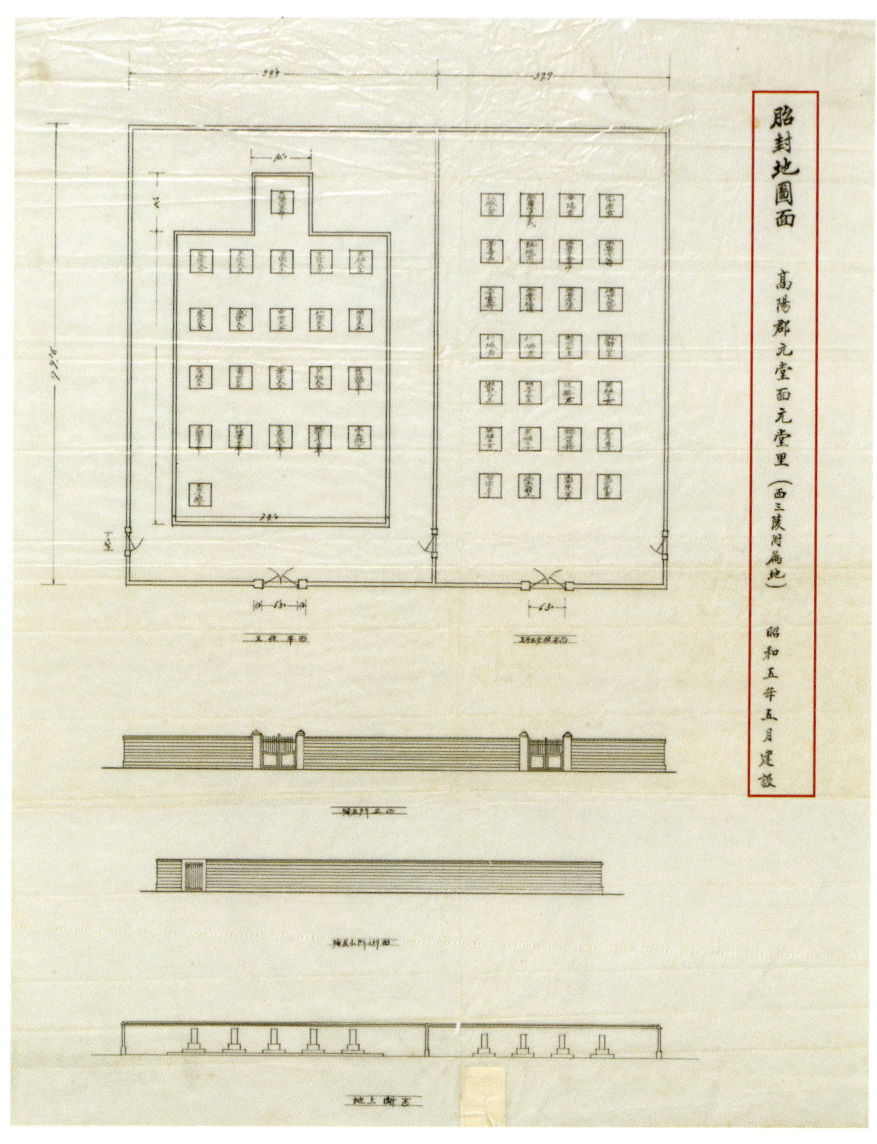

〈태봉지도면(胎封地圖面)〉
도면 우측에 '고양군 원당면 원당리 서삼릉 부속지에 소화 5년(필자주: 1930) 5월 건설'이라고 쓰여 있다. 일제 강점기 서삼릉 태실 조성과정을 알 수 있는 도면이다. (한국학중앙연구원 장서각 소장)

2. 왕녀와 왕자의 봉작이야기

『경국대전』에 명문화된 왕자녀의 봉작 규정

『경국대전』에 명문화된 왕녀와 왕자의 봉작에 관한 규정은 고려 왕실의 봉작제도를 계승하면서도 유교의 종법에 기반한 가족 질서에 따라 왕자녀의 봉작을 재정비한 것이다. 조선 초기 봉작제도를 새롭게 마련하기 시작할 때부터 왕의 자녀를 봉작할 때 그 기준은 아버지인 왕이 아니었다. 왜냐하면 왕녀와 왕자의 아버지는 왕 한 사람뿐이기 때문이다. 반면, 왕녀와 왕자의 어머니는 왕비와 후궁 두 부류로 나뉘었다. 이에 따라 왕녀와 왕자의 봉작에 있어서 어머니가 왕비인지, 후궁 인지의 여부가 중요한 기준이었다.

왕의 자녀에 관한 봉작 규정을 마련하기 위한 초기 논의 단계에서 후궁도 공식적인 간택을 통해 후궁의 반열에 오른 여성인지, 왕의 개인적인 승은을 통해 후궁의 지위에 오른 여성인지를 구별하는 조치가 취해졌다. 1414년(태종 14) 1월 16일에 왕자의 봉작에 관한 규정이 논의될 때, 의정부의 관료들은 왕의 자녀에게도 어머니의 귀천에 따라 적비嫡妃의 아들은 대군大君으로, 빈잉嬪媵의 아들은 군君으로, 궁인의 아들은 원윤元尹에 봉하도록 봉작 규정을 마련하여 보고하였다. 그러나 태종은 임금의 아들은 어머니의 귀천에 상관없이 모두 '왕의 핏줄'임을 강조하며[是皆予之出也], 군이나 원윤 등과 같이 왕자들의 봉작에 차등을 주는 제도를 만드는 것에 대해 강한 불만을 드러내기도 하였다.

1443년(세종 25)에 왕자의 봉작 규정을 수정할 때, 왕비의 아들은 대군으로 봉하고, 후궁의 아들은 군으로 봉하였다. 후궁 소생 자녀를 후궁의 귀천을 따져 군과 원윤으로 왕자의 봉작명을 정했던 구분을 없애고, 동일하게 군이라는 봉작명을 부여하였다. 그리고 대군과 군을 차등하지 않고 동일하게 정1품의 품계를 부여하였다. 왕의 자녀는 명칭상으로는 적서를 구분하는 명분을 계속 유지하되 적서간의 품계에 차등을 두지 않도록 한 조치였다.

그 후 최종적으로 『경국대전』에 명문화된 왕녀와 왕자의 봉작 규정에 적용된 핵심 요소는 적서에 따라 명위名位를 달리하는 것이었다. 대군, 공주, 왕자, 옹주 등 봉작명에 있어서는 적서를 구분하되, 왕녀와 왕자는 모

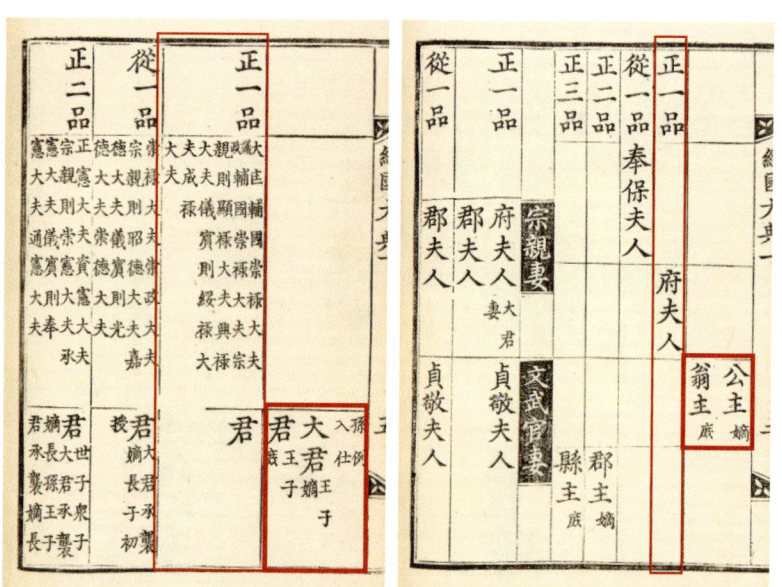

『경국대전』「이전」'경관직' 정1품 아문인 종친부(좌)와 외명부(우) 왕자인 대군과 군, 왕녀인 공주와 옹주는 정1품 품계 위에 위치해 있다. (서울대학교 규장각한국학연구원 소장)

두 무품계無品階로 규정하였다. 즉 왕과 왕비가 국가의 관등 체제 안에 편입되지 않은 것과 마찬가지로 왕의 핏줄인 왕녀와 왕자 또한 모두 품계를 초월한 사회적 존재임을 명시한 것이다. 이로 인하여 왕자녀의 신분과 사회적 지위가 봉작 규정이라는 틀 내에서 법적으로 제도화되었다.

『경국대전』「이전」'경관직' 정1품 아문인 종친부와 외명부에 명문화된 왕녀와 왕자의 봉작 규정을 구체적으로 살펴보자. 왕의 아들은 정1품 아문인 종친부에 소속되었고, 왕의 딸은 외명부에 소속되었다. 왕자 가운데 왕비가 낳은 아들은 대군이 되었고, 대군을 봉작하는 연한은 따로 없었다. 후궁이 낳은 아들은 군이 되었고, 일곱 살에 봉작하도록 법으로 규정하였다. 왕녀 가운데 왕비가 낳은 딸은 공주가 되었고, 후궁이 낳은 딸은 옹주가 되었다. 대군과 마찬가지로 봉작하는 연한이 따로 정해지지는 않았다. 즉 왕자의 봉호는 대군과 군이었고, 왕녀의 봉호는 공주와 옹주였다. 적서와 성별이 칭호를 구분하는 중요한 기준이 되었다.

왕자녀의 적서와 성별을 구별한 후 최종적으로 적용되는 가장 중요한 기준은 출생 순서였다. 왕비가 낳은 아들은 태어난 순서에 따라 맏아들과 둘째 아들 이하로 구분하였다. 왕의 맏아들에게는 '원자'라는 칭호를 사용하여 출생 순서상 둘째 이하로 태어난 왕자녀들과 구별하도록 하였다. 왕의 맏아들에게는 원자라는 구별된 칭호와 함께 왕위계승권자라는 특권적 지위를 부여하였다. 원자는 일정 나이가 되면, 다른 왕자녀들이 봉작 교지를 받는 것과 달리 왕세자로 책봉되었다. 명위에 따라 책봉과 봉작이라는 의례적 차이를 둠으로써 궁극적으로 왕의 배우자 중에서 처첩을 구별하고, 왕의 자녀들 중에서 장중長衆을 구별한 것이다.

원자를 왕세자로 책봉할 때 왕세자는 그 증표로 교명敎命, 죽책竹册, 은인銀印을 받았다. 교명은 왕세자로 책봉한다는 책봉 교명으로 왕의 명령문이며, 당대의 학자가 지었다. 죽책은 왕세자로 결정된 사실과 함께 왕세자의 할 일을 당부하는 내용을 대나무 판에 적어 책 형태로 만든 것이다. 왕세자의 은인은 '왕세자인王世子印'이라고 새겨진 은도장이다.

왕자녀의 봉작 방식과는 달리 왕세자의 책봉 방식은『국조오례의』「책왕세자의册王世子儀」에 '임헌책명臨軒册命'으로 규정되었다. 임헌책명이란 원자가 정전의 뜰로 나아가 책봉 절차를 따라 왕세자 책봉 교명을 받는 방식을 뜻한다. 그러나 '임헌책명'이라는 예서에 명시된 책봉에 관한 의례 규정을 그대로 따를 수 없는 현실적인 문제가 등장하였다. 조선 중기 이후 원자가 왕세자로 책봉될 당시 나이가 너무 어려서 실제 책봉 의식을 수행하는데 여러 가지 어려움이 발생하게 되었다. 원자가 왕세자로 책봉될 때의 연령은 보통 7~9세 정도였다. 그러나 조선 후기에는 원자가 왕세자로 책봉되는 연령이 2세, 또는 3세로 낮아지는 사례도 나타났다. 원자의 왕세자 책봉 연령이 낮아지면서 왕세자의 혼인 연령도 함께 낮아지는 기현상도 보인다.

예를 들면, 숙종의 왕세자 책봉의례는 그가 7세 때인 1667년(현종 8) 1월에 창덕궁 인정전에서 임헌책명 방식으로 거행되었다. 책봉 논의 당시 아버지 현종은 원자(후일의 숙종)가 어려 책봉례를 제대로 행할 수 있을지 난색을 표하기도 하였다. 반면, 숙종은 원자(후일의 경종)를 세 살 때 왕세자로 책봉하였는데 원자가 직접 책봉의례를 행하는 대신 '견사책명遣使册命' 하는 방식으로 변경해 시행하였다. 이 때 따로 의주가 마련되어 있지 않아,『명집례明集禮』와『명회전明會典』을 참고하여 새로이 의주를 제정하기도 하였다. 영조 또한 겨우 두 살인 원자(후일의 사도세자)를 왕세자로 책봉할 때 보모가 안고서 '견사수책遣使受册'하는 방식을 채택하였다.

이에 비해 왕녀와 왕자를 봉작할 때에는 왕의 임명장인 교지를 받았다. 왕자녀의 봉작이 어린 나이에 행해지고, 의례적인 요소가 적다 보니 당시 왕의 교지를 받으면서 따로 봉작 의례를 행한 기록은 거의 남아 있지 않다. 왕녀와 왕자가 받은 봉작 교지도 거의 남아 있지 않다.

왕자녀가 봉작을 받게 되면, 국가에서 공식적으로 녹봉과 공상供上, 전결田結을 지급하였다. 왕녀와 왕자는 봉작 이후에 독립적인 생활 단위인 '방房'을 형성하며, 이를 ○○대군방, ○○군방, ○○공주방, ○○옹주방이라고 불렀다.

『속대전』「호전戶典」'녹과祿科'에 따르면 왕녀와 왕자는 모두 제1과에 해당하였다. 조선 후기에 지급된 녹봉은 품계에 따라 지급하던 쌀과 콩이다. 예를 들면, 왕자군의 녹봉은 매달 미米 2석 8두, 황두黃豆 1석 5두였다. 공상으로는 지방의 토산물과 각종 공물이 제공되었다. 조선 후기에는 왕의 자녀에게 지급되는 토지인 전결을 궁방전이라고 하였다. 대군과 공주는 850결을 받았고, 왕자군과 옹주는 800결을 받았다.

『속대전』「호전 戶典」'녹과祿科'
(서울대학교 규장각한국학연구원 소장)

왕실 가족은 원칙적으로 왕위계승자인 왕세자 부부를 제외하고 나머지 왕의 자녀들은 혼인을 하면 궁 밖으로 나가 궁가에서 독립적인 생활을 하도록 하였다.

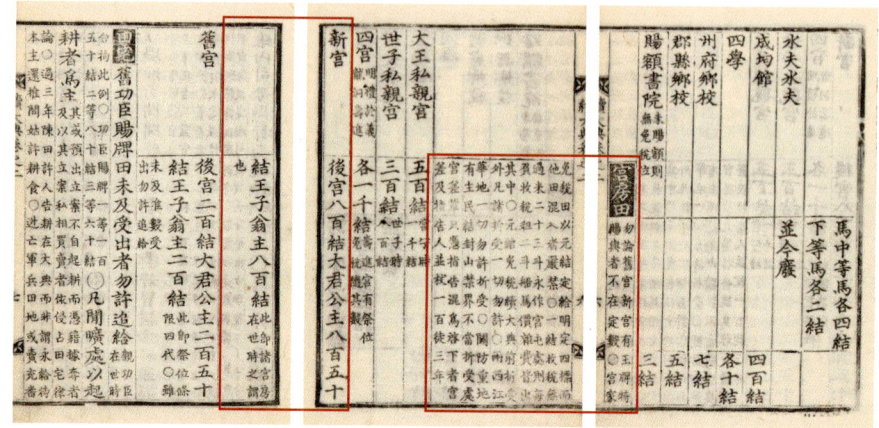

『속대전』「호전(戶典)」'궁방전(宮房田)'(서울대학교 규장각한국학연구원 소장)

따라서 왕자녀가 혼인을 하게 되면, 신혼살림집인 궁가를 새로 집을 지을 수 있는 토지[給造家地]를 받게 되고, 집을 건축할 때 필요한 재목과 인건비 등을 국가기관인 호조로부터 지급받았다.

이와 같이 왕녀와 왕자가 봉작 후에 국가로부터 받게 되는 녹봉과 궁방전은 왕자녀가 궁 밖으로 출합出閤한 후에도 왕자녀의 신분과 사회적 지위에 맞는 일상생활을 유지할 수 있는 경제적 기반이 되었다.

완화군完和君과 의화군義和君, 경복궁에서 봉작 교지를 받다

왕녀와 왕자는 봉작을 받기 전까지 적서와 성별을 구분하는 호칭인 '대군아기씨', '공주아기씨', '왕자아기씨', '옹주아기씨'로 불린다. 왕실 가족 가운데 봉작을 받지 않은 어린 왕녀와 왕자가 여럿일 경우, 대군, 공주,

왕자, 옹주 앞에 제일第一, 제이第二, 제삼第三과 같이 출생 순서를 숫자로 표시함으로써 개별적인 존재로 인식할 수 있도록 세분하였다. 그 후 보통 7~9세를 전후하여 왕으로부터 봉작 교지를 받는다. 봉작 교지에는 대군, 공주, 왕자, 옹주 앞에 두 글자로 이루어진 봉호封號가 명시된다. 인평대군, 명선공주, 숙선옹주, 숭선군, 낙선군, 연잉군, 연령군 등은 이름과 별개로 부여된 봉호명이며, 법적인 권리를 지닌 공식적인 직함title이다.

왕자와 왕녀의 봉호는 봉작 의례를 통과한 왕의 자녀가 독립적인 사회적 존재가 되었음을 드러내 주는 칭호이다.

이와 같은 사회적 중요성에도 불구하고 왕자와 왕녀의 봉작의례에 관하여는 거의 알려지지 않았다. 반면 왕녀와 왕자가 봉작을 받은 이후 공식적으로 국가로부터 급여와 토지를 받게 된다는 사실은 잘 알려져 있다.

보통 왕자녀의 봉작은 시기적으로 관례와 혼례를 치르기 3~4년 전에 치러진다. 그리고 왕자녀의 봉작 이전과 봉작 이후의 삶은 여러 가지 측면에서 차이를 보인다. 왕자녀는 봉작 이후에 독립적인 사회적 존재로 인식되었고, 그 지위에 어울리는 위의威儀가 갖춰졌으며, 경제적인 혜택 또한 부여되었다.

현재 19세기 후반 고종의 아들인 완화군完和君과 의화군義和君의 봉작에 관한 등록 2건이 남아 있다. 이를 통해 왕자의 봉작이 실제 어떠한 의례 과정을 거쳐서 행해졌는지 살펴볼 수 있다.

『완화군봉작등록完和君封爵謄錄』과 『의화군봉작등록義和君封爵謄錄』은 완화군과 의화군의 관례에 관한 기록인 『완화군관례등록完和君冠禮謄錄』과 『의화군관례등록義和君冠禮謄錄』 뒤에 각각 함께 묶여 전하고 있다. 왕자의 일생 의례의 순서상으로는 왕자의 봉작이 성년식인 관례 전에 행해졌지만, 왕자의 봉작에 관한 구체적인 의례 절차가 관례에 비하여 복잡하지 않기 때문에 관례등록 뒤에 봉작등록을 함께 묶은 것이다. 실제로 봉작 교지를 받는 봉작의례가 세 번에 걸쳐 관을 바꿔쓰고, 옷을 바꿔입는 관례보다는 의례적인 요소는 적다. 숙종의 아들 연령군이 봉작된 이후 왕자를 봉작한 사례가 없었고, 19세기 당시 완화군과 의화군의 봉작을 주관했던 종친부에서 특별히 왕자의 봉작의례를 국가 기록물인 등록으로 제작하도록 한 것으로 이해된다.

완화군은 봉작 후 1년이 조금 지난 다음 해인 1877년(고종 14) 12월 4일에 관례를 치렀다. 봉작과 관례를 행한 시간적 간격이 적기 때문에 편의상 두 종류의 등록을 함께 묶어 종친부에 보관하였다.

고종과 후궁 귀인 이씨 사이에서 고종의 서장자로 태어난 완화군은 1876년(고종) 4월 10일에 봉작되었다. 봉작 당시 완화군의 나이는 9세였다. 법적으로 정해진 왕자의 봉작 연령이 7세인데 완화군은 2년이나 지난 후에 봉작을 받은 사례에 해당한다. 1876년(고종) 4월 10일 먼저 고종은 왕자를 봉작하라고 전교하였다. 이어서 승정원에서는 왕의 명령에 따라 담당 부서인 이조의 인사담당자인 정관政官을 불러들여 왕자의 봉작에 관한 정사政事를 열도록 하였다. 이조에서 봉군 망단자를 올리면, 승정원을 거쳐 국왕의 재가를 받아서 결정하였다.

이때 봉군을 위한 망단자는 봉호를 정하기 위한 과정에 등장하는데 삼망三望이 아닌 후보 하나만을 적는 단망單望으로 써서 올렸다. 따라서 왕자의 봉호는 단망으로 오른 후보인 완화군으로 정해졌다. 완화군이라는 정식 봉호를 받던 날 완화군은 종친부 영종정경領宗正卿에 임명되었다. 조선 후기 왕실에서는 숙종의 막내 아들인 연령군이 봉작을 받은 이후 왕

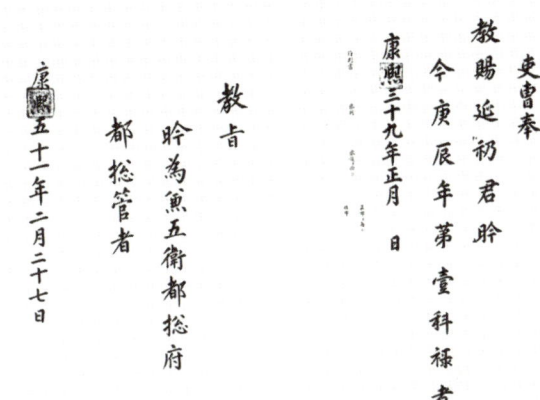

연잉군을 오위도총부도총관으로 임명하는 교지(좌)와 연잉군 녹패(우)
(한국학중앙연구원 장서각 소장)

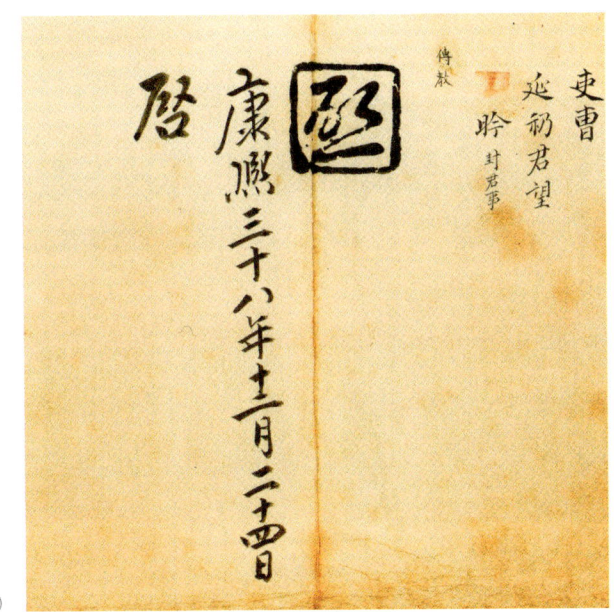

이조에서 숙종에게 올린
연잉군 봉군망단자
(한국학중앙연구원 장서각 소장)

위계승권자 이외의 아들이 태어나서 봉작을 받을 나이까지 성장하지 못하였다. 종친이 귀했던 당시 고종의 아들이 봉작을 받자 9세의 어린 나이임에도 불구하고 영종정경에 임명되었다. 숙종의 아들 연잉군도 6세의 어린 나이에 봉작을 받았으며, 다음 해 1월 4일 종친부 유사당상에 임명되었다. 그 후 연잉군은 9세에 겸오위도총부兼五衛都摠府 도총관都摠管에 임명되었다. 오위도총부는 정2품 아문으로 도총관 5인, 부총관 5인으로 구성되었는데, 모두 겸직으로 1년이 지나면 바뀌었다.

영조가 왕으로 즉위 하기 전 연잉군 시절 봉작과 관련된 문서가 남아 있어 18세기 초 왕자의 봉작의례를 이해하는데 도움이 된다. 영조의 아명은 희수禧壽였고, 이름은 금昑이다. 7세가 되기 바로 직전인 1699년(숙종 25) 12월 24일 연잉군에 봉해졌다. 왕자의 봉호를 연잉군으로 정하는 문서인 '봉군망단자'는 이조의 고훈사考勳司에서 올리고 승정원을 거쳐 국왕의 재가를 받아서 결정되었다. 다음으로 연잉군으로 봉군하는 숙종의 교지가 내려졌다. 그리고 7세가 되는 1700년(숙종 26) 1월 연잉군에게는 제1과의 녹봉이 처음으로 지급되었다. 연잉군의 녹봉을 정한 증서인 연잉군 녹패祿牌는 이조의 문선사文選司에서 발급하였다. 조선의 녹봉제도는 1721년(경종 원년) 13과로 개정되기 전에 춘하추동 사맹삭四孟朔 반록제의 원칙과 12과의 원칙에 따라 운영되었다.

한국학중앙연구원 장서각에는 숙종의 넷째 아들의 봉작명을 '연잉군延礽君'으로 정하는 이조의 봉군 망단자와 녹패가 함께 남아 있다. 또한 1712년(숙종 38) 2월 27일에 연잉군이 겸오위도총부도총관으로 임명되면서 받은 교지도 현전한다.

병 속의 기록과 같은 왕실 고문서와 달리『완화군봉작등록』은 왕자의 봉작의례와 의례를 통과한 이후 사회적 지위에 어떠한 변화가 나타나는 지에 관하여 좀 더 다양하고 깊이 있는 이야기를 전해준다. 완화군은 경복궁 근정전에서 봉작 교지를 받고 사은숙배謝恩肅拜 의식을 행하였다. 이때 이조의 낭청이 직접 봉작 교지를 바치도록 하였다. 완화군은 복건에 복두를 쓰고, 순금백택흉배를 붙인 초록색 단령을 입고, 서야대犀也帶를 띠고 흑화자를 신었다. 완화군이 봉작을 받을 때 입었던 의복 가운데 초록 단령에 붙인 순금으로 수를 놓은 백택흉배는 왕자의 신분을 상징하는 문양이다. 봉작 교지를 받는 의식을 치를 때 완화군이 착용하는 복식은 모두 왕실에서 준비하였다.

백택흉배를 붙인 초록색 단령을 착용한 의화군 모습(국립중앙박물관 소장)

완화군은 위를 덮지 않은 작은 가마인 남여藍輿를 탔는데 우산雨傘을 받들도록 하였다. 봉작 의식을 행할 때 완화군을 직접 배행하는 인원은 녹사 2인, 수청서리 2인, 권두權頭 2명, 전도사령 1명, 근장군사 1명으로 총 8명이었다. 녹사는 의정부의 녹사청에서 1명, 중추부의 녹사청에서 1명을 정하여 보내었다. 완화군은 배행하는 이들과 함께 숭덕문崇德門으로 나왔고, 종친부의 원역 또한 모두 배진하였다. 완화군은 경복궁 근정전으로 가서 봉작 교지를 받고, 숙배 의식을 행하였다.

왕자녀의 봉작에 관한 업무는 종친부에서 담당하였다. 대군과 군도 종친부 소속이었다. 종친부는 경복궁의 동문인 건춘문建春門 앞에 자리하고 있었다. 종친부의 정원은 따로 정해지지 않았다. 이외에 영종정경, 판종정경(정2품), 군(정1품~종3품), 지종정경(정2품~종1품), 종정경(종2품), 도

정(정3품), 정(정3품), 부정(종3품), 수(정4품), 영(정5품)이 종친이 맡은 직책이었다.

완화군으로 봉작된 이후 왕자의 위의威儀를 갖추기 위한 물품이 순비되고, 완화군을 배행할 관원들이 정해졌다. 종친부에서는 평교자平轎子 1좌, 초헌軺軒 1좌, 남여 1좌, 초엽선蕉葉扇 1쌍, 우산 1쌍을 마련하도록 호조에 비용을 요청하였다. 호조에서 물품을 구입하기 위한 돈 2,500냥을 7월 21일에 지급하였다. 완화군은 봉작된 다음 날 녹사 2인, 권두 2명, 문배사령 2명, 인배사령 2명, 문배구종 4명이 완화군의 요속僚屬으로 배치되었다. 그리고 호조와 병조에서 완화군의 요속 12명에게 급료인 요포를 지급하였다. 또한 상아로 만든 아패牙牌가 준비되었고, 아패에 새기는 글자는 니금泥金으로 메워 넣도록 하였다.

완화군은 4월 10일에 봉작되었고, 녹봉은 다음 달인 5월부터 지급되었다. 완화군의 녹봉은 명온공주의 사례와 동일하게 매월 받아오는 방식이 아니었다. 녹봉은 광흥창에 그대로 남겨두는 대신 녹봉에 관한 성책을 만들어 두고, 매월 보고하도록 하였다. 5월 8일에 고종은 완화군의 집[第宅]과 절수折受, 공상供上에 관한 업무를 담당 부서에서 거행하도록 전교하였다.

고종과 후궁 귀인 장씨 사이에서 태어난 고종의 다섯째아들 의화군은 1891년(고종 28) 12월 29일에 봉작되었다. 의화군으로 봉작될 당시 나이는 15세였다. 법에 규정된 왕자의 봉작 연령인 7세에 비하면, 상당히 늦어졌다. 의화군은 봉작을 마친 다음 해인 1892년(고종 29) 7월 20일에 관례를 행하였다. 그리고 1893년(고종 30) 10월 29일에 참봉 김사준金思濬의 딸과 혼인하였다. 의화군은 15세에 봉작, 16세에 관례, 17세에 혼례를 연이어 행한 보기 드문 사례에 해당한다.

의화군의 봉작 날짜는 12월 29일이었는데, 그에 앞서 10월 5일 고종은 먼저 사인교, 평교자, 초헌, 남여, 초엽선, 교상, 안롱, 품등롱品燈籠, 포진 등을 미리 준비하였다. 의화군의 봉작에 맞춰 준비해야 할 물품 가운데 남여, 사인교, 안롱, 표피 4가지 물품은 왕실에서 준비하여 내려주었다. 그 외에 평교자(2,150냥), 초헌(3,600냥), 초엽선(1,870냥), 품등롱(176냥), 교상(250냥)을 구입하였는데, 구입 비용은 완화군 때와 마찬가지로 호조에서 지급하였다. 모두 의화군의 신분과 위의에 맞추어서 준비된 물품들이다.

의화군의 제택, 절수, 공상에 관한 전교는 봉작 후 곧이어 1892년(고종 29) 1월 1일에 내려졌다. 그리고 1월 17일 의화군은 제택과 궁방을 조성하는 데 필요한 절수전을 호조로부터 받았다.

> 호조에서 아뢰기를, "의화군의 제택, 절수, 공상 등의 일을 해조로 하여금 규례에 따라 거행하라고 명하셨습니다. 전장을 매입할 값으로 은자 2,000냥을 정식대로 보내주었으나, 제택 값은 법전에 정식이 없기 때문에 공주방, 옹주방에 대한 근래의 전례대로 은자 1,530냥을 보내주고, 전장을 갖추기 전의 수용을 위해 호조에서 태太 100석과 선혜청에서 미米 100석을 5년 동안 보내주도록 하겠습니다" 하니, 전교하기를, "은자는 돈으로 보내주라" 하였다. 또 아뢰기를, "왕자방, 옹주방은 면세전이 800결인데, 그 중 200결은 원결에 올라있는 무토 면세전을 획송해 주고, 600결은 본방에서 사들인 전토이거나 혹은 측량한 외의 가경전으로 유토 면세전입니다. 이번 의화군방의 면세전 200결은 원결에서 획송하되, 본 방에서 망정하거든 거행하는 것이 어떠합니까?" 하니, 전교하기를, "200결은 규례대로 원결에 오른 무토 면세전을 획송해주고, 유토 면세전 600결은 토지를 사들일

동안 무토 면세전으로 획송하라" 하였다.
- 『고종실록』 29권, 고종 29년 1월 17일 정축

    왕녀와 왕자의 봉작의례는 의례 대상자의 사회적 지위의 변화를 분명하게 표시해 주었다. 왕자 신분의 사회적 지위에 맞게 위의를 갖추고, 독립적인 궁방을 조성할 수 있도록 국가로부터 경제적인 혜택을 받기 시작하는 것을 의미하였다. 경제적인 혜택이란 공상 이외에 혼인 후 출합하여 살 집을 마련하고, 신분에 맞는 생활을 누리기 위한 생활비를 마련할 토지를 지급 받는 것을 의미한다.

    현재 왕녀의 봉작등록은 따로 남아 있지 않다. 서울대학교 규장각한국학연구원에 소장된 『명온공주방등록』은 왕자녀의 봉작 이후 새로 독립적인 궁방을 만들어 가는 과정을 이해하는데 도움이 된다. 특히 이 등록은 왕자녀가 봉작 이후에 받은 녹봉은 어떠한 방식으로, 언제 지불되는지를

궁방면세불허 현판
1872년(고종 9) 고종이 각 궁방에서 사들인 전답에 대하여 면세를 허락하지 않는다는 명령을 새긴 현판. 고종이 글을 짓고 글씨를 쓴 어제 어필
(국립고궁박물관 소장, 창덕20297)

구체적으로 밝히고 있다. 순조의 장녀 명온공주의 사례는 왕자녀의 봉작이 궁궐 밖에 왕자녀의 살림집인 궁가宮家를 마련하는데 중요한 사회경제적 계기가 된다는 것을 잘 보여 준다.

순조의 장녀인 명온공주는 1817년(순조 17) 5월 11일 8세의 나이로 봉작되었다. 그로부터 3년 후 『명온공주방등록』에 맨 처음에 나오는 기록은 명온공주방의 궁방을 새로 설치하는 것에 관한 것이었다. 1820년(순조 20) 11세가 된 명온공주의 궁방을 신설하는데 먼저 '제택'을 준비하는 비용을 법에 정한 대로 호조에서 지급해 달라는 내용을 적은 수본手本이 등장한다. 이 수본은 명온공주방에서 작성해서 내수사에 보낸 것이다. 명온공주의 살림집을 마련하는 일은 명온공주방에서 직접 호조에 요청하는 것이 아니라 내수사를 통해서 호조에 요청하는 방식이었다. 내수사에서 명온공주방에서 보내온 수본을 첨부하여 호조에 보냈고, 호조에서는 명온공주방의 제택가로 얼마를 지급해야 할지에 관한 업무를 처리하기 위해 전례(명안공주, 화순옹주, 화평옹주, 화협옹주, 청연군주, 숙선옹주)를 검토하여 순조에게 보고하였다.

현종대부터 정조대까지 호조에서 지급한 집값은 공주와 옹주에 따라서 약간씩 차이를 보였다. 현종의 딸인 명안공주는 황은黃銀 2,000냥, 영조의 딸인 화순옹주는 1,500냥, 화평옹주는 1,995냥, 화협옹주는 1,648냥 3전 5푼, 사도세자의 딸인 청연군주는 1,541냥 3전 5푼, 정조의 딸인 숙선옹주는 1,541냥 3전 5푼이 지급되었다.

순조는 호조에서 조사한 전례에 의거하여 명온공주의 제택 값으로 황은黃銀 1,530냥을 지급하라고 하교하였다. 호조에서는 황은을 돈錢으로 환산하여 4,590냥을 지급하였다. 6년 후에 치러진 순조의 서녀 영온옹주의

『명온공주방등록』 '호조초기'에 기록된 명온공주제택 부분(좌)과 상량고사 및 본궁 칸수 부분(우)
(서울대학교 규장각한국학연구원 소장, 奎古4255-2)

제택 비용은 3,660냥으로 왕비 소생 맏딸인 명온공주보다 상당히 적었다. 그러나 실제 명온공주의 살림집으로 정해진 대사동大寺洞에 있던 영안부원군 김조순 댁의 집값은 내수사에서 5천냥을 지급하여 구입하였다. 호조에서 지급한 돈 4,590냥은 주변에 나인들이 거주할 집 값을 치루는 데 2천냥, 세택을 재건축하는데 드는 비용으로 2,590냥을 사용하였다. 내수사에서 지급한 왕실 비용 5천냥과 호조에서 지급한 국가 비용 4,590냥을 합하여 5월 9일부터 명온공주의 살림집을 구입한 후 재건축이 시작되었다.

명온공주의 살림집 공사를 하기에 좋은 날을 택한 '택일기'를 살펴보자. 철훼는 5월 9일, 개기는 5월 13일, 정초는 6월 8일, 입주와 상량은 6월 24일이었다. 상량을 할 때, 지붕에 기와를 얹고, 말루抹樓할 때, 목수가 주춧돌을 놓을 때에는 먼저 고사를 지낸 후에 공사를 진행하였다. 고사 비용은 내수사에서 지급하였다.

명온공주의 살림집인 본궁本宮의 칸수는 모두 394칸이다. 안채와 사랑채, 사당, 정자, 서재소청, 행랑채, 나인 처소 등 각 방의 칸수와 살림집의 구조도 자세히 살펴볼 수 있다.

안대청 12칸 반(앞뒤 툇마루), 헌 4칸(툇마루 2칸)
웃방 5칸(앞뒤 툇마루 2칸) 부엌 5칸(위 다락)
건넌방 2칸(뒤 툇마루 1칸) 부엌 1칸(위 다락)
남쪽부사방[南付舍房] 2칸(뒤 툇마루 2칸반) 부엌 반칸
서쪽부사방 1칸(앞 툇마루 반칸)
청 1칸(앞 툇마루 반칸)
이상 42칸 반
(2칸 반은 새로 짓고, 40칸은 수리하여 고침)

안쪽 뒤 행각 9칸
안 동쪽 밑 행각 10칸(2칸 반은 새로 지음)
안 남쪽 밑 행각 6칸
안 동문간 및 곳간 5칸
이상 34칸

진지간 11칸
염고 2칸(이상 새로 지음)
책고 8칸 반(새로 지음)
남부사전익각 8칸
주방 15칸(새로 지음)
이상 44칸 반

큰사랑 대청(앞뒤 툇마루) 9칸 반
방 4칸
루 2칸
부엌 1칸 2반(위 다락)
후청後廳 2칸 반
이상 19칸 반
(모두 새로 지음)

작은사랑대청 3칸(앞뒤 마루)
방 2칸 반, 침실[洞房] 반칸
부엌 1칸(위 다락)
뒷방 1칸
이상 7칸반

큰사랑 행각 2곳은 높은 기둥[高柱] 25칸(새로 지음)
서헌 4칸
산정山亭 10칸 반
대문과 좌우익랑, 노자방 14칸
서제소청書題所廳 3칸
방 2칸반
부엌 반칸
고 13칸 반
상직방 1칸
병식고餠食庫 5칸
이상 79칸
(40칸 반은 새로 짓고, 38칸 반은 수리하여 고침)

사우 6칸
익실 3칸
신문 2칸
이상 11칸

뒷집내인입접처 113칸(60칸은 새로 짓고, 51칸은 수리하여 고침)
행랑, 중문 31칸(새로 지음)
이각문二脚門 12곳(새로 지음)

11월까지 394칸에 이르는 명온공주의 살림집 공사가 마무리되었다. 그리고 명온공주의 본궁을 짓는 일에 참여한 사람들에 대한 포상이 이루어졌다.

명온공주의 살림집 공사가 마무리 되고, 명온공주의 나이 13세가 되자 1822년(순조 22) 9월 순조는 명온공주 본궁을 관리할 궁임宮任 이하 사내종 奴子 등을 임명하고, 호조에 궁방전을 지급하도록 하였다.

명온공주 본궁에서는 원결 850결에 해당하는 궁방전을 망정望定하여 내수사에 수본하였고, 내수사에서 호조에 이보移報하도록 하였다. 경기도 내에서는 부평 40결, 인천 40결, 이천 40결, 포천 30결, 남양 30결, 통진 30결, 안산 30결, 마전 30결, 적성 30결, 여주 30결, 풍덕 30결, 장단 30결, 시흥 20결, 음죽 20결, 삭녕 20결이었다. 공충도(현 충청도) 내에서는 아산 50결, 서산 50결, 태안 50결, 평택 50결이었다. 전라도 내에서는 전주 50결, 여산 50결, 임피 50결, 만경 50결이었다.

명온공주가 14세가 되는 1823년(순조 23) 5월 22일 배우자 초간택을 하기 전에 공주 부부가 살 살림집을 도배하고, 장판을 미리 깔았다. 부마 간택이 진행되는 동안 명온공주가 8세에 봉작을 받은 이후 1817년(순조 17) 5월부터 6년 동안(75朔) 저축해 둔 녹봉인 쌀 240석과 콩 135석을 광흥창에서 수령할 수 있었다. 그러나 『경국대전』에 규정된 매달 쌀 3석 3두, 콩 1석

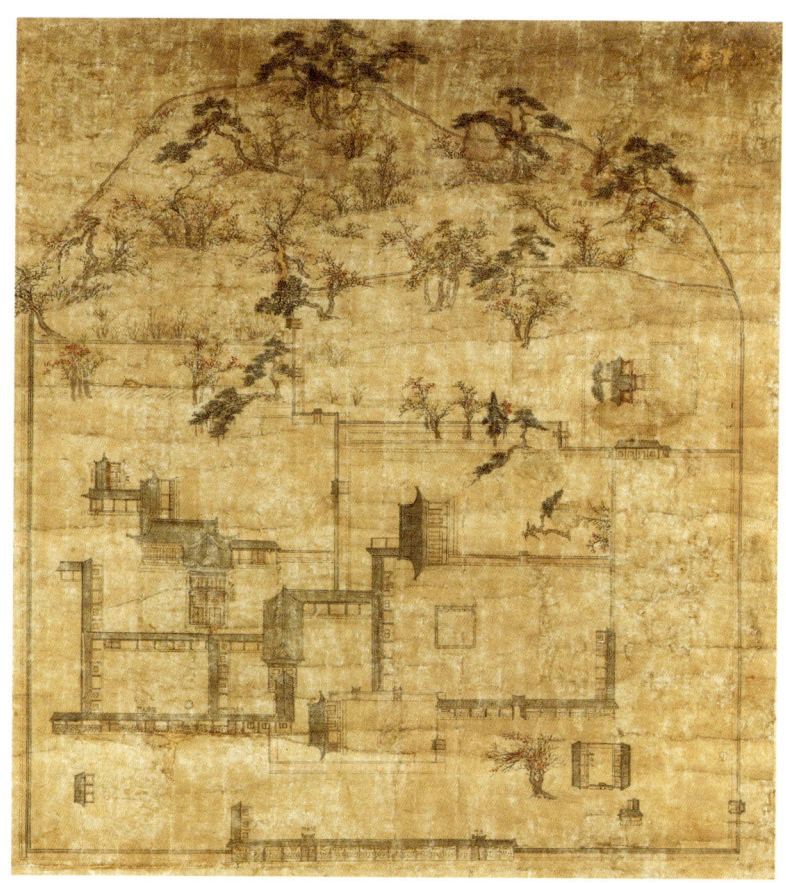

〈인평대군방전도〉 17세기 중엽 인조의 셋째 아들 인평대군의 궁가 전경
(서울대학교 규장각한국학연구원, 古軸4655-6)

    12두의 규정이 정조대 쌀 2석 8두, 콩 1석 5두로 삭감됨에 따라, 실제 수령은 쌀 190석, 콩 100석을 받았다. 돈으로 환산하면 1,200냥이었다.
    『명온공주방등록』을 통해 명온공주가 봉작 이후에 받는 녹봉을 혼례비용으로 충당하기 위해 모두 광흥창에 저축해 두었던 사실을 알 수 있다.

명온공주의 사례는 왕자녀의 혼례 준비가 봉작을 받은 이후부터 시작된 다는 점을 잘 보여준다.

3. 왕녀와 왕자의 성년식이야기

공주와 옹주, 혼인 후에 관례를 행하다

유교 국가를 지향했던 조선 사회에서 왕자녀의 성년식은 물론 유교식으로 치러졌다. 그렇다면 왕자와 왕녀의 성년식은 언제 치러졌을까?

『주자가례』에 따르면, 사내아이의 성년식은 관례冠禮라고 하였다. 사내아이의 관례는 15세에서 20세 사이에 행하도록 하였다. 단 부모에게 기년복 이상의 초상이 없어야 했다. 계집아이의 성년식은 계례笄禮라고 하였다. 여자의 계례는 시집가는 것을 허락하면[許嫁] 행하도록 하였다. 만약 여자의 나이가 15세가 되었는데도 시집가는 것을 허락하지 않았다고 한다면, 혼인 여부와 상관없이 15세에 계례를 행하도록 하였다. 이와 같이 유교식 성년식을 행할 수 있는 연령은 남자와 여자 모두에게 15세가 중요한 기준이 되었다. 특히 여자는 성인으로 인정받는 시기가 혼례와 깊은 관련이 있었다.

조선 후기 왕자와 왕녀는 보통 15세 이전인 11~13세에 혼인을 하였다. 왕자녀의 혼인 연령이 15세 이전으로 낮았기 때문에 『주자가례』에서 제시한 연령에 맞춰 성년식을 치르는 것이 현실적으로 어려웠다.

현전하는 18세기 이후 『왕자관례등록』을 살펴보면, 왕자의 관례는 혼례를 본격적으로 시작하는 단계인 납채 전에 행하였다. 『주자가례』에서 제시한 15세라는 최소 연령 기준과 상관이 없었다. 왕녀의 가례등록을 살펴보면, 『주자가례』의 기준을 따라 혼인 전이나 혼례를 치르는 과정에서 왕녀의 성년식을 행했다는 기록이 전혀 보이지 않는다. 반면 왕녀의 배우자인 부마의 관례에 관한 기록은 18세기 『가례등록』부터 등장한다.

17세기 후반에 『명안공주가례등록』에는 1680년(숙종 6) 현종의 셋째 딸 명안공주가 해창위海昌尉 오태주(1668~1716)와 가례를 치르기 전에 부마駙馬인 해창위의 관례를 행했다는 기록이 없다. 그럼에도 조선시대 남성은 관례를 마치면 자字를 받게 되는데 해창위의 자는 '도장道長'으로 알려져 있다. 50년 후인 『화순옹주가례등록』에 1732년(영조 8) 영조의 둘째 딸 화순옹주가 월성위月城尉 김한신(1720~1758)과 가례를 치르기 전에 부마의 관례를 행했다는 기록이 처음으로 등장한다. 화순옹주의 배우자 삼간택 이후 가례의 첫 번째 절차인 납채가 10월 29일로 예정되었고, 당시 13세였던 부마 월성위의 관례는 납채 전 10월 17일에 행하였다. 부마의 관례는 부마가駙馬家에서 따로 행하였기 때문에 가례청에서 특별히 거행할 일은 없었다. 다만 부마 관례의 의식절차를 적은 관례 의주를 따로 써서 부마가로 보내었다. 이때 신랑 본가로 보낸 '부마관례의주'는 『화순옹주가례등록』 뒷부분에 다른 의주와 함께 남아 있다. 화순옹주 가례부터 왕녀의 배우자인 부마의 관례를 납채 전에 행하고 그 사실을 왕녀의 가례등록에 기록하기 시작하였다.

왕자의 성년식은 『관례등록』에 기록으로 남아 있어 그 준비과정과 의례 절차를 상세하게 알 수 있는 것과 달리 왕녀의 성년식을 살필 수 있는 기록은 흔하지 않다. 조선왕조실록과 계비와 간택 후궁의 『가례등록』에 기록된 19세기 왕실 여성의 성년식에 관한 단편적인 내용들을 통해 왕녀의 성년식에 관하여 몇 가지 중요한 사실들을 유추해 볼 수 있다.

먼저 19세기 초 순조의 비 순원왕후가 15세가 되어 관례를 치렀다는 기록이 『순조실록』에 이례적으로 남아 있어 주목된다.

1803년(순조 3) 9월 25일 대왕대비 정순왕후는 다음과 같이 예조에 하교하였다.

> 황천皇天과 조종祖宗께서 도우셔서 주상의 춘추가 엄연히 장성하였고, 주량舟梁의 예를 거행한 지 이제 이미 1년이 되었다. 나 미망인未亡人이 지금까지 생존하여 이와 같이 전에 없던 큰 경사를 볼 수 있게 되었으니, 오직 이 한 가지 일은 조금이나마 나의 마음에 위안이 된다. 곤전坤殿의 연령이 15세로서 곤의壼儀가 이미 일찍이 성취되었으니, 관례冠禮를 빨리 거행하지 않을 수 없다. 일관日官으로 하여금 다음 달 10일 전에 길일吉日을 가려서 아뢰게 하라.
>
> -『순조실록』 5권, 순조 3년 9월 25일 정사

대왕대비는 1년 전에 이미 가례를 치른 순조가 장성하였고, 순원왕후도 15세가 되었으니 빨리 곤전의 관례를 거행해야 한다고 하교하였다. 순조비 순원왕후가 15세가 되어 '곤의'가 이미 일찍이 성취되었으니 관례를 빨리 거행하라는 뜻이었다. 대왕대비 정순왕후는 왕비의 성년식을 계례라고 하지 않고, 관례라고 하였다. 『주자가례』에 여자의 성년식을 남자의 성년식인 관례와 구분하여 계례라고 한 것과 차이를 보인다.

왕비의 관례 날짜가 이례적으로 실록에 기록될 수 있었던 이유는 당시 정조가 갑자기 승하하고 어린 순조가 왕위를 계승하게 되면서 왕가의 위기의식이 다른 어느 때보다 컸기 때문이다.

순원왕후의 관례 날짜를 정하라는 대왕대비의 하교를 받은 예조에서는 같은 날 다음과 같이 아뢰었다.

> 중궁전의 관례는 오는 10월 초사흘 묘오卯午時(필자주: 묘시의 오자誤字로 보임)에 좌향坐向은 동북東北이 길하다 합니다. 청컨대, 이 일시日時로 정하여 거행하게 하소서.
>
> - 『순조실록』 5권, 순조 3년 9월 25일 정사

이에 따라 순조비 순원왕후는 1803년(순조 3) 10월 3일 관례를 거행하였다. 순원왕후가 14세에 순조와 가례를 치른 후 1년이 지난 시점이다.

15세가 되어 치러지는 왕비의 관례일은 어린 나이에 혼인한 순조 부부가 육체적으로 성숙하여 처음으로 합방을 하는 날이었다. 왕실의 최고 어른인 대왕대비가 왕비의 관례 날짜를 왕의 나이와 함께 언급하였을 뿐 아니라 '전에 없던 큰 경사'라고 말하고 있다는 점을 미루어 알 수 있다. 즉 왕비의 관례일이 왕실 가족과 국가의 큰 경사가 되는 이유는 왕비의 관례를 치른 이후에야 원자의 탄생을 기대할 수 있기 때문이다.

이는 순조의 나이 13세, 순원왕후의 나이 14세에 치렀던 '동뢰연'이 의례적 차원에서 치러진 상징적 결합이었음을 의미한다. 왕 부부는 사회적으로는 혼례를 치른 성인이었다. 하지만 육체적으로는 아직 성인에 이르지 않은 상태에서 혼례를 치르게 되면서 부부는 혼례 이후 바로 부부생활을 하지 못하였다. 즉 왕비의 나이가 15세가 되기를 기다렸다가 왕비의 성년식을 마친 후에 부부가 성생활을 시작하였음을 알 수 있다.

14세에 혼인한 후 15세가 되기를 기다렸다 관례를 치렀던 순원왕후의 사례는 15세 이전에 혼인한 왕녀의 성년식을 언제 치렀는지에 관한 중요한 실마리를 제공해준다. 보통 여성들은 14~15세 전후로 초경을 경험한다. 여자가 초경을 거쳤다는 것은 생명을 잉태할 수 있는 출산능력을 갖게 되었다는 것을 의미한다. 공주와 옹주 또한 왕비 순원왕후와 같이 15세 이전에 치러진 혼인과 별도로 15세가 되기를 기다렸다가 따로 관례를 치렀던 것을 짐작할 수 있다.

왕비와 간택 후궁, 왕세자빈, 왕녀와 같은 왕실 여성은 혼례 이후에 관례를 행하여 일생 의례의 순서가 왕실 남성과 차이를 보인다. 왕실 가족 구성원의 혼인 연령이 빠른 데서 오는 의례적 불일치 현상으로 이해할 수 있다.

또한 19세기 왕실 가족에게 있어서 왕실 여성의 성년식이 특별히 기념할 만한 중요한 일생 의례로 자리매김하였음을 상징적으로 보여주는 행사도 치러졌다.

순원왕후의 관례를 마친 후 6년째 되는 해인 1809년(순조 9) 1월 22일 순조는 할머니 혜경궁 홍씨의 관례 60주년을 기념하는 왕실 잔치를 베풀었다. 혜경궁의 관례 회갑은 일찍이 왕실에 전례가 없던 예였다. 순조는 창경궁 경춘전景春殿에서 할머니 혜경궁에게 "가계加笄를 올린 옛 경사의 주갑周甲이 다시 돌아온 것이 기쁩니다"라는 내용의 치사를 올렸다.

기사년己巳年에 행한 궁중 연향의 주인공 혜경궁 홍씨는 1735년(영조 11)에 태어나 10세의 어린 나이에 동갑인 사도세자와 혼례를 치렀다. 그리고 15세가 되기를 기다려 관례를 행하였고, 1년이 지난 16세에 첫 자녀를 출산하였다.

2023년 국가무형문화재 조선왕조 궁중음식 공개행사 포스터
2023년 국가무형문화재 공개행사 지원비로 『기사진표리진찬의궤』를 토대로 혜경궁의 관례 회갑때 내외빈 및 제신 이하 상차림 6종을 사단법인 궁중음식연구원 주관으로 재현한 행사이다.
(한국문화재단 제공)

    혜경궁 홍씨가 혼인하고 15세에 관례를 치른 이후 60년이 지난 시점에 치러진 연향 당시 그녀의 보령寶齡은 75세였다. 이에 순조는 혜경궁 홍씨의 관례 회갑을 축하하고 기념하는 전례 없는 행사를 기획하였다. 그리고 같은 해 8월 9일 순원왕후는 원자(후일의 효명세자)를 출산하였다. 1661년(현종 2) 백 년 만에 현종과 명성왕후 사이에서 숙종이 원자로 태어난 이후 148년 만에 맞이하는 왕실과 국가의 크나큰 경사였다.

    정비였던 순원왕후의 사례 이외에 계비와 간택 후궁의 관례 날짜에 관한 기록이 『가례등록』에 따로 남아 있어 왕녀의 관례 시기에 관한 사실을 더욱 뒷받침해 준다. 17세기 이후 왕실에서는 왕위계승자를 얻기 위해 왕의 후궁을 간택하거나 정비가 일찍 죽어 왕의 계비로 간택되어 왕과 가례를 치르는 사례가 종종 있었다.

    왕실 여성 가운데 계비와 간택 후궁의 관례 기록이 『가례등록』에 남아

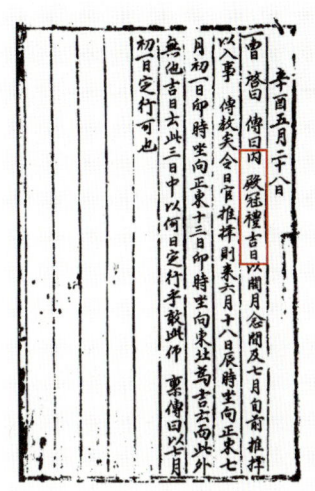

『(인현왕후)가례등록』
신유 5월 28일 예조에서 숙종에게 올린 '내전 관례 길일'에 관한 계사
(한국학중앙연구원 장서각 소장, K2-2667)

있을 수 있었던 이유로 혼인 연령의 차이를 주목할 필요가 있다. 대체로 공주와 옹주, 왕세자빈은 15세 이전에 혼인을 하게 되지만, 간택 후궁과 계비는 15세 이후에 왕과 가례를 치르게 된다. 15세가 넘어서 입궁하는 계비와 간택 후궁은 가례를 마치고 얼마 지나지 않아서 따로 관례를 행하기 때문에 그에 관한 기록이 『가례등록』에 남아 있게 된 것이다.

다음은 숙종의 계비인 인현왕후와 헌종의 간택 후궁인 경빈 김씨의 관례에 관한 등록의 기록을 재구성한 것이다. 숙종의 계비인 인현왕후는 1681년(숙종 7) 3월 26일 왕비로 간택되었다. 간택 당시 그녀의 나이는 15세였고, 5월 13일에 숙종과 동뢰연을 치렀다. 『(인현왕후)가례등록』에 따르면, 숙종은 새로 맞아들인 내전內殿(계비 인현왕후)의 관례 길일을 6월 20일 사이나 7월 10일 전으로 택하도록 명하였다.

이에 5월 28일 예조에서는 다음과 같이 보고하였다.

    6월 18일 진시辰時(오전 7시~9시 사이), 좌향 정동正東
    7월 1일 묘시卯時(오전 5시~7시 사이), 좌향 정동正東
    7월 13일 묘시卯時(오전 5시~7시 사이), 좌향 정북正北

일관이 택한 왕비의 관례 길일에는 시간과 좌향坐向이 함께 명시되어 있었다. 일관이 후보로 올린 관례하기 좋은 시간은 오전 5시~9시 사이였다. 아침 해가 뜨는 때이거나 이른 아침이었다. 관례를 행할 때 방향 또한 해가 뜨는 방향인 동쪽을 바라보도록 하였다.

예조에서는 숙종에게 후보로 올린 길일 가운데 어느 날에 내전의 관례를 행할지를 여쭈었다. 이에 숙종은 7월 1일로 낙점하였다. 이에 따라 인현왕후의 관례는 7월 1일 묘시卯時에 행하였다. 인현왕후는 아침 해가 뜨는 아침 5시에서 7시 사이에 동쪽으로 떠오른 태양을 바라보며 관례를 행하였다.

헌종의 간택 후궁인 경빈 김씨는 1847년(헌종 13) 10월 20일 경빈으로 책봉되었다. 이때 그녀의 나이 16세였다. 10월 21일에 궐로 나아가 헌종과 동뢰연을 치렀다.

경빈 김씨와 가례 절차를 모두 마친 후 곧이어 10월 24일 헌종은 경빈의 관례 길일을 택일하라는 명을 내렸다. 그날 예조에서는 경빈의 관례 길일을 일관 이병홍李秉洪에게 택하도록 하였다. 일관 이병홍은 단 하나의 후보만을 길일로 택하여 들였고, 예조에서는 이를 헌종에게 보고하였다.

10월 29일 손시巽時(오전 8시 반~9시 반 사이), 좌향 서북西北

헌종은 10월 29일에 경빈 김씨의 관례를 행하도록 윤허하였다. 『경빈가례시가례청등록』에 의하면 경빈 김씨는 헌종과 동뢰연을 치른 이후 8일째 되는 날 아침에 관례를 행하는 것으로 결정되었다. 손시는 해가 어느 정도 떠오른 시간이다. 좌향 또한 해의 이동 방향에 따라 손시에 해를 가장 잘 바라다 볼 수 있는 방향인 서북쪽으로 정하여 졌다.

인현왕후와 경빈 김씨의 『가례등록』에는 왕실 여성의 관례가 실제로 어떠한 방식으로 치러졌는지에 관하여는 기록하고 있지 않다. 다만, 관례 날짜와 시간을 정하는 기록까지만 보인다.

　　그렇다면 왕실 여성의 관례는 어떠한 방식으로 치러졌을까?

　　등록 이외에 경빈 김씨의 관례에 관한 또 다른 형식의 기록이 남아 있다. 한국학중앙연구원 장서각에 소장되어 있는 『정미가례시일기丁未嘉禮時日記』는 경빈의 관례에 관한 새로운 사실을 보여준다. 『가례등록』에는 경빈의 관례 날짜를 10월 29일에 행하도록 순조가 윤허한 것으로 기록하고 있다. 『정미가례시일기』에는 이와 달리 11월 17일과 11월 26일로 각각 다르게 기록되어 있다.

　　먼저 일기의 전반부에 나오는 관례일은 11월 17일이고, 관례 처소는 통명전이었다.

경빈김씨 관례(초가복)　　　　재가복　　　　　　　　삼가복

출처: 김소현, 『조선왕실 여인들의 복식』, 민속원, 2017, 98쪽.

창경궁 통명전 서울특별시 종로구 와룡동 창경궁에 있는 조선 후기의 전각. 정면 7칸, 측면 4칸, 기둥높이 11척으로 보물 제818호로 지정되었다. 화재로 소실되었던 것을 1833년(순조 33)에 재건하였다. (문화재청)

경빈 김씨는 관례 때 삼가三加의 절차를 모두 행하였다. 일기 자료의 성격상 자세한 의례 절차는 기록하지 않고 삼가례로 치러지는 관례에 필요한 의복만을 기록하고 있다.

초가의初加儀에는 수식首飾과 원삼元衫, 재가의再加儀에는 광식과 원삼, 삼가의三加儀에는 큰머리[人頭里]와 원삼, 봉대鳳帶를 한다는 기록이 보인다.

혼례 전에 관례를 치르는 왕자는 처음 입고 나오는 옷인 초출복初出服이 따로 준비된다. 사내아이의 머리인 쌍동계雙童髻에 직령直領과 조대條帶가 초출복이다. 먼저 초출복을 입고 나와서 초가에 오사모를 먼저 쓴 다음 옷을 흑단령으로 갈아입는다. 재가에는 복두를 쓰고 옷은 공복으로 갈아입는다. 마지막 삼가에는 양관을 쓰고 조복으로 갈아 입는다.

반면 경빈 김씨는 혼례를 마친 다음에 관례를 치르게 되므로 초가, 재가, 삼가 때 머리 모양만 바꿀 뿐 옷은 그대로 원삼을 입었다. 조선시대 부인들의 예복인 원삼의 종류는 신분에 따라 색상과 문양이 다르다. 원삼은 원래 부녀의 예복인 '원삼圓衫'이나 관례에 입는 옷이기 때문에 '으뜸 원元'자를 사용하였다. 원삼은 앞깃이 둥글고, 무릎을 덮어 내리는 긴 길이에 앞길은 짧고 뒷길은 길며, 양 옆선이 트여 있는 것이 특징이다. 후궁인 경빈 김씨는 '수壽'자와 '복福'자를 부금付金한 초록색 원삼을 입었다. 재가에 하는 머리 모양인 광식은 의례용 머리 모양으로, 첩지를 한 조짐머리 위에 다래를 두른 어여머리를 가리키는 것으로 추정된다. 삼가에 하는 머리 모양인 큰머리는 예식 때 어여머리 위에 올리는 가발 또는 그 가발을 얹어 완성한 머리 모양을 말한다. 삼가에는 특별히 봉황 무늬가 있는 띠인 봉대를 하였다.

다음으로 일기의 중반부에는 관례일이 11월 26일이고, 관례 때 의복이 좀 더 자세하게 나열되어 있다.

    자적도류사면사보 하나
    초록수한단당의복/송화색장원주의복/분홍수화주의복 한 벌
    송화색도류단의복/분홍접문모초단의복 한 벌 모의毛衣

경빈의 관례에 관하여 기록한 자료에 관례 날짜가 일치하지 않기 때문에 실제 경빈 김씨가 관례를 행한 날을 확정하기는 어렵다. 그렇지만, 경빈 김씨의 관례가 혼례 후 원자를 임신하기에 가장 좋은 날을 따로 잡아서 치러졌다는 사실만은 변함이 없다.

경빈 김씨의 관례는 일관이 특별히 선정하고 왕이 윤허한 좋은 날인 10월 26일에 치러졌을 수도 있고, 예정된 날짜에서 20일이 지난 11월 17일에 치러졌을 수도 있다. 그리고 가례 후 한 달이 더 지난 11월 26일에 치러졌을 수도 있다. 왜냐하면 실제 관례를 행하기 좋은 날은 여성의 사정에 따라 변경될 여지는 얼마든지 남아 있기 때문이다. 경빈 김씨의 관례일이 실제 헌종과의 합방일이라는 전제하에 관례 날짜를 정하는데 여성의 월경 날짜는 가장 중요한 변수가 된다. 헌종의 뒤를 이을 왕위계승권자인 원자를 임신하기에 가장 좋은 날을 택해야 하기 때문이다.

이를 종합해 보면, 왕실 여성인 공주와 옹주는 15세 이전에 혼인하기 때문에 혼인 후 15세가 되기를 기다렸다가 따로 관례를 치렀을 것이다. 그리고 간택 후궁의 관례와 같이 삼가례의 형식을 갖추었을 것이다. 삼가의 예를 갖추었기 때문에 분명 축사祝辭도 있었을 것으로 추정되나 기록상으로 나타나지 않는다.

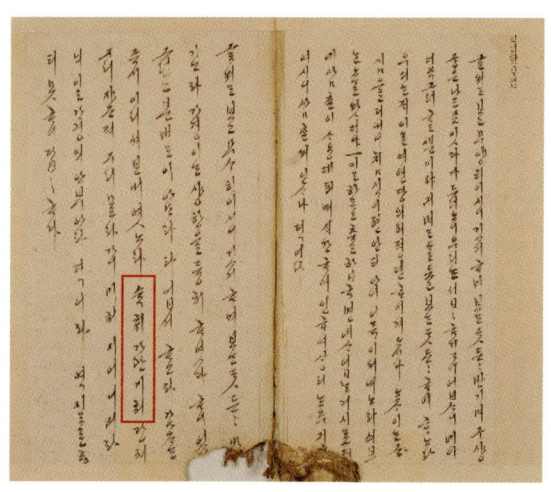

한국고문서사료관 한글편지
『숙명신한첩』 연간
현재 '1653년(효종 4) 인선왕후가 숙명공주에게 보낸편지'로 되어 있으나 1653년은 숙휘공주가 가례를 치른 해를 기준으로 추정한 것으로 보인다. 그러나 실제 숙휘공주의 '가관'은 혼인 당시 연령인 12세가 아닌 15세가 되는 1656년(효종 7)에 행한 것으로 추정된다.

현재로서는 왕녀의 관례가 어느 장소에서 치러졌는지, 관례에 참여하는 여성들이 누구였는지는 구체적으로 알 수 없다. 다만 왕녀의 관례에 참여하는 여성 가운데 관례를 마치고 이미 출합하여 궁 밖에 살고 있는 손위 언니 공주가 참여한다는 사실을 보여주는 흥미로운 자료가 남아 있다. 효종 비 인선왕후가 셋째 딸 숙명공주에게 보낸 한글 편지글 가운데 '**숙휘 가관 미처**' 당저고리 작은 저고리 말라 가니 제 때에 지어 입어라'라는 내용이 등장한다. 편지글의 전후 맥락을 살펴보면, 어머니 인선왕후가 이미 출합하여 궁 밖 궁가에 살고 있던 셋째 딸 숙명공주에게 혼인 후 궁 안에서 살고 있는 넷째 딸 숙휘공주의 관례에 참석할 때 입고 올 옷을 챙기는 모습이다.

　왕녀의 출합 연령이 왕녀의 관례와 직접적인 연관이 있다는 사실은 분명하다. 중종과 창빈 안씨 사이에서 태어난 정신옹주靜慎翁主(1526~1552)의 묘비명에 "12세에 청천위淸川尉 한경우韓景祐에게 하가하였으나 나이가 어려 궐로 다시 들어와 계례를 올린 다음에 외제에 거하는 것을 허락하였다."라는 기록이 보인다. 정신옹주의 사례는 왕녀의 관례 시기, 그리고 출합 시기 사이의 긴밀한 상관관계를 잘 보여준다.

　정신옹주의 묘비명을 통해 어린 나이에 혼인을 하게 되는 왕녀는 혼인 후 일정 기간 동안 부마와 함께 궁 안에서 생활하다가 육체적으로 성숙하면 궁 밖으로 출합하게 되는데 궁 밖으로 출합하기 전에 궁 안에서 관례를 치렀다는 사실을 알 수 있다.

　선조의 딸 정숙옹주도 13세에 혼인하였고, 15세인 1601년(선조 34) 선조가 출합하라고 명한 후에 궁 밖 궁가에서 살기 시작하였다. 정조의 딸 숙선옹주는 1804년(순조 4) 4월 12세에 혼인하였다. 숙선옹주는 3년 뒤인

1807년(순조 7) 6월 2일 15세에 출합하였다. 순조의 장녀 명온공주는 1823년(순조 23) 7월 14살 동갑내기인 안동김씨 김현근과 혼인하였다. 혼인 후에 1년 2개월 정도 남편과 함께 공주의 친정인 궁 안에서 생활하였다. 그리고 명온공주의 나이 15세가 되는 1824년(순조 24) 9월 출합을 하였다. 정숙옹주, 숙선옹주와 명온공주 모두 15세 전에 혼인한 후 궁 안에서 왕실 가족과 함께 살다가 15세에 출합하였다는 공통점이 있다. 어린 나이에 혼인하는 왕녀는 혼인 후 15세가 되기를 기다렸다가 궁 안에서 성년식을 치른 후에 궁 밖으로 출합하였다.

왕자, 혼인 전에 관례를 치르다

관례는 예의 시작이고, 가례의 중대한 것이다. 관례에서 세 번에 걸쳐 성인의 옷을 입히고 관冠을 씌우기 때문에 삼가례三加禮라고도 한다. 이는 성인으로서 덕을 이루는 첫 단계를 상징하였다. 즉 관례는 어린아이의 뜻을 버리고, 어른으로서 예를 따라 덕을 이루는 시초를 상징하는 유교식 성인의례인 것이다. 또한 유교식 관례에서 삼가례를 마친 후에 자를 지어 주는 것은 바로 덕을 드러내는 것이었다.

관례에서 성인으로 대우한다는 것은 성인의 예를 책임지우는 것이다. 여기서 성인의 예라 함은 부모에 대한 효孝, 아우로서 형에 대한 공경悌, 신하로서 임금에 대한 충성忠, 젊은이로서 어른에 대한 공순順의 예를 행하는 것이다. 효·제·충·순의 행실이 이루어진 이후에 사람의 도리를 할 수 있고, 사람의 도리를 할 수 있는 이후에 사람을 다스릴 수 있다고 여겼기 때문에 관례는 더욱 중시되었다.

예학의 입장에서 관례가 예의 시작으로서 중요했음에도 불구하고 왕실 가족 구성원 중에서 왕세자 관례가 실제 이루어 진 것은 중종 이후였다. 조선 왕실에서는 16세기 중반 이후에 관례를 행하기 시작했다는 것이다.

16세기 말~17세기 초에 전남 영광에 살았던 신응순辛應純(1572~1636)도 1612년(광해군 4) 맏아들의 관례를 행하고, 그 과정을 『성재집省齋集』에 기록한 사실을 보면 지방의 유학자들 사이에서도 이 즈음부터 관례를 행하기 시작한 것으로 보인다.

현재 왕자의 관례등록은 모두 4건이 전하고 있다. 그 가운데 2건은 『연잉군관례등록』과 『연령군관례등록』이다. 18세기 초반 숙종의 아들인 연잉군과 연령군의 관례등록이다. 나머지 2건은 『완화군관례등록』과 『의화군관례등록』이다. 19세기 후반 고종의 아들인 완화군과 의화군의 관례등록이다.

왕자의 관례가 정비되기 시작한 시기가 숙종이 연잉군의 관례를 행한 18세기 초에 이르러서였다는 점은 시사하는 바가 크다. 현전하는 가장 오래된 왕자의 관례등록인 『연잉군관례등록』을 통해 왕자 관례가 체계화되는 과정뿐만 아니라 왕세자 관례와 어떠한 부분에서 의례적 차이를 보이는지 이해할 수 있다.

연잉군의 관례는 그가 10세가 되는 1703년(숙종 29) 12월 창경궁 통화문 안쪽의 동월랑에서 거행하였다. 연잉군의 관례에 관한 논의는 그보다 앞선 11월에 시작하였다. 연잉군의 부인을 간택하라는 명은 11월 1일에 내려졌다. 연잉군의 관례와 혼례 준비가 함께 진행되었다.

당시에는 왕자의 관례에 관하여 상고할 만한 문서가 전란으로 모두 잃어버린 상황이었다. 11월 19일 연잉군의 관례에 앞서 등록을 상고하여 써서 들이라는 숙종의 명을 받은 예조에서는 다음과 같이 보고하였다.

> 연잉군이 앞으로 관례할 일이 있을 텐데, 안으로 근거할 만한 문서가 없으니 해조에서 반드시 등록을 상고해 내어 써서 들이라고 분부하신 일로 명을 내리셨습니다. 국조의 전례문서를 살펴보고자 하였으나, 전란 전의 문서는 잃어버려서 남은 것이 없고, 전란 후의 문서로는 숭선군 관례 때의 삼가 三加의 절목이 마땅히 있어야만 할듯한데 이것도 기록된 것이 없습니다. 생각건대, 필시 그 때에는 아직 이 예를 행하지 않았고, 이 외에는 왕자가 관례한 때가 아직 있지 않았습니다. 『오례의』를 가져다 상고하면, 왕세자 관의와 문무관 관례만이 있을 뿐이고, 대군과 왕자의 관례는 빠져 있습니다. 『대명집례』를 상고하면, 황태자관례와 친왕관례 및 사서인관례가 있는데, 이른바 친왕은 곧 우리 조정의 친왕자입니다. 본조에서는 일찍이 왕자 관례의 절목이 드러난 것이 없어, 써서 들일 수 없다는 뜻으로 감히 아룁니다.
>
> - 『연잉군관례등록』 강희 42년 계미 11월 19일

예조의 계사에 등장하는 숭선군은 인조의 아들이다. 숭선군은 1648년(인조 26) 12월 10세의 나이에 가례를 치렀다. 숭선군의 가례는 현전하는 가장 오래된 왕자녀의 가례 기록인 『가례등록』 안에 들어있다. 『가례등록』은 1636년(인조 14) 병자호란 이후 17세기에 가례를 치른 인조와 효종의 자녀의 가례를 하나로 묶은 등록이다. 인조의 아들인 인평대군, 숭선군, 낙선군, 효종의 딸인 숙안공주, 숙명공주, 숙정공주의 가례를 한 권의 가례등록 안에 함께 엮은 것이다. 17세기 가례등록에 왕자와 공주의 배우

자인 부마가 혼인 전에 관례를 행하였다는 기록은 따로 보이지 않는다.

　예조의 관원들은 숭선군의 관례에 관한 기록이 마땅히 있어야 하는데 남아 있지 않은 것을 미루어 아마도 그때에는 숭선군이 관례를 행하지 않았을 가능성도 있다고 보았다. 이러한 신하들의 추측은 왕세자의 관례와 달리 17세기 중엽까지도 왕자의 관례가 반드시 혼례 전에 행해야 하는 예의 하나라는 인식이 없었을지도 모른다는 시각이 반영되어 있다. 두 차례의 큰 전쟁으로 황폐해진 조선 땅에서 왕세자가 아닌 왕자의 관례가 치러지지 않았을 가능성이 더 컸던 것은 사실이다. 인조 이후에는 왕위계승자 이외에 왕자는 태어나지 않았고, 공주와 옹주만 태어났기 때문에 왕자의 관례를 행한 사례가 없었던 것 또한 사실이다.

　예조의 보고를 받은 숙종은 춘추관에 명하여 여러 왕자들이 있었던 선조와 인조대의 실록을 조사해 오도록 하였다. 그 외에 『승정원일기』도 살펴보도록 하였다. 그러나 왕자의 관례에 관한 전례를 찾을 수 없었다. 12월 3일에 숙종은 예조에 명하여 『국조오례의』의 '왕세자관례의절'과 중국의 『명집례』, 『명회전』을 참조하여 왕자의 관례에 관한 절목을 새롭게 마련하도록 하였다. 그리고 연잉군의 관례는 12월 26일에 행하도록 하였다. 관례에 관한 논의가 진행되는 동시에 연잉군 부인의 간택 또한 진행되었다. 관례일 전인 12월 20일에 연잉군 부인의 초간택을 마쳤다.

　처음에 연잉군의 관례 절목을 마련하는 과정은 빠르게 진행되었다. 12월 4일 숙종의 명으로 관례 장소를 창경궁 내 별당인 요화당으로 정하도록 하였다. 그리고 관례에 쓸 예주醴酒는 사옹원에서 준비하고, 의복은 상의원에서 준비하도록 하였다.

　그러나 12월 11일 이조에서는 연잉군의 관례 때 빈賓과 찬贊을 비롯한 여러 집사를 차출해야 하는데 몇 품의 관리로 차출해야 하는지 예조에서 다시 정하여 보내주도록 청하였다. 왕자 관례와 왕세자 관례는 구별이 있어야 하는데 따로 근거할 만한 전례가 없다는 이유였다. 사옹원에서도 연잉군 관례 때 의식에서 사용하는 예주醴酒와 찬饌, 여러 가지 도구를 진설하도록 하였는데, 이 문제를 다시 의논하도록 하였다. 그 이유는 두 가지였다. 첫째, 사옹원은 임금의 어상御床을 전담할 뿐 다른 곳에 진배한 일이 없다. 둘째, 지난번 왕세자(후일의 경종) 관례 때 예주와 찬, 여러 도구를 사옹원에서 진배하였고, 사옹원의 제조는 술잔을 올리고進爵, 낭관은 찬을 올렸는데進饌 이에 관한 구별이 없다.

호조에서도 연잉군 관례 때 속백폐束帛幣를 제용감에서 준비하는데, 폐백으로 쓸 비단의 색과 품목을 구체적으로 정해서 알려 줄 것을 요청하였다.

주요 관서에서 전례가 없다는 이유로 예조에 구체적으로 지시해줄 것을 요청하는 과정 자체를 왕자와 왕세자의 의례적 구별이 없음에 대한 반발로 해석할 수 있다.

특히 숙종은 원임 대신이 나서서 왕자의 관례 처소가 마땅하지 않을 뿐만 아니라 의절 또한 마땅함에 어긋난다고 하면서 유독 이에 대하여 비난하고 배척하는 것은 도대체 무슨 뜻인지를 묻기도 하였다. 그리고 예조에서 이미 마련한 절목 중에서 미진한 부분은 대신에게 의견을 물어 처리하도록 하였다.

행중추부사 서문중徐文重과 좌의정 이여李畬는 기본적으로 왕자인 연잉군의 관례 의식을 왕세자의 관례 의식과 차등을 두지 않은 점을 지적하였다. 관례 장소를 대내의 별당에서 행하고, 사옹원에서 예주를 진설하고, 상의원에서 옷을 진설하는 것도 모두 왕세자 관례 의절에 의거한 것이라고 하였다. 또한 빈은 정2품으로 정하고, 찬은 종2품으로 정하여 삼는 것도 과중하다는 의견이었다. 숙종의 뜻을 따라 정해진 연잉군의 관례에 관한 의절들이 연잉군의 분수에 넘치는 바가 많아 해괴하다고 여기는 분위기였다. 12월 16일 숙종은 이러한 비판을 받아들여서 최종적으로 관례 장소를 통화문 안의 동월랑으로 바꾸고, 빈과 찬도 한 등급씩 낮추어 각각 종2품과 종3품으로 차출하도록 하였다. 그리고 예주는 내자시에서 맡고, 의복은 제용감에서 담당하는 것으로 바꾸었다. 이에 따라 18세기 초에 왕자의 관례 절목을 새로 마련한 뒤에 행한 연잉군의 관례는 왕세자보다 한 등급을 낮추어 마련되었다.

연잉군의 관례 때 새롭게 정해진 관례 절목은 다음과 같다.

관례에 앞서 빈과 찬은 흑단령으로 궐에 이른다. 근시는 나와서 전의 동쪽 계단 아래에 이르러 서향하여 서서 교서가 있다고 말한다. 빈과 찬은 사배하고 무릎을 꿇는다. 근시는 '지금 왕자에게 관을 씌울 것이니, 경 등은 행사하도록 하라'고 교서를 선포한다. 빈과 찬은 교서를 받고 사배한다. 마치면 통화문 안의 동월랑에 이르러 의절대로 예를 행할 것.

관례 때 빈과 찬 및 주인, 존속 종친, 찬관, 집관, 제집사, 충찬위의 실차와 예차는 모두 종친부 및 이조, 병조에서 차출할 것.

관례 때 삼가복과 관, 끈을 담는 함과 보자기, 상과 탁자, 끈상자, 빗상자는 모두 상의원, 공조, 제용감에서 준비하고, 빗의 여러 도구들도 공조에서 진배할 것.

관례 때 속백폐, 뇌, 작을 담는 광주리는 봉상시, 속백폐, 난건, 수건은 제용감, 뇌, 작, 유소라는 공조, 소첩은 내자시에서 진배할 것.

관례 때 빈찬의 뇌, 작, 세기, 비, 유소라, 상건 등은 공조, 제용감, 자문감에서 진설하고, 세위의 물을 긷는 여종은 해조에서 정하여 보내는 것도 공조에서 담당하여 거행할 것.

관례 때 예주는 내자시, 찬과 여러 도구는 사재감에서 준비하여 진설할 것.

관례 습의는 행례 처소에서 한 번 행할 것.

관례를 마치고, 주인과 빈, 찬이 회례를 행하는 처소는 통화문 내 동월랑 밖에 장막을 설치하여 행하고, 술은 내자시에서, 찬은 예빈시에서 진배할 것.

관례 때 제집사 인원과 각 차비관은 습의 내 모두 이조와 병조에서 검칙하고 정리하여 거행할 것.

관례 때 전설사는 유악을 동서(東序:내외를 구별하는 담은 序라고 함)에 치고, 욕석을 휘장 가운데 설치한다. 또 서 밖에 유를 치고, 찬물을 헤아려서 둔다. 제용감은 삼가의 복을 유안의 동쪽에 진열하는데, 옷깃은 북쪽을 윗자리로 가게하고, 아울러 갓끈과 빗 두 상자, 관모 상자를 서쪽 계단의 서쪽에 북쪽을 윗자리로 하여 둘 것.

관례 때 예준탁을 서계의 위쪽에 두는데 받침을 놓고, 작을 올려놓으며, 내자시에서 미리 준비하고, 습의 때 모두 거행할 것.

관례 후에는 전례대로 조알하는 의절이 있으니, 관례 다음날 대전과 중궁전, 세자궁에 조알할 것.

관례 대 빈과 찬관의 차를 통화문 내 동월랑 밖에 설치하되, 예를 행하는 때에 자리를 설치하는 등의 일 및 조알 때 장막을 배설하는 등의 일은 전설사 및 사약에서 지휘하여 거행할 것.

관례 때 무릇 조작하고 진배하는 물건과 배설하는 여러 일은 각 해사의 담당 관원이 습의 때 모두 몸소 진배하도록 하고, 또한 예모관이 지휘하여 배설하게 하며, 관례가 끝나면 회례를 행하는데, 술과 음식은 모두 호조에서 전담하여 검칙하고 시행할 것.

관례를 마치면 빈, 찬 및 이하는 전례대로 복명할 것.

다음은 연잉군의 관례 때 임명된 주요 의례 담당자이다.

빈	참판 황흠
찬	성균관 사성 유성운
주인	임창군 혼
주인 찬관	종친부 전부典簿 노중희
집관執冠	공조정랑 나중기 (초가, 재가, 삼가 때 관을 잡는 역할)
작예酌醴	내자시봉사 민진환 (초가, 재가, 삼가 때 예주를 따르는 역할)
진포進脯	사재감주부 이세송 (포를 올리는 역할)

왕실 혼례 때 주혼을 따로 선정하듯 왕자의 관례에서도 부왕인 숙종을 대신하여 종친 가운데 한 사람을 택하여 주인의 역할을 담당하도록 하였다. 연잉군의 관례 때 주인의 역할은 임창군臨昌君이 맡았다. 연잉군 관례 때 주인은 종친부에서 망단자를 따로 올린 것이 아니라 숙종이 미리 정하여 통보하였다.

관례의 의식절차를 상세하게 적은 의주도 마련되었다.

관례에 앞서 빈과 찬은 흑단령으로 궐에 다다른다. 인정전 뜰에 북향으로 설치된 배위에서 사배를 한다. 근시가 교지가 있다고 하면, 빈과 찬은 무릎을 꿇는다. 근시가 "지금 왕자에게 관을 더할 것이니, 경 등은 장차 할 일을 하도록 명하노라" 라고 하며 교지를 선포한다.

왕명을 받은 빈과 찬은 사배를 하고, 관례 장소로 이동한다.

연잉군의 관례는 12월 26일 오시午時에 행해졌다. 오시는 오전 11시부터 오후 1시 사이이다. 처음 나올 때 복색은 왕세자 관례와 같이 쌍동계와 직령, 조대였다. 쌍동계는 어린 아이가 하는 한 쌍의 상투를 말한다. 초가례에서 검은색 단소건으로 머리카락을 모아 묶고, 검은 천으로 큰 끈을 만들어서 머리를 둘러 뒤에서 합해 묶었다.

초가에서 빈은 먼저 다음과 같은 말로 축사한다.

> 길한 달 길한 날에 비로소 원복元服을 입히니, 너의 어린 뜻을 버리고, 너의 성덕을 따르면 장수하고 상서로우며 복을 크게 받으리라

빈이 축사를 마치면, 빈은 무릎을 꿇고서 왕자에게 초가관인 오사모를 씌워준다. 주인의 찬관이 왕자를 인도하여 안으로 들어가고 왕자는 흑단

령으로 옷을 바꾸어 착용하고 나와 남향하고 앉는다. 빈의 찬관이 초가관을 벗겨서 상자에 둔다.
  재가에서 빈은 다음과 같은 말로 축사한다.

  길한 날 길한 때에 너에게 옷을 거듭 입히니, 너는 위의를 삼가고 너의 덕을 엄숙히 따르면 영원토록 장수하고 큰 복을 받아 누리리라

  빈이 축사를 마치면, 빈은 재가관인 복두를 씌운다. 주인의 찬관이 왕자를 인도하여 안으로 들어가고, 왕자는 공복으로 옷을 바꾸어 착용하고 나와 남향하여 앉는다. 빈의 찬관이 재가관을 벗겨서 상자에 둔다.
  삼가에서 빈은 다음과 같은 말로 축사한다.

  좋은 해 길한 달에 너에게 옷을 다 입혔으니, 형제들이 함께 살아서 그 덕을 성취하며, 끝없이 오래 살면서 경사를 받으리라

  빈이 축사를 마치면, 빈은 삼가관인 양관을 씌운다. 주인의 찬관이 왕자를 인도하여 안으로 들어가고, 왕자는 조복으로 옷을 바꾸어 착용하고 나온다.
  다음으로 빈은 예주를 받아서 다음과 같은 말로 축사한다.

  맛 좋은 술이 이미 맑고 맛있는 안주가 향기로우니 절하고 받아 제사하여 너의 상서로움을 정하고 하늘의 복을 받아 오래 살면서 잊지 말라

연잉군은 재배하고 예주를 받아 무릎 꿇고 좨주한다.
다음으로 빈은 자(字)를 지어주고 다음과 같이 말하였다.

> 예의가 이미 갖추어졌으니, 길한 달 길한 날에 너의 자를 밝게 고하노라. 이에 자가 매우 아름다워 뛰어난 선비에 마땅하고, 너의 복에 마땅하니, 길이 받아서 보존하라. 교지를 받들어 자를 '광보'라 한다

연잉군이 재배하고 다음과 같이 답하였다.

> 광보가 비록 민첩하지는 못하지마는 감히 공경히 받들지 않겠습니까?

말을 마치면 연잉군이 다시 재배한다. 빈이 연잉군에게 광보라는 자를 지어주면 공식적인 관례의 절차는 끝이 난다. 빈과 찬, 주인 이하는 문으로 나가고, 내시는 왕자를 인도하여 내전으로 돌아간다.

다음으로 빈객들은 장소를 이동하여 회례를 행한다. 회례는 빈과 찬, 주인이 서로 술과 찬을 함께 먹고 마시는 의식이다. 회례는 밀과상 셋과 과탕, 그리고 세 번 절하는 의식을 행하였다. 이때 빈과 찬에게 답례로 속백을 전해주는데, 백정주 10필을 각각 내려주었다. 연잉군은 회례에 참여하지 않았다.

연잉군은 관례를 마친 다음 날 왕실의 어른에게 문안을 하였다. 삼가복인 조복을 입고 내전으로 들어갔다. 이 때 왕실의 어른은 각각 내선온(內宣醞)을 마련하여 연잉군의 관례를 축하하였다.

3년 후 1706년(숙종 32) 8월 8일에 치러진 연령군의 관례는 연잉군의 예

에 따라 행하였다. 연잉군의 이복동생인 연령군의 나이 8세 때였다. 연령군의 관례 때 주인은 임창군으로, 빈은 황흠으로 정하여 졌다. 두 사람 모두 연잉군의 관례 때 주인과 빈으로 임명되었던 인물이다. 나머지 의례 담당자 또한 연잉군 때와 같은 품계의 관원들이 임명되었다.

4. 왕녀와 왕자의 혼례와 출합出閤 이야기

『가례등록』이 남아 있지 않은 대군의 혼례

왕녀와 왕자의 혼례는 국혼國婚으로 치러졌다. 현전하는 『가례등록』은 왕자녀 가운데 대군의 혼례만 그 기록이 전하지 않는다. 가장 오래된 『가례등록』에 인조의 셋째 아들 인평대군의 출합 준비 과정에 관한 기록이 일부 전할뿐이다.

17세기 초에 치러진 인조의 둘째 아들 봉림대군(후일의 효종)의 『가례등록』이 남아 있지 않지만, 조선왕조실록과 왕실 고문서 등을 통해 대군 혼례의 특징을 포착할 수 있다.

효종은 봉림대군 시절, 13세인 1631년(인조 9) 가을에 가례를 올렸다. 봉림대군의 가례 준비는 1630년(인조 8) 6월 14일 인조의 전교로부터 시작되었다. 인조는 봉림대군의 나이가 이미 장성하였으니, 마땅히 그 아내가 있어야 하므로 담당 부서인 예조에서 그 일을 거행하도록 하였다. 8월 24일 대군 부인을 선정하기 위해 초간택을 하였다. 재간택은 다음 해 1631년(인조 9) 2월 22일 치러졌고, 4월 12일에 삼간택을 거쳐 봉림대군의 부인으로 신풍군 장유張維의 딸이 선정되었다. 대군 부인으로 선정된 덕수 장씨는 봉림대군이 태어나기 전 해인 1618년(광해군 10) 12월 25일 경기도 안산의 사저에서 태어났다. 6세 때부터 할머니 밀양 박씨가 양육하였다. 봉림대군과 덕수 장씨의 가례는 9월에 이현궁梨峴宮에서 치러졌다. 가례를 치르는 과정에서 봉림대군의 신혼집 공사도 함께 시작되었다.

한국학중앙연구원 장서각에는 효종이 봉림대군 시절 부왕인 인조로부터 노비를 하사받은 교지 5건이 소장되어 있다. 1631년(인조 9) 2월 28일에 작성된 교지 3건과 1632년(인조 10) 8월 10일에 작성된 교지 2건이다. 1631년에 작성된 교지 3건에는 인조가 수원 관노 등 50구(노 22구, 비 28구), 소격서의 비 가야지 등 노비 50구(노 20구, 비30구), 안동의 관비 경대 등 노비 50구(노 13구, 비 37구)를 봉림대군에게 하사한 내용이 각각 기록되어 있다.

1632년(인조 10)에 작성된 교지 2건에는 인조가 사섬시 노 은상 등 48구(노 17구, 비 31구)를 봉림대군에게 특별히 하사하고, 광흥창 비 잠이 등 노비 50구(노 21구, 비 29구)를 특별히 하사한 내용이다.

이 사패교지는 왕실 가족의 경우, 혼인하는 아들에 대한 재산분배가 혼인을 전후한 시기에 이루어지고 있음을 보여준다. 인조는 노비 150구를 봉림대군의 가례 전에 하사하였고, 또 가례 후에 노비 98구를 한번 더 하사하였다.

봉림대군은 1631년(인조 9) 풍안부부인 덕수 장씨와 가례를 치르고, 혼인 후 인조 가족과 4년 정도 궁궐에서 함께 생활하다

1631년(인조 9) 봉림대군 사패교지
(한국학중앙연구원 장서각 소장)

가 1634년(인조 12) 동생인 인평대군의 혼례 이전에 궁궐 밖 궁가로 출합하였다. 1634년(인조 12) 겨울에는 인평대군의 혼례를 행하였는데, 이 때 봉림대군이 주혼을 맡았고, 상으로 안구마 1필을 하사 받았다.

왕실에서는 왕자녀가 혼인을 하면 바로 궁궐을 떠나 사가에서 생활하는 것이 아니라 혼인 후에도 일정 기간 궁궐에 머물다가 왕이 허락하면 출합하게 된다. 봉림대군은 4년이라는 기간 동안 아버지 인조 가족과 형 소현세자 가족과 더불어 궁궐에서 함께 생활하였다.

왕자의 가례

왕자의 가례는 『국조오례의』의 의주에 그 기본 절차를 살필 수 있다. 삼간택 이후 납채, 납폐, 친영, 동뢰, 부인조현, 대군현부인지부모의 순서로 되어 있다. 연잉군의 사례를 중심으로 왕자의 가례를 살펴보자.

연잉군은 11세에 가례를 올렸다. 숙종은 1703년(숙종 29) 11월 1일에 연잉군의 부인을 간택하도록 예조에 명하였다. 처녀 단자를 받는 기한은 한양을 중심으로 그 거리의 원근에 따라 달라졌다. 경중京中은 11월 20일, 근도近道는 11월 30일, 중도中道는 12월 10일, 원도遠道는 12월 20일로 정하였다. 금혼대상은 9세부터 11세까지였다.

1648년(인조 26) 숭선군 가례에는 8세부터 13세까지 연령을 제한하였고, 1657년(효종 8) 낙선군 가례에서는 13세부터 18세까지로 제한하였다. 연령군 가례가 치러진 1706년(숙종 32)에는 중도와 원도의 경우, 단자를 받는 기한을 4~5일 정도 앞당겨서 받기도 하였다. 연령군은 가례 당시 7세의 어린 나이였기 때문에 부인의 나이 또한 4세부터 7세까지 금혼 대상이었다. 연령군의 혼례가 다른 왕자들에 비해 일찍 치러진 것은 연령군의 어머니 명빈 박씨가 1699년(숙종 25) 연령군이 5세 때인 1703년(숙종 29)에 병으로 일찍 죽었기 때문이다.

연잉군의 배우자를 간택하면서, 허혼 조건 또한 제시되었다.

- 왕실의 성씨인 이씨 성인 국성
- 재위 중인 국왕의 외가의 8촌 친척
- 본관이 이씨 성과 같지 않은 자
- 부모 모두 살아있지 않은 자(편모와 편부의 여식은 허혼함)
- 왕비의 친가 7촌 이내
- 왕비의 외가 6촌 이내

위에 해당하는 여섯 부류에 속한 집안에서는 처녀 단자를 제출할 자격이 없으므로, 당연히 금혼 대상에서 제외되었다. 연잉군 가례의 처녀 단자를 제출한 인원은 한성부에서만 42명이었고, 삼남지역에서는 하나도 제출하지 않는 일이 벌어지기도 하였다. 간택 단자를 제출한 처자의 아버지는 부사과, 부사직, 진사, 도사, 유학, 생원, 군수, 봉사, 통덕랑, 감사, 부사정, 참봉 현감 등으로 대체로 하급 관료나 유생이었다.

이에 비해 연령군의 가례 때에는 한성부에서만 107장을 받았고, 충청도, 경기도, 경상도, 강원도, 전라도까지 처녀 단자의 수에는 지역별 편차는 존재하지만, 각도에서 빠지지 않고 제출하였다. 연령군의 초간택 대상은 모두 67명이었고, 초간택에서 6명을 선발하였다. 재간택에서는 6명을 포함하여 추가로 제출한 20명이 함께 참여하여 최종 3명이 간택되었다.

연잉군 가례를 위한 초간택은 12월 24일 거행하여 감사 홍수주洪受疇의 딸을 포함한 4명이 간택되었다. 이때 부왕인 숙종은 재간택 대상에 든 처녀들이 천연두를 앓았는지를 조사해 보고하도록 하였다. 왜냐하면, 현종 대에 명선공주와 숙녕옹주 등을 마마로 잃은 경험이 있었으므로 사가에서 들어올 왕가의 며느리의 건강 상태를 주의 깊게 검토할 필요가 있었다. 4명 가운데 2명이 천연두를 앓지 않았다는 보고를 접한 숙종은 간택 대상을 한 살 높여서 12세까지 확대하고, 12월 27일부터 29일까지 3일 동안 단자를 더 받아 재간택 때 함께 들어오도록 하였다. 따라서 정월 1일 재간택에 입궐할 처녀는 20명에 이르렀다. 추가 명단 안에 진사 서종제徐宗悌의 딸이 들어있었으며, 그녀가 최종 삼간택에서 연잉군의 부인으로 정해졌다.

재간택 후에 왕자의 가례 준비를 담당할 가례청을 예조 안에 설치하였다. 가례청의 당상 3원은 예조의 삼당상이 맡고, 도청 2원은 예조정랑 1원, 각사 4품 이상 가운데 1원, 낭청은 예조좌랑 1원을 차정하여 구성되었다. 연잉군 가례의 주혼主昏은 임창군臨昌君으로 낙점되었고, 사자使者는 전산군全山君으로 선정되었다.

가례청의 조직이 구성되면, 가장 먼저 부인가를 물색하도록 하였다. 왕실 가례의 특징은 왕가로 시집오는 여성들은 모두 별궁 생활을 하게 된다는 점이다. 국왕 가례 때는 인조 때부터 어의동 별궁을 왕비가 머물 별궁으로 삼았고, 비씨가 근처에 집을 임대하여 비씨의 본가로 삼도록 하였다. 이는 궁궐과 별궁에서 멀 경우에 나타나는 번거로움과 수고로움 등을 덜기 위한 조처이기도 하였다. 별궁 장소는 달랐지만, 왕자의 배우자 또한 삼간택 후부터 친영 전까지 별궁에 머물렀다.

숙종은 길례궁을 길례소吉禮所로 칭한 해당 승지의 죄를 묻기도 하였다. 대군 이하의 방을 궁가라 통칭하므로, 궁宮이라 칭하는 것이 옳은데, 소所라고 칭한 것은 친왕자를 업신여기는 뜻이 있다는 이유였다.

삼간택에 최종 선발된 서씨는 그녀의 본가로 돌아가지 않고, 통화문을 거쳐 궁궐을 나갔으며, 별처로 임대된 송현松峴에 있는 종친 능풍군의 집으로 가서 신부수업을 받았다. 이 때 인로군 10명, 지로치 2쌍, 안보 2쌍, 함부지 4, 교군 20명이 함께 하였다. 부인의 본가 또한 별처 근처로 임시로 옮겼는데, 능풍군의 집이 좁아서 이웃집을 함께 사용하도록 하였다. 연령군 가례 때에는 북부 가회방계에 부인 별처를 마련하였다.

연잉군의 납채 길일을 2월로 택하라고 명한 바 있으나, 일관이 점을 처보니 2월에는 구기拘忌만 있고 순전하게 길한 날이 없다고 보고하였다. 이에 숙종은 그 근거를 써서 들이라고 명하였다. 국기國忌인 날이 5일, 주당살이 든 날이 5일, 십악이 든 날이 3일, 천적이 3일, 월파가 2일, 월기가 3일, 해일이 2일, 부인이나 왕자에게 좋지 않는 날이 4일, 수사가 2일, 뇌정과 백호대살, 이과살, 염대 각 1일 등 상세하게 보고하였다. 왕자녀 혼례의 길일을 택하는 것이 사실상 어려움이 많았음을 보여준다. 심지어 전안소와 길례궁 근처의 여염집에 구기가 있으면, 이를 내보내도록 하였다. 이를 거행하지 않고 발각되면 해당 부의 관원은 중한 책임을 면하기 어려우니 각별히 조심하라는 명이 내려질 정도였다.

납채일에는 왕자 본궁에서 먼저 가례청 당상 이하와 각 차비관, 원역을 접대하는 내선온이 벌어졌다. 내선온이 끝나면 흑단령으로 갈아입는다. 집사 2인이 채서를 넣은 함을 받들어 무릎 꿇고서 주인 앞에 드리면, 주인은 받아서 사자에게 건네 주었다. 사자는 이를 받아서 집사에게 주어 지게 위에 실었다. 사자는 지게 뒤를 따라가며 부인가로 향하였다.

왕자궁에서 보내는 채서采書와 부인가에서 왕자궁에 보내는 답장인 복서復書는 승문원의 관원이 서사하였다. 사자가 부인가로 향하는 행렬에는 홍육촉 1쌍, 대거 각 30자루, 중심거 각 2자루가 불을 밝혔다. 부인가의 대문 밖에는 대식거와 중심거 각 2자루를 밝혀 놓았다.

부인가에 도착한 사자 일행은 대문 밖 천막에서 홍단령으로 갈아입고 주인과 함께 주례를 행하고, 예를 마치면 주인은 예단을 주었다. 사자는 채서를 전달한 후에 옷을 갈아입었다. 3과상을 넘지 않는 주례를 마치고 나면, 다시 흑단령으로 갈아입었다. 복서가 부인가에서 길례궁으로 올 때 전도와 의장은 미리 정해진 의절인 납채의를 따라 그대로 행하였다. 복서가 도착하면, 사자 등은 이를 받아서 궐로 돌아가 왕에게 복명하고, 나머지는 집으로 돌아갔다. 별공작 관원이 승정원에 가서 납채례를 마쳤음을 고하고, 주혼과 사자가 복명한다고 하면, 사알이 들어가 아뢰어 처분한 후에 퇴출하는 복명 절차가 있었다.

『국혼정례國婚定例』에 따르면, 왕자 부인의 명복命服은 대홍광적단노의와 대홍광적겹장삼이다. 상의원에서 왕자군 부인의 명복은 미리 제작하였는데, 친영 전에 내전으로 들이도록 하였다.

연잉군은 친영 하루 전에 궁궐에서 궁 밖에 마련된 길례궁으로 나갔다. 연잉군은 창덕궁 서남쪽에 위치한 금호문金虎門으로 나갔다. 이 때 연잉군의 반차는 종친부의 담당 조예 셋이 건복을 갖추고 석패를 차고 채찍을 들고서 선두에 섰다. 조예 셋 가운데 하나는 앞에서 인도하고, 둘은 좌우로 나뉘어 갔다. 다음은 안롱과 교상이 좌우로 나뉘고, 다음으로 왕자가 탄 교자가 함께 출발하였다.

연잉군 가례의 친영 일정은 사시巳時에 출발하여 오시午時 초에 전안례를 행한 후 친영하였다. 따라서 사시인 10시 전에 먼저 외선온을 행하였다. 승지가 동벽에서 조금 앞, 영의정 이하가 서벽, 주혼 임창군 이하 제종반이 동벽, 도청 이하가 남쪽 줄에 앉았다. 외선온의 행례 방식은 내선온과 동일하였다. 외선온을 마친 후에 그대로 동서로 나뉘어 차례로 서 있다가, 왕자가 나와서 말을 타고 출발하면, 위요圍繞하여 차례로 나갔다.

연잉군이 부인을 맞으러 가는 친영 행렬은 다음과 같다. 선두에는 인로군 10명이 섰다. 다음으로 봉거군 20명, 부장 2원, 조예 3, 안롱과 교상, 각궁 시배, 별감 시배, 친시 6, 집안 충찬위, 왕자, 중사 이하, 주혼, 별공자 관원, 본궁 수리관, 낭청, 양 도청, 양 당상, 수당상, 위요 동반 의정부 5조 참판 이상과 서반 종친부, 의빈부, 충훈부 2품 이상 등이 차례로 시위하였다. 선두가 부인가에 도착하고, 연잉군은 전안소로 들어가고, 주혼 및 가례청 당상 이하는 각각 막차로 나아갔다.

주인이 왕자를 맞이해 당 위에 올라가 전안례를 행한다. 왕실의 전안례에 사용되는 기러기는 산 기러기로 경기감영에서 잡아서 장원서에 진배한 것이다. 산 기러기는 안팎으로 홍주 겹보와 홑보로 싸는데, 네 귀퉁이에 금전지가 달린 보자기를 사용하였다.

왕의 혼례 때는 장원서 별제가 친영 때 생안차비가 되어 함께 가게 된다. 왕자녀의 혼례 때는 집안충찬위가 따로 정해진다. 산 기러기를 안고 가는 집안충찬위는 자식을 많이 둔 복 있는 사람으로 선정하였다. 연잉군 가례 때 집안 충찬위는 세 명의 후보 가운데 아들을 가장 많이 둔 김시갑으로 정하여 졌다.

전안례가 끝나면, 부인이 나와 왕자궁으로 함께 향한다.

연잉군이 부인과 함께 왕자궁으로 돌아갈 때의 친영 반차는 인로군 10명, 봉거군 20명, 인도부장 2원, 조예 3, 안롱교상, 시배, 친시 6, 왕자, 중사 이하, 주혼, 그리고 부인의 전도와 반차가 이어진다. 부인을 시위하는 반차는 인로군 10명, 봉거군 20명, 인도부장 2원, 상마대 1쌍, 지로치 2쌍, 시배, 안보 2쌍, 친시 6, 함부지 4, 보비 2, 기비 5쌍, 집향비 1쌍, 부인 교자, 유모와 시녀, 집사와 의녀, 별공작 관원과 양궁 수리관, 낭청, 양 도청, 양 당상, 수당상 등이다.

훈신과 의빈도 참석하였으며, 종친 2품 이상, 의정부와 육조참판 이상, 의빈 및 충훈부의 군 이상은 친영일에 홍단령을 입고 말을 타고 동서반으로 위요하였으며, 참석 여부를 미리 작성한 단자를 가례청에 바치도록 하였다. 이들은 동뢰연이 끝난 후에 집으로 돌아갔다.

왕자궁에 도착하여 동뢰연이 행해졌다. 먼저 교배례를 행하였는데 부인이 재배하면, 왕자가 답배하였다. 곧이어 합근례를 행하였는데, 왕자와 부인은 첫 술잔은 좨주하고서 마시고, 안주를 들며, 두 번째 술잔은 좨주하지 않았다. 마지막 세 번째는 표주박으로 만든 술잔인 근잔卺盞에 따른 술을 마셨다.

동뢰연에 쓰는 찬탁은 아가상阿架床이라고 한다. 상의원에서 진배하는데 상 위에 표주박으로 만든 근잔 두 개가 놓인다. 근잔은 안팎에 흠이 없는 최상품으로, 홍화로 염색하고 은장식을 하고, 다회장이 끈을 만들어 달았다.

보통 동뢰연에 쓰는 병풍은 대화초병과 십장생병을 사용하였고, 교배례석인 별문배석은 황해도 배천군에서 바친 것을 사용하였다. 연잉군 가례 때에는 궁중에서 직접 직조해 만들었는데, 경기도와 강화부의 인문장으로 하여금 채흑초를 가지고 올라와 짜도록 하였다. 교배석 문양에 따라 수를 놓았는데 '이성지합 복록지원 二姓之合 福祿之原'이라는 여덟 글자를 정성스레 짜 넣었다. 동뢰연의 두 개 상에는 사화봉공작絲花鳳孔雀 4타꽃와 화룡화준畫龍花罇 등이 놓였다. 화룡화준에는 쌀과 콩을 채웠다.

동뢰연 이튿날 연잉군 부인이 궐에 들어가 국왕과 왕비 등 왕실의 웃어른을 차례로 알현하는 조현례를 행하였다. 연잉군 부인은 길례궁인 대사동에서 이현泥峴을 거쳐 창경궁 통화문으로 들어갔다. 이 때 인로군 10명, 상마대 1쌍, 지로치 2쌍, 시배, 안보 2쌍, 함부지 4, 보비 2, 기비 5쌍, 조율단수반 봉지비 2, 집향보비 2, 교자, 유모와 시녀, 집사의녀, 중사 이하 등이 함께 행차에 참여하였다. 조율과 단수를 담은 쟁반은 주홍사방반을 사용하였으며, 홍주보로 이를 덮었다.

군부인은 왕이 머무는 대전 전각의 뜰에서 시아버지인 왕에게 북향하여 네 번 절하였다. 오른쪽에는 조율반을 든 사찬司贊이 서 있었다. 서쪽 계단으로 올라가 어좌 앞에 나아가 북향하여 무릎 꿇고 조율반을 상에다 놓았다. 왕은 이를 어루만지는 시늉을 하였다. 상식尙食은 이를 거두어 동쪽으로 옮겨놓았다. 군부인은 내려가서 절하는 자리로 돌아가 다시 네 번 절하였다.

군부인은 중궁전으로 옮겨 동일한 절차로 단수반을 바치고 자리로 돌아와 네 번 절하였다. 군부인은 시어머니인 왕비 좌석의 동쪽에 북향하여 마련된 자리로 가서 남향하여 섰다. 곧이어 북향하여 사배하고 자리

교배석
'이성지합 만록지원'이라는 여덟 글자 가운데 일부만 남아있다.
(국립고궁박물관 소장)

에 올라 남향하여 무릎 꿇고 상식이 주는 술잔을 받아 쵀주하고, 일어나 자리의 서쪽으로 내려가서 남향하여 무릎 꿇고 술을 마셨다. 일어나서 부복俯伏하였다가 네 번 절을 했다. 상식은 찬탁을 치웠다. 부인은 서쪽 계단으로 내려가 나가서 집으로 돌아갔다.

왕자의 혼례에서는 시부모에게 각각 조율과 단수포를 드렸다. 단수포는 1첩, 조율은 각각 5되였다. 대추와 밤은 크고 윤기 나는 것으로 준비하고, 단수는 생강과 계피를 가미하여 다져 말린 조금 길쭉한 모양의 말린 고기로 준비하였다.

왕자는 나흘째 되는 날에 부인의 부모를 뵈었다. 장인이 맞이하고, 장인은 왕자가 절을 하면, 무릎 꿇고서 부축하였다. 부인의 어머니는 문 안의 왼쪽 문짝 쪽에 있는데, 왕자가 문밖에서 재배하였다. 다음으로 왕자는 부인의 집안 어른들을 뵈었다. 왕자를 대접하는데 찬품은 5과를 넘지 못하도록 하였다.

왕녀의 가례

왕녀의 가례 또한 예조 산하에 임시 관청인 가례청을 설치하여 주관하도록 하였다. 효종의 딸 숙안공주 가례 때에는 임시 관청을 계제사라고 칭한 전례도 보인다. 인조는 왕세자(후일의 효종)의 적녀였던 숙안군주의 가례 때 가례청을 설치하여 혼례를 준비하던 중 갑자기 승하하였다. 왕세자였던 아버지 효종이 즉위하고, 그녀도 군주에서 공주로 그 지위가 변화되었다. 이에 예조에서 가례도감이라고 하자고 건의했으나, 효종은 번거로우니 하지 말라고 명하였다. 예조에서는 절목의 거행이 이루어지지 못하고 다른 기관에도 영슈을 내릴 수가 없으니, 조가朝家의 의장제도를 관장하고 있는 계제사에 전담토록 하여 계제사라 하자고 건의하였고, 효종은 이를 수용하였다. 청의 혼인 요구로 급히 치러진 숙안공주의 가례 때에는 가례청 대신 임시 칭호로 계제사를 사용하였다. 계제사는 예조의 속사로 왕실 가족의 혼례를 담당하였다. 그 이후로 왕녀의 가례에는 예외 없이 임시 관청인 가례청이 설청되었다.

가례청에는 별공작, 공주궁수리소, 부마가수리소, 병풍청장무 등 분야별로 부서를 나눴으며, 이 부서들은 감역관의 지휘를 받았다. 별공작에서는 혼례에 쓸 다양한 철물과 목기를 제작하므로 가례청 근처에 배설되었다. 병풍청은 화원 2인, 병풍장 2명, 고직 1명, 조역군 4명, 잡물을 빨리 대령하도록 하는 최촉사령 2명 등으로 구성되며, 대병풍과 중병풍 각 2좌를 제작하였다.

왕녀의 납채는 신랑집의 사자가 채서를 가지고 가서 신부집 주인에게 전달하고 이를 수락하는 복서를 받아오는 절차이다. 가례청 당상 이하 여러 집사관은 납채의를 행하기 전에 부마가의 주인과 사자가 문 밖으로 나가서 막 도착한 그들을 맞이하여 들어가 상견례를 행했다. 음식을 내와 그들을 접대하는 중에 선온 담당 승지가 들어온다. 본가에서는 그를 대접한 후에 외선온을 행했다. 이 의식이 끝나면, 승지는 먼저 본궁으로 갔다. 당상 이하와 본가의 사자는 채서함을 따라가 본궁에 이르러서 전해주고 복서를 받는 절차를 행했다. 그 후 외선온을 행했다. 승지가 들어가 앉고 주혼자와 당상 이하, 사자 및 감역관과 집사관, 예모관이 참석한다. 외선온은 의례대로 행했다. 끝나자마자 승지가 나가고, 중사가 들어와 앉으면, 내선온을 행했다. 가례청의 원역 등에게는 술과 음식으로 접대했다.

내선온이 끝난 이후 당상 이하는 복서와 함께 부마가의 대문 밖에 이르렀 다가 해산했다.

　화순옹주가 가례를 치를 때에는 친영일 뿐만 아니라 납채와 납폐에도 내선온을 행하였다. 부마의 본가에서는 예례禮禮 직후에 외선온을 행했 으나, 공주 본궁에서는 외선온과 내선온을 차례로 행하고 원역 등에게 예 례를 행하였다.

　부마가의 사자와 공주궁(또는 옹주궁)의 주혼도 별도로 선발하였다. 주혼은 종친 중의 존장자 가운데 선발하도록 하였다. 종친부에서 후보 3 명을 선정하며 삼망단자를 올리면, 그 중에서 국왕이 낙점하는 형식을 취 하였다. 부마가의 사자는 부마의 본가 추천으로 결정되었다. 보통 부마 집안의 자제를 사자로 선발하였다. 납폐의 경우는 납채와 의절과 거의 유 사하다. 부마가에서 공주가에 보내는 폐백은 명주 또는 베를 사용하도록 하였다. 왕자는 납폐에 초단綃緞을 쓰도록 규정하고 있다. 대군은 의복은 면주, 목면을 쓰며, 왕녀가 하가할 때에도 동일하다. 납폐에 사용하는 현 과 훈은 명안공주 때는 토주吐紬를 사용했으며, 각각 50자씩 상의원에서 준비하도록 하였다.

　부마는 친영 전에 공복을 갖추고 대궐에 들어가 사배례를 행하였다. 부마가 입을 명복도 상의원에서 제작하였다. 친영 당일에 공주가에서 주 인은 부마를 맞이하여 읍양하면서 당에 이른다. 주인은 동계로 올라가 서 향하여 서고, 부마는 서계로 올라가 북향하여 꿇어 앉아서 전안례를 거행 한다. 전안례 후에 주인과 주부는 공주에게 계례戒禮를 행했다. 부마는 중문으로 나가 교자의 발을 걷고서 기다리고 공주를 모시고 나온 보모는 겸사의 말을 한다. 부마는 말을 타고서 앞서서 가고, 공주는 그 다음에 간다. 이때 종친 및 의정부와 육조의 2품 이상의 관원들이 공주의 위요로 함께 따라간다.

왕녀의 위요는 종친 2품 이상, 의정부, 의빈부, 돈녕부, 충훈부 훈신의 군 이상, 육조 참판 이상으로 구성된다. 친영 당일 홍단령을 입고서 왕녀의 본궁에서 벌어지는 내선온에 참석한다. 그리고 정해진 시각에 왕녀가 부마가로 가는 친영행렬에 말을 타고서 동서로 줄지어 따라갔다. 그리고 부마가의 문 밖까지 함께 동행한 이후 해산한다.

임시로 마련한 부마가에서 동뢰연을 행하였다. 명안공주 가례 때는 공주를 인도하여 들어간 부마는 공주에게 읍하고서 자리로 나아간다. 공주는 재배하고 부마는 답배하는 교배례와 합근례를 거행하였다.

시부모를 뵙는 의례인 조현례는 친영 다음 날 일찍 일어난 왕녀가 동서로 마주 앉은 시부모를 차례로 뵙는데, 동계와 서계로 각각 올라가 조율반과 단수반을 드린다. 그리고 알묘례는 3일째 주인이 먼저 고유하고 주부가 공주를 데리고 양쪽 계단 사이에서 사배를 하고 물러난다. 시집의 친척은 신부례 때 3촌과 4촌은 뵙기를 허락하고, 평상시에는 5촌에 그치도록 하여 왕희王姬의 존엄과 내외의 분수를 중시하는 뜻을 보이도록 하였다.

궁 밖에서 혼례를 마친 후 다시 궁으로 돌아와 생활한다. 명안공주 가례 당시에는 친영한지 4일 후에 환궁하였다. 4일째 부마가 조현하는데, 공복 차림으로 대궐로 가 사배례를 하였다. 이때 왕은 공궤를 내렸다. 다음으로 중궁과 동궁을 차례대로 배례를 행한다. 그 후 부마는 공복을 벗고 나서 종친들을 차례로 뵙는다.

1823년(순조 23) 7월에 치러진 순조의 장녀 명온공주의 혼례를 살펴보자. 명온공주가 혼례를 치를 때 나이는 14세였다. 1823년(순조 23) 5월 10일 순조는 12~15세의 동몽童蒙을 대상으로 금혼령을 내렸다. 금혼령은 전국적으로 내려졌지만, 실제로 간택 단자를 제출한 대상은 한성부 거주자로 한정되었다. 간택장소는 창덕궁 희정당이고, 후보자는 금호문金虎門으로 들어오도록 하였다. 간택에 참여하는 부마 후보자들은 분홍직령粉紅直領에 세조대細條帶, 부전付鈿, 이행전行纏, 흑혜자黑鞋子를 착용하도록 하였다.

초간택은 금혼령이 내려진 지 12일 후인 5월 22일에 치러졌으며, 총 17명이 참여하였다. 재간택은 5월 27일에 치러졌으며, 총 8명이 참여하였다. 이들 가운데 삼간택에는 3명이 참여하도록 하였다. 초간택 때와 마찬가지로 재간택에 참여한 동몽에게는 호조와 왕실에서 준비한 문방구와 음식 등이 내려졌다. 각 궤반饋飯이 한 상씩 차려졌다. 돈후지敦注紙 3권, 필필筆 5병, 묵墨 2홀은 호조에서 준비하고, 호초胡椒 2승, 단목丹木 1근, 백번 1근은 왕실에서 마련하였다. 삼간택에 든 후보자 셋 가운데 김승현金承賢에게는 특별히 주역 1권을 추가로 하사하였다. 또한 그가 간택을 마치고 집으로 돌아갈 때 별감 4인, 무예청 4인, 명온공주 본궁에 소속된 고직 이하 노자가 배진하도록 하였다. 이와 같은 특별 대우를 통하여 삼간택 전에 그가 명온공주의 부마로 이미 결정되었음을 알 수 있다.

삼간택은 6월 2일에 치러졌다. 이 날 순조는 진사進士 김한순金漢淳의 아들 김승현을 부마로 정하였다. 그는 같은 날 순조의 명으로 김현근金賢根으로 개명하였고, 위호尉號를 동녕위東寧尉로 정하였다.

6월 2일 가례 일정도 정하였는데, 납채는 6월 17일, 납폐는 6월 25일, 명복내출은 7월 8일, 친영은 7월 16일이었다. 같은 날 예조에서 가례의 사목을 전례대로 꼼꼼하게 마련하여 왕에게 보고하였다. 그리고 6월 4일

가례청이 조직되었다. 6월 6일 가례청에서 처음으로 왕에게 올린 계사는 종친부에서 단망으로 정해 올린 주혼 별단을 왕에게 써서 들인다는 내용이었다. 순조의 윤허로 명온공주의 주혼은 종친인 완성군完城君으로 정하여 졌다. 원래 주혼은 종친부 당상 가운데 삼망으로 종친부에서 써서 들여야 하는데, 당시 한 명은 상중에 있고, 한 명은 수원관守園官으로 외부에 나가 있었다.

부마의 관례는 삼간택을 마친 4일 뒤인 6월 6일에 부마가에서 치러졌다. 납채로 예정된 6월 17일 이전에 치러야 하므로 이 날로 정한 것이다.

부마가 친영하여 공주와 함께 부마방으로 나아갈 때 타고 가는 교자는 상의원에서 마련하였다. 교자를 드는 담배군는 청의에 청건을 썼는데, 사복시와 제용감에서 담당하였다.

친영과 동뢰연이 치러진 장소: 공주궁과 부마가, 왕자궁과 부인가

왕자녀의 가례는 왕가와 사가의 자녀들이 혼례를 통해 서로 교류하는 사회적 장이다. 궁궐은 왕과 왕세자가 부인인 왕비와 왕세자빈을 친영하여 동뢰연을 베푸는 장소였다. 그 외 왕자녀에게는 의례 장소로 허락되지 않았다. 따라서 왕자와 왕녀는 따로 궁궐 밖에 왕자궁(또는 대군궁)과 공주궁(또는 옹주궁)을 임시로 정하여 납채, 납폐, 명복내출, 동뢰로 구성된 가례 의식을 치루는 의례 공간으로 사용하였다.

왕자녀의 배우자 또한 자신의 집을 혼례 장소로 사용할 수 없었다. 의례 장소의 거리상의 문제 뿐만 아니라 의례의 규모가 눈에 띄게 달라지기 때문이다. 왕실과의 혼례에는 예외 없이 납채, 납폐, 명복내출, 친영 등에 행렬이 수반되었고, 행렬에는 많은 인원이 참가하였다. 이러한 이유로 부마나 왕자 부인의 실제 본가에서는 혼례식을 치룰 수 없는 입장이었다.

왕녀와 왕자, 그리고 그들의 배우자 모두 익숙한 자신의 집이 아닌 낯선 공간에서 혼례를 치러야 했다. 특히 왕가의 며느리가 되는 왕자의 배우자는 왕비나 후궁과 마찬가지로 삼간택 이후 따로 별궁과 같은 용도의 별처를 제공 받았고, 부인가는 별처 근처로 옮겨오도록 하였다.

명안공주의 가례 때 공주궁은 어의동 본궁이었고, 부마가는 송현의 능풍군가였다. 부마가는 실제 부마의 본가가 아니었으므로 임시 부마가라는 의미의 '가부마가假駙馬家'라고 하였다. 납채나 납폐 등 모든 의례의 절차에 사당에 고하는 의식이 있었으므로 부마가와 부인가에서는 국가에서 임시로 정해준 장소로 신주를 옮겨 와야 했다.

연잉군의 가례 때 가례용 왕자궁은 안국동에 있는 영안위궁(부인 정명공주)으로 정해졌다. 숙종은 가례를 마친 후 안국동 영안위궁을 나중에 연잉군의 집으로 사주고 싶어 했다.

숙종은 숭선군 가례 때 등록에 '수리소별궁작부인가'라고 하는 말이 있는데, 이른바 부인가는 그 본가도 마땅히 부인가라 하고, 별도로 정한 처소라도 역시 마땅히 부인가라고 하니, 이것이 모호하여 분명하지 않다고 하였다. 숙종은 또한 왕자부인의 삼간택이 끝난 후에는 그 본가로 돌아갈 수 없고 마땅히 바로 별처로 가야한다고 강조하였다.

부인별궁은 한성부 여염의 사부가 중 알맞은 곳을 택하여 정하도록 하였는데 송현의 능풍군가로 정하였다. 가례청에서는 연잉군부인 하처로 잡은 것 외에 본가를 따로 잡는 것은 일찍이 전례가 없으나 본가와 부인의 하처가 서로 거리가 멀면, 때에 임해 변통하는 도리가 없어서는 안되므로,

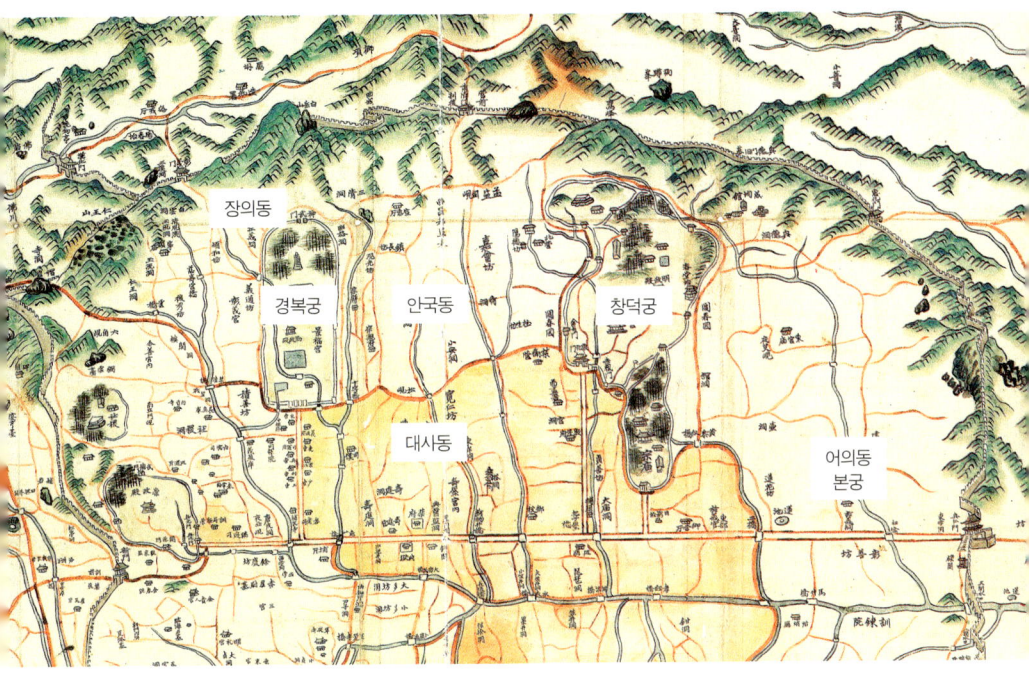

〈도성도(都城圖)〉(1750년경 제작) 왕자녀 가례를 위해 궁 밖에 임시로 마련된 왕자궁과 공주궁(또는 옹주궁)
(서울대학교 규장각한국학연구원 소장)

하처 근방으로 들어갈 만한 집을 잡는 것이 마땅하니 한성부에 알아보도록 하였다. 이에 부인본가를 능풍군가의 근처로 임시로 옮겨오도록 하였다. 청사와 뜰 가장자리가 좁아서 납채와 납폐의 예를 행하기 어려워 하처 남변에 인접해 있는 근처 유학 오시성의 집을 함께 잡아주었다.

연령군 가례 때 부인별궁은 원래 남부 의산위계 구수정의 집으로 정하였으나 너무 멀어서 다른 집으로 선정하였다. 부인별궁은 북부 가회방계 유학 이상李� 집으로 하였다. 왕자궁인 길례궁은 낭원군朗原君궁으로 하

제3장 등록 속 왕자녀의 일생 의례 이야기   231

고, 조과와 선온은 낭선군郎善君궁에서 하도록 하였다. 따라서 연령군의 길례궁은 향교동에 있는 두 명의 종친가로 정해서 의례 공간으로 활용하도록 하였다.

화순옹주 가례 때 친영궁은 장의동壯義洞 숙빈 사우궁으로 하고, 동뢰연궁은 제생동濟生洞 밀창군가로 정하였다. 즉 장동은 옹주궁, 제동은 부마가의 의례 처소로 삼았다. 영조의 생모인 숙빈 최씨를 위한 제사 공간이 가례용 임시의례공간으로 활용된 사례이다.

화평옹주 가례 때 친영궁은 장의동 영빈방으로 하고, 동뢰연궁은 이현궁梨峴宮으로 하였다. 즉 부마궁은 이현궁, 옹주궁은 영빈궁으로 정한 것이다.

화유옹주 가례 때 영조는 길례청를 숙원방으로 하고, 전안소를 본청인 가례청에서 하도록 하였으나, 가례청에서는 숙원방은 협소하고, 가례청의 청사 또한 2칸에 지나지 않아 숙원방을 전안소로 하고, 동뢰처소는 안왕동 여양부원군驪陽府院君의 옛 집이 관청 소유의 공해지公廨地이므로 이 집을 정하는 것이 어떠한지를 영조에게 여쭙고 윤허를 받았다.

1765년(영조 41) 10월 13일 화길옹주의 가례 때부터 미리 출합 후에 살 집을 마련하고, 가례용 옹주궁으로 사용한 것으로 보인다. 명온공주도 대사동에 공주의 신혼집인 본궁을 미리 마련해두었고, 가례 때 이곳을 공주궁으로 활용하였다. 따라서 더온공주 가례 때 공주궁은 사동 본방으로, 부마가는 공동公洞에 의례 공간을 마련하였다.

출합: 궁궐 밖 왕자녀의 살림집, 궁가宮家로 나가 살다

왕자녀는 궁궐 밖에서 가례 의식을 모두 마친 후 4일째 되는 날 다시 배우자와 함께 궁궐로 들어와 일정 기간 왕실 가족과 함께 산다. 그리고 왕이 출합하라는 전교를 내리면 왕자녀는 궁궐 밖에 마련된 부부의 살림집인 궁가로 나가서 살게 된다. 왕은 분가하여 살 집과 세간이 모두 마련될 때 출합하도록 하였다. 출합 전에 궁가의 살림살이를 미리 준비해야 하므로 출합하라는 전교는 미리 내려지고, 출합할 길일을 선정하여 왕자녀 부부는 궁궐 밖으로 나가 살게 된다. 출합은 궁 안에서 아버지의 후계자로 살 왕세자 부부를 제외한 왕자녀 부부의 분가를 일컫는 왕실 용어이다.

명안공주는 1680년(숙종 6) 윤 8월 3일 출합을 준비하라는 숙종의 전교가 있었다. 그 후 1681년 2월 19일로 공주가 출합할 예정이었으나 다시 미뤄져 실제 출합은 4월 3일에 하였다. 1680년(숙종 6) 2월 18일에 친영을 하였으므로 1년이 채 못 되어 출합하게 되었다.

연잉군은 1704년(숙종 30) 2월 21일 가례를 치뤘다. 가례를 치룬 후 3년 후 1707년(숙종 33) 9월 3일 숙종은 연잉군 집으로 정명공주가를 사주고자 하였으나 공주의 증손 홍석보가 단자를 올려 선훈이 파는 것을 허락하지 아니하였으므로 감히 어기고 버릴 수 없다고 말하였다. 이에 숙종은 억지로 사들이지 말도록 하였다. 그리고 선조 부마 인평위 정제현의 집을 사서

영조어제 구저기 현판
1772년(영조 48) 2월 영조가 잠저인 창의궁에 나아가 짓고 쓴 글을 새겨 만든 어제 현판
(국립고궁박물관 소장)

주었다. 경복궁 근처 창의궁이 바로 그곳이다.

 1710년(숙종 36) 9월 30일에 숙종은 연잉군의 출합을 준비하고, 출합은 내년 봄 사이에 하도록 하였다. 처음에 1711년(숙종 37) 2월 22일로 정하였으나 가을로 물려서 정하도록 하였다. 그러나 가을이 되자 납월 그믐전이나 정월 보름과 20일 사이로 정하도록 하였다. 이에 출합 길일은 1712년(숙종 38) 정월 25일로 정해졌다. 숙종은 다시 2월로 미루도록 하여 실제 연잉군 부부는 1712년(숙종 38) 2월 20일에 출합하였다. 연잉군 부부는 가례 후 궁 안에서 왕실 가족과 함께 산 기간은 8년이나 되었다.

 연령군은 1707년(숙종 33) 2월 6일 가례를 치렀다. 그 다음 해 1708년(숙종 34) 11월 5일 숙종은 정명공주의 집을 사서 연령군에게 주었다. 처음에는 다른 집인 구가를 구입하려고 하였으나 인헌왕후의 부모 사우를 봉안하고 있어서 사기가 미안하여 영안위의 집을 사게 되었다. 길지와 복가를 선택하려고 한다면 구가는 자손이 많지 않고, 영안위의 집안은 자손이 번연하므로 본디부터 복가福家라고 일컬었다는 신하들의 말을 듣고 숙종은 영안위의 집을 사도록 하였다. 연잉군 때 사주려고 했다가 성사시키지 못했는데 연령군 때 이 집을 사서 준 것이다.

 숙종은 1715년(숙종 41) 10월 6일에 12월 중으로 연령군 부부의 출합 길일을 택하도록 하였고, 실제 연령군 부부는 12월 22일 출합하였다. 혼인 후 9년 만에 분가를 한 것이다. 연령군 부부는 출합 할 때 요금문으로 나와서 동구대로, 대사동을 경유하여 안국동 본궁에 이르기 까지 유현, 상현을 모두 지났다.

 화순옹주는 13세의 나이로 1732년(영조 8) 11월 29일에 가례를 치렀다. 『화순옹주가례등록』에는『명안공주가례등록』과 달리 출합등록이 뒤에 붙어있지 않다. 화순옹주 부부는 혼인 후 2년 동안 궁 안에서 살다가 1734년(영조 10) 8월 20일 출합할 준비를 하였다. 화순옹주의 나이 15세였다.

이와 같이 왕자녀의 출합 시기는 왕실 가족의 상황에 따라서 조금씩 달랐다. 왕의 자녀가 혼인 후부터 출합 전까지 궁 안에 머무는 기간은 혼인 연령에 따라 달라진다. 공주와 옹주의 혼인 연령은 10세부터 16세까지 다양하게 나타나지만, 대체로 13세 전후로 혼인하였다. 혼인한 왕자녀 부부가 궁 안에 머무는 동안 예기치 못한 국상이 나면 출합은 삼년상을 마친 이후로 미뤄졌다. 일반적으로 왕자녀 가운데 왕녀는 나이 15세를 기준으로 성년식을 치른 후에 출합을 허락하였다.

17세기 중반~19세기 후반 왕녀의 혼인 연령과 출합 연령, 궁가 위치를 정리하면 다음과 같다.

17세기 중반~19세기 후반 왕녀의 혼인연령과 출합연령

왕		봉호명	출생연도	혼인연령	출합연령	궁가 위치
효종	1	숙안공주	1636년	15세/1650년	16세/1651년	어의동 성종잠저
	2	숙명공주	1640년	13세/1652년 5월	13세/1652년 11월	인경궁 터
	3	숙휘공주	1642년	12세/1653년	[15세/1656년]	인경궁 터
	4	숙정공주	1645년	12세/1656년	16세/1661년	인경궁 터
	5	숙경공주	1648년	14세/1661년 12월	15세/1662년 2월	인경궁 터
	6	숙녕옹주	1649년	14세/1662년	15세/1663년	
현종	7	명안공주	1665년	16세/1680년	17세/1681년	전석동
영조	8	화순옹주	1720년	13세/1732년	15세/1734년	적선방
	9	화평옹주	1727년	12세/1738년	16세/1742년	계생동

	10	화협옹주	1733년	11세/1743년	15세/1747년	대사동
	11	화완옹주	1738년	12세/1749년	15세/1752년	향교동
	12	화유옹주	1740년	14세/1753년	16세/1755년	향교동
	13	화령옹주	1753년	12세/1764년		
	14	화길옹주	1754년	12세/1765년		
정조	15	숙선옹주	1793년	12세/1804년	15세/1807년	
순조	16	명온공주	1810년	14세/1823년	15세/1824년	대사동
	17	복온공주	1818년	13세/1830년	15세/1832년	
	18	덕온공주	1822년	16세/1837년	16세/1837년	
철종	19	영혜옹주	1858년	15세/1872년	15세/1872년	

　　효종 가족부터 철종 가족까지 혼인한 왕녀 19명의 출합 시기를 모두 파악하기는 쉽지 않다. 다만 왕녀의 가례등록 안에 출합에 관한 기록이 남아 있으면 출합 당시 왕녀의 연령을 알 수 있다. 출합 후 궁궐 밖에서 첫 출산을 하는 왕녀의 초산 연령을 파악하기는 더 어렵다. 『숙명신한첩』과 같이 왕실 가족이 궁 밖에 사는 딸에게 보낸 한글 편지가 남아 있으면 정황 증거를 통해 왕녀의 출산력을 어느 정도 파악할 수 있다.

　　효종 비 인선왕후는 둘째 딸 숙안공주가 19세가 되는 1654년(효종 5) 무사히 첫 출산을 하는 중에 아들을 낳았다는 소식을 전하며, 숙명공주는 언제 아들을 낳아 저 늙은 시아버지를 기쁘게 할 것인지를 묻는 편지를 보내 아들 낳기를 재촉하였다. 숙안공주가 이 때 낳은 아들이 홍치상洪致祥이다. 숙안공주는 15세에 혼인한 후 16세에 출합하여 궁궐 밖 궁가에서 살기 시작하였고, 19세에 초산을 하였다. 숙안공주는 아버지 효종이 왕세자로 있었던 군주 시절 혼인을 준비하던 중 할아버지 인조가 승하하면서 혼인 준비가 멈췄다가 아버지 효종이 즉위하고 청의 혼인 요구로 국상 중에 급히 혼인하였다. 그리고 숙안공주 부부는 인조의 부묘를 마친 이후에 출합하였다.

효종의 셋째 딸 숙명공주는 13세로 혼인 한 해에 출합을 한 보기 드문 사례이다. 숙명공주가 15세 이전에 일찍 출합하게 된 속사정이 분명 있을 것 같으나 현재로서 그 이유를 알 수는 없다. 다만 그녀의 나이 16~18세가 되는 1655년(효종 6)~1657년(효종 8) 사이에 초산을 한 정황이 포착된다. 그러나 이때 낳은 숙명공주의 첫 아이는 죽은 것으로 보인다. 숙명공주는 언니 숙안공주와 같이 19세인 1658년(효종 9) 첫째 아들 심정보沈廷輔를 낳았다. 다음 해인 1659년(효종 10)에 둘째 아들 심정협沈廷協이 태어났다.

왕녀는 15세 이전에 혼인한 후 궁궐 안에서 살다가 15세가 되기를 기다려 성년식을 치른 후 출합하여 궁궐 밖 궁가로 나가서 첫 출산을 하였다.

4. 왕자녀의 죽음이야기

인간은 누구나 태어나면 죽음을 맞이한다. 태어나면 언젠가는 죽게 되는 엄연한 삶의 여정 속에서 죽음을 처리하는 방식은 문화마다 다양하였다. 죽음 의례는 죽은 자에 대하여 살아있는 자의 슬픔과 이별의 과정을 의례화한 것이다.

흔히 '삼년상'이라는 기간으로 표현되는 유교식 상례는 오랜 기간에 걸친 매우 엄중하고 복잡한 의례로 구성되어 있다. 유교식 상례에서는 시신을 훼손하지 않고 그대로 땅에 묻는 의식이 중요하였으므로 상사喪事와 장사葬事를 합하여 상장喪葬이라 하였다.

조선은 유교에 기반한 철저한 신분제 사회였다. 신분에 따라서 죽음을 처리하는 방식이 달라졌다. 우선 죽음을 표현하는 방식부터가 달랐다.

> 천자天子가 죽으면 붕崩이라 하고, 제후諸侯는 훙薨이라 한다. 대부大夫는 졸卒이라 하고, 사士는 부록不祿이라 하고, 서인庶人은 사死라 한다.
>
> -『예기(禮記)』「곡례(曲禮)」

당시 조선은 천자의 나라 중국의 제후국에 속하였으므로 조선의 왕과 왕후가 죽으면 '훙'이라 하였다. 조선에서는 왕의 죽음을 일컬어 '훙서薨逝하다' 또는 '승하昇遐하다'라고 표현하였다.

그렇다면 왕의 자녀가 죽으면 무엇이라고 했을까? 왕자녀의 죽음은 대부의 죽음을 표현하는 방식과 동일하게 '졸卒'이라고 하였다. 이에 '떠나다[逝]'라는 글자를 함께 붙여서 '졸서하다'라고 표현하였다.

조선시대 국가에서 장사를 지내주는 방식은 크게 국장國葬과 예장禮葬 두 가지로 나뉜다. 국왕과 왕비가 죽으면 국장을 치르고, 왕세자와 왕세자빈 이하 법으로 정한 일정 신분의 사람들이 죽으면 예장하였다. 예장은 국가에서 예를 갖추어 장사지내는 것을 의미한다.

『경국대전』「예전」'상장喪葬'조에서 예장에 관한 규정을 살펴볼 수 있다.

1405년(태종 5) 처음에 예장에 관한 법을 제정했을 때에는 종1품 이상만이 예장의 대상이었다. 그러나『경국대전』에 이르러서는 예장의 대상이 종친은 종2품까지 확대되었고, 왕비의 부모와 후궁, 왕자와 그의 배우자, 왕녀와 그의 배우자도 포함되었다. 이러한 규정에 따라 조선사회에서 왕비의 부모, 빈, 귀인, 대군·왕자군 및 부인, 공주·옹주 및 의빈儀賓, 종친 종2품 이상, 문무관 종1품 이상 및 공신은 국가에서 예장으로 장사를 지냈다. 예장의 대상이 시간이 지남에 따라 확대된 것이다.

예장은 왕자와 왕녀뿐만 아니라 그들의 배우자인 대군부인, 군부인, 부마도 그 대상에 포함되어 있다. 왕자와 왕녀가 죽으면 먼저 종친부宗親府에서 예조에 관문을 보내어 그 사실을 알렸다. 왕자의 배우자인 대군부인과 군부인의 죽음 또한 종친부에서 이와 같이 하였다. 왕녀의 배우자인 부마가 죽으면 의빈부儀賓府에서 예조에 관문을 보내어 부마의 죽음을 알렸다.

왕자와 왕녀가 죽으면 3일 동안 국가적인 애도 기간을 갖도록 하였다. 먼저 왕자녀가 죽으면 왕에게 보고하여 3일 동안 조회朝會를 열지 않았다. 국가의 중임을 맡은 관리인 대신이 죽은 경우에도 3일 동안 조회를 하지 않았다. 대신은 전·현직 영의정, 좌의정, 우의정, 영돈녕부사, 영중추부사 등이 포함되었는데, 왕자녀를 대신과 동일하게 예우한 것이다. 국가적인 애도 기간에는 조회뿐만 아니라 시장을 열지 못하도록 하였다[停朝市]. 사형을 금지하였고[去刑戮], 고기를 먹으려고 가축을 죽이는 일을 금하였으며[禁屠殺], 음악 또한 연주하지 못하도록 하였다[斷音樂]. 왕의 자녀들이 죽으면 왕실 가족뿐만 아니라 국가의 신민들도 함께 슬퍼하였던 것이다.

왕녀의 배우자인 부마가 죽으면, 2일 동안 애도 기간을 갖도록 하였다. 왕의 자녀들은 왕과 혈연관계에 있었기 때문에 품계가 없는 무품無品이었다. 왕자녀의 배우자들은 혼인을 통한 인척 관계에 있었으므로 품계가 주어졌다. 대군과 군의 부인은 처음부터 정1품의 품계를 받았다. 반면, 공주에게 장가든 부마는 처음에 종1품에 봉작되었고, 옹주에게 장가든 부마는 이보다 더 낮은 품계인 종2품에 봉작되었다. 따라서 정1품과 종1품 왕자녀의 배우자의 상에도 모두 2일 동안 국가적인 애도 기간을 갖도록 하였다.

또한 왕세자의 적녀인 군주郡主는 정2품이고, 그의 배우자는 처음에 정3품 부위副尉에 임명된다. 군주는 정2품이므로 예장의 대상이 되지만, 군주의 배우자는 예장의 대상이 아니었다. 반면, 왕세자의 서녀인 현주縣主는 정3품이고, 그의 배우자는 처음에 종3품에 임명된다. 현주와 그의 배우자는 모두 예장의 대상이 아니었다.

이와 관련하여 『상장등록喪葬謄錄』에 기록된 황창부위黃昌副尉 변광보邊光輔의 예장에 관한 기사가 주목된다. 소현세자와 소현세자빈 민씨의 셋째 딸 경순군주慶順郡主의 배우자인 황창부위 변광보는 정3품으로 예장의 대상이 아니었다.

1661년(현종 2) 12월 19일 황창부위의 부음을 전해 들은 현종은 승정원에 다음과 같이 하교하였다.

> 황창부위 변광보가 죽었는데[身死], 집안이 너무도 가난하여 장례 치를 길이 없다고 하니 듣기에 참혹하다. 선조先朝 때 그에 대해 보살핀 것이 여러 부마들보다 못하시 않았는데, 지금 그때의 일과 비교해 생각하면 무슨 생각이 들겠는가. 해조로 하여금 참작해서 시종일관 돌보아 주었던 선조의 뜻을 본받게 하라
>
> -- 『현종실록』 4권, 현종 2년 12월 19일 갑자

이에 예조에서는 부위의 상과 군주의 상은 다름이 있으나, 현종의 특명

에 따라 '을유년군주아기씨乙酉年郡主阿只氏' 상에 의거하여 예장을 치루겠다고 보고하였고, 현종은 이를 윤허하였다. 즉 황창부위의 상례를 종친 2품 3등等 예장으로 치르도록 결정한 것이다. 종친 2품 3등 예장에 따라 재정을 담당하는 호조에서 전담하고, 예조에 소속된 낭청은 따로 나아가지 않았다. 황창부위의 초상을 치르는데 필요한 상수喪需만을 지급하였다.

황창부위의 상을 치루고 얼마 지나지 않은 다음 해 1662년(현종 2) 정월 10일에는 인평위寅平尉 정제현鄭齊賢이 지난밤 졸서하였다는 의빈부의 관문이 예조에 도착하였다. 인평위는 효종의 넷째 딸인 숙휘공주의 배우자다. 당시 21세였다.

인평위는 정1품으로 예장의 대상이 되었으며, 2일 동안 조시朝市를 정지하도록 하였다. 이에 다음날인 11일에 예정되었던 조참朝參, 문신전강文臣殿講, 윤대輪對 등을 모두 마땅히 정지하도록 하였다. 또한 현종은 누이의 남편이 죽자, 장생전에 물려둔 관관棺板 1부를 즉시 인평위가로 보내도록 하였다. 그리고 이조에서 특별히 낭관을 선정하여 보내도록 하였다. 이에 이조 좌랑 조이천趙以瀳이 치조관致弔官으로 선정되어 담복을 입고 인평위의 집에 가서 왕을 대신하여 조문하였다.

왕자녀의 예장에 왕은 그에 걸맞게 부의를 보내고[致賻], 조문을 하였으며[致弔] 제사를 지내주도록[致祭] 명하였다. 국가에서 왕자녀의 상에 보내는 부의에는 기본적으로 시신을 넣을 관곽, 예장에 필요한 물품 및 인력 등이 포함되었다.

1474년(성종 5)에 편찬된 『국조오례의』「권8 흉례」에는 왕녀와 왕자, 그리고 그들의 배우자를 위해 왕이 거애하는 절차, 상가에 친림하여 곡하는 절차, 사자를 파견하여 조문하고 치전致奠하는 절차 등에 관한 의절들이 수록되어 있다.

「위왕자급부인공주옹주거애爲王子及夫人·公主·翁主擧哀」
「임왕자급부인공주옹주상臨王子及夫人·公主·翁主喪」
「견사조왕자급부인공주옹주상遣使弔王子及夫人主·公主·翁主喪」
「견사치전왕자급부인공주옹주상遣使致奠王子及夫人·公主·翁主喪」

이에 따라 왕의 자녀가 죽게 되면 『국조오례의』에 수록된 의절을 기본으로 하여 당시 상황에 맞추어 절목을 우선 마련하였다. 예를 들면, 실제 왕자와 왕녀의 상에 왕이 거애를 할 것인지, 하지 않을 것인지의 여부가 먼저 결정되어야 한다. 왕이 거애를 하는 것으로 결정 되면, 그에 따른 거애절목이 마련된다. 거애절목을 마련하는 과정에서 거애장소, 복식 등이 정하여 진다. 거애절목을 참고하여 거애 의주가 최종적으로 만들어진다. 의주는 왕을 포함한 의례 참여자들이 실제 예를 행하기 전에 의례 절차를 미리 숙지하여 실수하지 않고 예를 마칠 수 있도록 도움을 주는 역할을 한다. 따라서 의주는 의례를 행하기 전에 미리 의례 참여자들에게 전달된다.

『국조오례의』「권8 흉례」
「임왕자급부인공주옹주상(臨王子及夫人 · 公主 · 翁主喪)」
(서울대학교 규장각한국학연구원 소장)

『상장등록』에는 예조에서 절목을 마련하여 왕에게 보고하는 내용까지만 기록한다. 의주는 『의주등록儀註謄錄』에 따로 기록해 두었다. 의주는 당시 상황에 맞게 마련한 절목과 오례의에 수록된 의절을 함께 참고하여 만들었다.

현재 한국학중앙연구원 장서각에 소장된 『의주등록』 22권에는 인조~숙종 연간에 마련한 상례 관련 의주가 수록되어 있다. 주로 대군상, 왕비(왕대비, 대왕대비)의 친정부모상, 공주상에 마련한 의주들이 많이 수록되어 있다.

그 가운데 대군과 공주의 상에 마련된 의주는 모두 5건이 수록되어 있다.

「친림대군상거애의親臨大君喪擧哀儀」
「친림대군상출환궁의親臨大君喪出還宮儀」
「친림대군상치제의親臨大君喪致祭儀」
「위숙정공주거애의爲淑靜公主擧哀儀」
「위숙경공주거애의爲淑敬公主擧哀儀」

현재 남아 있는 의주를 살펴보면, 능원대군綾原大君과 인평대군의 상에는 왕이 직접 상가에 가서 거애하고, 치제하였다. 반면 숙정공주와 숙경공주의 상에는 왕이 친림하지 않고 궁 안에 별도로 마련한 거애장소에서 거애하였다.

현종이 숙정공주의 상에 거애하는 절목이 마련되는 과정을 살펴보도록 하자.

1668년(현종 9) 5월 5일 효종의 5녀 숙정공주가 24세의 나이로 죽었다. 현종에게는 누이의 상이었다. 예조에서는 처음에 원래 『국조오례의』에 공주와 옹주의 상에 거애하는 절목이 있으나 근래에 모두 거행하지 않았고, 현종의 건강 또한 좋지 않아 거애절목을 따로 마련하지 않았다. 그러나 현종은 거애절목을 마련하지 않은 일로 예관을 주고하도록 명하였다. 그리고 예조에 명하여 거애절목을 마련하도록 하였다. 이에 따라 인평대군의 상을 전례로 하여 숙정공주의 상에 거애하는 절목이 5월 6일에 마련되었다.

『상장등록』에는 이때 마련된 거애절목이 기록되어 있다. 인평대군의 상에는 왕대비전과 왕세자의 거애절목도 함께 마련되었으나, 숙정공주의 상에는 따로 마련하지 않았다. 당시 왕세자(후일의 숙종)가 행례하기에는 아직 어린 나이였기 때문이었다.

거애절목

- 전하는 소포, 오사모, 오서대를 갖추고 희정당에서 거애하고, 종친과 문무백관은 소복, 오사모, 흑각대를 갖추고, 숙장문 밖에 자리를 마련하고, 차비문 밖에서 거애할 것.
- 거애할 때 임금께 올리는 소포와 여러 물건은 상의원에서 급속하게 준비하여 거행할 것.
- 거애할 때 배설과 여러 가지 일은 사약차지司鑰次知에게 명하여 거행하도록 할 것.

거애 장소와 관련하여 『상장등록』의 두주頭註에는 처음에는 인정문 밖으로 마련하였으나 희정당으로 바꿔서 행하였다고 별도로 기록을 남겨두었다. 이는 오례의에 외조부모의 상에는 별전에서 거애하고 왕자 이하의 상에는 문 밖에서 거애한다는 조항에 의거한 것이었다. 현종의 하교로 희정당에서 거애하는 절목을 새로이 마련한 것이다.

이에 대신들은 선정전에서 거애하면 백관이 배곡하지만, 희정당에서 거애하면, 백관은 배곡하지 않기 때문에 예조에서 마련한 거애절목이 '실례失禮'라고 하였다. 희정당은 별전과는 다르고, 자내自內에서 거애하는 것과 같다고 본 것이다. 즉 왕이 '자내'에서 거애하는데 백관이 소복으로 대궐 뜰에서 곡하는 것은 실례에 해당한다는 뜻이었다. 국가의 공적인 의례 공간인 선정전에서 거애하지 않고, 희정당을 거애 공간으로 정하면 숙정공주의 상은 왕의 '사적인' 상례에 해당한다는 주장이었다.

『현종실록』에는 같은 날 현종이 숙정공주를 위해 거애한 사실을 다음과 같이 기록하고 있다.

> 미시未時(필자주: 오후 1시~3시 사이)에 상이 희정당에 나아가 숙정공주를 위하여 거애하였는데, 백관이 옥색단령에 오사모·흑각대로 협양문協陽門 바깥에 늘어섰고, 승지와 사관이 희인문熙仁門 바깥에 늘어 앉았다. 예를 마친 후 좌상 허적許積이 백관을 거느리고 문안하였다.
>
> - 『현종실록』 14권, 현종 9년 5월 6일 계묘

숙정공주에 대한 거애를 마친 후 5월 8일에는 숙정공주의 상가에 인평대군을 장사지낼 때의 예에 의거하여 쌀과 면포를 호조로 하여금 별도로 실어 보내게 하였다.

숙정공주의 상을 당하고 얼마 지나지 않은 5월 20일 이복동생인 숙녕옹주가 20세의 나이에 천연두[痘疫]로 죽었다. 숙녕옹주는 효종의 서1녀로 안빈 안씨가 낳았다. 당시 현종은 침을 맞고 조섭하는 중이었다. 이때

에도 처음에 현종은 편전에서 거애하는 의주를 마련하도록 하였다. 그러나 예조에서는 왕의 몸이 더욱 상하게 될 것을 염려하여 자내에서 거애하도록 하였고, 이에 따로 거애하는 의주를 따로 마련하지 않았다.

1671년(현종 12) 1월 9일 효종의 6녀인 숙경공주가 24세로 죽었다. 숙경공주가 대내에 나아가 알현을 하고 천연두에 걸려 죽게 된 것이다. 현종은 창경궁 숭문당崇文堂에서 숙경공주를 위해 거애하는 절목을 마련하도록 하였다. 그러나 예조에서는 숭문당은 내간內間이므로 따로 거애절목을 마련하지 않겠다고 하자 현종은 숭문당은 내간이 아니므로 거애절목을 마련하도록 하였다. 숙경공주의 상에도 숙정공주 상을 당했을 때와 마찬가지로 거애 처소가 문제가 된 것이다. 이에 현종은 현재 다른 처소가 없기 때문에 숭문당으로 하였으며, 이 처소는 희정당과 다름이 있는데, '문명文明 양전兩殿의 사이에 있기 때문'이라고 설명하였다. 현종은 신하들의 의견과 달리 숭정전은 창경궁의 정전인 명정전明政殿과 편전인 문정전文政殿 사이에 있는 공적 업무를 보는 공간이라는 의미였다.

약방에서도 왕의 몸이 편찮으니 거애하는 일을 멈추도록 세 번이나 아뢰어 청하였으나 현종은 따르지 않았다. 초상 당일은 이미 어두워졌으니 거애하지 않고 다음 날인 10일 아침巳時(오전 9~11시 사이)에 거애하도록 하였다. 현종의 서애 장소가 숭문당으로 정해짐에 따라, 예조에서는 종친과 문무백관은 명정문明政門 밖 바깥 뜰에서 함께 조애助哀하도록 하였다.

현종과 숙종은 재위 중에 친누이의 상이 연이어 나면서 왕이 거애하고 조문하는 일이 많았다. 이에 따라 공주를 위한 왕의 거애절목이 새로이 마련되고 거애의주도 만들어졌다. 현종은 친누이인 숙정공주와 숙경공주의 상에 희정당과 숭문당에서 각각 거애하였다. 숙종은 명안공주의 상에 희정당에서 거애하고, 또한 상가인 명안공주가에 친림하기도 하였다. 순조는 딸인 복온공주와 명온공주의 상에 대내에서 거애하였다.

『상장등록』은 예장 업무를 담당한 예조의 입장에서 기록한 것이다. 그렇기 때문에 종친, 의빈, 대신, 왕비 부모 등의 상에 국가에서 예장에 필요한 행정절차와 특이사항을 긴 시간의 흐름에 따라 간단하게 기록하고 있다. 때로는 국왕과 대신이 예장 대상을 둘러싸고 벌이는 논의가 포함되어 있기도 하다. 중요한 논의의 경우, 대부분 실록에도 기록해 두었다. 또한 『상장등록』에 기록된 예장 대상은 시기적으로 달라지지만, 그에 관한 행정절차는 대체로 동일한 내용이 반복되는 경향이 강하다.

실제 왕자녀의 예장을 어떠한 방식으로 거행했는지를 알 수 있도록 개별적으로 기록한 등록은 거의 남아있지 않다. 왕녀의 경우, 명온공주의 상장례 과정을 기록한 『명온공주방상장례등록明溫公主房喪葬禮謄錄』이 유일하다. 왕자의 경우, 완화군의 상장례 과정을 기록한 『완화군궁예장시등록完和君宮禮葬時謄錄』이 유일하다. 모두 19세기에 작성되었다는 공통점이 있다. 완화군은 혼인 전 궁 안에서 죽고, 명온공주는 혼인 후 궁 밖에서 죽었다는 차이가 있다.

먼저 『명온공주방상장례등록』은 1832년(순조 32) 6월 13일에 죽은 명온공주의 상장례 과정을 기록한 것이다. 날짜별로 기록한 공주의 예장 과정, 초종에서 장례까지 중사 및 각사 관원의 예단 및 하인들의 행하식가질, 상격, 묘소택일기, 제청택일기, 지문, 비문, 예장도 등으로 구성되어 있다. 명온공주의 상을 치루는 과정에서 소용되었던 물건과 동원되었던 사람들을 상세히 기록하고 있다. 특히 국가에서 지급한 내역, 왕실에서 지급한 내역, 명온공주집인 본궁本宮에서 준비한 내역을 각각 살필 수 있다.

순조의 장녀 명온공주는 1810년(순조 10) 10월 13일에 태어나 1832년(순조 32) 6월 13일 23세의 짧은 생을 살았다. 8세인 1817년(순조 17)에 '명온'이라는 봉호를 받았고, 그로부터 6년 후인 1823년(순조 23) 7월 14세의 나이로 동녕위 김현근에게 하가하였다. 병약했기 때문인지 자식을 두지 못하고 죽었다.

  1832년(순조 23) 5월 26일 명온공주는 자택의 낙신헌으로 이접하였고 그곳에서 병을 치료하던 중 6월 13일 축시에 죽었다.

  명온공주가 죽자, 가장 먼저 공주의 시신을 평상으로 옮긴 다음 수시收屍하였다. 평상에는 명온공주 본궁에서 준비한 채화석 1장을 깔았다. 수시에는 시할아버지 김이양金履陽, 시아버지 김한순, 남편 김현근 등이 함께 살펴보았다. 고직庫直 박종화가 대청의 북쪽 처마 위에 올라 호복呼復하였다. 이때 공주가 가례 때 입었던 초록직금단원삼을 사용하였다.

  사자상이 북쪽 뜰 안에 마련되었다. 사자상에는 백반 2그릇, 대구어 1마리, 돈 30냥, 누이지 않은 무명[生木] 2필, 백지 1속, 승혜繩鞋 3부가 놓였다. 백지와 승혜는 사 온 것이고, 나머지 물건은 안에서 마련하였다. 시신을 올려놓은 평상의 좌우에 얼음을 넣었는데, 서빙고에서 대령하였다.

  순조는 장녀 명온공주의 상례는 한 달 앞서 죽은 둘째 딸 복온공주의 예에 의거하여 거행하도록 진교하였다. 이 때 동원부판 1부를 실어 보내도록 하였다. 순조는 명온공주의 상에 공주의 집에 친림하고자 하였으나 약방에서 만류하여 명을 거두었다. 곧이어 대전에서는 호상중사와 별견중사 등을 파견하였고, 중궁전과 세자빈궁에서도 각각 호상중사를 보냈다. 오빠인 효명세자는 이미 죽고 없었으므로 세자빈궁에서만 호상중사를 보낸 것이다. 이외에 종사관과 내수사 호상관, 서원 등이 차출되었다.

대내大內, 호조, 이동궁, 재동궁, 내수사 등에서 장례에 필요한 각종 물품을 보내왔다. 예를 들면, 내수사에서는 쌀 25석, 찹쌀 2석, 적두 3석, 들깨 5석, 밀가루 3석, 무명 1동, 포 1동, 상지 백권, 청밀 10두, 황밀 30근, 미역 300근, 표고 1석 등을 보내왔다.

순조는 명온공주의 계후繼後를 성복하기 전에 본가에 물어서 정하도록 하였으나, 본가에서는 마땅한 계후자가 없어서 정하지 못하였다. 곧이어 공주의 상을 주관할 후사로 김병삼을 입후立後하였다.

상궁이 목욕과 습을 거행하였다. 쌀과 구슬 등을 시신의 입에 넣는 반함飯含은 시아버지가 직접 행하였다. 이어서 소렴을 마친 후에 상궁 이하 나인들이 낙신헌에 있던 공주의 시신을 내침실로 옮겨 봉안하였다. 소렴을 할 때 종친인 남연군과 지돈녕 김재창이 입참하였다. 습전과 염전을 겸하여 행하였는데, 습염전의 제물은 예빈시에서 맡아서 거행하였다.

6월 15일에 대렴과 대렴전을 마치고 입관하였다. 침실 정간正間의 서쪽에 빈소를 차렸다. 영상靈床은 침실 정간의 동쪽에 설치하고, 영좌靈座는 침실의 서청西廳에 설치하였다. 성빈한 후에 성빈전을 드렸다. 성빈전은 예빈시禮賓寺에서 마련하였는데, 본궁에서 마련한 제물이 있다.

6월 16일 4일째 되는 날 성복하였다. 남편인 동녕위 김현근은 기복, 시아버지와 서숙은 대공복, 형은 소공복, 시할아버지와 외할아버지와 4형제가 시마복을 입었다. 복친은 모두 9명이었으나 제복은 8벌을 마련하였다. 내제복은 대공복이 2벌, 소공복이 4벌로 모두 6벌이 마련되었다. 그리고 상궁 이하 나인 45인의 상복, 유모 1인의 상복, 소임 2인의 상복, 고직 이하 노자 20명의 상복, 궁속, 마부 1명, 사음 2명, 투서청직 1명의 상복도 함께 마련되었다.

이날 진시에 성복전을 행하였는데, 대전에서 치조관을 보내 치제를 겸 행하였다. 이 때 부왕인 순조가 직접 지은 제문으로 치제하였다.

　6월 25일 순조는 관상서사자, 지문제술서사는 본가에서 담당하고, 비문의 음기를 제술할 사람으로 판서 홍석주가, 비문서사는 상호군 박주수가, 광중명정서사는 전 판서 김유근이 하도록 하교하였다.

　명온공주의 장지를 쉽게 결정하지 못하자, 순조가 직접 나서서 관상감에서 사람을 차출하여 알아보도록 하교하였다. 7월 14일 동부 숭신방 종암리로 장지를 확정하고, 15일 예조 낭청의 입회하에 봉표할 곳을 정하였다. 8월 14일 발인하였는데, 호상중사 유응회가 축시에 발인한다고 순조에게 보고했다. 축시에 혼백을 요여에 봉안했다. 신주가 뒤에, 신백이 앞에서 먼저 갔다. 영구가 백운교, 광통교, 동현병문을 경유하여 광희문 밖

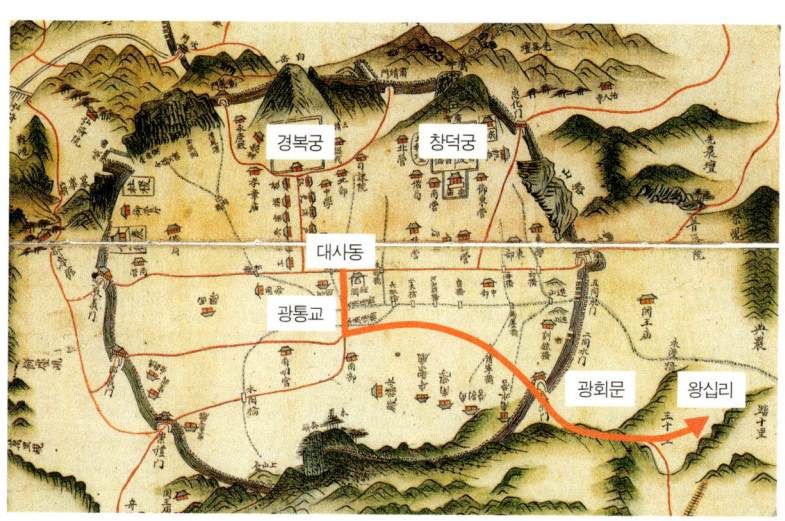

〈경도오부(京都五部)·북한산성부도(北漢山城附圖)〉(1750년경)　명온공주의 궁가인 대사동 본궁에서 종암리 장지까지의 발인경로(서울대학교 규장각한국학연구원 소장)

노제소에서 노제를 지냈다. 왕십리 주정소에 나아가 주다례를 거행하고 잠시 머물렀다. 진시에 묘소 근처의 오래된 집 사랑방 북편에 나아가 봉안한 뒤 성빈했다. 영좌를 남쪽에 설치한 뒤 성빈전을 올리고, 다음으로 석전을 올렸다.

호상중사 유응회가 궁 안에 있는 순조에게 발인절차가 잘 진행되고 있는지를 보고하였다.

8월 15일 묘시에 지문, 명기궤 등을 먼저 매안하고, 오시 정 1각에 하관했다.

신주에 글을 쓴 뒤 신주를 영좌에 봉안하고 입주제를 지냈으며, 혼백은 광의 왼쪽에 매안했다. 반우과정은 유시에 신주를 봉안한 뒤 출발하여 흥인문으로 들어와 본궁의 덕문 안 소배처에 도착, 요여를 대청으로 받든 뒤 신주를 받들어 내어 감실에 봉안했다. 이후 안신다례를 초우제와 겸하여 거행했다. 8월 17일 재우제를, 18일 삼우제를 거행하였다. 19일에 졸곡제를 지내고, 20일 부제祔祭를 행했다.

1년 후인 1833년 6월 13일 대상大祥을 행한 뒤 신주를 사묘의 감실에 봉안하고, 궤연을 거두었다.

궐내에서 혼인 전에 죽은 공주의 죽음 의례

1673년(현종 14) 4월 27일 현종과 명성왕후 김씨의 둘째 딸인 명혜공주가 궐내에서 졸서하였다. 명혜공주가 갑자기 죽기 2개월 전 1673년(현종 14) 2월 9일에 신요경申堯卿이 부마로 정하여졌다. 이에 동안위東安尉의 작호를 내리고 명혜공주의 가례를 준비하는 중에 갑자기 죽게 되었다. 국조에 없었던 변례가 발생하자, 현종은 부마의 작호를 어떻게 해야 하는지를 전례를 상고하여 아뢰도록 하였다. 이에 예조에서는 다음과 같이 회계回啓하였다.

> 이는 국조國朝에 없었던 변례이고, 또 상고할 만한 문적이 없습니다. 『예기』 증자문에 '장가드는 데는 반드시 길일을 정하는데 여자가 죽으면 어떻게 해야 합니까' 하니, 공자가 말하기를 '사위가 자최복으로 조상을 하고 장사 지내고는 벗는다'고 하였습니다. '길일을 정한다'고 한 것은 납채할 날을 정하는 것을 말하는데, 지금 명혜공주는 납채한 일이 없으니, 길일을 정한 것과는 차이가 있어야 마땅할 듯합니다. **그러나 부마의 봉작이 이미 정해진 뒤라서 여러 차례 금중에 드나들었으니, 또한 고례와는 다른 점이 있습니다.** 이처럼 더없이 중대한 변례를 신들이 감히 경솔하게 정할 수 없으니 유신儒臣을 시켜 전례를 널리 상고하게 하도록 하는 것이 어떻겠습니까
>
> - 『현종실록』 21권, 현종 14년 4월 27일 병인

이에 현종은 대신에게 의논하여 정하도록 하였다. 이에 좌의정 이경억李慶億은 제왕가의 혼례가 비록 사대부의 혼례와 다른 점이 있다고 하더라도 합근을 하고 동뢰 한 다음에 비로소 부부의 의가 이루어지는 것이라고 하며 공주가 육례를 행하기 전에 죽었으니, 부마의 봉작은 그대로 둘 수 없다는 의견을 내놓았다. 이에 현종은 4월 27일 다음과 같이 말하며 신요경의 작호를 파하도록 하였다.

> 이미 위호를 정한 뒤라 은의恩義가 있었으므로 그 봉작을 환수하려 하니

참혹하고 애통함을 견디기 어렵다. 다만 생각건대 오륜五倫 속에 부부夫婦가 한 조목을 차지했다. 그러므로 자사子思가 말하기를 '군자의 도는 부부에서부터 시작된다'고 하였다. 지금 불행하게도 공주의 초상이 뜻밖에 났는데, 고기告期 등의 예를 미처 행하지 못했으니 예에 이른바 '아내가 되지 못했다'는 것과 다름이 없게 되었다. 그리고 부마에 대해서 그대로 위호를 두어 죽을 때까지 부부간의 즐거움을 갖지 못하게 하는 일은 인정으로 볼 때 더욱 차마 못할 일이다. 의논에 따라 시행하라

- 『현종실록』 21권, 현종 14년 4월 27일 병인

명혜공주의 상이 궐 중에서 났기 때문에 상사와 관련된 모든 일은 호상 중사가 맡아 시행하도록 하였다.

1673년(현종 14) 8월 2일 현종의 장녀 명선공주도 죽었다. 동생 명혜공주가 먼저 죽은 이후 명선공주 또한 7월 23일에 천연두에 걸려서 죽게 된 것이다.

현종은 둘째 딸 명혜공주의 전례를 따라 빈소를 창경궁 선인문宣仁門 밖 여가閭家에 정하고, 빈소를 마련하는 일은 호상 중사의 말에 따라 행하도록 명하였다.

이때 명선공주의 나이 15세였다. 1671년(현종 12) 12월 27일 명선공주의 배우자로 맹만택孟萬澤이 선정되었고, 신안위新安尉라는 작호가 내려졌다. 가례청도 설치하고, 육례를 행할 길일을 모두 가려 뽑은 상황에서 갑자기 배우자 맹만택이 모친상을 당해 아직 가례를 치루지 못하고 기다리고 있던 가운데 명선공주가 죽게 된 것이었다. 이에 현종은 명선공주의 상은 명혜공주의 상과는 다르기 때문에 위호를 그대로 두도록 하였다.

창경궁 선인문 창경궁의 정문인 홍화문의 남쪽에 있는 문(문화재청)

이에 따라 부마인 신안위 맹만택과 그의 아버지인 우승지 맹주서孟胄瑞에게 입궐하여 명선공주의 상사를 돌보도록 하였다.

현종은 명혜공주의 성빈 처소를 궐문 밖 근처에 적당한 집을 즉시 택정하도록 분부하였다. 이에 따라 졸서한 당일 4경쯤 단봉문丹鳳門 밖으로 나와 근처 여가閭家에 빈소를 차렸다. 현종은 명혜공주의 상에 거애의주를 따로 마련하지 말라고 하였다.

옹주의 초장지를 옮겨 천장하다

1668년(현종 9) 2월 10일 인빈 김씨가 낳은 선조의 서1녀 정신옹주의 천장遷葬을 예장으로 하도록 하였다. 정신옹주의 배우자인 달성위達城尉 서경주徐景霌는 1643년(인조 21) 65세로 죽었고, 정신옹주는 1653년(효종 4) 72세로 죽었는데, 현종대에 와서 천장을 하게 된 것이다.

종친부에서는 옹주의 천장이 중대하므로 이를 왕에게 계사하였다. 예조에서는 옹주의 천장에 관한 전례가 없어서 왕후 부모의 천장 예에 의거하여 거행하겠다고 왕께 아뢰었다. 현종은 천장할 때 정신옹주 뿐만 아니라 달성위도 함께 예장하도록 하였다.

이에 2월 14일에 정언正言 변황卞榥은 정신옹주의 천장을 예장으로 거행하라는 명을 거두도록 다음과 같이 아뢰었으나 현종은 따르지 않았다.

> 왕자·대신[1]·공주·옹주·부마를 천장할 때에는 본디 다시 예장하는 규정이 없습니다. 그러므로 지난해 고 상신相臣 신경진申景禛과 원두표元斗杓를 천장할 때에도 모두 특별히 명하여 단지 역군役軍만 주었을 뿐입니다. 이것은 근거로 삼을 만한 전례입니다. 지금 정신옹주와 달성위 서경주의 천장에 예장하라는 명이 있었습니다. 옹주와 부마가 비록 존귀하기는 하나 어찌 대신보다 더 존귀하겠습니까. 이처럼 재정이 고갈된 때를 당하여서 민폐를 무겁게 끼칠 뿐만 아니라 또한 사체에 있어서도 한원부원군漢原府院君과는 차이가 있으니, 성명을 도로 거두고 한결같이 두 상신의 예에 의거해서 시행하소서
>
> - 『현종개수실록』 18권, 현종 9년 2월 14일 계미

변황이 언급했던 한원부원군은 인조의 계비 장렬왕후 조씨의 아버지

---

1   『현종실록』 14권, 현종 9년 2월 14일 계미에는 '대군'으로 되어 있으며, 기사의 내용이 다음과 같이 훨씬 간략하다. "왕자·대군·공주·옹주·부마를 천장(遷葬)할 때에는 본래 다시 예장(禮葬)을 내려주는 규정이 없습니다. 그런데 지금 정신 옹주(貞愼翁主)와 달성위(達城尉)의 천장에는 예장하라는 명이 있어서 거듭 민폐를 끼치고 있습니다. 성명을 도로 거두소서."

조창원趙昌遠이다. 2월 18일 선혜청에서 천장할 때 지급해 주는 역군의 수를 구체적으로 아뢰었다. 당시 정화옹주, 한원부원군 조창원과 완산부부인 최씨, 영의정 홍명하, 정신옹주와 달성위 서경주 등 6명의 천장이 동시에 진행되고 있었다. 이에 선혜청에서는 역군의 수만 헤아려도 2만 3천 1백 명이고, 인건비로 지급되는 쌀로 헤아려보면 1천 5백 여석이나 되어 선혜청의 형세로는 채워줄 길이 없다고 보고하였다. 선혜청에서는 현종에게 네 명의 상에 필요한 일꾼은 각각 한 상에 필요한 만큼의 인원으로 마련해 주는 것이 어떠한지를 여쭈었다. 이에 현종은 대왕대비의 부모인 한원부원군의 두 명의 상 외에는 선혜청에서 보고한 대로 하도록 하였다. 그리고 장사지내는 상이 아닌 경우에는 천장할 때의 역군은 단지 한 상에 필요한 만큼의 인원만 지급할 것을 정식으로 만들어 시행하도록 하였다. 이에 따라 왕비 부모의 천장과 구별된 정식을 따라 정신옹주와 달성위 서경주의 천장은 하나의 상에 필요한 역부만 지급되었다.

　2월 21일 정신옹주 부부의 천장을 담당하기 위해 파견된 호상내관의 장계가 올라왔다. 고양군의 담지군이 미리 군의 경계에서 기다리지 않아 천장 발인행렬이 가는 도중에 어려움을 겪게 되었으므로 담당자를 처벌하도록 하는 내용이었다. 이러한 보고를 받은 현종은 2월 24일 고양군수는 종중추고하고, 향소색리鄕所色吏는 본영에서 각별히 엄형하도록 하고, 차사원인 죽산부사와 포천현감 또한 추고하도록 명하였다.

6. 왕녀와 왕자의 제례이야기

왕실 가족 구성원으로 태어난 자녀들이 죽고 난 이후 그들의 제사는 어떻게 드렸을까?

이에 관하여는 수진궁壽進宮에서 작성한 『수진궁등록壽進宮謄錄』, 『제등록祭謄錄』, 『병인정월 일 위시 각 사당 각 묘소 제향신정식등록 丙寅正月日爲始各祠堂各墓所祭享新定式謄錄』을 통해서 어느 정도 파악할 수 있다.

수진궁에서 모든 왕자녀의 제사를 담당한 것은 아니었다. 왕의 자녀들 가운데 건강하게 잘 자라서 배우자를 만나 혼인하여 자녀를 낳고 일가를 이룬 경우는 제외되었다. 왜냐하면 이들은 제사를 지내줄 아들이 있기 때문이다. 수진궁에서 맡아서 제사를 따로 드리는 왕의 자녀는 이와 같은 삶을 살지 못하고 죽은 경우이다. 즉 혼인 전에 일찍 죽거나 혼인하고도 자녀를 낳지 못하여 제사를 지내줄 후손이 없는 왕의 자녀들이 이에 해당한다.

수진궁은 내수사와 명례궁, 용동궁, 어의궁과 함께 '1사 4궁'으로 일컬어지는 왕실의 '내탕內帑' 기능을 담당하였던 궁 가운데 하나이다. 내탕은 당시 조선사람들에게 왕실의 사적인 재산, 즉 '사장私藏' 또는 '사재私財'로 인식되었다. 조선시대 왕실 가족의 경제생활은 기본적으로 공상아문에서 보내오는 공상供上을 통해 조달하는 공적인 재정수입과 이와 별도로 왕실 가족의 다양한 필요를 감당하기 위해 1사 4궁을 운영하여 조달하는 사적인 재정수입으로 유지되었다. 1사 4궁과 같은 내탕의 존재는 왕실과 국가는 하나라는 '궁부일체宮府一體'의 이념과는 어긋나는 것이었다. 하지만, 공상으로만 충족되지 않는 왕실 가족의 필요가 항상 존재했기 때문에 내탕을 혁파하라는 신하들의 건의에도 불구하고 왕실 가족의 입장에 서는 결코 없앨 수 없는 것이기도 하였다.

> … 국가가 옛 제도를 그대로 답습하면서 각 전殿마다 모두 사장私藏이 있었다. 주상에게는 내수사가 있고, 대왕대비와 왕대비, 중전은 각각 사유의 내탕이 하나씩 있었는데, 수진궁과 어의궁, 명례궁과 같은 것들이다. 혹은 후사가 없는 왕자의 가재家財이거나 혹은 대왕의 잠저潛邸시 가재라 하여 별도로 1개의 궁호宮號를 정하고 그것을 각 전에 분속시켜 하나의 사재私財로 삼고, 환관이 맡아 관리하게 하였다. 친척들에게 베푸는 은택이나 법으로 정해진 이외의 수용은 모두 거기에서 나온 것으로 충당하였다. …
> ─『현종개수실록』9권, 현종 4년 9월 5일 기사

주로 대왕대비, 왕대비, 왕비와 같은 왕실 여성들의 내탕으로 사용되었던 수진궁, 어의궁, 명례궁은 대개 후사 없이 죽은 왕자의 재산과 왕으로 즉위 하기 전에 살았던 잠저潛邸에서 모아둔 재산을 기반으로 형성된 것이었다. 잠저는 원래 왕위계승권자가 아니었던 왕자가 특별한 계기로 왕위에 오르게 되면, 즉위 전에 살던 집을 특별히 지칭하는 용어이다. 이를 본궁本宮이라고도 한다. 예를 들면, 함흥 본궁은 태조의 잠저이고, 이의동 본궁은 인조의 잠저였다. 후사 없이 죽은 왕자나 왕이 되기 전 사가에서 모아두었던 재산은 모두 왕실 재산으로 귀속시킨 것이다.

이와 같은 방식을 기반으로 형성된 왕실의 내탕은 주로 왕실의 친인척들에게 베푸는 은택이나 법으로 정해진 이외에 필요한 일이 생길 때 사용되었다. 후사 없이 죽은 왕실 가족 구성원을 위해 드려지는 제사 또한 왕실에서 법으로 정해진 것 이외에 쓸 곳 가운데 하나였다.

조선 후기에 '제사궁가'로 인식되었던 수진궁은 후사 없이 죽은 대군, 왕자, 공주, 옹주, 후궁의 제사를 담당하기 위한 용도로 사용되었다.

수진궁은 한성부 중부 수진방에 위치하고 있었다. 원래는 예종의 둘째 아들 제안대군이 살던 집으로 널리 알려져 있다. 제안대군은 왕실에서도 특별한 위치를 차지한 왕자였다. 제안대군의 아버지인 예종은 2남 1녀를 자녀로 두었다. 첫째 아들은 한명회의 딸인 장순왕후가 낳았는데, 일찍 죽었다. 그는 나중에 인성대군仁城大君으로 추증되었다. 둘째 아들은 예종의 계비인 안순왕후가 낳았는데, 그가 바로 제안대군이다. 안순왕후가 낳은 딸 현숙공주는 풍천위 豐川尉 임광재任光載에게 하가하였으나 자식을 낳지 못하고 죽었다.

그렇다면 제안대군이 살던 집이 자식 없이 죽은 왕실 자녀의 제사를 드

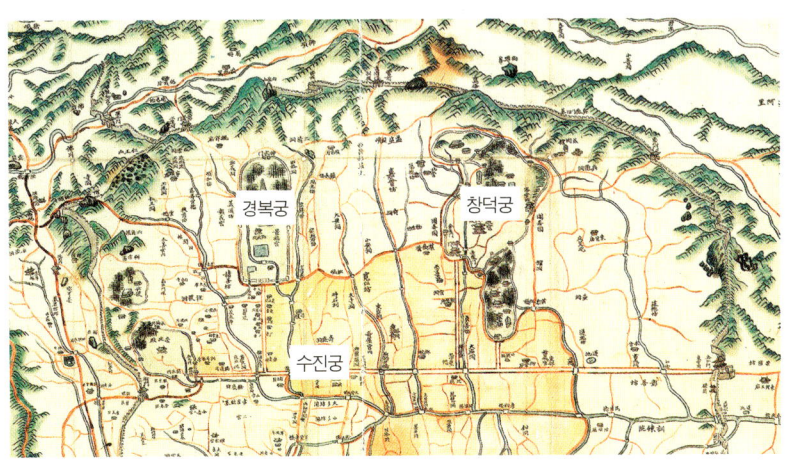

〈도성도(都城圖)〉(1750년경 제작) 수진궁의 위치(서울대학교 규장각한국학연구원 소장)

리는 곳으로 바뀌게 된 이유는 무엇일까?

먼저 제안대군의 생애를 살펴보자. 예종의 첫째 아들이 죽고, 그 후 둘째 아들인 제안대군이 원자로 태어났을 때, 예종이 갑자기 승하하게 되었다. 당시 원자였던 제안대군은 너무 어리다는 이유로 왕위를 계승하지 못하였다. 그리고 그를 대신하여 성종이 왕위를 계승하게 되었다.

이러한 사연으로 인하여 성종이 즉위한 이후인 1470년(성종 1) 1월 15일 예종의 두 번째 원자였던 이현李琄은 5세의 어린 나이에 제안대군이라는 봉호를 받았다. 같은 해 11월 15일 성종은 호조에 명하여 제안대군에게 녹봉과 직전職田을 지급하도록 하였다. 성종은 예종의 왕위를 성종 자신이 계승하였으므로, 제안대군은 세종의 일곱째 아들인 평원대군의 후사로 가도록 하는 것이 어떠한지를 예조에 검토하도록 하였다. 제안대군은 원래 왕위계승권자인 원자로 태어났으나, 결국 왕위를 계승하지 못하고 성종이 대통을 이었으므로, 제안대군은 지자支子가 되었다. 『경국대전』의 입후 조항에도 "동종의 지자로써 후사를 삼는다"라고 한 점을 근거로, 예조에서는 제안대군이 평원대군의 후사가 되는 것은 예의와 법도에 아무런 문제가 없다고 보고하였다.

1483년(성종 14) 5월 14일 평원대군의 아내 홍씨가 죽자, 제안대군이 후사가 되어 평원대군 부부의 제사를 모시게 되었다. 세종의 아들이었던 평원대군은 제안대군에게는 종조부였으나, 평원대군이 자식 없이 죽었으므로 항렬을 뛰어넘어 그의 아들이 되어 평원대군과 그의 부인의 제사를 담당하게 된 것이다.

1523년(중종 20) 12월 14일 제안대군이 죽자, 중종은 다음과 같이 전교하였다.

> 항렬이 높은 종실宗室이 죽어 내가 심히 애통하다
>
> - 『중종실록』 56권, 중종 20년 12월 14일 무술

    중종은 제안대군의 상에 특별히 부의를 내리고, 널을 가려서 주도록 명하였다. 이 때 제안대군이 후손이 없었으므로 이천정伊川正 이수례李壽禮를 상주로 삼도록 하였다. 이 날 사신이 논한 줄기를 보면, 제안대군은 성격이 어리석어 남녀 관계의 일을 몰랐고, 날마다 풍류와 음식 대접하는 것을 일 삼았다고 하였다. 그러나 혹 행사가 예에 맞는 것을 보고 사람들은 그가 거짓으로 어리석은 체하는 것이라고 하였다고 적고 있다.

    실제로 제안대군은 첫 번째 부인 김씨와 이혼했다가 두 번째 부인 박씨와 혼인 한 후에 다시 첫 번째 부인 김씨를 만나는 등 집안문제로 조정에서 여러 번 논의되기도 하였다. 제안대군의 혼인생활이 순조롭지 못했던 이유는 무엇보다도 그의 부인들이 어머니 안순왕후의 뜻에 합당하지 못하였기 때문이었다. 첫 번째 부인 김씨는 병으로 아들을 낳지 못할 것 같아 손자를 빨리 안아보고 싶었던 안순왕후가 억지로 이혼시켰고, 두 번째 부인 박씨는 부모에게 불순不順하다는 이유로 이혼시키고자 하였으나 신하들의 반대에 부딪쳤다. 제안대군은 어머니의 뜻에 따라 첫 번째 부인과 강제 이혼한 상태였기 때문에 두 번째 부인인 박씨를 박대하였던 것으로 보인다. 이혼에 관한 논의가 진행 중에 박씨가 죽게 되자 왕대비였던 안순왕후의 뜻을 따라 성종은 제안대군의 세 번째 부인을 간택하라는 전교를 내렸다. 이에 제안대군은 첫 번째 부인인 김씨와 재결합한 상태이고, 다시 장가들 마음이 없으며, 재결합을 허락하지 않으면, 평생을 홀아비로 살겠다고 하며 강경한 자세를 취하였다. 이때 제안대군의 나이가 26세였

으니, 한창 젊을 때였다. 2개월 남짓 진행된 실랑이는 결국 제안대군의 생모인 왕대비 안순왕후의 하교로 마무리 되었다.

> 제안대군이 어리석고 병이 있어, 비록 다시 장가들게 하려 하나 따르려 들지 않고, 김씨와 다시 결합하려고 한다. 비록 강제로 다시 장가들게 한다 하더라도 만약 다시 버린다면 또한 화기和氣를 손상하는 일이다
> - 『성종실록』 181권, 성종 16년 7월 12일 경신

자식 이기는 부모 없다는 말이 있듯이 결국 안순왕후는 장성한 아들의 고집을 꺾을 수 없었다. 이에 신하들 또한 김씨와 이혼한 것은 다만 병이 있을 뿐이었고, 그 밖에 버림을 받아야 할 이유는 없으며, 박씨가 이미 죽고, 김씨의 병이 나았으니 다시 결합하는 것에 문제가 없다고 하여 두 사람의 재결합에 동의하였다. 이에 따라 제안대군은 남은 생을 이혼했던 첫 번째 부인과 재결합하여 살 수 있었다. 그러나 제안대군은 안순왕후가 염려했던 대로 결국 후사를 두지 못하고 죽었다.

백자음각제안대군묘지
예종의 둘째아들 제안대군의 행적을 백자에 음각한 묘지(墓誌)
(국립중앙박물관)

제안대군이 살던 집이 제안대군의 사후 언제부터 수진궁이라 불리며 후사 없이 죽은 왕자녀들의 제사를 드리게 되었는지 그 자세한 내용은 알 수 없다. 정조는 수진궁에 관한 궁중의 고사를 들어보고 한 때 우연히 거행한 일로 결론 지었다.

수진궁은 숙종대에 이미 '제사궁가祭祀宮家'로서 자손 없이 일찍 죽은 왕자녀의 제사를 담당하고 있었다.

1684년(숙종 10) 12월 25일에 지평持平 이두악李斗岳은 숙종에게 명선공주와 명혜공주의 사우를 수진궁에 옮겨 세워서 제사를 받들도록 하는 것에 관한 상소를 올렸다. 그 때 숙종은 혼인 전에 일찍 죽은 두 공주의 궁장을 그대로 두고, 따로 사우를 세우도록 한 부모님의 하교가 아직도 귀에 생생하다고 하며 그렇게 할 수 없다는 뜻을 비쳤다. 그러나 그 후 숙종의 의지와 달리 정조대에 와서 후사 없이 죽은 숙종의 누이들인 명선공주와 명혜공주의 신주는 수진궁으로 이미 옮겨가 그곳에서 제사를 지내고 있었다. 두 공주의 경우, 수진궁에서 제사할 때 같은 사당에 신위를 함께 두고 제사 지내도록 하였다. 제사음식 또한 다른 왕자녀들과 차이가 있었다. 수진궁에서 제사하는 두 공주의 제사상에는 다른 왕자녀들의 제사상에는 올리지 않는 약과와 떡이 한 그릇씩 더 올려지고, 소적素炙 대신에 육적肉炙이 올라갔다.

현재 서울대학교 규장각한국학연구원에 전해오는 『제등록』(奎19289)에는 수진궁에서 주관하는 왕자녀와 후궁의 제사에 관한 내용이 정리되어 있다.

1776년(정조 즉위년) 4월 10일 정조는 수진궁에서 맡아서 사당과 묘소에서 제사하는 제향이 태묘太廟보다 번다한 점을 지적하면서 수진궁에 합사하여 제사를 받는 신위에 한하여 사당에서는 봄과 가을에 제사하고, 묘에서는 한식에만 제사를 거행하도록 하였다. 정조가 정해 놓은 제사 이외에 행하여 오던 제향을 모두 혁파함으로써 예법을 엄중하게 하였을 뿐만 아니라 제사에 들어가는 경비 또한 절약할 수 있었다.

정조가 즉위한 해 4월에 이와 같은 전교를 내리면서 수진궁에서는 사당의 경우, 모두 15위를 5묘에 나누어 봉안하고 봄과 가을에 제사지내게 되었다. 이 가운데 4묘에 봉안된 13위는 왕자녀의 신위였고, 1묘에 봉안된 2위는 자녀를 낳지 못하고 죽은 숙종 후궁들의 신위였다. 원래는 이외에 봉호를 받지 못하고 일찍 죽은 대군아기씨, 숙원 장씨, 숙의 나씨, 명빈 김씨, 증 경빈 이씨까지 5위가 더 있었으나, 정조의 명으로 이들의 신주는 묘에 묻고, 묘제만 지내도록 하였다. 따라서 묘소의 경우, 수진궁에서는

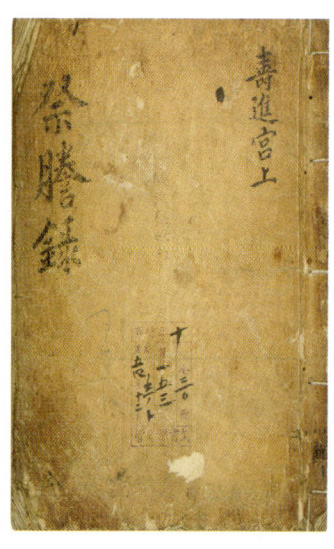

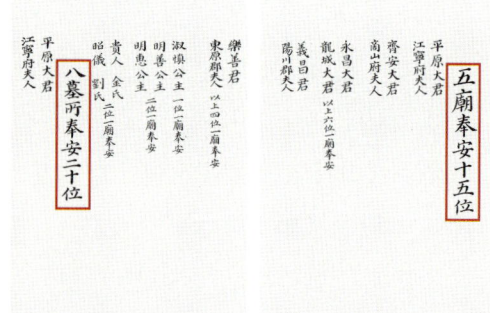

◀ 『제등록』 표지
(서울대학교 규장각한국학연구원 소장, 奎19289)
수진궁에 부사祔祀되어 있던 후사 없이 죽은 왕자녀와 후궁의 제향에 관하여 기록하고 있다.

▲ 『제등록』 '오묘봉안십오위'와 '팔묘소봉안이십위' 부분
(서울대학교 규장각한국학연구원 소장, 奎19289)

20위를 8개의 묘소에 나누어 제사를 지냈다.

수진궁에서 제사 지내는 대상 가운데 가장 오래된 신위는 세종대왕의 일곱 번째 아들 평원대군 부부의 신위였다. 이는 수진궁이 원래 제안대군의 집이었던 점을 떠올리면 쉽게 이해할 수 있다. 제안대군은 성종의 명으로 평원대군의 후사로 갔으므로 평원대군 부부의 제사를 모시고 있다가 중종대에 자손 없이 죽었고, 그 후 제안대군의 가산이 왕실의 재산으로 귀속되면서 수진궁에서 따로 제사를 지내줬던 것이다. 그 후 선조와 인목왕후의 아들 영창대군의 신위가 추가되고, 선조의 후궁 인빈 김씨가 낳은 의창군과 그의 부인의 신위가 하나하나 추가되었다. 그 후 수진궁은 제사를 지내줄 아들이 없는 왕실 가족을 위한 제사궁가의 면모를 갖추게 되었다.

정조가 즉위 했을 때에는 이미 수진궁 안에 선조의 아들인 영창대군과 의창군, 인조의 아들인 용성대군과 낙선군, 효종의 첫째 딸인 숙신공주, 현종의 딸인 명선공주와 명혜공주의 신위가 있었다. 수진궁에 합사되어 있던 왕자녀의 신위들은 왕비의 자녀인지, 후궁의 자녀인지에 따라 그리고 효종대 이후에 태어난 왕자녀는 동복형제인지의 여부에 따라 같은 사당에 봉안하는 방식을 취하였다.

6위 1묘 봉안
평원대군(세종대왕 제7남)과 강녕부부인 홍씨
제안대군(예종대왕 제2남)과 상산부부인 김씨
영창대군(선조대왕 제1남)
용성대군(인조대왕 제4남)

4위 1묘 봉안

의창군(선조대왕 제8남)과 양천군부인 허씨

낙선군(인조대왕 제2남)과 동원군부인 김씨

1위 1묘 봉안

숙신공주(효종대왕 제1녀)

2위 1묘 봉안

명선공주(현종대왕 제1녀)

명혜공주(현종대왕 제2녀)

2위 1묘 봉안

귀인 김씨(숙종대왕 후궁)

소의 유씨(숙종대왕 후궁)

    1755년(영조 31) 6월 5일에 영조는 숙의 이씨와 의창군의 묘는 용성대군의 예에 의거하여 수진궁에서 거행하도록 하였다. 그리고 의창군방의 전답과 노비는 수진궁으로 보내어 제수를 마련하는데 보태도록 명하였다.
    1772년(영조 48) 8월 28일에 영조는 수진궁에 의창군과 낙선군 두 왕자의 신위를 모시도록 하였는데, 이를 위해 수진궁에 따로 사우를 세우도록 하였다. 영조가 낙선군과 군부인의 사우를 수진궁으로 들이라는 명을 내린 것으로 보아 기존에 있는 사우를 수진궁으로 옮기는 것이 아닌가 한다.

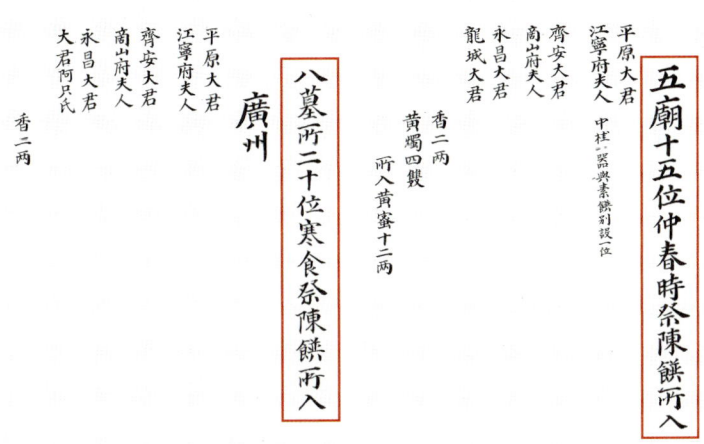

『제등록』 '오묘십오위중춘시제진찬소입'과 '팔묘소이십위한식제진찬소입' 부분
(서울대학교 규장각한국학연구원 소장, 奎19289)

　사당에서는 봄과 가을의 중삭仲朔에 해당하는 달인 2월과 8월에 시제時祭를 드렸다. 그리고 시제를 드릴 때 1위에 진설하는 향촉과 제사음식이 정해져 있다. 1위마다 향은 5전, 황촉은 1쌍이 들어갔다. 부부의 양위를 합설할 때에는 1위와 동일하였다. 제사음식은 면麵은 1그릇인데 양위를 합설할 때에는 면 2그릇을 준비하였다. 중계中桂 1그릇, 과실 3그릇, 육탕肉湯 1그릇, 포脯 1그릇, 혜醯 1그릇, 소적素炙 1그릇이다. 다만 예외적으로 현종의 딸인 명선공주와 명혜공주의 사당 제사에는 약과 1그릇과 떡 1그릇이 추가되었고, 소적 대신에 고기적이 올려졌다.
　이러한 기준으로 제사음식을 마련하되, 제사음식의 종류는 계절에 따른 차이가 나타났다. 가을에는 면은 수면으로 준비하였다. 그리고 과실은 대추 대신에 생밤이, 곶감 대신에 서과西瓜가 올려졌다.

6위의 신위를 1묘에 함께 봉안한 대군과 그의 부인들의 신위에 올리는 제사음식은 면 6기, 중계 5기, 배 5기, 대추 5기, 곶감 5기, 육탕 4기, 소탕 1기, 포 5기, 혜 5기, 소적 5기가 준비되었다. 또 특이한 것은 평원대군의 부인인 강녕부부인의 신위에는 중계中桂 1기와 소찬素饌을 추가로 따로 더 진설하도록 하였다.

의창군 부부와 낙선군 부부를 위한 제사음식은 면 4기, 중계 2기, 배 2기, 대추 2기, 곶감 2기, 육탕 2기, 포 2기, 혜 2기, 소적 2기가 준비되었다.

명선공주와 명혜공주를 위한 제사음식은 면 2기, 중계 2기, 약과 2기, 병 2기, 배 2기, 대추 2기, 곶감 2기, 육탕 2기, 육적 2기, 포 2기, 혜 2기이다. 다른 왕자녀의 제사상 차림과 달리 약과와 떡이 추가되었고 소적 대신에 고기적이 올라갔다.

묘소에서는 일 년에 한 번 4월 초 한식에만 제향을 드리도록 하였다. 1년에 한 번 한식에 묘소에서 드리는 제향에 진설하는 제사음식은 중계, 탕, 포 3종류가 빠져서 더 간단하다. 면 1그릇, 과실 3그릇, 소탕 1그릇, 소적 1그릇, 소혜 1그릇이다. 사당에서 드리는 제향은 수진궁 한 곳이지만, 묘소는 지역적으로 분포하였다. 평원대군과 강녕부부인, 제안대군과 상산부부인, 영창대군과 대군아기씨, 명선공주와 명혜공주의 묘소는 광주에 있다. 풍양에는 용성대군, 의창군과 양천군부인의 묘소가 있다. 청송에는 낙선군과 동원군부인의 묘소가 있다. 서산에는 숙신공주의 묘소가 있다.

1798년(정조 22) 9월 7일에 정조는 인성대군의 묘소에서 드리는 제향을 수진궁에서 맡도록 전교하였다. 왜냐하면, 잃어버렸던 인성대군의 묘소를 순회묘의 구역 안에서 찾아냈기 때문이다. 인성대군의 신위를 모신 사당은 따로 없었으므로, 이때부터 수진궁에서는 고양에 있는 인성대군의 묘소에서 한식에만 제향을 올리기 시작하였다.

18세기 후반까지 대군, 왕자, 공주, 옹주의 사당에서 봄과 가을에 제사할 때는 본궁의 궁인이 드렸고, 대군, 왕자, 귀인의 묘제를 행할 때는 내시가 묘소에 가서 제사 일을 맡아서 하였다. 예조에서 봄과 가을에 사당에서 드리는 시향과 한식에 드리는 묘제의 제사를 모두 내시가 맡아서 하도록 정조에게 여쭈었던 기록이 있어 제사 담당자도 변화한 것으로 보인다.

그 후 1866년(고종 3) 수진궁의 사당과 각 묘소에서 드리는 제향에 새로운 정식을 마련하였다. 당시 수진궁에는 순조의 후궁인 숙의 박씨와 그녀가 낳은 딸 영온옹주의 신주가 추가되었다. 수진궁의 사당에 봉안된 17위를 원래 묘소의 제청으로 이안하도록 한 것이다. 그 가운데 15위는 전례대로 한식 때 묘 앞에서 제향을 설행하고, 묘위廟位에서는 매년 8월 중정中丁 제향 1번만 하도록 하였다. 기신제향은 따로 묘위에서 행하였고, 묘위가 없는 6위는 한식 제향만 묘소 앞에서 행하였다. 다만 숙의 박씨와 그녀가 낳은 딸 영온옹주 2위만 전례대로 묘소 앞에서 한식과 추석에 제향하도록 하였다.

제4장

등록 속 후궁의
일생 의례 이야기

1. 후궁의 봉작과 혼례이야기

명부命婦란 "부인수봉호자지칭婦人受封號者之稱"이라 하여, 부인으로서 봉호封號를 받은 여성을 일컫는다. 조선시대 여성으로서 봉호를 받은 명부는 크게 내명부內命婦와 외명부外命婦로 구분된다. 내명부는 왕의 후궁과 상궁 이하의 궁인직으로 구성된다. 이들은 궁궐 안에서 생활하는 '왕의 여자'이다. 이와 달리 외명부는 왕의 딸인 공주와 옹주, 왕비의 어머니, 왕의 유모인 봉보부인, 왕세자의 딸인 군주와 현주, 종친의 처, 문무관의 처로 구성된다.

『경국대전』'외명부'조에 따르면, 문관과 무관의 처들은 정1품 정경부인貞敬夫人부터 종9품 유인孺人까지 18등급의 품계가 정해져 있다. 조선시대 외명부 여성의 품계는 남편의 품계를 따르도록 하였다. 이들은 궁궐 밖에서 생활한다.

궁 '안內'에서 사는 내명부의 여성들도 정1품 빈嬪에서부터 종9품 주변궁奏變宮까지 각각 품계와 역할이 정해져 있다. 내명부는 내관과 궁관으로 나뉜다. 내관직에 해당하는 왕의 후궁들은 정1품 빈부터 종4품 숙원까지 모두 8등급으로 나뉜다. 후궁 제도는 왕실 자손을 번창시키려는 목적에서 마련되었다. 따라서 왕의 후궁은 자신이 낳은 자녀를 양육하는 어머니의 역할과 함께 품계에 따라 맡은 역할을 하며 내명부를 총괄하는 왕비를 돕게 된다.

궁관직은 정5품 상궁 이하 종9품까지이며, 궁인宮人 또는 나인內人이라고 한다. 왕실 가족의 일상생활을 돕는 역할을 한다. 궁인은 넓은 의미의 '왕의 여자'이므로 왕의 승은承恩 여부에 상관없이 일평생 혼인을 할 수 없

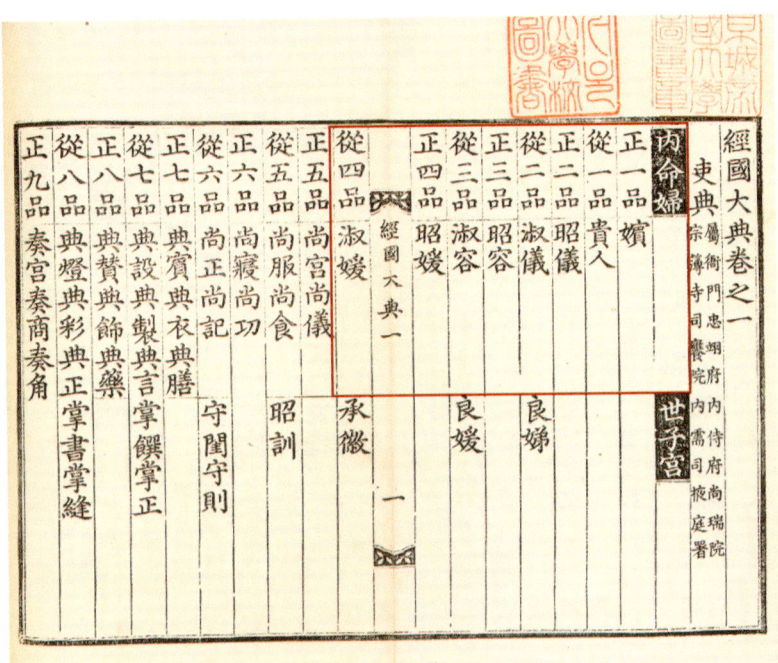

『경국대전』 권지1, 「이전」 '내명부'조(서울대학교 규장각한국학연구원 소장)

고, 궁 밖 출입 또한 자유롭지 못하였다. 궁인들은 소속된 처소별로 처소 주인의 시중, 바느질, 자수, 음식, 청소, 세면, 빨래 등의 일을 담당한다. 직무에 따라 지밀, 침방, 수방, 세수간, 내소주방, 외소주방, 세답방 등에 소속된다. 이 가운데 침실 시중을 드는 지밀나인은 왕의 승은을 입게 될 가능성이 높았다. 따라서 지밀나인은 다른 직무에 속한 나인들에 비해 입궁하는 나이가 4세부터 10세까지로 비교적 빠른 편이다. 궁인으로서 왕의 승은을 받고, 후궁의 봉작을 받지 못하는 경우 특별 상궁이라고 하였다.

왕의 후궁은 크게 간택 후궁과 승은 후궁으로 나뉜다. 간택 후궁은 왕비를 선발하는 방식과 동일하게 공식적인 간택 절차를 거쳐 후궁의 반열에 오른 여성이다. 가문, 부덕, 자색을 겸비한 양반가의 딸을 왕의 후궁으로 맞아들이는 것이다. 양반가의 여성 가운데 간택되어 후궁의 지위에 오르기 때문에 처음부터 종2품 숙의로 봉작된다. 예를 들면, 영빈 김씨는 1686년(숙종 12) 숙종의 후궁으로 간택되어 처음에 종2품 숙의로 봉해진 이후 입궁하였다. 김씨는 입궁 후 2달 만에 정2품 소의에 봉해졌고, 같은 해 종1품 귀인으로 승품되었다. 그러나 1689년(숙종 15) 기사환국으로 인현왕후보다 먼저 폐출되었다가 1694년(숙종 20) 갑술환국 후 인현왕후가 복위될 때 함께 복위되었다. 그 후 1702년(숙종 28) 숙종의 전교로 후궁 최고의 품계인 정1품 영빈으로 승급되었다. 영빈 김씨는 종2품 숙의로 입궁한 해에 종1품 귀인까지 빠르게 승급되기도 하였지만, 또한 정치적 변동에 따라 갑자기 폐출되었다. 그럼에도불구하고 영빈 김씨는 간택 후궁의 승급 단계를 모두 밟아 후궁 최고의 품계까지 오른 봉작 사례를 잘 보여준다.

이와 달리 승은 후궁은 왕의 개인적인 선택, 즉 '승은'을 입어 후궁의 지위에 오른 여성이다. 간택을 거치지 않고 후궁의 지위에 올랐으므로 비간택 후궁이라고도 한다. 승은 후궁은 대부분 궁인 출신이기 때문에 이들의 신분 또한 미천하다. 대체로 왕의 자녀를 잉태하게 되면 후궁 가운데 가장 낮은 품계인 종4품 숙원으로 봉작된다. 예를 들면, 숙종의 후궁인 숙빈 최씨는 전형적인 승은 후궁의 봉작 사례를 잘 보여준다. 최씨는 1676년(숙종 2) 7세의 어린 나이에 궁인 신분으로 입궁하였다. 1693년(숙종 19) 처음 종4품 숙원으로 봉작되어 후궁의 지위에 올랐다. 당시 숙종의 아이를 임신하고 있었고, 후궁의 출산을 돕는 호산청을 설치하기 전에 미리 봉작되었다. 1694년(숙종 20) 둘째를 임신하고 종2품 숙의로, 1695년(숙종 21)

셋째를 임신하고 종1품 귀인으로 승품되었다. 1699년(숙종 25) 10월 23일 단종 대왕을 복위시킨 경사를 기념하여 후궁 최고의 품계인 정1품 숙빈의 지위에 올랐다.

간택 후궁은 간택, 봉작, 가례를 모두 거쳐서 입궁하기 때문에 봉작과 혼인에 관한 의례 기록이 『가례등록』의 형태로 남아 있다. 반면 승은 후궁은 궁인 출신이 대부분이고, 승은을 통해 후궁의 지위에 오르기 때문에 봉작과 혼인에 관한 등록의 형태를 띤 의례 기록은 남아 있을 수 없다. 다만 봉작 당시 왕으로부터 받은 교지가 일부 전하고 있다.

조선시대에는 간택 후궁을 들이는 방식과 시기가 변화되는 양상을 보

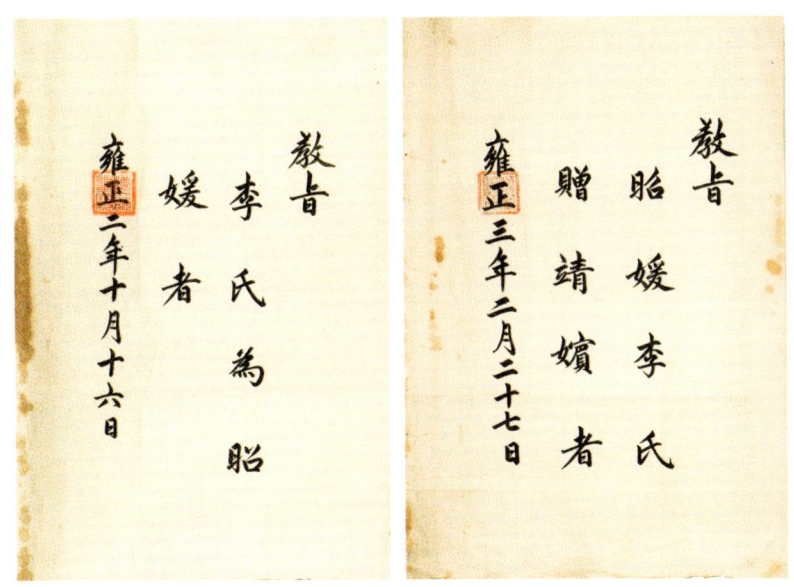

1724년(영조 즉위년) 10월 16일 이씨를 정4품 소원으로 임명한 교지(좌), 1725년(영조 1) 2월 27일 소원 이씨를 정빈으로 추증한 교지(우) 영조의 승은 후궁 이씨의 봉작교지. 소원 이씨 소생 경의군이 왕세자에 책봉되면서 생모 이씨를 추증한 것이다. (한국학중앙연구원 장서각 소장)

인다. 조선 전기에는 왕세자의 가례 때에 왕세자빈을 간택하는 과정에서 후궁을 함께 간택하거나 왕위에 오른 이후에 신하들이나 부왕의 요청으로 최소한 3명의 간택 후궁을 갖추었다. 예를 들면, 세종은 왕위계승자를 얻기 위한 목적뿐만 아니라 왕실 자손들을 많이 얻으려는 목적으로 왕세자(후일의 문종)을 위하여 권씨, 정씨, 홍씨 등 3명의 후궁을 동시에 간택하였다. 세 명의 간택 후궁 가운데 권씨는 세자빈 봉씨가 폐출된 이후 세자빈의 지위에 오르게 된다. 그녀가 바로 단종을 낳은 현덕왕후 권씨이다.

조선 후기에는 왕비의 불임으로 왕위계승자를 얻지 못할 때 왕위를 계승할 후사를 얻기 위해서 간택 후궁을 들이는 사례가 주로 나타나는 것이 특징이다. 예를 들면, 숙종부터 철종까지 왕위를 계승할 후사를 얻기 위해 양반가를 대상으로 간택과정을 거쳐 종2품 숙의나 정1품 빈으로 입궁한 간택 후궁은 모두 5명이다. 숙종의 후궁인 영빈 김씨, 정조의 후궁인 원빈 홍씨, 화빈 윤씨, 유빈 박씨, 헌종의 후궁인 경빈 김씨가 바로 그들이다. 숙종의 간택 후궁 영빈 김씨가 처음에 종2품 숙의로 봉작된 이후에 입궐한 반면, 정조와 헌종의 간택 후궁들은 모두 처음부터 정1품 빈으로 책봉의식을 거친 후에 입궐하였다. 이들 가운데 왕위계승권자인 원자를 출산한 간택 후궁은 유빈 박씨가 유일하다. 유빈 박씨는 순조의 생모이다.

조선 후기 간택 후궁인 영빈 김씨와 경빈 김씨의 혼인 과정을 상세하게 기록한 가례등록이 현재 장서각에 남아 있다. 먼저 『숙의가례청등록淑儀嘉禮廳謄錄』은 1686년(숙종 12) 청양 현감 김창국의 딸 김씨(후일의 영빈 김씨)가 종2품 숙의로 입궁하는 과정을 담고 있다. 다음으로 『경빈가례시가례청등록慶嬪嘉禮時嘉禮廳謄錄』은 1847년(헌종 13) 주부 김재청의 딸 김씨(후일의 경빈 김씨)가 정1품 빈으로 입궁하는 과정을 담고 있다. 왕의 후궁 가운데 삼간택에 뽑힌 여성이 종2품 숙의와 정1품 빈으로 봉작과 책봉의식을 거쳐 입궁하는 과정을 살펴볼 수 있다.

종2품 숙의 김씨의 봉작과 가례

그렇다면 간택 후궁들은 어떠한 의례 과정을 통과하여 후궁의 지위에 오르게 될까?

숙종은 계비인 인현왕후와의 사이에서 왕위계승권자인 원자가 태어나지 않자 1686년(숙종 12) 2월 27일 숙의를 간택하고자 하는 자신의 뜻을 내비치며 대신들에게 문의하도록 하였다.

> 생각하건대, 조종조에서 반드시 후궁을 간택한 것은 대개 저사儲嗣를 넓히려는 까닭이었다. 오늘날 숙의가 미비한 것은 옛 제도에 어긋날 뿐만 아니라, 내전도 일찍이 이 뜻으로 누누이 진청陳請하였으니, 그 말도 또한 사의에 합당하므로, 마땅히 간택의 거조가 있어야 할 듯하다. 예관으로 하여금 대신에게 문의하도록 하라.
> - 『숙종실록』 17권, 숙종 12년 2월 27일 신해

숙종의 하교에서도 드러나듯이 후궁 숙의를 간택하는 일은 저사를 넓히기 위하여 일찍부터 마련된 제도였다. 그런데 당시 원자의 탄생이 늦어지는 가운데 숙의 또한 갖추어지지 않아 저사를 넓힐 방도가 없는 상황이었다. 그리고 인현왕후 또한 숙의를 간택하도록 여러 번 청하였으므로 숙의를 간택할 조건이 모두 갖추어진 것이다. 이에 숙종은 숙의를 간택하려

는 자신의 뜻을 대신들의 의견을 묻는 방식으로 전달하였다.
 숙종은 대신들의 경계하는 말을 듣고 난 후 국가의 대계를 위해 숙의를 간택 할 수밖에 없는 상황을 다음과 같이 길게 설명하였다.

> 나의 나이 장차 서른인데, 아직도 후사가 없는 것은 하루 이틀 미루다가 오늘에 이른 것이다. 종사와 신민의 부탁을 생각할 적마다 나도 모르게 한밤에 한숨을 쉬게 되고, 혹시 병을 앓을 적에는 걱정과 두려움이 갑절 간절하였다. 당초 선택의 명도 빈어嬪御를 많이 두려는 뜻에서 나온 것이 아니고, 참으로 국가의 대계를 위한 것이었다. 내가 무오년(필자주:1678)에 큰 병을 앓은 뒤로는 조섭의 경계를 삼가 일찍이 조금도 늦춘 적이 없었으니, 비록 대신의 진계하는 말이 없다 하더라도 내 어찌 생각이 여기에 미치지 않겠는가? 이는 만부득이한 데서 나온 것이니, 예조로 하여금 속히 거행하도록 하라.
>
> - 『숙종실록』 17권, 숙종 12년 2월 27일 신해

 대신들이 경계했던 말 속에는 후궁을 많이 두는 것이 왕의 건강을 해칠 뿐만 아니라 국가 화복의 단서가 되기도 한다는 염려가 포함되어 있었다. 즉 국가의 대계를 위해 어쩔 수 없다면 숙의를 간택해야 하지만, 숙의 간택을 신중히 해야 한다는 의미였다.
 숙종은 인조가 숙의를 간택하여 입궁시켰던 때의 일을 상고해 내도록 명하였으나, 춘추관에서 실록을 상고해 보아도 숙의 간택에 관하여 상고할 만한 내용을 찾지 못하였다.
 1635년(인조 13) 장유의 딸을 숙의로 봉작하여 인조의 후궁으로 삼은

이후로 50여 년의 세월이 흐른 뒤에 갑자기 숙의 간택의 명이 내려진 것이었다. 예조에서 숙의 간택에 관하여 참고할 만한 기록을 찾지 못하자 숙종이 직접 나섰다. 숙종은 왕실에 전해 오는 기록과 숙의 간택을 목격했던 궁인들의 증언을 토대로 숙의 간택에 참여할 대상자의 범위와 입궐 방식에 관한 규정을 마련하도록 예조에 명하였다.

> 내간에 있는 고사를 가져다 보니 조종조에서 숙의를 간택할 때의 처자단자 處子單子는 다만 음관 및 생원, 진사, 유학에게만 받들게 하였고, 또 인조 때의 궁인에게 물었더니, 삼간택한 날에 별궁에 나가 있게 하였다가, 한 달이 된 뒤에 입궐시켰다고 한다. 모든 것을 이에 의거하여 거행하도록 하라.
>
> ─ 『숙종실록』 17권, 숙종 12년 2월 27일 신해

이에 따라 3월 3일 숙의 간택에 참여할 처녀의 연령과 대상, 단자의 수령 기간 등이 마련되었다. 간택 대상의 연령은 16세부터 21세까지로 정하여졌다. 그리고 음관 및 생원, 진사, 유학 집안의 딸을 대상으로 단자를 받도록 하였다. 왕비를 간택할 때와 같이 전국적으로 금혼령을 내리지 않고 한성부 출신만 단자를 제출하도록 하였다. 그리고 1주일이라는 짧은 기간 동안 단자를 들였다.

3월 19일 초간택에는 18명의 처녀가 참여하였다. 그 가운데 2명의 후보만 재간택에 참여하도록 하였다. 재간택에는 단자를 제출하였으나 탈이 있어서 초간택에 참석하지 못한 1명이 함께 들어오도록 하였다. 그녀가 바로 청양 현감 김창국의 딸이다. 그녀는 아버지의 임소인 청양에 가 있어

서 기간에 맞춰 상경하지 못한 상황이었다.

　초간택에도 참여하지 못한 김씨는 이미 청양을 출발하여 상경하는 중이었으나 재간택 일정에 맞춰 들어올 수 있을지가 불분명하다는 보고가 들어왔다. 이에 따라 재간택 일정이 다시 논의되기도 하였다.

　숙종은 초간택에 참여하지 못한 김창국의 딸이 현재 어디 까지 올라왔는지 본가에 문의하기도 하고 특별히 그녀를 위해 재간택 날짜를 연기하기도 하였다. 이와 같은 조치는 숙종이 김창국의 딸에 대한 관심이 상당히 높았던 것을 잘 보여준다. 등록에는 재간택에 관한 기록이 따로 없으나 3월 23일 이전에 재간택을 한 것으로 보인다.

　3월 23일 영의정 김수항金壽恒이 숙종에게 아뢴 말 속에는 삼간택 전에 숙의를 미리 내정한 사실이 드러나 있다.

숙의淑儀의 간선揀選이 이미 종묘 사직의 대계를 위한 것이온즉 여느 때의 간선에 비할 바가 아닙니다. 반드시 복덕福德이 있고 질병과 연고가 없는 사람을 간선해 얻어야 비로소 오늘날의 소망에 부응할 수 있습니다. 그러나 들리는 말에 장차 청양 현감青陽縣監 김창국金昌國의 딸로 정하려 한다고 하니, 김창국은 곧 신의 형의 아들입니다. 사람이 합당한지의 여부는 신으로서 감히 논할 바가 아니나, 어릴 적부터 배를 크게 앓아서 경후經候가 고르지 못하다 하니, 이는 참으로 후사後嗣를 구함에 있어 크게 꺼리는 바입니다. 규중閨中의 병을 외인이 자세히 알 수 없는 일이나 신은 한 집안의 사람으로서 늘 염려해 온 터입니다. 이미 이러한 것을 알고 있다면 어찌 감히 숨기고 말하지 않을 수 있겠습니까? 궁금宮禁과의 혼인하는 것은 사부士夫 집에서 회피하는 것이어서 알지 못하는 사람들은 반드시 이것으로

써 신에게 의심을 가질 것입니다. 신이 비록 보잘 것은 없지만 대신의 반열에 있으면서 이 어찌 국가의 막대한 일인데 감히 털끝만치라도 사사로운 뜻을 가지고 헛말을 꾸며서 우러러 지존至尊 앞에 계달하겠습니까? 뒷날에 마땅히 신의 말이 거짓이 아님을 알게 될 것이나, 걱정스러움과 절박함을 견디지 못하여 생각에 생각을 반복한 끝에 마지 못하여 병을 무릅쓰고 입대를 청하는 바입니다. 일의 체모가 삼간三揀을 한 뒤와는 다름이 있는 만큼 지금이라도 개선改選하소서. 이것이 신의 구구한 소망입니다.

- 『숙종실록』 17권, 숙종 12년 3월 23일 정축

숙의 재간택에 든 김창국의 딸은 영의정 김수항의 조카였다. 그는 숙종의 마음이 이미 정해졌다는 말을 듣고 국가의 막대한 일에 병을 무릎 쓰고 숙종을 뵙기를 청한 것이다. 그의 말에 의하면, 조카가 어렸을 때 배앓이를 하고 경후經候가 고르지 못하여 후사를 구하는 데는 꺼리는 점이 있으니 종묘사직의 대계를 위해 삼간택 전에 다른 처자로 다시 뽑기를 건의하였다.

이에 숙종은 재간택에서 이미 살펴보고 마음을 정하였는데 다시 바꾸는 것을 곤란해 하며 다음과 같이 답하였다.

여염집 처자의 병을 한 집안 사람이 아니라면 어떻게 알 수 있겠는가? 그러나 외면으로 말한다면 나이가 이미 장성하고 또 병색이 없으며, 허다한 사람 중에서 반드시 이를 정한 것도 우연한 뜻이 아닌데, 더구나 부인의 임산姙產이란 오로지 복병腹病 유무에 달린 것이 아니라면, 지금에 와서 다시 개선한다는 것도 끝내는 거듭 곤란한 바가 있을 것이다.

- 『숙종실록』 17권, 숙종 12년 3월 23일 정축

숙종이 마음을 바꿀 뜻이 없음을 직접 들은 영의정 김수항은 널리 간택을 하지 않으면 후사를 구하는 길이 점점 지연될 것이니 조종조에서 빈어 嬪御를 간택하는 규정에 따라 한 번에 여러 명의 숙의를 간택하는 것이 합당하다고 아뢰었다.

숙의는 재간택 후에 이미 김창국의 딸로 내정되어 있었으나 삼간택은 예정대로 진행되었다. 3월 28일 삼간택에는 초간택에 선정된 처녀 2명과 김창국의 딸이 참여하였다. 이미 내정되어 있던 김창국의 딸 김씨만 삼간택에서 최종적으로 숙의로 낙점되었다. 영의정 김수항이 건의했던 대로 여러 명의 숙의를 함께 간택하지는 않았다.

삼간택에서 최종적으로 낙점된 김씨는 바로 그 날 종2품 숙의로 봉작되었다. 김씨를 내명부 품계 종2품직 숙의로 봉작하는 의식이 있었을 것으로 보이나 등록에 후궁의 봉작 의식에 관한 기록은 따로 보이지 않는다.

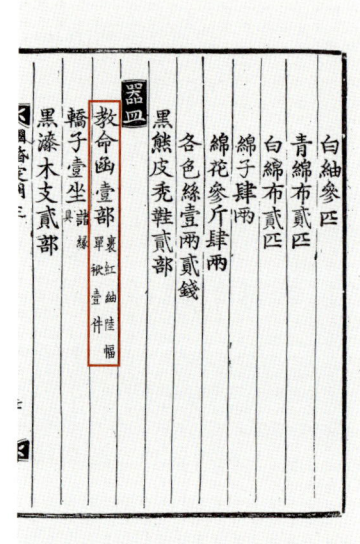

『국혼정례』 권지삼, 「숙의가례」 '기명' 교명함 부분
(서울대학교 규장각한국학연구원 소장)

1749년(영조 25) 영조의 명으로 편찬된 『국혼정례』에는 「숙의가례」가 포함되어 있다. 숙의 가례 때 준비해야 하는 물건을 열거해 놓은 '기명器皿' 조에 교명함 1부가 맨 처음에 등장한다. 교명함을 싸는 데 필요한 분홍명주 6폭짜리 홑보자기 1건도 함께 마련하도록 하였다.

1778년(정조 2) 정조는 홍국영의 누이동생인 홍씨를 정1품 빈으로 봉작할 때 교명을 마련하도록 하였다. 정조는 교명을 마련하라는 명을 내리기 전 5월 26일 예조판서에게 숙의 가례에도 교명이 있는지를 물었다. 예조판서는 예조의 등록에 따로 기록이 없는 것으로 보아 숙의 가례에는 교명이 없다고 답하였다. 이에 정조는 호조의 등록을 직접 살펴보니 교명을 담는 함인 교명함이 있었는데, 숙의 가례에도 교명을 전달하였다는 것을 미루어 알 수 있다고 말하였다.

숙의를 봉작한 당일에 숙종은 숙의 김씨에게 노비 150구□를 내려주었다. 또한 숙의 김씨에게는 각도에서 진상하는 삭선朔膳을 수령하도록 하였다. 삭선은 매달 초하루에 각 도에서 나는 산물로 음식을 차려 왕과 왕비에게 올리는 것이다. 약간의 논란이 있었지만, 왕실 가족으로서 숙의도 삭선을 진상 받는 대상에 포함하도록 한 것이다.

가례청은 재간택을 마치고 바로 조직되었다. 가례청

재간택을 마친 후 바로 설청하는 이유는 우선 삼간택 후에 숙의가 입궐하기 전까지 머물 처소인 별궁을 미리 정하고 수리해둬야 하기 때문이었다. 이는 정태화鄭太和의 사장일기私藏日記 내용에 근거한 것이었다. 정태화가 가례청 도청으로 인조의 후궁 장숙의를 이현궁으로 모시고 갔다는 기록이 남아 있었기 때문이었다.

> 예조에서 아뢰기를, "숙의淑儀 삼간택 뒤에는 응당 거행할 절목이 있어야 할 터인데, 지금 본조의 문서에는 고증해 의거할 만한 것이 없습니다. 고故 상신相臣 정태화鄭太和의 일기에, '후궁 장숙의張淑儀를 가례청 도청嘉禮聽 都廳이 본가로부터 모시고 이현궁梨峴宮으로 나아갔다.'라는 말이 있습니다. 정태화가 당시 전 응교로서 도청이 되었으니, 이는 신빙할 만한 문자입

니다. 이번에도 이에 의거하여 가례청嘉禮廳을 설치하고 도청과 낭청郎廳
을 차출하여 검칙檢飭케 하소서." 하니, 임금이 윤허하였다.

- 『숙의가례청등록淑儀嘉禮廳謄錄』 3월 26일 가례청 설치에 관하여 숙종에게 올린 예조 계사

    숙의가례청은 왕자와 공주, 옹주 가례 때의 사목에 의거하여 마련되었
다. 가례청의 당상은 예조판서, 예조참판, 예조참의로 예조 소속 세 명의
당상이 당연직으로 포함되었다. 도청은 예조정랑 1원과 각사 4품 이상
1원, 낭청은 예조좌랑 1원이며, 원역으로 서리 5인과 사령 5명, 고직 1명
으로 구성되었다.
    삼간택을 마치고 숙의 김씨는 집으로 돌아가지 않고 별궁으로 갔다.
숙의가 가례 전에 머물 별궁은 어의동 별궁 동행랑과 명안공주 구궁舊宮
두 곳이 함께 논의되었다. 최종적으로 숙의가 머물 별궁은 명안공주 구궁
으로 정하여 졌다.
    숙의 김씨가 별궁으로 갈 때 인로군사와 지로치 등 위의를 갖추고, 가례
청의 도청과 낭청도 함께 배행하였다. 숙의 김씨는 머리 장식을 하고 문양
이 있는 흑색 원삼을 입고서 별궁으로 향하였다. 숙의 김씨는 별궁에서
4월 26일 입궁하기 전까지 약 1달 정도 생활하였다.
    숙종은 숙의를 맞이하면서 송례送禮하는 절차가 있어야 할듯하다는 의
견을 내기도 했지만, 대신들의 반대로 이뤄지지 않았다. 송례는 폐백을 보
내는 예로, 육례의 하나인 납폐에 속하는 것이었다. 신하들은 왕비와 후궁
숙의의 지위를 구별하기 위해서 폐백을 보낼 수 없다는 입장이었다.
    숙의 김씨는 별궁에서 입궐하기 직전에 독뢰연獨牢宴만 거행하였다.
독뢰연은 왕 없이 숙의 혼자 행하는 의식이다. 독뢰연의 의식은 다음과

같이 치러졌다.

숙의 김씨는 아청색 원삼을 입고 별궁의 정청에 북향하여 마련한 독뢰석으로 나아갔다. 절하는 자리는 그 오른쪽에 북향하여 설치하였다. 숙의는 북쪽을 향하여 홀로 사배례를 거행하였다. 국왕에 대한 신하의 예를 차린 것이다. 이어서 독뢰로서 삼인을 행하였다. 세 번째 마지막에 근배를 사용하지는 않았다.

숙의 김씨 홀로 행하는 독뢰연을 마친 후에 바로 내선온을 행하였다. 내선온은 임금이 내려주신 술을 참석한 관원들이 함께 마시는 의식이었다. 예조 당상 이하가 홍단령을 입고 내선온에 참석하였다. 관원들은 먼저 북향하여 사배례를 행하였다. 그리고 중사가 따라주는 술잔을 반수班首부터 순서에 따라 무릎을 꿇고 받아서 마셨다. 마지막으로 묘배례卯盃禮를 행한 후에 당상 이하는 흑단령으로 옷을 바꿔 입었다.

독뢰연을 마치고 숙의 김씨는 입궐하였다. 입궐 후에는 조현례를 거행하였다. 먼저 숙종에게 조현례를 거행하였다. 숙의는 익선관과 곤룡포를 갖추고서 어좌에 앉은 숙종에게 북향하여 네 번 절하였다. 그리고 그 다음 날 중궁전과 대왕대비전에게 조현례를 거행하였다. 조현례 장소는 내전이었고, 사배례를 행하였다.

후궁 종2품 숙의의 가례는 납채, 납폐, 친영의 절차가 모두 생략되고, 삼간택, 독뢰연, 조현례로만 구성된 상당히 축소된 형태로 치러졌다.

『국혼정례』 권지삼, 「숙의가례」 '독뢰연' 부분
(서울대학교 규장각한국학연구원 소장)

정1품 경빈 김씨의 책봉과 가례

그렇다면 후궁 최고의 품계인 정1품 빈으로 입궁할 때 종2품 숙의의 가례와는 어떤 의례적 차이가 있을까?

현재 후궁 정1품 빈의 가례등록으로 유일한 『경빈김씨가례청등록』의 기록 속에서 헌종의 후궁 경빈 김씨의 책봉과 가례를 좀 더 상세히 살펴볼 수 있다. 후궁 빈은 왕세자의 배우자인 왕세자빈과 구별하기 위해 '빈어嬪御'라고 한다.

정조 이후로 왕비의 불임으로 왕위계승자를 얻기 위해 들이는 간택 후궁은 내명부 최고 품계인 정1품 빈으로 책봉된 후 왕과 가례를 치렀다.

헌종은 1847년(헌종 13) 7월 18일 14세부터 19세까지의 처자에 대한 금혼령을 내렸다. 처녀 단자는 8월 15일까지 제출하도록 하였다. 곧이어 가례청을 설치하여 간택 후궁 빈의 가례를 준비하도록 하였다. 가례청은 그 처소를 관상감에 두었다. 가례청의 조직은 기본적으로 왕자녀를 위한 가례청의 조직과 동일하였다. 당상은 예조의 당상인 예조판서, 예조참판, 예조참의가 당연직으로 임명되었고, 도청과 낭청 등이 임명되었다.

초간택은 원래 8월 2일로 정해졌다가 비가 많이 내려서 이틀 뒤인 8월 4일에 치러졌다. 초간택에 참여한 처자는 모두 34명이었다. 재간택은 9월 3일에 치러졌다. 원래는 유학 김재청의 딸을 포함한 5명이었으나 1명의 후보는 병으로 참석하지 못하였다. 4명의 후보 가운데 3명이 삼간택에 뽑혔다. 숙종의 숙의 간택 때와 마찬가지로 재간택에서 이미 빈은 김재청의 딸로 내정되었다. 재간택이 끝나고 유학 김재청에게 벼슬을 임명하는 부직付職이 논의되었기 때문이다. 원래는 혜릉 참봉에 임명되었다가 6품

직으로 추천받아 장악원 주부를 제수 받았다.

　삼간택 날짜는 10월 18일이었다. 그 전인 10월 9일 빈의 작호와 궁호가 미리 정하여 졌다. 작호는 경빈慶嬪이고, 궁호는 순화順和였다. 예조의 낭청이 시복을 입고 미리 정해진 작호와 궁호 단자를 받아서 예조의 대청에다 봉안해두었다. 내정되었던 대로 삼간택에서 김재청의 딸 김씨가 빈으로 선정되었다. 경빈은 삼간택을 마친 당일 교자를 타고 이극문貳極門과 숙장문肅章門의 서협문, 돈화문의 서협문을 거쳐 별궁으로 갔다. 경빈이 입궁전까지 머물 별궁은 정조 후궁 유빈 박씨의 예에 따라 장동에 있는 승지 조득임의 집으로 정하였다. 빈씨가 별궁으로 나아갈 때 가례청 당상과 도청 이하 원역들이 시복을 입고 수행하였다.

　경빈 김씨의 가례에는 숙의 김씨와 달리 별궁에서 납채와 납폐를 행하고, 입궐하여 동뢰연과 조현례를 행하였다.

　납채의는 궁궐의 정전에서 거행되었고, 약식으로 치러졌다. 수교서관 이하 제 집사관과 승지 만이 참석하였다. 왕비 가례 때 종친과 문무백관이 모두 참석하고, 각종 시위와 의장을 진설하는 것과 구별되었다.

　국왕은 교서를 내려 "아무 관 아무개의 딸을 명하여 빈으로 삼았으니, 경들은 납채의 예를 행할 것을 명하노라" 라고 하였다. 간택 후궁 빈을 임명한 사실을 궁궐의 정전에서 선포한 것이다. 왕명을 받은 집사관들은 궁궐 정전에서의 납채의가 끝난 후에 수교명관은 공복을 갖추고 제집사관은 흑단령으로 고쳐 입고 가례청의 당상 이하는 흑단령을 갖추고 별궁에 이르러 채서를 전달하였다. 별궁에서 납채를 받는 의식을 마치면, 수교서관 이하는 전문을 받고 궐에 이르러 흑단령으로 갈아입고 복명한 후 전문을 바치는 예를 거행하였다.

경빈의 납폐는 책빈 의식과 함께 간략하게 거행하였다. 국왕은 교서를 내려 "아무관 아무개의 딸을 명하여 빈으로 삼았으니, 경들은 납폐의 예를 행할 것을 명하노라"라 하고, 책빈의 교명을 선포하였다. 명을 받든 수교명관은 빈씨가로 가서 교서와 속백을 주인에게 전달해 주고, 답전을 받았다. 이어서 빈씨를 경빈으로 책봉하는 의식을 거행하였다. 경빈 김씨가 책빈하는 날 입은 명복은 직금원삼이었다. 책봉 교명을 받은 경빈 김씨는 다음날 별궁에서 나와 창덕궁의 돈화문을 거쳐 별전으로 들어갔다.

경빈 김씨가 입궁할 때의 반차에는 종친부, 의정부, 돈녕부, 충훈부, 의빈부, 육조의 판서와 참판이 위요로 참여하였다. 경빈은 입궐할 때 노의露衣를 입었다.

입궐하여 별전으로 들어간 경빈 김씨는 먼저 헌종과 조현례를 행하였다. 대전 조현례에서 왕은 원유관과 강사포를 갖추고 별전의 어좌에 올랐다. 경빈은 서상에서 동향하여 섰다가 들어가 절하는 자리로 나아가서 북면하여 사배례를 거행함으로 대전 조현례를 마쳤다.

대전 조현례 후 바로 동뢰연을 거행하였다. 동뢰연에 헌종은 남향하여 서서 빈의 사배례를 받았다. 헌종은 동쪽에서 서향하지 않고 남면하였고, 경빈은 북면하여 신하로서 사배를 올렸다. 국왕은 어좌에 오르고, 빈도 자리로 나아갔다. 찬인이 교배석 자리 앞에 놓였다. 교배례를 바치고 곧이어 합근례를 거행하였다. 상식이 잔에 술을 따라서 바치면 국왕과 빈은 술을 마시고 탕을 먹었다. 마지막으로 세 번째에는 표주박으로 만든 근배를 사용하여 합근례를 행하였다. 합근례를 마치고 상궁은 헌종을 인도하여 동쪽 방으로 들어가 원유관과 강사포를 벗고, 빈을 인도하여 위악으로 들어가 명복을 벗었다. 상궁은 헌종을 인도하여 위악으로 들어갔다.

동뢰연 다음날 내전에서 왕실 어른에게 조현례를 행하였다. 대왕대비전, 왕대비전, 중궁전 순서대로 행하였다. 대왕대비전에 단수반을 바치고 사배례를 행하였다.

2. 후궁의 죽음이야기

왕의 후궁이 죽으면 어떻게 장례를 치렀을까? 왕자녀의 예장에서 설명했던 것처럼 『경국대전』「예전」'상장喪葬'조의 규정에 따라 후궁도 예장의 대상이 되었다.

그렇다고 왕의 후궁이면 모두 예장을 치를 수 있는 것이 아니었다. 후궁 가운데 예장으로 장례를 치를 수 있는 신분은 정1품 빈과 종1품 귀인으로 한정되었다. 그리고 실제 예장을 치르는 방식은 후궁이 죽었을 당시 왕실 가족이 어떠한 상황에 있었는지에 따라 달라졌다.

예를 들면, 후궁 최고의 품계인 정1품 빈의 지위까지 올랐던 숙빈 최씨, 유빈 박씨, 경빈 김씨는 모두 예장으로 장사지냈다. 그러나 세 명의 후궁들이 죽었을 당시 왕실 가족이 처해있던 상황은 모두 달랐다.

숙종의 후궁인 숙빈 최씨의 경우, 숙종은 살아있었고, 그녀는 병이 있어 이미 장성하여 혼인한 아들인 연잉군과 궁 밖에서 생활하고 있었다. 정조의 후궁인 유빈 박씨의 경우, 정조는 비록 일찍 죽었지만, 그녀가 낳은 아들이 왕으로 즉위하여 재위 중이었다. 또한 그녀는 궁 안에서 왕실 가족과 함께 살고 있었다. 헌종의 후궁인 경빈 김씨의 경우는 또 달랐다. 그녀는 헌종의 뒤를 이을 왕위계승자를 얻기 위해 후궁으로 간택되어 입궁하였다. 그러나 입궁한 지 2년 만에 헌종이 갑자기 승하하였다. 헌종의 자녀 또한 낳지 못한 상황이었다. 경빈 김씨는 정조의 후궁인 유빈 박씨와 같이 간택 후궁으로 입궁했지만, 유빈 박씨와 달리 원자를 낳지 못하였다. 그 후 대한제국이 선포되어 조선은 제후국에서 황제국이 되었고, 그녀는 1907년(광무 11) 76세로 죽었다.

숙빈 최씨, 유빈 박씨, 경빈 김씨 모두 국가에서 예장으로 장사를 지내도록 하였다는 의미에서는 동일하지만, 실제 예장을 지내는 방식은 달랐다. 특히 병이 있던 숙빈 최씨와 같이 자신이 낳은 아들 연잉군과 궁 밖에서 함께 살다가 죽었을 때의 예장과 유빈 박씨와 같이 아들 순조가 왕으로 재위 중에 궁 안에서 함께 살다가 죽었을 때의 예장은 확연하게 차이를 보였다. 유빈 박씨의 경우 자신이 낳은 아들이 왕으로 즉위하고, 아들이 재위 중에 자신이 먼저 죽게 되었으므로 후궁 정1품 빈의 예장 중에서도 가장 성대한 예장으로 치를 수 있었다. 실제 유빈 박씨의 예장은 사도세자의 세자빈으로 간택되어 자신이 낳은 아들인 정조가 왕위를 계승하였던 혜경궁 홍씨의 예장을 전례로 참고하였다.

또한 후궁의 죽음을 처리하는 방식은 후궁의 신분이 양반가 출신인가 아닌가에 따라서도 달랐다. 숙종의 후궁 숙빈 최씨는 어려서 일찍 부모를 잃고 궁녀로 입궁하였다가 숙종의 승은을 입은 뒤 후궁의 지위에 오른 승은 후궁이었다. 따라서 처음에 후궁 가운데 가장 낮은 품계인 종4품 숙원으로 봉작되었다가 아들을 낳은 이후에 숙의, 귀인으로 품계가 점점 올라갔다. 그리고 왕실의 경사를 맞이하여 후궁 최고의 품계인 정1품 숙빈에까지 오를 수 있었다. 반면, 정조의 후궁 유빈 박씨는 왕위계승자를 얻기 위해 공식적인 후궁 간택 절차를 모두 거친 후에 처음부터 후궁 최고의 품계인 정1품 빈으로 가례를 치른 후에 입궁하였다.

숙종의 승은 후궁 희빈 장씨의 죽음

희빈 장씨는 조선시대 후궁 가운데 대중적으로 가장 잘 알려진 인물이다. '장희빈'으로 더 잘 알려진 희빈 장씨는 소설, 드라마, 영화의 주인공으로 등장하면서 시대를 뛰어넘어 대중적인 이야기 소재를 제공한 왕실 인물이기도 하다. 그만큼 극적인 삶을 살다 간 왕실 여성이었다. 희빈 장씨는 궁녀로 입궁하여 왕의 승은을 받고 자녀를 낳기 전이었는데도 불구하고 1686년(숙종 12) 종4품 숙원으로 봉작될 정도로 숙종의 총애가 남달랐다. 그 후 1688년(숙종 14) 정2품 소의로 승급되고 10월 28일 왕자(후일의 경종)를 낳았다. 다음 해 1689년(숙종 15) 1월 11일 그녀가 낳은 아들이 숙종의 왕위계승권자인 원자로 정호되면서 정1품 희빈이 되었다. 희빈 장씨가 낳은 아들을 원자로 정호하는 문제로 서인과 남인의 갈등이 깊어지면서 기사환국이 발생하였다. 그 과정에서 숙종은 정비였던 인현왕후를 서인으로 폐한 후에 희빈 장씨를 왕비로 삼았다. 1690년(숙종 16) 원자가 왕세자로 책봉되었고, 그녀 또한 왕비로 책봉되었다. 그로부터 4년 후인 1694년(숙종 20) 폐서인되어 궁궐 밖으로 쫓겨났던 인현왕후가 다시 궁궐로 돌아와 왕비로 복위되었고, 반대로 당시 왕비의 지위에 있었던 장씨는 별당으로 쫓겨나 후궁으로 그 지위가 강등되었다. 1701년(숙종 27) 인현왕후가 갑자기 승하하였는데, 희빈 장씨가 인현왕후를 죽이려고 무고巫蠱하였다는 것이 드러나면서 그녀 또한 죽음을 맞이하였다. 보통 희빈 장씨의 생애 이야기는 한 때 그녀를 지극히 사랑했던 왕 숙종이 내린 '사약'

을 마시고 자진하는 모습에서 끝이 난다.

　1701년(숙종 27) 10월 8일 숙종은 희빈 장씨에게 인현왕후를 죽음에 이르게 한 죄명으로 자진하도록 명하였다. 이때 숙종이 내린 비망기는 다음과 같다.

> 희빈 장씨가 내전을 질투하고 원망하여 몰래 모해하려고 도모하여, 신당을 궁궐의 안팎에 설치하고 밤낮으로 기축하며 흉악하고 더러운 물건을 두 대궐에다 묻은 것이 낭자할 뿐만 아니라 그 정상이 죄다 드러났으니, 신인神人이 함께 분개하는 바이다. 이것을 그대로 둔다면, 후일에 뜻을 얻게 되었을 때, 국가의 근심이 실로 형언하기가 어려울 것이다. 전대 역사에 보더라도 어찌 두려워하지 않을 수 있으랴? 지금 나는 종사를 위하여, 세자를 위하여 이처럼 부득이 한 일을 하니, 어찌 즐겨 하는 일이겠는가? 장씨는 전의 비망기에 의하여 자진하게 하라. 아! 세자의 사정을 내가 어찌 생각하지 아니하였겠는가? 만약 최석정의 차자의 글과 같이 도리에 어긋나고 끌어다가 비유한 것에 윤기倫紀가 없는 경우는 진실로 족히 논할 것이 없겠지만, 대신과 여러 신하들의 춘궁을 위하여 애쓰는 정성을 또한 어찌 모르겠는가? 다만 생각에 생각을 더하고 또 다시 충분히 생각한 결과 일이 이미 이 지경에 이르렀으니, 이 처분을 버려두고는 실로 다른 도리가 없다. 이에 나의 뜻을 가지고 좌우의 신하들에게 유시하는 바이다.
>
> 　　　　　　　- 『숙종실록』 35권, 숙종 27년 10월 8일 신유

　희빈 장씨에게 자진하라고 명한 하교는 숙종이 직접 인정문에 나가 인현왕후의 죽음에 연루된 궁녀와 무녀들을 친국한 날인 9월 28일에 처음

내려졌다. 그러나 이 비망기를 승정원에 내린 후에 정원과 옥당이 청대하였고, 숙종은 비망기를 다시 환입하도록 하였다. 신하들은 희빈 장씨가 낳은 아들이 당시 왕세자의 지위에 있었으므로 희빈 장씨의 죽음만은 막으려 했던 것이다. 그 과정에서 영의정 최석정, 판부사 서문중, 부교리 권상유, 부수찬 이관명 등이 희빈 장씨를 구명하는 상소를 올렸다. 10월 3일에 인현왕후 저주사건에 연루된 숙정, 숙영, 축생, 오례, 자근례 등은 군기시軍器司 앞에서 참형에 처해졌고, 철생은 당현堂峴에서 참형에 처해졌다.

10월 7일 숙종은 앞으로 다시는 후궁을 왕비의 지위에 오르지 못하도록 하교하였다. 다음 날인 10월 8일에 숙종은 마음을 돌이키지 않고 장씨에게 자진하라는 명령을 다시 내렸다. 숙종은 처음 자진하라는 하교를 내린 후 10일 동안 왕세자의 생모인 희빈 장씨의 생사 문제를 두고 상당히 고민하였던 것을 알 수 있다.

그렇다면 죄를 얻어 죽은 희빈 장씨의 죽음은 어떻게 처리되었을까? 희빈 장씨는 비록 용서 받지 못할 죄를 짓고 왕명에 의해 자진하여 죽었지만, 그녀가 낳은 아들이 왕세자의 지위에 있었기 때문에 그녀의 죽음을 처리하는 과정에서 이 부분이 상당 부분 고려되었다. 그 과정에서 후궁의 상례등록이 현전하게 되었다.

희빈 장씨의 상장례는 『장희빈상장등록張禧嬪喪葬謄錄』을 통해 살펴볼 수 있다. 이 등록에는 희빈 장씨의 상장례에 관한 등록 뿐만 아니라 '인장리천장등록仁章里遷葬謄錄', '추보등록追報謄錄' 등 3종류의 등록이 함께 묶여있다.

10월 10일 숙종은 장씨가 이미 자진하였으니 예조에 명하여 상장제수喪葬祭需를 참작하여 거행하라고 명하였다. 그리고 왕세자와 빈궁이 거애

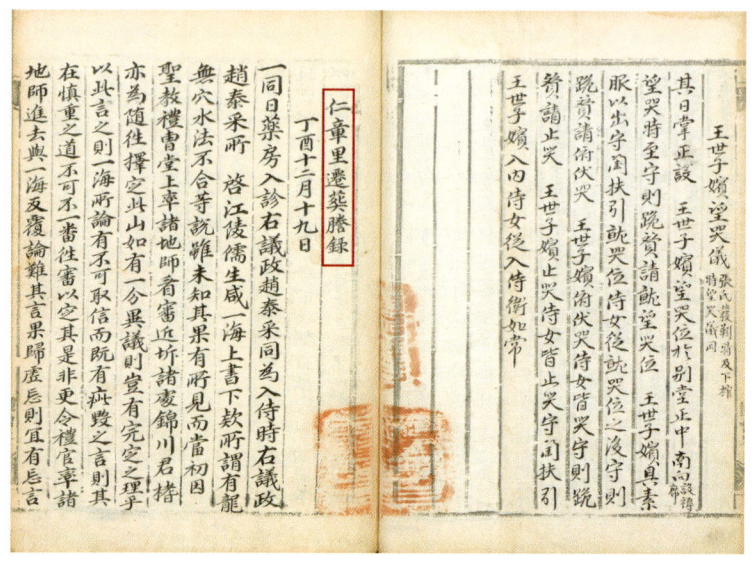

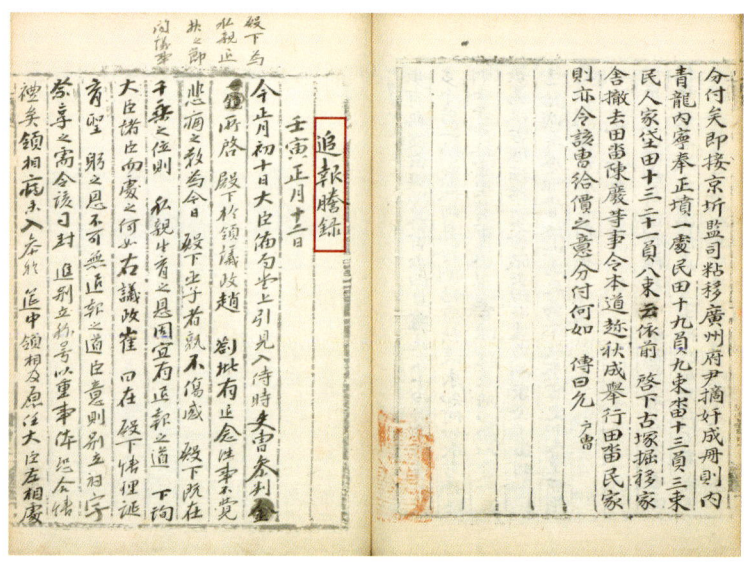

『장희빈상장등록張禧嬪喪葬謄錄』, '인장리천장등록仁章里遷葬謄錄'(상), '추보등록追報謄錄' 부분(하)
(한국학중앙연구원 장서각 소장)

하는 절목과 처소는 대신에게 물어서 정하도록 하였다. 이에 서문중이 제시한 의견을 따라 희빈 장씨의 상에 왕세자는 모자의 친함이 있으니 별당에서 거애하고, 살아있을 때의 품질品秩에 따라 초상을 치르도록 하였다. 비록 죄인으로 죽었지만, 희빈 장씨는 죽기 전에 정1품 빈의 지위에 있었으므로, 국가에서 예장하도록 하자는 의견이었다. 또한 궐 밖의 별처로 나가 초상을 치르되, 장생전에서 관을 보내고, 조정에서 위문하고, 예조와 호조의 관원을 보내도록 하였다.

그날 저녁 희빈 장씨의 시신은 소금저素錦褚에 싸여 선인문宣人門의 협문을 통해 궁궐을 빠져 나와 정릉동에 있는 희빈 장씨의 본궁으로 보내졌다. 비록 희빈 장씨의 상례를 예장으로 치르도록 결정하였지만, 호상낭청으로 예조좌랑 정유신 1인과 서리 진필태 1인만을 차출하여 상사를 살피도록 하였다. 숙종은 제수만을 지급하도록 호조에 명하였다.

왕세자와 왕세자빈궁은 창경궁 숭문당崇文堂에서 거애하였고, 시복緦服을 입도록 하였다. 상의원에서는 왕세자와 왕세자 빈궁의 시복을 세숙포와 숙마를 사용하여 제작하였다. 10월 9일에 희빈 장씨가 자진하고 4일째 되는 날인 10월 12일에 왕세자와 빈궁은 시복으로 성복하였다. 복을 벗는 제복除服에 관하여 논의한 결과, 성복 후 3일이 지난 10월 16일을 제복일로 정하였다. 이 날 왕세자와 왕세자빈궁은 성복일에 입었던 시복을 벗고, 내시는 이를 봉출하여 깨끗한 곳에 묻었다.

이와 함께 희빈 장씨의 상에 왕세자와 왕세자빈이 거행한 의절을 상세하게 적은 의주가 각각 마련되었다. 거애, 성복, 제복, 친림, 망곡 등에 관한 의주들이다. 「왕세자거애의」, 「왕세자빈거애의」, 「왕세자성복의」, 「왕세자빈성복의」, 「왕세자제복의」, 「왕세자빈제복의」, 「왕세자친림상차출환궁의」, 「왕세자망곡의」, 「왕세자빈망곡의」 등이 이에 속한다.

왕세자가 숭문당에서 거애할 때 의절을 살펴보면 다음과 같다. 거애하는 자리는 흰색을 사용하여 남향으로 마련하였다. 궁관이 곡하는 자리는 숭문당 앞에 겹줄로 북향하여 설치하고, 거애가 끝나고 왕세자를 위문하는 자리인 봉위위奉慰位는 숭문당의 계단 아래 북향으로 마련되었다. 찬의와 인의의 자리는 궁관의 동쪽에 북향하여 마련하였다. 3각 전에 세자익위사는 의장과 시위를 진설하였다. 왕세자와 궁관들이 정해진 시간에 모두 자리에 서고, 장씨를 위해 거애할 것을 청하면 15번 소리를 내어 곡을 하였다. 곡을 그치고 부복하였다가 일어나 몸을 편 후에 궁관의 행수가 봉위위에 이르러서 무릎을 꿇으면, 참석한 사람들도 함께 무릎을 꿇는다. 행수가 참석한 명단을 바치고 봉위하고 자리로 돌아간다. 왕세자는 내전으로 돌아가고 인의가 궁관을 인도하여 나간다. 의주에는 실제로 참석한 사람들의 명단은 나와 있지 않기 때문에 알 수 없으나 왕세자가 생모를 위해 궁 안에서 거애할 때 엄숙하게 치러지는 분위기를 느낄 수 있다.

희빈 장씨의 장지는 원래는 11월 12일에 광주 하도 북방면으로 정하여졌으나, 12월 초에 예조참의 홍수주洪受疇의 상소로 다시 논의되었다. 종실인 금천군錦川君도 장지를 살피는 데 참여하도록 하였다. 1702년(숙종 25) 징월 16일 양주 인장리, 지평 수동, 수원 용봉리, 광주 하도 등 네 곳을 다시 간심하였다. 다양한 산론山論이 펼쳐진 후 최종적으로 양주 인장리로 정하였다. 정월 18일에 장례 일정이 정하여 졌는데, 정월 22일부터 시역을 시작하여 정월 30일에 발인하여 안장하였다.

발인하기 전날인 정월 29일 왕세자가 어머니의 빈소가 차려진 희빈 장씨의 본궁에 친림하기로 결정하면서 급하게 「왕세자친림상차출환궁의」

라는 의주가 마련되었다. 그리고 왕세자와 왕세자빈은 발인할 때와 하관할 때 별당에서 따로 망곡례를 행하였다.

희빈 장씨의 시신을 인장리에 안장하고 6월에 이르러서야 종친 정1품 예장 후에 사면으로 1백보에 한하여 경작과 목축을 금지하는 예에 따라 1백보 내의 가옥과 밭, 무덤 등을 값을 치룬 후에 철거하도록 하였다.

정조의 간택 후궁 유빈 박씨의 죽음

1822년(순조 22) 12월 26일 유빈 박씨의 병세가 심해지자 순조는 약방에 속해 있던 세 명의 제조에게 모두 직숙하라는 명을 내렸다. 유빈 박씨의 진료를 담당했던 의관도 직숙하고, 의녀도 대령하도록 하였다. 순조는 생모인 유빈 박씨의 병세가 위급해지자 종묘[廟], 사직[社], 산천[山川]에 날을 점치지 말고 기도제祈禱祭를 설행하라는 전교를 내렸다가 다시 거두기도 하였다. 그날 밤 해시亥時에 창덕궁 보경당에서 유빈 박씨가 숨을 거두었다. 이어서 내시가 유빈 박씨가 평상시 입던 웃옷을 가지고 지붕에 올라가 "가순궁 복嘉順宮 復"이라고 외쳤다. 가순궁이 다시 살아 돌아오기를 바라는 절차였다.

낳아주신 어머니인 유빈 박씨가 죽자, 순조는 다음과 같이 하교하였다.

> 정성이 모자라서 26일 해시에 가순궁께서 보경당에서 졸서卒逝하였으니, 망극하고 망극할 뿐이다. 마땅히 행해야 할 예절을 해조에서 거행하도록 하라.
>
> - 『순조실록』 25권, 순조 22년 12월 26일 병인

유빈 박씨는 정조의 후궁이었지만, 순조의 생모로서 순조의 재위 중에 죽었기 때문에 그의 아들인 순조가 직접 어머니의 죽음을 공식적으로 알렸다.

순조는 먼저 자신의 어머니를 가순궁이라 일컬으며 그녀의 죽음을 알렸다. 가순궁은 1787년(정조 11) 2월 12일 정조가 유빈 박씨와 가례를 올린 후에 그녀가 거처하는 곳의 궁호를 '가순'이라고 정해주면서 붙여진 별칭이다. 순조는 아버지 정조가 그의 어머니를 정1품 빈으로 책봉하면서 정한 빈호嬪號인 '유빈'보다는 궁호인 '가순궁'으로 낳아주신 어머니를 지칭하였다.

유빈 박씨가 죽음에 임박했을 당시 머물렀던 처소는 보경당이었다. 보경당은 창덕궁의 편전인 선정전 뒤쪽에 있는 건물이다. 왕비의 침전인 대조전의 서쪽이기도 하다. 왕의 평상시 집무실인 선정전과 가까운 곳에 후궁의 처소가 마련되었던 것이다. 그 후 후궁이 거처하는 처소로 사용되었다. 유빈 박씨는 왕을 낳은 어머니로서 그 곳에 머물렀던 것이다.

유빈 박씨는 평소 양심합養心閤에 거처하고 있었다. 양심합은 왕비의 침전인 대조전의 남쪽에 위치한 행랑이다. 그리고 왕의 편전으로 쓰였던 희정당의 북쪽 선평문 동행각에 위치하고 있다. 유빈 박씨는 아들인 순조가 주로 정사를 살폈던 선정전이나 희정당과 가까이에 머물면서 순조가 좋아하는 음식을 해서 자주 전해 주었다고 전한다. 순조는 유빈 박씨가 음식을 보내올 때마다 입맛이 없더라도 반드시 맛보아 어머니를 기쁘게 해드렸다.

순조는 어머니의 죽음을 공식적으로 발표한 이후 곧 이어 발인 전까지 유빈 박씨의 시신을 장례 전까지 둘 장소를 정하고, 상장례 업무를 담당할 임시부서를 설치하도록 하였다.

> 빈궁殯宮은 부득불不得不 환경전歡慶殿으로 해야 하겠으니, 해방에서는 그렇게 알도록 하라.
>
> 빈궁, 장례, 원소 세 도감의 당상과 낭청을 해조에서 차출하도록 하라.
>
> - 『순조실록』 25권, 순조 22년 12월 26일 병인

낳아주신 어머니의 죽음을 알린 순조는 가장 먼저 어머니의 시신을 보관해둘 장소를 빈소라 칭하지 않고, 빈궁이라 칭하였다. 그리고 '부득불'이라는 표현을 써가며 빈궁을 창경궁 환경전으로 정하였다.

창경궁 환경전(한국민족문화대백과사전)

순조가 유빈 박씨의 빈궁으로 정한 환경전은 창경궁의 정전인 명정전의 서북쪽에 위치하고 있다. 1688년(숙종 14) 인조 계비인 장렬왕후의 빈전이 설치된 것을 시작으로 그 후 왕비들의 빈전으로 종종 사용되었던 공간이다. 이례적으로 1800년(순조 즉위년)에 정조가 승하하고 대왕대비로 있던 정순왕후가 정조의 빈전을 환경전에 설치하기도 하였다. 그 후 순조 재위시절에 영조의 계비 정순왕후, 사도세자의 빈인 혜경궁, 정조의 비인 효의왕후의 빈전이 모두 환경전에 마련되었다. 1830년(순조 30) 5월에 효명세자가 갑자기 죽었을 때에도 순조는 왕세자의 빈궁을 환경전에 설치하도록 하였다.

이와 같이 17세기 후반 이래로 창경궁의 환경전은 주로 왕과 왕비의 빈전으로 사용되었던 공간이었다. 따라서 후궁의 빈소로 환경전을 선정하는 것은 '유례踰禮'에 해당하였다. 후궁의 분수에 맞지 않는 예임을 지적하는 신하들의 상소가 올라왔다. 후궁의 상례를 임금이 거처하는 곳[大內]에서 치르는 것은 잘못된 일이며, 그에 더하여 후궁의 빈소를 왕과 왕비의 빈전으로 자주 사용되는 환경전에 마련하도록 한 순조의 명이 잘못되었다는 것을 지적하는 상소였다. 그러나 순조는 자신의 뜻을 꺾지 않고, 오히려 상소를 올린 엄도嚴燾와 권돈인權敦仁을 멀리 귀양 보내도록 하였다.

순조는 곧이어 어머니의 예장을 담당할 기관으로 예장소니 예장청 보다 격이 높은 도감을 설치하도록 지시하였다. 후궁의 예장을 담당하기 위해 도감을 설치하는 것은 상당히 예외적인 것이었다. 예를 들면, 정조의 후궁 가운데 첫 번째 간택 후궁으로 입궁한 원빈 홍씨가 죽었을 때에도 예장도감을 설치한 적이 있었다. 원빈 홍씨는 1778년(정조 2) 6월 21일에 13세의 어린 나이에 간택 후궁인 빈으로 정하여 졌고, 6월 27일 정조와 가례를 치렀다. 그러나 원빈 홍씨는 다음해 5월 7일 입궁한 지 1년도 안되어 14세를 일기로 갑자기 죽었다. 나이가 어렸으므로 정조와의 사이에서 자녀도 없었다. 그러나 원빈 홍씨가 후궁으로 간택될 당시 정조는 즉위 초반이었고, 원빈 홍씨의 친오빠인 홍국영은 막강한 정치적 영향력을 가지고 있었다. 그 영향으로 후사 없이 15세 이전에 죽은 원빈 홍씨의 상장례는 '참람한 예[僭例]'로 행하게 된 것이다. 당나라의 예법을 기록한 책인 『개원례』와 명나라 비빈의 예에 의거하여 상장례가 치러진 것이다. 이에 따라 시호를 인숙仁淑, 궁호를 효휘孝徽, 원호를 인명仁明이라 하였으며, 상장례를 위해 세 도감을 설치하였다. 원빈 홍씨의 시신은 1779년(정조 3) 7월 3일 한양 동부 온수동 해좌에 조성된 인명원에 안치되었다.

그로부터 3년 후 1782년(정조 6) 6월 2일 첨지중추부사 정술조鄭述祚는 원빈 홍씨의 무덤인 인명원을 그대로 두는 것은 마땅하지 않으므로 원을 묘로 고쳐야 한다고 상소하였다. 그 이유는 후궁의 무덤을 원으로 봉하는 예는 왕을 낳은 후궁의 공덕에 보답하기 위하여 마련한 제도로, 원빈 홍씨는 이에 해당하지 않기 때문이었다.

> 대저 원園의 뜻은 능陵의 버금이고 묘墓보다는 중한 것입니다. 삼가 한漢나라와 송宋나라의 고사故事를 상고하건대 모두 성인聖人을 낳으시어 종사宗社와 신인神人의 주인이 되게 한 데 대한 공을 갚고 덕에 보답하기 위한 방도였던 것인데, 아조我朝에서 봉원封園하는 것도 또한 이를 모방하여 행하는 것으로 실로 조상에게 제사지내어 근본에 보답하는 정성에 합치되는 것입니다. 그러나 인명원仁明園을 창설한 데 이르러서는 끝내 고례古例가 아닙니다. 원과 묘가 다른 것은 단지 한 글자 사이를 다투는 것이지만 융쇄

隆殺하는 즈음에 있어서의 예의禮義는 절연截然한 점이 있는 것입니다. 이
제 비록 묘라고 일컫더라도 다른 빈어嬪御의 산山에 견주어 보면 이미 사치
스러운 것입니다. 인명원仁明園의 원園자는 이를 그대로 보존시켜 후세에
보이는 것은 마땅하지 않습니다.

- 『정조실록』 13권, 정조 6년 6월 2일 정묘

  1786년(정조 10) 1월 22일 당시 호조참판이었던 정술조는 원빈 홍씨의
무덤인 인명원은 일개 후궁의 산소에 불과한데 외람되게 원園자를 붙였
을 뿐만 아니라 '인명仁明'이라는 둘 글자는 문정왕후의 휘호이므로 이를
혁파해야 한다고 정조에게 다시 한번 아뢰면서 공론화 되었다. 11월 11일
에 영의정 김치인金致仁 이 의정議政과 옥당玉堂과 대간臺諫들이 함께 모여
정무를 왕께 보고하는 차대次對에서 이 문제를 다시 거론함으로써 마침내
정조는 전례에 어긋난 원빈 홍씨의 원호와 궁호를 모두 바로잡도록 하였
다. 그 후 1820년(순조 20) 12월 11일 순조는 원빈 홍씨의 묘소 제향은 후사
없이 죽은 후궁의 예에 의거하여 수진궁에서 맡아서 제사지내도록 하였다.
  원빈 홍씨의 상장례에 관하여는 장서각에『인숙원빈궁예장의궤仁淑元
嬪宮禮葬儀軌』와『숙창궁상장일기淑昌宮喪葬日記』가 전한다.『인숙원빈궁
예장의궤仁淑元嬪宮禮葬儀軌』는 장생전에서 재실梓室과 관련된 일체의 사
항을 정리해 놓은 의궤이다. 따라서 장생전의 주요 업무와 관련된 사항을
중심으로 기술하고 있으며, 의궤라기보다는 등록에 가깝다. 숙창淑昌은
원빈 홍씨가 생전에 받았던 궁호이다.
  순조의 명으로 유빈 박씨의 빈소는 환경전으로 정하여 지고, 상장례 업
무는 빈궁도감, 장례도감, 원소도감을 각각 구성하여 진행하도록 하였

다. 이에 따라 유빈 박씨의 상장례를 마친 후에 따로 의궤청을 설치하여 세 도감에서 담당한 업무들은 모두 의궤로 만들어졌다. 서울대학교 규장각한국학연구원에 『유빈장례도감의궤』, 『유빈빈궁혼궁도감의궤』, 『유빈휘경원원소도감의궤』이 보관되어 있다. 보통 후궁의 가례와 달리 후궁의 상장례는 예장으로 치르더라도 따로 예조에서 개별적인 등록을 작성하지 않았다. 그런데 유빈 박씨의 상장례에 관하여는 의궤와 등록이 모두 남아있다. 한국학중앙연구원 장서각에는 『현목유빈상장등록』과 『가순궁상례등록』이 보관되어 있다.

이와 같이 순조가 처음부터 강하게 제시한 두 견해는 유빈 박씨의 지위를 후궁 정1품의 지위보다 높은 위치에 두고 싶었던 순조의 생각을 따라 상장례를 치르도록 이끌었다. 순조는 자신을 낳은 어머니가 비록 후궁의 지위에 있었지만, 일반적인 왕의 후궁과는 다르므로 구별할 필요가 있다고 생각하였다.

유빈 박씨의 죽음을 처리하는 과정은 그녀의 사회적 지위를 어떻게 규정할 것인가 라는 문제와 밀접한 관련이 있었다. 유빈 박씨는 정조의 후궁이었지만, 현 국왕인 순조의 생모였으므로 '대왕사친大王私親'의 죽음에 해당하였다.

그러나 이러한 경우는 조선이 개국한 이래로 처음 있는 일이었다. 전례가 없었으므로 새로이 예를 만들어야 하는 상황이었다. 예를 들면, 12월 28일 가순궁이 죽은 지 삼일 째 되는 날 영상靈床을 환경전으로 옮길 때 백관들은 천담복淺淡服 차림으로 환경전 남쪽에 있는 함인정涵仁亭 앞에서 함께 곡을 하도록 하였다. 순조가 친림하였으므로 백관이 함께 예에 참여하도록 한 것이다. 후궁의 상에 백관이 참여하도록 한 것은 왕을 낳은 후궁의 상례가 왕의 재위 중에 일어났기 때문에 가능한 풍경이었다.

후궁의 상례였지만 그 후궁이 대왕사친이라는 특별한 지위에 있었으므로 유빈 박씨의 죽음을 대하는 순조와 신하들의 생각이 달라 갈등을 드러내기도 하였다. 빈궁의 처소를 둘러싼 갈등은 시작에 불과했다.

순조는 유빈 박씨의 시신을 안장할 휘경원徽慶園을 지키는 관원의 호칭을 '수봉관守奉官'이라 하지 않고, 왕과 왕비의 능을 지키는 관원인 '참봉參奉'으로 하도록 하였다. 영조가 즉위한 이후에 사친인 숙빈 최씨의 묘를 원으로 승격한 이래로 왕을 낳은 후궁의 원에는 수봉관이 파견되었다. 그러나 순조는 전례를 따르지 않고 능에 파견되는 관원과 같은 호칭인 참봉으로 바꾸길 원했다. 홍문관의 관원들은 능과 원은 사체가 판이하게 다른데 원관의 칭호를 능관처럼 참봉으로 변경할 수는 없다는 내용의 연명상소를 올렸으나 순조는 이를 받아들이지 않았다.

또한 순조는 창경궁 선인문 안에 위치한 도총부都總府에 유빈 박씨의 혼궁魂宮을 마련하라고 하였다. 빈궁뿐만 아니라 혼궁도 궁 안에 두도록 한 조치였다. 혼궁은 사당에 신주를 모시기 전까지 삼년상 동안 신주를 모시고 제사 지내는 공간이다.

신하들은 혼궁을 임금이 머무는 공간인 대내에 두는 것은 불가하다는 연명 상소를 계속해서 올렸다. 인조가 그의 사친인 계운궁啟運宮의 혼궁을 대내에 두지 않고 별궁에 두었던 전례를 따르도록 요청하는 상소였다. 영의정 김재찬 또한 궁 밖에 따로 터를 잡아 묘궁廟宮을 지어서 장사지낸 후에 신주를 이곳으로 바로 모셔 와서 영구히 신주를 봉안할 장소로 삼도록 하자는 상소를 올렸다. 그러나 신하들의 연이은 상소에도 불구하고 순조는 도총부를 유빈 박씨의 혼궁으로 사용할 용도로 고치는 일을 멈추지 않았다. 이에 따라 순조의 뜻대로 혼궁으로 지정된 도총부에는 이안청과 제기고, 재실 등이 마련되었다.

유빈 박씨의 혼궁은 현사궁顯思宮이라 지칭하였다. 물론 순조가 지은 궁호이다. 순조는 궁호를 직접 지었을 뿐만 아니라 '현사궁'이라는 세 글자를 직접 써서 내려주었다. 도감에서는 이를 받아서 글자그대로 새겨서 현판을 제작하여 걸도록 하였다. 보통 왕과 왕비의 혼전은 신하들의 회의를 거쳐 혼전의 전호를 결정하였다. 이와 달리 왕세자나 왕세자빈의 혼궁에는 따로 궁호를 붙이지 않는 것이 관례였다. 유빈 박씨는 예외적으로 후궁임에도 불구하고 왕비와 같이 혼전이라고 하지는 않았지만, 혼궁에 따로 궁호가 있다는 점에서는 동일하다고 하겠다.

유빈 박씨가 졸서한 지 4일째 되는 날에는 유복친들은 모두 성복을 하였다. 후궁인 어머니를 위해 왕인 아들이 입어야 하는 상복은 자최삼년복齊衰三年服이 아니라 3개월 시마복이였다. 순조는 비록 유빈 박씨가 낳았을 지라도 원자로 정호한 후 내전취자의 왕실 가족의 문화 전통에 따라 정조와 효의왕후의 아들로 왕위에 올랐다. 따라서 순조는 명분상의 어머니인 효의왕후의 상에는 자최삼년복을 입고 삼년상을 치렀다. 하지만, 낳아주신 어머니인 유빈 박씨의 상에는 3개월 시마복을 입어야 했다. 순조의 배우자인 중궁전 역시 시마복을 입었다. 그러나 순조의 아들인 효명세자와 세자빈은 상복을 입지 못하였다. 3개월 시마복보다 한 등급 낮은 상복이 없었기 때문이다. 이에 비하여 유빈 박씨의 딸인 숙선옹주는 자최기년복齊衰期年服을 입도록 하였다. 숙선옹주는 대통大統을 이어받은 오빠인 순조와 입장이 달랐기 때문에 자최복을 입되, 1년 동안만 상복을 입도록 한 것이다. 딸인 숙선옹주는 상주가 될 수 없었으므로 삼년동안 상복을 입을 의무는 없었다.

같은 날 신하들은 원호와 시호를 의정한 결과, 원호는 '휘경徽慶'으로, 시호는 '현목顯穆'으로 정하였다.

유빈 박씨의 무덤인 휘경원을 어디에 조성할 것인가에 대한 논의는 1823년(순조 23) 1월 8일부터 시작되어 1월 22일까지 이어졌다. 화성華城, 용인龍仁, 배봉진拜峯鎭, 공덕리孔德里 등이 후보지로 물망에 올랐으나, 최종적으로 배봉진에 조성하기로 정하여졌다. 이곳은 다름이 아니라 정조의 사친인 장헌세자의 무덤인 영우원永祐園의 옛 터이기도 하였다. 그리고 1789년(정조 13) 양주 배봉산에 있던 영우원을 수원의 화산에 있는 현륭원으로 옮기면서 묻어 두었던 옛 석물들을 다시 조금 다듬어서 휘경원의 석물로 사용하였다.

2월 26일은 빈궁인 환경전에 봉안되어 있던 유빈 박씨의 시신이 안치된 재실梓室을 받들어 대여大輿에 싣고 발인하는 날이었다. 순조는 휘경원까지 가는 발인행렬을 따라 갈 수 없었으므로 홍화문 밖에서 재실이 놓여진 대여를 보내야만 했다. 이를 발인봉사發靷奉辭라 한다. 신하들은 홍인문 밖 보제원普濟院에 마련한 노제소路祭所에서 노제를 지내고, 향을 올려 하직하였다. 이를 진향봉사進香奉辭라 한다. 발인행렬은 휘경원 원소의 정자각에 도착하여 성빈한 뒤 성빈전을 올렸다.

발인 후 다음 날인 2월 27일 아침 정자각에 봉안되어 있던 찬실을 열고 사시巳時에 현실玄室에 재실을 내렸다. 재실을 내리는 시간에 궁궐에 있던 순조도 망곡례를 행하였다. 오시에는 길유궁에서 제주관으로 뽑힌 김렴金廉이 신주에 글을 썼다. 외면에는 '顯穆綏嬪神主'라 쓰고, 함중陷中에는 '朝鮮國顯穆綏嬪朴氏神主'라고 썼다. 신주에 글을 쓰고 난 뒤에도 입주전

남양주 휘경원. 순조 생모 유빈 박씨가 묻힌 휘경원 원경(상)과 휘경원 전경(하)
(한국민족문화대백과사전)

立主奠을 올렸다.

　우주궤와 신백함을 실은 우주련虞主輦이 길유궁에서 출발하여 창경궁의 혼전인 현사궁을 향해 출발하였다. 유빈 박씨의 장례를 모두 마친 후에 신주를 궁궐로 모셔오는 반우返虞행렬인 것이다. 순조와 왕세자는 발인 때 궁궐 문인 홍화문에서 대여를 보내야 했던 것과 달리 도성문인 홍인문 밖까지 나가서 우주련을 맞이하였다. 순조는 우주련을 배종했고, 신시申時에 현사궁에 신주를 봉안하였다. 그리고 순조가 친히 현사궁에서 초우제를 지냈다. 2월 29일에 재우제, 3월 2일에 삼우제, 3월 4일 사우제, 3월 5일 오우제를 지냈다. 재우제와 삼우제는 왕세자가 섭행하였고, 사우제와 오우제는 순조가 친히 행하였다. 그 사이 3월 3일에는 유빈의 무덤인 휘경원의 조성이 모두 마무리 되었다. 그리고 오우제를 마친 다음날인 3월 6일 순조는 생모인 유빈 박씨의 예장을 치르는데 수고했던 관원들에게 시상 하였다.

　3월 7일에는 순조가 시마복 차림으로 졸곡제를 친행하였다. 순조는 삼년상이라는 표현은 하지 않았지만, 유빈 박씨의 혼궁인 현사궁에서 지내는 삼년 안의 모든 제향은 대내에서 친행하는 것으로 마련하도록 하였다. 순조의 전교는 국가 차원이 아닌 왕실 차원에서 낳아주신 어머니의 삼년상을 지내겠다는 의지의 표현이었다.

헌종의 간택 후궁 경빈 김씨의 죽음

　헌종의 후궁인 경빈 김씨는 헌종의 왕위계승권자인 원자를 얻기 위해 후궁을 간택할 때 정1품 빈으로 입궁한 간택 후궁이다. 경빈으로 책봉되었고, '순화順化'라는 궁호를 함께 받았다. 경빈 김씨는 왕실 가족의 기대를 한 몸에 받고 입궁하였지만, 입궁한 지 2년 만에 헌종이 일찍 승하하였고, 헌종의 후사 또한 기대할 수 없게 되었다. 결국 헌종의 직계손이 태어나지 않으면서 방계친족인 철종이 왕위를 계승하게 되었다.

원자를 낳지 못한 경빈 김씨는 헌종이 승하하고 새로운 왕인 철종이 즉위한 이후에 궁 안에 머물 수 있는 처지가 아니었다. 그럼에도 불구하고 왕실 어른들의 사랑을 받아 오랫동안 궁궐에서 머물며 왕실 가족들과 희노애락을 함께 하였다. 특별히 순원왕후의 상례를 정성스레 치렀으며, 신정왕후의 병환에 약시중을 드는 등 왕실 어른들을 모시는 일을 게을리하지 않았다. 그리고 1894년(고종 31) 환갑이 지나서야 궁궐에서 이문동에 있는 본궁으로 나와 칩거하였다. 경빈 김씨는 본궁에서 14년 동안 노후를 조용하게 보내며 생활하던 중 병을 얻어 1907년(광무 11)에 죽었다. 경빈 김씨의 나이 76세였다. 이 해는 경빈 김씨가 헌종의 후궁으로 간택되어 입궁한지 60년이 되는 뜻 깊은 해이기도 하였다.

1907년(광무 11) 경빈 김씨의 장례를 국가에서 예장으로 치른 과정은 『경빈예장소등록慶嬪禮葬所謄錄』에 상세히 기록되어 있다. 고종은 경빈 김씨의 장례를 정조의 후궁인 화빈 윤씨의 상에 의거하여 치르도록 하였다. 경빈 김씨와 마찬가지로 화빈 윤씨 또한 간택 후궁으로 입궁하였으나 자녀를 낳지 못하였으며, 비교적 장수하는 등 두 후궁은 여러 가지 면에서 비슷한 점이 많았기 때문이다. 화빈 윤씨는 정조의 첫 번째 간택 후궁인 원빈 홍씨가 1779년(정조 3) 갑자기 죽고 난 이후 왕대비였던 정순왕후가 정조의 후사를 위해 다시 후궁을 간택하도록 하면서 1780년(정조 4) 3월 10일 화빈和嬪에 책봉되어 입궁하였다. 이때 경수慶壽라는 궁호도 함께 받았다. 다음 해인 1781년(정조 5) 임신을 했다고 하여 산실청을 설치하기도 하였으나 자녀를 출산하지는 못하였다. 이즈음 1782년(정조 6) 정5품 상의尙儀 성씨가 정조의 승은을 받아 원자를 출산하고, 정3품 소용에 봉해졌다. 1783년(정조 7)에 소용 성씨는 후궁 최고의 품계인 정1품 의빈으로 승품되었고, 의빈 성씨가 낳은 아들은 왕세자(후일의 문효세자)에 책봉되었다. 그러나 1786년(정조 10) 5월 문효세자가 사망하고, 같은 해 9월 출산을 앞둔 의빈 성씨가 사망하자, 화빈 윤씨와 외숙부인 조시위趙時偉가 저주하고 독살하였다는 의혹이 제기되었다. 화빈 윤씨의 외숙부인 조시위는 화빈 윤씨의 산실청을 30개월이나 주관하여 세자책봉을 늦추려 하였고, 문효세자와 의빈 성씨에게 약을 잘못 올리게 했다는 의혹 등으로 위리안치 되었다. 이때 화빈 윤씨는 별다른 문책을 받지는 않았던 것으로 보인다. 화빈 윤씨는 1824년(순조 24) 60세의 나이로 자녀 없이 죽었다.

19세기 초에 치러진 화빈 윤씨의 장례와 20세기 초에 치러진 경빈 박씨의 장례는 80여 년의 시차만큼이나 여러 가지 측면에서 다를 수밖에 없었다. 1897년(광무 1) 황제국인 대한제국이 선포된 이후 1907년까지 대한제국의 관제 개편이 한창 진행되는 과정이었다. 후궁이었던 경빈 김씨의 상장례는 각양 의절의 많은 부분을 내수사에서 준비해야 하지만, 내수사 또한 당시 관제 개편 대상이었으므로 예장소에서 전담하도록 하였다.

예장소는 1894년(고종 31) 이후 궁궐을 나와 경빈 김씨가 생활했던 사제인 본궁에 설치하였다. 당시 경빈 김씨가 궁에서 나온 후에 생활하던 본궁은 견평방堅平坊 이문동里門洞에 있었다. 경빈 김씨는 1907년(광무 11) 4월 21일 묘시에 본궁의 지밀至密 서온돌에서 졸서하였는데, 경빈 김씨가 졸서한 그 곳에 예장소를 설치한 것이다.

예장소의 좌목을 살펴보면, 당상은 장예원 장예와 법부 협판을 겸임하고 있었던 김옥현이 임명되었다. 낭청은 궁내부 주사 민긍호, 장예원 주사 김석진, 영선사 주사 김우식이, 별간역은 제실회계심사국 심사관 유응열와 정3품 김상욱이, 감동은 6품 이동원과 내부 지사 심의석이 각각 임명되었다. 경빈의 예장소는 당상 1명, 낭청 3명, 별간역 2명, 감동 2명과 그 외 패장 4명, 고원 9명, 사령 8명, 사환 9명 등으로 구성되었다.

예장소가 조직된 이후 사목事目 또한 정하여졌다. 주요 내용은 상장례와 관련된 의절은 장예원에서 마련하고, 필요한 경비는 궁내부에 보고하여 지급받도록 하였다. 그리고 상을 치르는 과정에서 드리는 습전襲奠 이하 각 전의 제수는 본궁에서 설행하였다. 성복하기 전에는 당상과 낭청이 함께 당직을 서고, 성복한 후에는 낭청 한사람씩 돌아가며 당직을 서도록 하였다.

경빈 김씨가 졸서한 날짜인 6월 1일은 양력으로, 음력으로는 4월 21일이었다. 등록에 기록된 날짜는 양력을 먼저 쓰고 그 밑에 음력을 함께 기록하였다.

졸서한 당일인 6월 1일에 목욕과 습, 소렴을 마치고, 다음날 습전과 소렴전을 겸행하였다. 6월 3일에는 대렴한 후에 입관을 하고 정침으로 옮긴 후에 대렴전과 성빈전을 겸행하였다. 6월 4일에는 성복을 한 후에 성복전을 설행하였다. 이 날 고종은 봉시奉侍 심학영瀋學榮을 보내어 치제하도록 하였는데, 이 때 사용한 제문은 고종이 직접 지은 것이었다.

성복 후 6월 6일 경빈 김씨의 무덤을 조성할 장지를 정하기 위해 예장소 당상과 호상중사가 별도로 선정한 상지관 3명과 함께 양주 가좌동, 이문동, 미음리 등지를 살펴보았으나 마땅한 곳을 찾지 못하였다. 6월 8일에 동교 양주땅에 있는 전前 휘경원 천봉지의 국내를 살펴본 결과 서쪽 산기슭에 장지로 적당한 곳을 발견하고 산도와 산론을 고종에게 올렸다. 이틀 후에 예장소 당상과 호상중사, 차지중사, 장예원 주사, 양주군수가 함께 이곳을 재간심한 후에 경계를 정하고, 동서남북 네 곳에 표목을 세웠다.

장지가 전 휘경원 서록 손좌巽坐로 정해지면서 무덤조성을 시작하는 일정이 마련되었다. 양력 6월 4일(음력 5월 4일) 무덤 조성을 위해 풀을 베고 땅을 파는 참파토斬破土를 시작으로 음력 5월 25일 안장하도록 하였다.

경빈 김씨의 신주로 사용할 재목은 봉상시에서 마련하고, 5월 18일에 제작하였다. 제주관으로는 9품 김영규가 선정되었다. 외관은 장생전의 것을 사용하도록 하였다. 그리고 영좌靈座에 경빈의 교명敎命을 펼쳐놔야 하므로 규장각에 품지하여 예장소로 가져오도록 하였다. 당시 경빈 김씨의 교명은 규장각에서 담당하고 있었는데, 북한산성의 행궁에 봉안되어 있었다. 따라서 규장각의 각신들이 직접 행궁에 가서 경빈의 교명을 가져와야 했다. 이를 위해 규장각의 회계주임이 필요한 여비 43원 35전을 예장소에서 지급해 줄 것을 요청하는 공문을 보내기도 하였다.

영좌에는 신백神帛을 담은 함과 유의遺衣를 담은 흑칠함 두 개가 있고, 각각 갑보甲褓로 덮었다. 신백은 12승을 사용하였으며, 예장소의 당상이었던 김유현이 상上자를 썼다. 유의는 초종에 복復을 할 때 사용했던 홍직금단부금원삼紅織金緞付金圓衫이었다. 경빈의 영좌에는 모란병풍이 쳐졌고, 고란평상高欄平床 1개, 욕褥 1개, 석席 1개, 교의交椅 1개, 제상 4개, 촉대상 2개, 향상 1개, 고족상 2개, 촉대 2개, 향로 1개, 향합 1개, 촉이 놓여졌다. 이 영좌에 경빈 김씨의 공식적인 지위를 상징하는 책봉 교명이 함께 놓여졌다.

발인 예행연습인 습의習儀를 7월 3일에 한 번 실시하고, 7월 4일 유시에 발인하였는데, 해시에 경빈의 영거가 혜화문 밖에 도착하여 노제를 설행하였다.

발인 전 6월 21일 예장소 당상 김옥현은 고종에게 발인행렬이 성문을 나가는 문로를 어느 문으로 할지 여쭈었다. 처음에 고종은 광희문光熙門으로 하라고 하였다. 이에 따라 6월 23일에 계획했던 발인행로는 본궁의 대문 밖을 출발하여 이문 병문 - 철물교 - 포전병문 앞길로 - 동구전로 - 정묘 앞 길 - 이현 - 이교 - 오교 병문 - 우교 - 조산 뒤 - 훈련원 - 석교 - 광희문 - 무녀천 - 왕십리 삼거리 - 영도교 - 동묘 뒤 - 거장리 - 안감천 - 홍릉 동구 앞길 - 병전점 - 휘경원점 - 묘소 동구에 도착하는 것으로 정해졌다. 미리 정해진 발인행로를 따라 발인행렬이 지나갈 수 있도록 도로와 교량이 보수되거나 수축되었다. 그러나 그 후 7월 4일 발인하는 날 고종은 발인의 출성문로를 혜화문으로 바꾸었다. 이에 따라 혜화문 밖에서 노제를 지내게 된 것이다.

묘시에 산 아래 도착하여 제각에 빈소를 배설하고 성빈전을 설행하였다. 다음 날인 7월 5일 오시에 계빈전을 설행하고, 미시에 관을 견여에 싣고 산위에 올라 녹로를 이용하여 안장하였다.

곧이어 경빈의 사판祠版에 서사한 후에 제주제를 설행하고 반우하였다. 술시에 반우행렬은 본궁에 도착하여 초우제를 설행하였다. 7월 7일에 재우제, 7월 8일에 삼우제를 설행하였다. 이날에는 경빈 묘소의 봉분을 만드는 일이 마쳐졌고, 7월 10일 졸곡제를 설행하였다.

1907년(광무 11) 8월 8일에 예장소의 당상 김옥현은 경빈의 묘소에 석의石儀를 배설하는 일을 모두 마쳤으니 예장소를 파하고자 한다는 주본奏本을 순종에게 올렸다. 그리고 등록을 수정하는 일과 관련된 사항이 보고되었다.

예장소의 등록을 수정하는 일은 예장소의 당상과 낭청이 검찰하도록 하며, 등록을 작성할 처소는 편의를 따라 공해公廨 사실私室로 정하도록 하였다. 고원 3명과 사령 2명이 이를 담당하였다. 경빈의 예장에 관한 등록은 모두 3건을 작성하도록 하였는데, 궁내부 1건, 비서감 1건, 장예원 1건씩 분상하였다. 현재 규장각에 소장되어 있는 『경빈예장소등록』은 분상용 3건 가운데 궁내부에 분상한 것이 남아 있는 것이다.

후궁의 죽음 의례를 기록한 개별적인 등록이 남아 있지 않은 후궁의 죽음은 예조에서 작성한 『상장등록』에 간단한 내용이 기록되어 있다. 후궁 가운데 예장의 대상이 되는 정1품 빈과 종1품 귀인의 상에 한하여만 기록하였다. 예를 들면, 당대의 후궁이 아니라 선대 왕의 후궁이 죽으면, 인수궁仁壽宮의 설리내관薛里內官이 예조에 첩정을 보내어 선왕 후궁의 죽음을 알렸다. 인수궁은 선왕이 죽으면 궁을 떠나야 하는 선왕 후궁들이 머무는 곳이었다. 원래는 서울 성내에 있던 암자인 정업원의 터였다. 정업원은 양반 출신 여승들이 소속되어 있었기 때문에 왕실의 여성들도 이곳을 자주 출입하였을 뿐만 아니라 선왕의 후궁들은 여생을 이곳에서 보내기도 하였다. 1664년(현종 4) 10월 24일 선조宣祖의 후궁인 온빈 한씨가 84세로 죽었다. 온빈 한씨는 선조와의 사이에서 3남 1녀를 낳았다. 28세인 1608년(선조 41) 선조가 세상을 떠나자 예에 따라 사저로 물러나 살았다. 온빈 한씨는 아들 흥안군興安君이 1624년(인조 2) 역모 사건에 연루되어 죽기도 하였으나, 왕실에서 특별히 예우한 후궁이었다. 이에 따라 현종은 선왕의 후궁으로 구별이 없는 것은 불가하니 예장으로 거행하도록 하였다. 그리고 제4일째 성복한 후에 전례대로 내시를 보내어 조문하도록 하였다.

후궁 정1품 빈 묘소의 제청祭廳과 석물의 조성

한국학중앙연구원 장서각에 소장된 『제청급석물조성시등록祭廳及石物造成時謄錄』에는 숙종의 아들 연잉군(후일의 영조)이 그의 어머니인 숙빈 최씨의 장례를 치르면서 제사 때 필요한 제청을 무덤 옆에 조성하고, 무덤 주변의 석물을 마련하는 과정이 상세히 기록되어 있다.

숙빈 최씨는 1718년(숙종 44) 3월 9일 49세를 일기로 죽었다. 약 2개월 뒤인 5월 12일 당시의 양주 고령동(지금의 경기도 파주시 광탄면)에 안장하였다. 숙빈 최씨는 그녀가 낳은 세 명의 아들 가운데 유일하게 장성한 아들인 연잉군이 어머니의 상을 주관하여 치렀다. 그리고 숙빈 최씨의 장례과정은 『무술점차일기戊戌苫次日記』로 남겨졌다. 연잉군이 상중에 쓴 일기 초본을 토대로 나중에 정리한 것으로 보이는 이 일기는 관청기록인 등록의 형식을 따르지 않고, 일기형식으로 작성하였다. 이 일기를 읽다 보면 실제 숙빈 최씨의 상중에 진행되었던 일들을 눈 앞에서 지켜보는 듯 생생하다.

상중에 작성한 일기와 별도로 기록된 『제청급석물조성시등록祭廳及石物造成時謄錄』에 따르면, 제청을 짓는 공사와 묘소 주변 석물을 조성하는 일은 장례를 마친 후 3개월이 넘은 8월에 시작하여 1719년(숙종 45) 4월 5일에 모든 공사를 마무리하였다.

숙빈 최씨의 묘소에 지어진 제청은 33칸 반半 규모였다. 이 가운데 13칸은 내수사에서 조성하여 주었고, 19칸은 호조에서 조성하였으며, 나머지 반간은 궁宮에서 추가로 조성하였다. 후궁 정1품 빈의 묘소 옆에 조성하는 제청을 짓는 비용은 국가와 왕실이 함께 부담하되, 국가에서 더 많은 비용을 지불하는 방식을 취하였다. 숙종은 내수사에 묘소 제청의 칸수는

파주 소령원 전경
숙빈 최씨의 묘소는 영조 즉위 후 소령원으로 승격되면서 정자각과 비각을 새로 건축했다. (문화재청)

연잉군에게 물어본 후에 만들어 지급하도록 전교하였다. 이때 1703년(숙종 29) 7월 15일에 죽은 명빈 박씨의 전례를 참고하도록 하였다. 명빈 박씨는 연잉군의 이복동생인 연령군을 낳은 숙종의 후궁이다.

 제청공사를 위해 터를 닦는 개기開基는 8월 26일에 시작하였다. 주춧돌을 놓는 정초定礎는 윤8월 초1일에 하였고, 입주와 상량은 윤8월 12일에 하였다. 제청 공사가 한참 진행중이던 윤8월 21일에 연잉군이 홍역을 앓게 되었는데, 이러한 이유로 숙종은 모든 공사를 정지하도록 하였다. 그리고 9월 2일에 재개하였다가 10월 9일에 날씨가 점점 추워져 공사를 잠시 중단하였다가 봄에 다시 시작하도록 하였다. 이에 따라 1719년(숙종

45) 3월 17일에 흙일[土役]과 담장공사를 다시 시작하여 4월 5일에 공사를 마쳤다.

숙빈 최씨의 묘소에 조성된 제청은 동쪽으로 난 대문이 위치한 바깥 행랑채에는 마구간[馬廐] 2칸, 허간 2칸, 노자방 2칸, 서재소 1칸, 청이 배치되었다. 중문 안쪽에는 서쪽에 위치한 대청大廳 3칸을 중심으로 청廳 2칸, 부사방付舍房, 방, 주방廚房, 허간, 비자방, 마구, 대문, 중문, 상하고 등이 배치되었다.

숙빈 최씨의 묘소 제청에 있는 방을 도배하면서 그 내역을 꼼꼼하게 적은 『묘소제청도배시등록墓所祭廳塗褙時謄錄』도 남아 있다. 제청의 도배에 필요한 비용은 1719년(숙종 45) 9월 6일 숙종이 하사한 삭지 9권을 팔아서 마련하였는데, 그 돈으로 필요한 종이를 사서 제청을 도배하였다.

제청의 도배는 초배初褙와 정배正褙 두 단계를 거쳐서 진행되었다. 초배는 정식으로 도배하기 전에 허름한 종이를 사용하여 애벌로 도배하는 것이다. 9월 10일부터 9월 12일까지 3일 동안 휴지休紙 65근을 사용하여 초배를 하였다. 창문 도배지 4권은 장흥고에서 바친 공상지를 활용하였다. 정식으로 도배를 하는 정배는 9월 19일부터 9월 22일까지 4일 동안 진행되었다. 상방을 시작으로 대청, 툇마루, 부사방, 청, 툇마루, 주방의 방과 마루, 서제소의 방과 마루 순서대로 도배하였다.

후궁의 묘 주변에 배치하는 석물은 모두 9종류이다. 첫 번째는 비석의 받침돌인 농대석籠臺石을 갖춘 표석標石 1좌이다. 표석은 길이 5척, 두께 9촌 5푼, 윗부분의 너비는 1척 9촌 5푼, 아랫부분의 너비는 1척 8촌 5푼이다. 농대석은 네모난 모양으로 만들었는데, 높이 1척 5촌, 측면 너비 2척 5푼, 가로 길이 3척이다. 표석에는 나중에 세각한 개석蓋石을 궁에서 따로

파주 소령원 원경 숙빈 최씨의 무덤인 소령원에 배치한 석물을 한 눈에 볼 수 있다. (문화재청)

조성하기도 하였다. 이때 표석에 개석을 얹는 것은 원래 내수사에서 일찍이 전례가 없는 일이라고 하여 궁에서 따로 비용을 내어 애석을 구입하여 사용하였다. 개석은 높이 1척 7치, 측면 너비 2척 6촌, 가로 길이 3척 5촌이다. 둘째, 가로길이 3척이고, 너비가 1척 5촌의 혼유석魂遊石 1좌이다. 셋째, 상석床石 1좌이다. 상석은 가로길이 5척, 측면 너비 3척, 두께 1척 1촌으로 하전석下磚石을 갖추었다. 상석 전면에는 '묘향卯向'이라는 두 글자를 새겨 넣었다. 표석과 혼유석, 상석 세 종류는 모두 애석艾石을 사용하였는데, 모두 내수사에서 구입하여 갈아서 만들었다. 애석은 검푸른 잔 점이 많고 매우 단단한 화강암인데, 쑥돌이라고 한다. 넷째, 높이 9척의 고석鼓石 2좌이다. 고석은 상석과 혼유석을 받치는 북 모양의 돌이다. 일반적으로 귀면鬼面을 조각하는데, 벽사의 의미를 지닌다. 다섯째, 높이 6척 5촌의 석인石人 2좌이다. 여섯째, 높이 6척 5촌의 망주석望柱石 2좌이다. 일곱째, 높이 2척의 개첨석을 갖춘 높이 6척 5촌의 장명등長明燈 1좌이다. 여덟째, 산신석山神石 1좌이다. 고석, 석인, 망주석, 장명등, 산신석은 모두 길동에서 돌을 떠서 가져와 사용하였다. 이 가운데 산신석을 제외하고 모두 그림을 그려넣었다. 아홉째, 중배설석中排設石 1좌이다. 중배설석은 장례를 치를 때 분수원分水院에서 떠서 가져와서 상석으로 미리 배치해 두었던 것을 옮겨서 사용하였다. 석물에 사용하는 돌은 모두 내수사에서 돌을 떠서 가져온 것을 사용하였다. 이외에 향로석과 제주병석도 따로 설치하였다.

  석물을 세우는 입석 길일은 원래 윤8월 15일이었으나, 일이 지연되면서 10월 16일 농대석을 배설하고 표석을 세운 후에 개석을 얹음으로써 모든 석물 공사를 마쳤다. 윤8월 15일에 석물을 세울 때 먼저 고사告祀를 행한 뒤 임시로 배치해 두었던 상석을 철거하고 새로 만든 상석을 배치하였으며, 이어서 다례茶禮를 설행하였다. 이때 사용한 고사문은 종친 서천군西川君댁에 요청하였다. 윤8월 20일에 장명등과 석인, 혼유석을 배치하였다. 그러나 그 다음날 연잉군이 홍역에 걸리면서 모든 공사일정을 정지하였다. 그리고 9월 1일부터 9월 16일까지 각수 3명이 동원되어 표석 뒷면 음기 소자小字 185글자를 새기는 작업을 마쳤고, 곧이어 표석의 앞면 대자大字 15글자를 새겨 넣었다. 비로소 9월 19일에 비석에 글을 새기는 작업을 마쳤다. 곧 앞면과 뒷면을 모두 인출하여 서평군 댁에 보내어 교정을 하도록 하였다. 표석의 앞뒤면에 새길 문장은 효종의 다섯째 딸 숙정공주의 남편인 동평위東平尉 정재륜鄭載崙이 지었다. 이를 숙종이 직접 어람한 후에 종친 서평군 댁에 보내졌는데, 서평군이 표석의 글씨를 썼다. 서평군은 선조의 아들인 인성군의 증손이며, 화춘군의 아들이다.

비석의 앞뒷면을 내수사에서 모두 3건을 인출하였는데, 숙종에게 진상한 것이 1건이고, 내수사에 올린 것이 1건이고, 당궁에 보낸 것이 1건 이었다. 이 가운데 당궁에 보낸 것은 장황하여 족자로 만드는데 무늬가 있는 2개의 비단으로 장황한 뒤에 홍색 명주 보자기로 싸서 자물쇠가 달린 황색 상자에 넣었다. 또한 좀이 스는 것을 방지하기 위해 의향衣香과 궁포芎浦 가루를 담아서 보냈다. 궁에서는 모두 7건을 인출하였다. 그 가운데 2건은 첩을 만들고 갑에 넣었다. 1건은 글을 지은 동평위 댁으로 보내고, 1건은 글씨를 쓴 서평군 댁으로 보냈다. 그리고 임창군 댁에 1건을 보내고, 1건은 만호 댁에 보냈다. 만호 댁은 숙빈 최씨의 오라버니인 최후의 집으로, 숙빈 최씨의 본가이다. 숙빈 최씨의 오라버니가 만호를 역임했기 때문에 만호댁이라 하였다. 궁에서 인출한 6건은 모두 장황하여 족자를 만들어 보내는데 꽃무늬 명주와 비단으로 장황하였다. 그리고 나머지 1건 가운데 앞면 1장은 대궁차지에게 주고, 뒷면 1장은 당궁차지에게 주었다.

3. 후궁의 제례이야기

조선시대 집 안에서 치러지는 제사 의식은 보통 아들 가운데 큰아들이 주관하였다. 아들이 있는 경우에는 돌아가신 부모님의 제사를 지내는데 특별한 문제가 없었다. 하지만, 아들이 없는 경우 누가 죽은 사람의 제사를 지내줄 것인가가 문제가 되었다.

그렇다면 후궁의 제사는 누가 지내줄까? 이때 후궁이 자녀를 낳았는지의 여부가 중요하였다. 특히 아들을 낳았는지의 여부에 따라서 달라졌다. 조선 후기에는 후궁이 낳은 왕자녀의 수가 급격하게 줄어들 뿐만 아니라 후궁이 낳은 왕자는 예외 없이 왕위에 올랐다. 왜냐하면 영조대 이후 왕실에서 왕위계승자를 제외한 왕자가 거의 태어나지 않기 때문이다.

우선 왕을 낳은 후궁은 영조 이후로 별묘를 조성하여 불천위와 같이 조천하지 않고 국가에서 제사를 지내도록 하였다. 정조의 간택 후궁 유빈 박씨의 별묘인 경우궁의 조성과정을 통해 왕을 낳은 후궁의 제사 공간이 어떠한 방식으로 만들어 졌는지를 살펴보고자 한다.

『가순궁상장례등록』에는 유빈 박씨의 상장례만을 기록하고 있는 것이 아니다. 그 이상의 기록이 남아 있다. 삼 년 동안 실제 어떠한 제사 의식들이 행해졌는지를 알 수 있는 기록들도 남아 있다. 그뿐만 아니라 삼년상을 마친 이후 신주를 봉안할 사당인 별묘를 조성하는 과정 또한 기록하고 있다.

자신이 낳은 아들이 왕으로 재위하는 동안에 죽은 유빈 박씨의 사례가 조선을 개국한 이래 처음 있는 예라고 하지만, 졸곡부터 삼년 동안 치러지는 제사의 종류와 제사의 방식은 기본적으로 동일하다. 다만 왕이라는 특수한 신분이기 때문에 의례를 행하는데 몇 가지 차이들이 존재한다.

유빈 박씨는 먼저 왕이 사는 궁 안에 따로 혼궁을 마련하여 제사를 드린 차이가 있을 수 있다. 유빈 박씨가 죽은 지 1년이 지난 1823년(순조 23) 12월 26일 순조는 혼궁인 현사궁에서 연제練祭를 친히 행하였다. 그리고

1824년(순조 24) 1월 20일 사묘祠廟의
터를 의논하도록 하였다. 이에 따라
적당한 곳을 찾기 위해 여러 곳을 살펴
보도록 한 후에 용호영龍虎營 자리에
어머니의 사묘를 마련하도록 정하였
다. 용호영 자리는 요금문 밖에 위치
하여 궁궐과 가까울 뿐만 아니라 그 당

경우궁 현판(국립고궁박물관 소장)

시 비어있었기 때문에 선정될 수 있었다. 1월 27일 별묘를 영건할 도감을
설치한 후에 5개월 동안 별묘를 짓는 공사를 진행하였다. 드디어 6월에
별묘가 완성되었다. 그해 12월 순조는 별묘의 궁호를 경우궁景祐宮으로
정하였다.

　1824년(순조 24) 12월 26일 유빈 박씨의 두 번째 기일에 순조는 혼궁인
현사궁에 나아가 대상제를 지냈다. 1825년(순조 25) 2월 4일 현사궁에서
담제를 친행하고, 예고제豫告祭와 고동련제告動輦祭를 함께 행하였다. 신
주를 묘廟에 안치하는 입묘를 행할 때 준비해야 할 사항이 많기 때문에
대상제를 지내기 전부터 입묘도감을 따로 설치하여 준비하도록 하였다.
혼궁인 현사궁에서의 마지막 예를 마친 순조는 직접 어머니 유빈 박씨의
신위를 경우궁에 봉안하고, 봉안제를 지냈다.

종친과 옹주가 후궁의 제사를 맡다

　1683년(숙종 9) 6월 20일에는 인빈 김씨의 사우와 봉사에 관한 다음과
같은 기사가 보인다.

전교하기를, "인빈仁嬪의 사우祠宇가 비록 공역은 끝이 났다 하나, 제사를 받들 사람의 집이 아직 지어지지 않아 봉안할 수가 없으니, 해조로 하여금 미포를 넉넉하게 제급하게 하여 속히 완성시키도록 하라" 하였다. 인빈은 선조의 후궁으로 원종元宗을 낳았다. 역적 정禎이 일찍이 그 제사를 맡았었는데, 정이 주살됨에 이르러, 숭선군 징澂이 그 제사를 받들게 되었으므로 이러한 명이 있었던 것이었다.

- 『숙종실록』 14권, 숙종 9년 6월 20일 신묘

인조의 아버지인 원종을 낳은 선조의 후궁 인빈 김씨의 사우는 숙종대에 지어졌다. 그러나 인빈 김씨의 제사를 받들어 오던 종친이 역적으로 주살되면서 종친이었던 숭선군에게로 제사권이 넘겨졌다.

숙종의 후궁 영빈 김씨는 자녀를 낳지 못한 간택 후궁이다. 또한 영조가 어렸을 적에 어머니라고 부르는 특별한 가족관계를 형성하였다. 영빈 김씨는 1735년(영조 11) 1월 12일에 졸하였다. 1753년(영조 29) 8월 6일 영조는 사친의 사우인 육상궁에서 친제를 하고 돌아오는 길에 영빈 김씨의 제사에 관한 특별한 하교를 내렸다. 어버이를 생각할 때 영빈을 생각해야 하는데, 영빈을 외로이 수진궁으로 돌아가게 한다면 이는 사친을 잊는 것과 같다고 하였다. 그리고 특별히 화유옹주로 영빈의 뒤를 잇도록 할 것이니 예조에 자세히 알아보도록 하였다. 1772년(영조 48)에도 영빈과 귀인은 자녀를 낳지 못한 후궁이므로 상례대로 하면 마땅히 수진궁으로 들어가야 하지만, 특별히 화유옹주의 남편인 창성위에게 명하여 봉사하게 함으로써 조금이나마 옛날의 은혜를 갚고자 한다고 하였다. 그리고 김귀인의 봉사는 당은첨위가 하도록 하였다. 이와 같이 영조는 자신의 혼인한 딸과 사위가 무후한 후궁의 제사를 담당하도록 하였다.

수진궁, 무후無後한 후궁의 제사를 받들다

1721년(경종 1) 2월 21일 사헌부지평 이정소李廷熽가 경종에게 아뢴 내용이다.

> 수진궁은 곧 무후한 대군, 왕자, 공주, 후궁의 제사를 받드는 곳인데, 명선공주와 명혜공주의 두 공주방 및 소의방도 또한 무후한 궁방입니다. 만약 명선공주와 명혜공주의 두 공주방 및 소의방을 수진궁에 이속한 뒤 전결과 노비로서 파할 만한 것은 파하고, 둘 만한 것을 둔다면 일분의 폐단이라도 없앨 수 있으니, 청컨대 묘당廟堂으로 하여금 즉시 거행하게 하소서.
> - 『경종실록』 3권, 경종 1년 2월 21일 임자

무후한 소의방의 재산 일부를 없애고, 일부만 남겨 수진궁에서 제사드리도록 하자는 의견이었다.

현재 서울대학교 규장각한국학연구원에 전해오는 『제등록』에는 1776년(정조 즉위년) 4월 10일 정조의 전교로 재정비된 무후한 왕자녀와 후궁의 제사에 관한 내용이 정리되어 있다.

정조가 즉위한 해 4월에 이와 같은 전교를 내리면서 수진궁에서는 사당의 경우, 모두 15위를 5묘에 나누어 봉안하고 봄과 가을에 제사를 지내도록 하였다. 이 가운데 4묘에 봉안된 13위는 왕자녀의 신위였고, 1묘에 봉안된 2위는 자녀를 낳지 못하고 죽은 숙종 후궁들의 신위였다. 원래는 이

외에 작호를 받지 못하고 일찍 죽은 대군아기씨, 숙원 장씨, 숙의 나씨, 명빈 김씨, 증 경빈 이씨까지 5위가 더 있었으나, 정조의 명으로 이들의 신주는 묘에 묻고, 묘제만 지내도록 하였다. 따라서 묘소의 경우, 수진궁에서는 20위를 8개의 묘소에 나누어 제사를 지냈다. 그 가운데 수진궁에는 숙종의 후궁인 귀인 김씨와 소의 유씨 2위가 1묘에 함께 봉안되어 있었다.

2위 1묘 봉안
귀인 김씨(숙종 후궁)
소의 유씨(숙종 후궁)

18세기 후반까지 두 후궁의 사당에서 봄과 가을에 제사를 드릴 때는 본궁의 궁인이 제사를 드렸고, 후궁의 묘제를 행할 때는 내시가 묘소에 가서 제사일을 맡아서 하였다. 그러나 예조에서는 봄과 가을에 사당에서 드리는 시향과 한식에 드리는 묘제의 제사를 모두 내시가 맡아서 하도록 정조에게 여쭈었던 기록을 통해 이후 후궁의 제사 역시 내시가 담당한 것으로 보인다.

그 후 1866년(고종 3) 수진궁의 사당과 각 묘소에서 드리는 제향에 새로운 정식을 마련하였다. 그 당시 수진궁에는 순조의 후궁인 숙의 박씨의 신주가 추가되었다.

수진궁에 봉안되어 있는 각 사당 17위를 원래 묘소의 제청으로 이안하도록 한 것이다. 그 가운데 15위는 전례대로 한식 때 묘 앞에서 제향을 설행하고, 묘위廟位에서는 매년 8월 중정 제향 1번만 하도록 하였다.

새로 마련된 정식에 의해 고종대까지 수진궁에 신주를 그대로 두고 사당제사를 지내오던 숙종의 후궁 귀인 김씨와 소의 유씨의 신주가 묘소 제청으로 옮겨졌다. 귀인 김씨의 묘소는 양주 망우리에 있었다. 그곳에 1묘廟를 새로 세웠는데, 4칸 반 4량이었으며, 유좌 묘향에 신주를 봉안하도록 하였다. 소의 유씨의 묘소는 양주 신혈면에 있었는데, 그곳에 2칸 4량으로 제청의 건넌방 미좌 축향에 1묘의 사당을 만들었다. 사당제사는 8월에 한 번 제향하도록 하였다. 순조의 후궁 숙의 박씨는 딸인 영온옹주의 신주 2위를 1묘에 함께 봉안하도록 하였다. 사당은 3칸 5량으로 자좌 오향에 마련하였다. 숙의 박씨와 영온옹주는 고종대까지 사당에서 기신제를 설행하도록 하였다.

　다만 숙의 박씨와 딸 영온옹주 2위만 전례대로 묘소 앞에서 한식과 추석에 제향하도록 하였다. 숙의 박씨의 기신제향은 따로 묘위에서 설행하도록 하였다. 묘위가 없는 6위는 한식 제향만 묘소 앞에서 설행하도록 하였다.

제5장

왕실 가족의
일생 의례에 나타난
상징 이야기

경복궁 근정전 〈일월오봉도〉
(국립고궁박물관)

왕실 가족의 일생 의례에는 의례 주인공인 왕실 가족 구성원 뿐만 아니라 의례에서 다양한 역할을 맡은 의례 참여자와 의례에 사용되는 다양한 물건이 총동원된다. 그 가운데 상징성을 강하게 띠는 의례용품이 있다.

왕실 회화에서 일월오봉병日月五峰屛은 곧 왕의 임재를 상징한다. 의식에 참여한 신성한 왕은 그 모습을 실제 그리지 않고, 왕의 자리 주변에 일월오봉병을 그려 넣음으로써 왕이 실재 그곳에 있었다는 것을 상징적으로 드러낸다. 병풍은 놓는 장소가 어디이냐에 따라, 병풍을 주로 사용하는 사람이 누구인가에 따라, 그리고 어떤 의례에서 사용하는 가에 따라 그 용도와 의미가 달라진다.

용은 왕을 상징하므로 왕은 곤룡포를 입고, 봉황은 왕비를 상징하므로 적의를 입는다. 왕의 친영 행렬에는 왕과 왕비를 상징하는 의장들이 늘어선다. 특히 왕비를 태운 연輦 앞에는 왕비의 지위를 상징하는 상징물들이 먼저 배치된다. 친영 전 별궁에서 왕비로 책봉될 때 받은 교명敎命, 옥책玉册, 금보金寶, 명복命服이 순서대로 요여腰輿와 채여彩輿에 실려서 친영 행렬에 참여한다. 왕비의 지위를 상징하는 네 가지 중요한 상징물은 왕비가 승하한 후 장지로 가는 발인행렬에도 동일하게 모습을 드러낸다.

왕실 가족의 일생 의례 가운데 특히 혼례에 쓰이는 혼례 용품에는 왕실 가족들이 중요하게 여겼을 뿐만 아니라 이상적으로 추구했던 관념들이 스며 들어가 있다. 왕실의 혼례에 쓸 의례 용품을 고르고, 제작하고, 담당할 사람을 선정하는 과정에서 왕실 가족이 추구했던 가치들이 구체적인 모습을 드러낸다.

왕실의례에서 중요한 역할을 하는 의례 담당자는 아들을 많이 낳고, 장수하고, 부부 금슬이 좋은 사람을 선정하였다. 중국 당나라의 실존 인물이었던 분양왕 곽자의와 같이 '완전한 복을 누린 사람'을 선호한 것이다. 의례 담당자가 실제로 누렸던 복이 의례 주인공인 왕의 자녀들에게 흘러가기를 바라는 마음이 깃들어 있었다. 의례 주인공인 왕실의 자녀들도 앞으로 이들처럼 아들을 많이 낳고, 장수하고, 부부 금슬이 좋기를 바랐던 것이다. 특히 가례는 만복의 근원이므로 그 출발점에서 더욱 신중하게 준비하지 않을 수 없었으므로 특별히 정성을 쏟았다.

이와 같이 왕실에서는 의례용품 뿐만 아니라 의례 담당자 또한 상징적인 인물을 선정하였다. 의례 용품에 상징적으로 표현된 왕실의 소망이 '실존하는 인물'을 통하여 실질적으로 작동될 것이라는 믿음에 기반한 행위였다.

이러한 왕실 가족의 소망을 담아내는 상징의 구상화具象化 과정은 왕실 혼례에서 가장 많이 나타난다. 『가례등록』에는 동뢰연에서 교배례와 합근례를 행할 때 사용하는 교배석과 근잔을 선정하는 과정도 상세히 기록하고 있다. 그뿐만 아니라 납채할 때 사용하는 채서와 복서를 적을 서사관, 채서와 복서를 넣은 함을 짊어지고 가는 사람, 친영할 때 기러기를 안고 갈 집안충찬위와 같은 의례 담당자를 선정하는 과정도 상세하게 기록하고 있다.

왕자녀의 무병장수와 부부의 화합, 다산, 다복을 기원하는 중요한 의례 절차를 담당하게 될 의례 담당자과 의례용품은 왕실의 특별한 기준에 맞는 사람과 물건으로 선정하였다.

왕실의 예비 신부가 거처하는 별궁에 놓기 위해 특별한 그림을 그린 병풍을 통해 왕실 가족의 다산에 대한 간절한 소망을 읽을 수 있다. 신랑이 신부를 맞이하러 갈 때 쓰이는 산 기러기[生雁]와 동뢰연에 쓰이는 표주박

잔[쫦盞], '이성의 결합이 만복의 근원'이라는 특별한 의미를 담은 문자를 수놓은 교배석交拜席을 보며 부부의 화합과 다산, 다복, 장수에 대한 왕실의 간절한 소망을 이해하게 된다.

1. "장수를 누리시고 총명하게 하소서"

좋은 땅에 조성한 태실胎室과 안태사安胎使

유아사망률이 높았던 조선시대 왕실 가족도 예외가 아니었다. 왕실 가족은 새로 태어난 왕자녀가 병 없이 장수할 뿐만 아니라 총명하기를 기원하였다.

새로 태어난 왕자녀의 태를 좋은 땅에 묻고 태실을 조성하는 장태의례는 왕자녀가 병 없이 오래오래 살기를 기원하는 의례였다.

왕실에서는 왕실 여성의 출산 후에 배출되는 왕자녀의 태를 산실 내의 좋은 방위에 두었다가 3일째 되는 날 태를 깨끗이 씻어서 다시 산실 내의 좋은 방위에 보관해 둔다. 그리고 왕자의 태는 태어난 지 5개월째, 왕녀의 태는 태어난 지 3개월째 되는 달에 태를 묻기에 좋은 땅을 신중하게 골라서 좋은 날과 좋은 시간에 정확하게 태를 묻었다.

태를 묻기에 좋은 땅은 볕이 잘 들고, 높고 고요한 곳이 선호되었다. 왕실에서는 태가 좋은 땅에 묻히면 태의 주인이 오래 살고, 지혜가 있다고 믿었기 때문에 좋은 땅을 선정하는데 심혈을 기울였다.

1783년(정조 7) 정조의 뒤를 이어 왕위를 계승할 아들인 원자(후일의 문효세자)의 태봉으로 경상도 예천군 용문사 뒤가 정해졌다. 이때 이 땅이 적합한 지를 최종적으로 확인하기 위해 상지관相地官 이명구李命求가 파견되었다. 그는 원자의 태봉에 대해서 다음과 같이 평가하였다.

> 예천 용문사 뒤 태봉을 치표해 둔 자좌 오향의 터를 간심하니, 태백산에서 소백산이 되고, 소백산에서 용문산이 되는데, 주산이 수려하고, 국세가 완전하고 단단하며, 봉혈이 단아하고 반듯하며, 두 물줄기가 합하니, **바로 장수를 누리고 총명하실 길지로 태봉을 하기에 적합하였습니다.**

왕위계승권자인 원자가 장수를 누리고 총명하게 되는 것은 왕실 가족이 가장 소망하는 바였다.

태봉이 정해지면 정2품 관원 가운데 다복한 사람을 안태사安胎使로 선정하였다. 안태사 일행은 궁궐에 잘 보관해 두었던 태를 전라도, 충청도, 전라도 등지에 있는 태봉까지 정성껏 모시고 가서 태를 묻도록 하였다.

미리 정하여둔 태봉에 왕자녀의 태실을 조성한 후에는 후토신后土神과 태신胎神에게 제사를 드렸다. 땅을 주관하는 후토신에게는 태실을 조성하기 전과 태실을 조성한 후에 각각 한 번씩 제사를 드렸다. 태신안위제는 태실을 조성한 후에 제물을 갖추어 한 번 드렸다.

원자로 태어난 순조의 태를 충청도 보은 땅에 묻고 1790년(정조 14) 8월 12일에 드린 태신안위제의 축문이다.

> 삼가 아뢰건대, 태실이 이미 만들어졌으매 경건히 고하오니, 서기를 듬뿍 어리게 하시고, 무궁한 복록이 이어지도록 돌봐주소서. 삼가 희생과 폐백

과 예주와 서직과 기타 여러 가지 제수들을 진설하여 진헌하오니, 바라건 대 흠향하시옵소서.

후토신에게는 억만년토록 영구한 음덕을 내려주시길 기도하고, 태실을 잘 조성할 수 있도록 도와주심에 감사했다. 태신에게는 서기를 듬뿍 어리게 하시어 새로 태어난 원자에게 무궁한 복록이 이어질 수 있도록 돌봐 주시길 빌었다.

좋은 땅에 조성된 태실에 묻힌 왕자녀의 태는 태신의 보호 아래 태 주인의 수壽와 복福을 보장해 주었다. 이는 곧 왕실의 번영을 의미하였다.

2. 많은 자손이 태어나길 소망하다

'종사지경螽斯之慶'을 새겨 넣은 옥책과 책봉 교명

조선 왕실은 태조 이성계李成桂가 조선이라는 나라를 세우면서 새로이 형성되었다. 조선을 다스렸던 왕들은 주나라 왕실을 모범으로 삼아 왕실 자손들이 번성하고, 대대로 복되고 영화로운 삶을 누리며 살기를 바랐다.

'종사지경螽斯之慶'은 왕의 자녀가 태어나는 경사를 일컬을 때 쓰는 특별한 용어이다. 그렇다면 종사의 경사란 무엇일까? 중국에서 가장 오래된 시집인『시경詩經』「국풍國風」'주남周南편'에는 '종사螽斯'라는 시가 등장한다. 자손의 번성을 노래한 시로 유명하다.

베짱이의 날개 수없이 많기도 하지
너의 자손이 번성함이 당연하도다
베짱이의 날개 떼 지어 나니
너의 자손들 끝없이 많기도 해
베짱이의 날개 떼 지어 모였으니
너의 자손이 번성함이 당연하다네

한문으로 쓴 『시경』을 한글로 풀이한 『시경언해』에는 낯선 한자어인 '종사'를 순우리말인 '뵈짱이'로 풀이해 놓았다. 뵈짱이는 베짱이의 옛말이다. 베짱이라는 이름은 날개를 비벼 내는 소리가 베 짜는 소리와 비슷해서 붙여졌다고 한다.

베짱이는 메뚜기목目 여치과科에 속하는 곤충이다. 한국을 비롯해 중국, 일본 등에 많이 서식한다. 한국은 늦여름에서 가을까지 들에서 볼 수 있으며, 밤에 주로 활동한다. 특히 베짱이 수컷은 여름 내내 날개를 비벼 소리를 내며 암컷을 유혹하고, 짝짓기한다. 그리고 한 번에 최대 아흔아홉 개의 알을 낳는다.

고대 중국인들은 베짱이들이 떼 지어 모여 있는 모습을 보며 자손이 번성하기를 기원하였다. 왕실 자손이 많이 태어나기를 소망하는 '종사지경' 이라는 용어에는 왕실 가족의 다산 관념이 잘 드러나 있다. 다산多産은 곧 다복多福함을 상징하였다.

왕실 자손의 번성을 의미하는 '종사지경'이라는 네 글자는 왕비를 책봉하면서 전달하는 옥책玉冊에 새겨 넣었다. 종사지경이라는 표현이 들어간 옥책문玉冊文은 단종과 정순왕후의 가례에서 처음으로 등장한다.

1454년(단종 2) 1월 22일 단종은 정순왕후定順王后 송씨를 왕비로 책봉하였다. 가례 정사正使인 효령대군孝寧大君을 통해 옥책을 전달했다.

정순왕후의 옥책문은 "하늘과 땅이 덕을 합하여 만물을 생성하니"로 시작하여 "아아! 몸을 합하여 같이 즐거워하면서 종묘를 받들고 관저關雎의 교화와 **종사의 경사**가 모두 오늘부터 시작될 것이니"라고 마무리하였다. 단종과 정순왕후의 혼례는 『예기禮記』「혼의昏義」에서 명시한 그대로 "두 성을 합하여 위로는 종묘宗廟를 섬기고, 아래로는 후세後世를 잇는" 시작이었다. 정순왕후가 단종의 왕위계승권자인 맏아들을 낳아서 왕가를 순조롭게 계승할 뿐만 아니라 공주와 대군도 많이 태어나는 경사가 이어지기를 바랐던 것이다.

왕뿐만 아니라 왕세자의 가례 때에도 정순왕후의 옥책문에 쓴 것처럼 종사의 경사 앞에 부부의 화합을 상징하는 관저의 교화를 배치하여 대구對句로 썼다. 관저의 교화 또한 『시경』에 나오는 '관저'라는 시에서 유래하였다.

조선 후기 정조대부터는 왕비의 불임으로 원자元子를 얻기 위해 왕의

〈단종비 정순왕후 상시호 옥책(端宗妃 定順王后 上諡號 玉册)〉
청옥, 동, 비단으로 만든 세로 24.3, 길이 232.5, 두께 1.7의 옥책이다. (국립고궁박물관 소장)

후궁을 정1품 빈嬪으로 책봉하였는데, 왕이 후궁을 빈으로 책봉하면서 내려주는 책봉교명冊封敎命에도 종사지경이라는 네 글자가 직조되었다. 다만 관저의 교화라는 표현은 쓰지 않았다. 1847년(헌종 13)에 헌종의 후궁 경빈 김씨를 정1품 빈으로 책봉할 때 '종사지송螽斯之頌'이라는 네 글자가 교명문 안에 포함되었다.

〈경빈 김씨 책봉교명〉
헌종의 후궁 경빈 김씨를 '경빈'으로 책봉할 때 내려준 교명이다.
(한국학중앙연구원 장서각 소장)

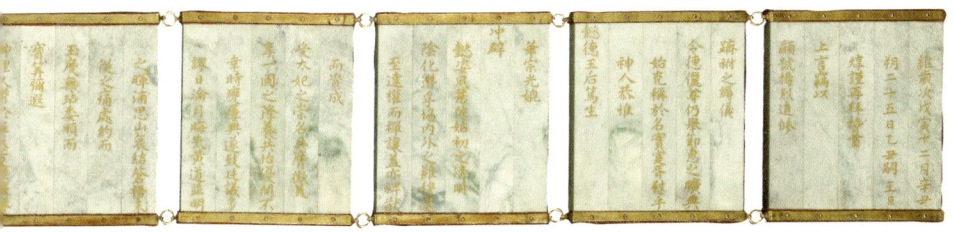

영조어제 집복헌 종사시 현판(국립고궁박물관 소장)

 종사지경이라는 용어는 왕의 자녀를 출산할 왕비와 후궁 정1품 빈의 책봉 의식 때 옥책과 교명 같은 상징성을 강하게 띠는 의례 용품에 왕실 가족의 다산을 기원하며 공식적으로 등장하였다.
 영조와 같이 왕 스스로 종사의 경사를 기뻐하며 시를 짓고 자축하는 모습도 보인다. 영조의 후궁 영빈 이씨가 1727년(영조 3) 첫 딸을 낳고 연이어서 옹주를 둘이나 더 출산하는 종사의 경사가 이어졌다. 영조는 이를 무척 기뻐하며 종사시를 지었다. 그리고 어제御製 종사시를 현판에 새겨 걸도록 하였다.
 종사지경이라는 용어는 왕실의 어른인 왕대비나 대왕대비가 왕의 나이가 30세가 넘었는데도 아직 원자가 태어나지 않아서 이를 걱정할 때에도 등장한다.
 영조의 계비인 정순왕후가 왕대비로 있을 때 손자며느리 효의왕후가 병이 있어 원자의 탄생을 기대할 수 없었다. 왕대비 정순왕후는 삼종의 혈통을 잇기 위해 정조의 후궁을 빨리 간택해야 한다는 내용을 한글로 적어서 내려주었다.

…아! 4백 년 된 종사의 의탁宗祀之託이 오직 주상의 몸 하나에 달려 있는데, 춘추春秋가 거의 서른에 가까워졌는데도 지금까지 오히려 종사의 경사가 늦어지고 있습니다. 선대왕先大王께서도 매양 낮이나 밤이나 근심하고 염려하시던 것을 곧 평소에 일찍이 앙도해 오던 일입니다. 오직 양암諒闇 뒤에나 거의 기대하고 바라고 있었는데, 불행하게도 중전에게 병이 생기어 사속嗣續에 있어서 이제는 가망이 없게 되었습니다. 이 미망인이나 혜경궁의 뜻이 오로지 저사를 널리 구하는 일에 있는데, 오늘날 주상의 신하로서 누군들 이런 마음이 없겠습니까. …사족士族 중에서 유한정정幽閑貞靜한 처자處子를 간택하여 빈어嬪御의 자리에 두면, 삼종三宗의 혈통을 이어가게 되는 방도가 오직 이에 달려 있게 될 것입니다….

- 『정조실록』 5권, 정조 2년 5월 2일 신유

왕대비 정순왕후는 영조의 삼년상을 마쳐서 원자의 탄생을 기대하고 있었는데, 불행히도 중전인 효의왕후에게 병이 있어서 종사의 경사를 기대할 수가 없게 되었다는 왕실 가족의 절박한 속사정을 구체적으로 설명하며 대신들에게 하루라도 빨리 후궁 간택 논의를 시작하도록 하였다.

왕대비 정순왕후의 한글 교서를 통해서 알 수 있듯이 선대왕이 죽고, 왕세자가 왕위에 오르면 왕실 가족은 종묘사직을 견고히 할 원자元子의 탄생을 손꼽아 기다렸다. 이러한 이유에서 원자의 탄생이 늦어지는 것은 종묘사직의 위기였다.

왕실 가족의 다산은 곧 왕실의 번영을 의미하며, 조선이라는 국가의 번영과도 맞닿아 있었다. 왕의 자녀가 많이 태어나는 종사지경螽斯之慶은 곧 국가의 경사인 종사지경宗社之慶이기도 했다.

혼례용 병풍 〈곽분양행락도〉

그렇다면 종사의 경사를 간절히 소망하는 왕실 가족의 바람이 현실 세계에서 얼마나 실현되었을까? 조선 왕조 500여 년 동안 왕가에서 태어난 자녀 수는 모두 몇 명일까?

『선원록璿源錄』, 『선원계보기략璿源系譜紀略』과 같은 왕실 족보가 현재 장서각에 전해 오고 있어 조선 왕실에서 태어난 자녀의 수를 알 수 있다.

1908년까지 태어난 왕의 자녀를 파악할 수 있는『선원계보기략』(K2-1031)에 따르면, 태조의 자녀부터 고종의 자녀까지 모두 273명이 태어났다. 1908년 이후에 태어난 고종의 자녀까지 포함한 것이다. 총 273명

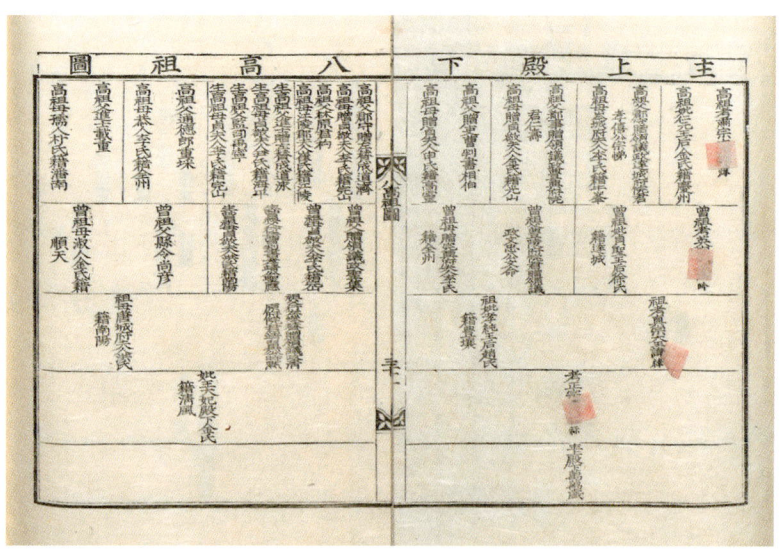

『선원계보기략(璿源系譜紀略)』 목록 '주상전하 팔고조도' 부분 1802년(순조 2) 종부시에서 증보한 왕실 보첩으로 총 21권 8책으로 되어 있다. (한국학중앙연구원 장서각 소장, K2-998)

340 상징의 숲, 등록: 왕실 가족의 삶과 문화를 담다

의 왕자녀 가운데 왕비의 자녀는 93명, 후궁의 자녀는 180명이다. 대군과 군은 152명, 공주와 옹주는 121명이다. 후궁이 낳은 자녀가 왕비가 낳은 자녀보다 두 배 정도 더 태어났다. 왕녀보다 왕자가 30명 정도 더 많이 태어났다.

다산에 대한 왕실 가족의 소망과 달리 인조 이후로 자녀가 많이 태어나지 않았다. 인조 이전에는 183명이 태어났고, 인조 이후에는 90명이 태어나 자녀 수가 반으로 급감하였다. 태종, 세종, 성종, 중종, 선조와 같은 왕들은 자녀가 적게는 20명에서 많게는 29명에 이르렀다. 예를 들면, 태종의 자녀는 모두 29명이다. 태종은 원경왕후元敬王后와의 사이에서 4남 4녀를 자녀로 두었다. 태종의 후궁 10명이 21명의 자녀를 출산하였다. 세종의 자녀는 모두 22명이다. 세종은 소헌왕후昭憲王后와의 사이에서 8남 2녀를 자녀로 두었고, 후궁 5명이 10남 2녀를 더 낳았다.

그러나 인조 이후에는 적게는 4명, 가장 많을 때는 14명까지 태어났다. 조선 전기에 비하여 왕의 자녀가 적게 태어나는 데 혼인 전에 일찍 죽는 사례도 종종 나타난다. 왕실 족보에는 왕의 자녀가 봉작되기 전이나 혼인 전에 죽으면, 조졸早卒이나 미취졸未娶卒이라고 표기하였다. 봉작 전에 죽게 되면 간혹 어릴 적에 지은 이름인 아명兒名을 왕실 족보에 기록해 두었다.

예를 들면, 고종은 14명의 자녀를 두었다. 고종의 정비인 명성왕후는 4남 1녀를 낳았고, 고종의 후궁 5명이 5남 4녀를 출산했다. 그러나 명성왕후가 낳은 5명의 자녀 가운데 4명은 일찍 죽었다.『선원계보기략』에는 봉작을 받기 전에 죽어서 대군 3명과 공주 1명은 '조졸'로 표기하였다. 명성왕후가 낳은 자녀 가운데 둘째 아들 순종만이 유일하게 살아남았다. 그

〈곽분양행락도병〉 이 병풍은 2014년 미국 크리스티 경매에 출품되어던 것을 국외소재문화재단이 구입하여 국립고궁박물관으로 이관한 것이다. (국립고궁박물관 소장)

리고 고종의 후궁이 낳은 9명의 자녀 가운데 5명은 봉작도 받기 전에 일찍 죽었다. 고종의 서장자인 완화군은 봉작을 받고 관례도 치렀으나 혼인 전에 죽었다. 고종의 후궁이 낳은 자녀 가운데 의화군義和君, 영친왕英親王, 덕혜옹주만 혼인도 하고 자녀도 낳았다.

또한 17세기 중반 이후에는 불임인 왕비들이 늘어나면서 왕실의 저출산 문제가 심각해졌다. 숙종의 계비 인현왕후와 인원왕후, 영조 비 정성왕후貞聖王后와 정순왕후貞純王后, 정조 비 효의왕후孝懿王后, 헌종 비 효현왕후孝顯王后와 효정왕후孝定王后는 자녀를 낳지 못하였다. 불임인 왕비

를 대신하여 숙종의 후궁 3명이 6명의 자녀를 출산하였다. 경종은 자녀 없이 일찍 죽었다. 그 영향으로 영조는 후궁 4명을 통해 14명의 자녀를 얻었다. 그리고 정조의 후궁 2명이 4명의 자녀를 출산하였다.

설상가상으로 왕실에서 태어난 자녀들의 유아사망률은 더 높아졌다. 보통 전통 시대에는 많이 낳고 많이 죽는 다산다사多產多死 사회로 알려져 있다. 그런데 조선 후기 왕실 가족에서 태어난 자녀들에 나타난 인구 변화에는 특이한 점이 보인다. 왕실 가족은 자녀들이 적게 태어나고, 많이 죽는 소산다사小產多死였다. 그 영향으로 왕의 자녀 수가 급격하게 줄어드는 기현상이 나타났다.

왕실 가족은 저출산으로 고민이 깊어졌다. 1802년(순조 2) 순조와 순원왕후 가례 때부터 다산을 기원하며 〈곽분양행락도〉라는 병풍을 특별히 제작하였다.

왕실 가례에서 삼간택 후에 왕과 왕자의 배우자로 선택된 여성들은 친영일까지 별궁에서 일정 기간 동안 머물렀다. 별궁에는 미리 생활용품들이 준비되는데, 그 가운데 〈곽분양행락도병郭汾陽行樂圖屛〉이 포함되었다.

〈곽분양행락도병〉은 1802년(순도 2) 순조와 순원왕후의 가례 때 처음 제작되기 시작해 19세기 왕실 가례에서 빠지지 않고 등장하는 병풍이다. 19세기 이전 가례에서 별궁용으로 제작되었던 십장생을 그린 8폭~10폭 크기의 대병풍을 대신해서 만들어졌다.

〈곽분양행락도병〉은 곽분양, 즉 분양왕에 책봉된 당나라 장군 곽자의의 다복한 생애를 묘사한 병풍이다. 병풍에 그려진 〈곽분양행락도〉의 주인공 곽분양은 중국 당나라 때의 실존 인물이다. 그의 본명은 곽자의(697~781)로, 명장으로서 탁월한 공훈을 세워 분양왕에 책봉되었다. 그뿐 아니라 8명의 아들과 7명의 사위[八子七壻]를 두었고, 85세까지 장수한 인물로도 유명하다. 그는 조선사람들에게 '완전한 복을 누린 사람[完福之人]'으로 인식되었다. 특히 숙종과 정조는 곽자의의 다복함을 상당히 부러워했다. 수 십 명의 사내 아이들이 놀고 있는 〈백동자도百童子圖〉 병풍도 왕실의 다산을 기원하는 의미로 19세기 왕실 가례 때 별궁에서 사용하는 용도로 새롭게 등장하였다.

17세기 이후 왕실의 지속적인 저출산으로 인한 왕실의 자녀수가 감소하고 왕위계승자의 탄생이 늦어지거나 왕비가 불임으로 자녀를 낳지 못하는 경우가 많아졌다. 왕위계승자를 얻기 위해 특별히 후궁을 간택하기도 하였다. 따라서 왕실에서는 위기의식과 함께 왕실 가례를 치를 때마다 다산에 대한 소망과 기대 또한 커졌다. 19세기 왕실 가례에서 「곽분양행락도병」이 출현한 것은 이에 대한 왕실의 문화적 반응이었던 것이다.

즉 왕자녀의 수가 지속적으로 감소하면서 왕실 가족의 다산에 대한 소망은 더욱 커졌고, 조선 후기 왕실 가족에게 곽자의의 '팔자칠서八子七壻'는 하나의 구체적인 목표가 되었다. 왕실에서는 다산에 대한 소망을 기원하는 의미를 담은 〈곽분양행락도병〉을 다산을 실현해줄 것으로 기대되는 왕과 왕자의 배우자들이 신부수업을 받던 별궁 공간에 특별히 배치하도록 하였다.

납채서와 서사관

납채는 신랑 측에서 신부 측에 혼인 의사를 담은 채서采書를 보내면, 신부 측에서 이에 화답하는 복서復書를 보내는 절차이다.

화순옹주 가례 때 주혼은 밀창군이 맡았다. 부마가에서는 집안 사람 가운데 사자使者를 정하고, 그를 통해 채서를 옹주궁에 전달하도록 하였다. 왕녀 가례 때 납채의 절차는 다음과 같다.

납채의 절차
[駙馬家] 告祠堂→外宣醞→傳采書→[翁主宮]迎使臣→受采書→外宣醞·內宣醞→傳復書→[駙馬家] 授復書→主婚告國王

부마가에서는 먼저 주인이 사당에서 납채의 사실을 조상에게 아뢰고, 부마가에서 정한 사신을 통해 채서를 옹주궁에 전달한다.

채서采書

상장上狀 밀창군댁密昌君宅 근봉謹封

시기가 바야흐로 맹동孟冬으로 태후台候께서 다복多福하십니까. 조은朝恩으로 홍경興慶의 넷째아들 한신漢藎에게 아내를 주시므로, 삼가 납채의 예를 행하오니, 살피시기를 바랍니다.

옹정擁正10년 10월 29일

복서復書

상복장上復狀 김판서댁金判書宅 근봉

서신을 받들어 납채의 예를 받게 되었는데, 화순옹주의 나이 이미 장성하였으므로 지금 존명尊命을 받게 되니, 감히 삼가 따르지 않겠습니까. 살피시기를 바랍니다.

옹정10년 10월 29일

왕자녀의 혼례에 채서와 복서를 서사하는 일은 부마가에서 하지 않고 승문원의 관원이 담당하였다. 채서와 복서를 서사하는 관원은 승문원의 관원 가운데서 "다남자多男子, 유복인有福人, 선사자善寫者"로 특별히 정하도록 하였다.

1680년(숙종 6)에 행한 명안공주 가례 때에도 동일하게 서사관은 아들을 많이 낳고, 복이 있으며, 글씨를 잘 쓰는 관원으로 각별히 선정하였다.

화순옹주 가례 때에는 승문정자 김징경이 가례청 본청에서 정서한 후 각각 가함假函에 담아서 영조에게 올리면, 영조가 먼저 어람을 한 후에 부마가 주인인 김판서 댁으로 채서를 보내고, 옹주궁 주혼 밀창군 댁으로 복서를 보냈다.

명온공주 가례 때에는 채서를 승문원의 관원이 서사하는 전례를 따르지 않고 부마가에서 직접 영돈녕 김조순에게 써줄 것을 부탁하기도 하였다. 이때는 김조순이 정서한 후에 유복한 사자관이 가자架子에 담아 가례청으로 가져갔다. 가례청에서는 순조에게 올려 직접 어람한 후에 예조낭청이 부마가로 가져다 주었다. 복서식 또한 순조가 어람한 후 사자관이 주혼에게 전달하였다.

채서와 복서는 자문지咨文紙를 사용하였고, 모두 9첩으로 접어 위아래를 잘라내는 등의 일은 책장冊匠이 담당하였다. 채서를 담는 함과 복서를 담는 함은 홍정주 8폭보에 싸고 금전지를 달았다.

납채 때 서사관을 선정하고 채서와 복서를 담은 함을 지고 가는 함부지제원函負持諸員 세 명은 아들이 많고 풍채가 있는 자를 선정하였다. 납채할 때와 마찬가지로 납폐를 할 때 현玄과 훈纁을 담은 함을 지고 가는 함부지제원 세 명도 아들을 많이 낳은 자로 특별히 선정하였다. 현은 아청토주 3필이고, 훈은 대홍토주 2필인데 각 50척씩으로 준비하였다. 왕이 내려주는 명복을 담은 함을 지고 가는 함부지제원 세 명은 아들이 많고 풍채가 있는 자를 선정하도록 하였다.

산 기러기[生雁]와 집안충찬위執雁忠贊衛

친영은 신랑이 부인가로 가서 전안례를 행하고 부인을 친히 맞이하여 신랑집으로 데려오는 의례이다. 신랑이 신부를 맞이하러 신부집에 도착하여 가장 먼저 전안례를 행한다. 왕실 가례 때 사용하는 기러기는 나무로 만든 '목안木雁'이 아니라, '생안生雁', 즉 산 기러기이다. 왕실 전안례에 사용하는 산기러기는 경기감영에서 잡아서 장원서에 진배한 것이다. 왕의 가례에서는 장원서 별제가 친영 때 생안차비가 되어 함께 가게 된다.

〈단원풍속도첩〉 중 '신행길'
(국립중앙박물관 소장)

산 기러기가 날아가지 않도록 1척 크기의 홍주로 엇갈려 묶고, 홍사 1전으로 코를 뚫었다. 이때 싸는 용도로 백지 3장과 유지 1장도 사용하였다. 이는 장원서에서 담당하였다. 이와 같이 교락交絡한 산 기러기는 안팎으로 홍주 겹보자기와 홑보자기로 쌌다. 산 기러기를 싸는 내외 홍주보자기의 네 귀퉁이에는 금전지를 달아 화려하게 장식하였다. 전안례를 행할 때 산기러기를 놓아두는 별문배석도 따로 준비하였다.

왕자녀의 혼례에 산 기러기를 들고 가는 관원은 집안자 또는 집안충찬위執雁忠贊衛라 불렀다. 보통 충찬위에 소속되어 있는 사람으로 선정하였기 때문이었다. 충찬위는 조선시대 중앙군으로 원종공신의 자녀들이 소속되어 있는 양반특수병종에 속하였다. 집안충찬위는 자식이 있고, 풍채가 좋은 사람[有子息風彩者] 가운데서 정하였다. 특히 아들을 많이 둔 사람[多男子]을 선호하였다. 집안충찬위는 실차와 예차 각 1명씩을 각별히 선정해서 성명을 성책하고, 습의 때 모두 참석하도록 하였다.

연잉군 가례 때 병조에서는 집안충찬위 후보로 한성부의 동부에 사는 김영발, 북부에 사는 김시감, 남부에 사는 최간을 올렸다. 가례청의 회의 때 3명 가운데 아들이 가장 많은 김시감이 정해졌다.

〈모당 홍이상의 평생도〉 중 '혼인식'에 등장하는 '기럭아범'
(국립중앙박물관 소장)

화순옹주의 가례 때 집안충찬위로 세 명의 후보가 올라왔다. 세 명의 후보자 가운데 최종적으로 집안충찬위는 한성부 중부에 사는 김시감으로 정해졌다. 그는 80세로 장수하였고, 아들이 6명이나 되는 후보자였기 때문에 선정되었다. 집안충찬위 예비후보자로 선정된 정효달은 나이가 63세이고, 아들이 4명이었다. 집안충찬위는 풍채가 있을 뿐만 아니라 장수하고 아들을 많이 둔 사람으로 선정하였다.

집안충찬위는 신랑이 신부집으로 갈 때 신랑과 함께 간다. 집안충찬위는 당상관의 관복을 입었는데, 흉배, 은대, 오사모, 옥관자를 갖춘 망건, 흑피화를 갖추도록 하였다. 친영일에 부마는 먼저 궁궐에 방문하여 왕실 가족들을 먼저 찾아 뵙고 인사를 드린다. 대전과 중궁전에는 사배례를 하고, 세자빈궁에는 재배례를 올렸다. 집으로 돌아온 부마는 주인에게 술 한 잔을 받고, 신부를 맞으로 옹주궁으로 간다. 성복한 부마가 옹주궁에 도착하면 산기러기를 안고 주인의 안내를 받으며 전안례를 행한다.

왕자는 왕자가 부인가로 가서 전안례를 행하고 부인을 친히 맞이하여 왕자궁으로 데려온다. 이때 부인가의 주인이 왕자를 맞이해 당 위에 올라가 전안례를 행하였다.

3. 부부가 한 몸 되어 복의 근원이 되다

왕실 가례의식 가운데 동뢰연은 부부가 한 몸이 되는 것을 가장 상징적으로 보여주는 의식이다. 왕실에서 동뢰연이 치러지는 공간은 잔치라는 표현에 걸맞게 화려하게 장식된다. 동뢰연에 사용되는 다양한 물건들 가운데 특히 교배석과 근잔은 부부가 하나됨을 상징적으로 잘 보여준다.

정조의 딸인 숙선옹주의 가례등록에는 '동뢰연물목'과 '동뢰연배설도'가 있어 동뢰연이 행해지는 장소의 공간 배치를 상세하게 살필 수 있다. 왕자녀의 동뢰연배설도는 채색으로 된 그림으로 표현하지 않고 해당 공간에 글자를 써 넣는 방식으로 그려져 있다. 반면, 헌종의 간택 후궁인 경빈 김씨의 가례 때 치러졌던 동뢰연은 채색으로 그린 배설도가 등록에 남아 있어 왕실 동뢰연 공간의 분위기를 좀 더 실감나게 느낄 수 있다. 왕과 간택 후궁이 함께 치르는 동뢰연 의식이기 때문에 동뢰연에 준비되는 물품이 좀 더 화려하고, 용어에 있어 약간 차이가 나지만 기본적인 구조는 동일하다.

숙선옹주의 동뢰연 때 공간 배치를 교배석을 중심으로 살펴보자. 북쪽에는 고족상 4좌와 좌우에 각각 배치한 협상이 놓인다. 그 앞에 내의원에서 준비한 부용향芙蓉香과 평시서에서 사온 청운향靑雲香을 향꽂

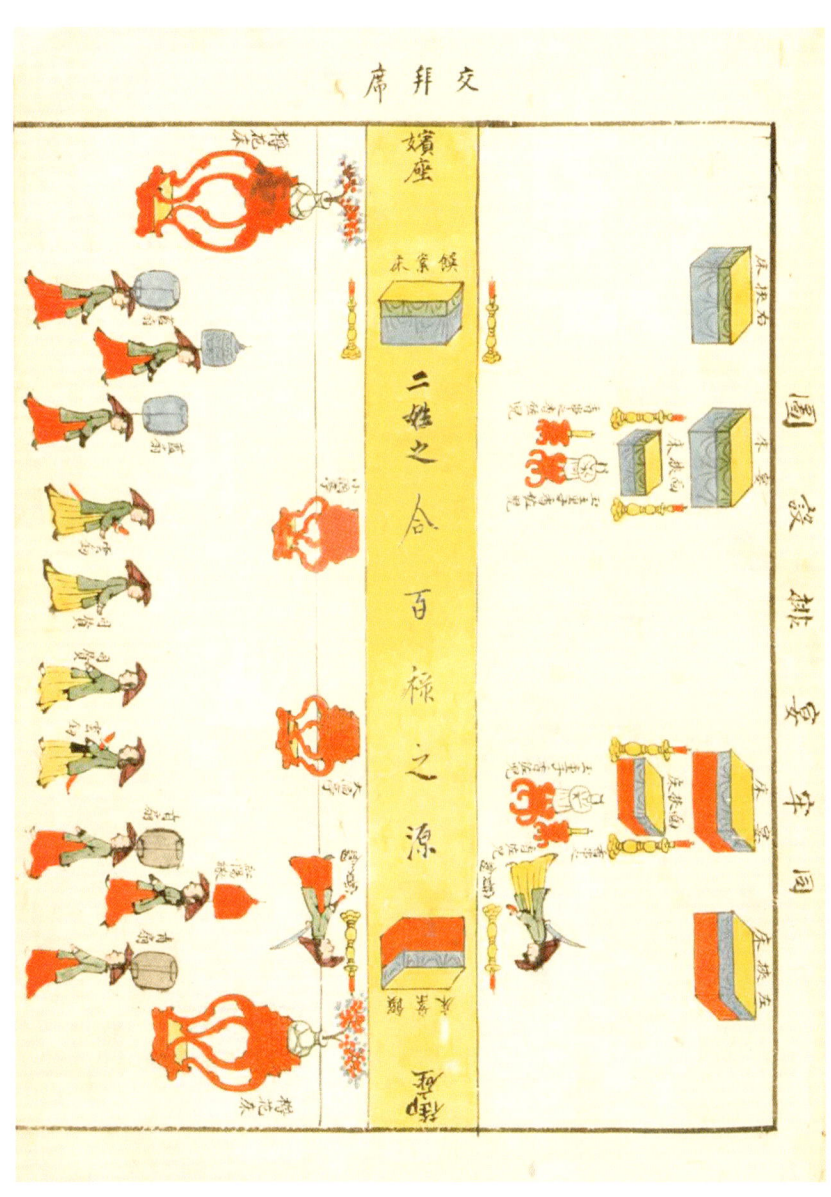

『경빈가례시가례청등록』 헌종과 경빈 김씨의 가례 때 '동뢰연배설도'(한국학중앙연구원 장서각 소장)

『숙선옹주가례등록』 숙선옹주가례 때 '동뢰연배설도'(한국학중앙연구원 장서각 소장)

이 두 곳에 꽂고, 그 옆에 큰 촛대를 각각 배치하여 운치를 더한다.

다음으로 그 앞에 옥동자 1쌍을 놓는다. 옥동자 앞에는 사방반이 두 개 놓이고 그 양 쪽에 만화방석을 놓는다. 방의 중앙에 신랑과 신부가 절할 교배석이 놓인다. 교배석 주변에는 앞 뒤로 큰 촛대를 1쌍씩을 놓는다. 교배석 앞 남쪽으로 저족상 1쌍을 놓는다. 도금한 잔 1쌍과 근잔을 그 위에 놓아둔다. 저족상 앞에는 아가상 하나가 놓이고 그 앞에 양쪽으로 종이로 만든 화려한 꽃들을 꽂은 준화상이 놓인다. 동뢰연 상 위에 놓이는 찬품은 내수사에서 준비한다.

동뢰연을 준비하는 과정에서 가장 정성을 쏟는 의례 용품이 교배석과 근잔이다.

교배석交拜席

교배석은 동뢰연에서 교배례를 행할 때 부부가 함께 절하는 자리이다. 왕실의 교배석에는 '이성지합二姓之合 만복지원萬福之源' 이라는 여덟 글자를 짜 넣었다. 만복지원 대신 '백록지원百祿之源'을 넣기도 하였다. 신랑과 신부가 합하는 이 자리가 만복의 근원이 된다는 의미이다. 왕실 가례에 사용하는 교배석은 황해도 감영에 속한 배천군[白川君]에서 만들어 오도록 하였다.

교배석의 길이는 포백척으로 12척이고, 안쪽 변아는 각각 6촌이며, 넓이는 2척 5촌으로 안쪽 좌우 변아는 각각 4촌으로 만들도록 하였다.

화순옹주 가례 때에는 교배석에 쓰는 여덟 글자는 유복한 사자관을 특별히 선정하여 쓰도록 하였다. 이를 영조가 어람한 후 본청에서 다시 꼼꼼하게 살피고, 글자를 앉히고, 문양을 내서 완성하였다. 완성된 교배석은 최종적으로 영조가 어람한 후에 부마가로 보내었다.

완성된 교배석은 안에는 홍주 8폭 보자기로 싸고, 밖에는 홍목 8폭 보자기로 싸서 자물쇠를 갖춘 궤자에 넣어서 부마가로 보냈다.

동뢰연은 미리 정해진 절차를 따라 치러졌다. 연잉군과 부인의 동뢰연 의절을 통해 교배석 위에서 서로 절하고, 마지막에 근잔으로 술을 마심으로써 두 사람은 부부로서 하나가 되었다. 부부가 하나 됨을 상징하는 중요한 의례용품이 바로 교배석과 근잔이다.

왕자궁의 방 안에 자리를 마련하는데 두 자리는 동쪽과 서쪽에서 서로 마주 보도록 한다. 왕자의 자리는 동쪽에 있고, 부인의 자리는 서쪽에 있다. 각각 자리의 남쪽에 교배석을 설치한다. 술 놓는 탁자는 방 안 조금 남쪽에 놓고, 그 위에 두 개의 잔과 근잔를 놓는다. 왕자는 궁에 이르러서 부인이 도착하기를 기다렸다가 인도하여 들어간다. 왕자가 읍하면 부인은 자리로 나아간다. 부인은 재배하고 왕자는 답배한다. 왕자가 읍하면, 부인은 자리로 나아간다. 종자가 찬탁을 설치하고 술을 따른다. 왕자와 부인이 꽤주

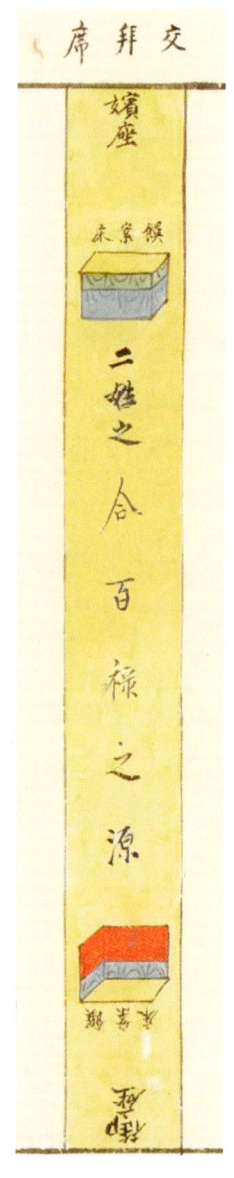

교배석

하고 들어서 술을 마시고, 안주를 먹는다. 또 술을 따른다. 왕자와 부인이 술을 들어서 마시고, 안주를 먹는다. 또 근잔에 술을 따르고 왕자와 부인이 들어서 술을 마시고, 안주를 먹는다. 마치면 찬탁을 치워 방 밖에 둔다. 왕자는 나가서 다른 방으로 가고, 모姆와 부인은 방 안에 머무른다. 왕자가 다시 들어와 옷을 벗으면, 부인의 종자가 받는다. 부인이 옷을 벗으면 왕자의 종자가 받는다. 촛불을 내간다. 왕자의 종자가 부인이 남긴 것을 먹고, 부인의 종자는 왕자가 남긴 것을 먹는다.

근잔卺盞

　부부가 하나됨을 상징하는 동뢰연을 행할 때, 왕실에서는 합근례에 화려하게 은으로 장식된 표주박잔[卺盞]을 사용하였다. 동뢰연 때 쓰는 근잔은 표주박[瓢子]으로 만드는데, 형체가 둥글어야 하고, 안과 밖에 점이 하나도 없는 것을 각별히 택하도록 하였다.

　가례청의 관원들은 가례를 준비하는 이른 시기부터 근잔에 사용할 표주박을 구하는 일에 각별히 신경을 썼다. 명안공주의 동뢰연은 1680년(숙종 6) 2월 18일로 예정되어 있었다. 이 때 사용할 근잔용 표주박을 구하는 일은 2달 전인 1679년(숙종 5) 11월 16일부터 시작되었다. 가례청에서는 먼저 근잔에 사용할 표주박을 5개의 담당 관서에서 각각 제공하도록 요청하는 공문을 보냈다. 근잔용 표주박을 의무적으로 제공해야 하는 5개 관서는 사도시司導寺, 사포서司圃署, 내자시內資寺, 내섬시內贍寺, 봉상시奉常寺였다.

　5개 관서의 담당관원은 각 관서에서 구한 표주박을 1차로 먼저 꼼꼼히

살핀 후 적합한 표주박을 선정하여 11월 29일로 예정된 가례청 간품 날짜에 맞춰 직접 가져왔다. 가례청의 간품 회의에서 가례청의 담당 관원들이 2차로 다시 한번 꼼꼼하게 간품하여 최종 후보 2개를 선정하는 방식이었다. 그러나 이때 기준에 맞는 근잔용 표주박을 찾지 못하였는지 가례청에서는 12월 18일에 평시서平市署에 공문을 보내어 12월 22일 가례청 회의 날에 맞춰 근잔용 표주박을 널리 구해서 사오도록 하였다. 1680년(숙종 6) 정월 9일 가례청에서 상의원에 소속된 은장銀匠 김준익金俊益이 근잔을 만들게 되었으니 마칠 때까지 일에 전념할 수 있도록 해달라는 공문을 보내기도 하였다. 명안공주의 근잔용 표주박은 평시서에서 구입한 것을 사용한 것으로 보인다.

연잉군의 가례 때에도 근잔용 표주박을 구하는 일이 쉽지 않았던 것 같다. 가례청에서는 전례대로 5개 관서에 공문을 보내서 근잔에 쓸 표주박을 진배하도록 하였다. 그러나 공문을 받은 내자시, 사도시, 내섬시에서 모두 표주박을 구할 길이 없다고 보고하였다. 표주박은 채전에서 생산되는 것으로, 약간의 위전位田만 있고 채전菜田이 없으니 전례대로 평시서에서 구입해서 진배하도록 하자는 내용이었다.

근잔

근잔 받침

근잔에 사용할 표주박은 실차와 예차 각 1개씩 모두 2개가 준비되었다. 모두 홍화紅花로 물을 들였다. 연잉군 가례 때 숙종은 실차와 예차로 선정한 근잔을 직접 어람한 후에 2개 가운데 조금 큰 것 하나에 은장식을 하라고 하교하였다.

근잔은 은으로 만든 긴 잔받침도 함께 준비하였다. 잔받침은 홍진사를 갖추었고 홍주목 3폭 홑보자기로 싸서 상의원에서 마련한 당주홍칠 궤자에 담아 준비해 두었다.

4. 왕실 가족 내 위계질서를 세우다

왕실 가족 구성원 사이의 위계는 일생 의례를 치르는 과정에서 다양한 방식으로 표현된다. 조선의 위정자는 예치禮治의 정신에 입각하여 유교 의례를 매개로 사회질서를 세우고자 하였고, 의제儀制는 등위를 밝히고, 상하를 구별하는 제도로 작동하였다. 조선은 국왕을 정점으로 서열화된 종법사회를 지향하였으므로 의례 또한 위계화된 사회질서에 맞게 행해져야 했다.

그러나 『경국대전』과 『국조오례의』의 법적인 규정들은 실제 인간사회의 다양성을 반영하고 있지 않으므로, 시의에 맞는 의절들이 새롭게 등장하였고, 이는 의궤와 등록에 기록되어 '전례'로 남겨졌다.

왕자녀와 후궁의 일생 의례를 기록하고 있는 등록에는 가장 먼저 왕의 전교와 담당 기관의 계사가 등장한다. 전교와 계사로 대표되는 왕과 의례 담당자와의 소통과 합의 과정을 거쳐 의례 주인공의 신분과 지위에 맞는 상세한 의례 규정이 만들어진다.

　왕실 가족 구성원의 신분과 지위에 따라 의례 조직, 의례 절차, 의례 공간이 먼저 논의되고, 정해진 등급에 맞는 의례 용품이 준비되었다. 가장 중요한 기준은 의례 주인공이 왕위계승과 직접적인 관련이 있는지의 여부였다. 왕(왕비)에서 왕세자(왕세자빈)로 이어지는 왕위계승라인과 거리가 있는 왕자와 왕녀, 후궁은 더 낮은 등급으로 의례를 치러야 했다. 왜냐하면 왕비와 후궁 사이에 신분과 지위에 있어서 구별이 없고, 왕세자와 왕자녀 사이에 신분과 지위에 있어서 구별이 없다면 이는 궁극적으로 종법 사회의 균열을 의미하였다. 일생 의례는 왕실 가족 내 위계질서를 세우는 중요한 계기로 작동하기도 하고, 위계질서를 공공연하게 드러내 주고, 공고화하는 하나의 사건이기도 하였다.

왕자녀 사이의 위계질서

　왕실에서 태어난 왕의 자녀 가운데 적장자는 특별한 지위에 있었다. 왕과 왕비 사이에서 태어난 맏아들은 '원자元子'라는 호칭으로 다른 왕자녀들과 구별되었다. 왕비가 불임이면, 후궁이 낳은 아들도 원자로 정호되는 과정을 거쳐 원자의 지위를 얻었다. 원자는 '아직 왕세자에 책봉되지 않은 왕의 맏아들'을 의미하였다.
　왕실에서 원자가 탄생하면 먼저 종묘와 사직에 알리는 고유의식을 행하였다. 백관의 진하를 받았으며, 백성들에게 원자 탄생의 기쁨을 알리는 왕의 교서를 선포하는 반교頒敎와 같은 성대한 축하 의식이 연속적으로 행해졌다. 반면, 원자 이외의 왕자녀가 탄생하면 왕실 가족 차원에서 치러지는 축하 행사만 있을 뿐이다.

왕자녀 사이의 위계질서를 세우는 데에는 왕위계승 여부와 적서 여부가 중요한 기준이 되었다.

왕자녀의 태를 묻고 태실을 조성하는 땅인 태봉의 후보지는 각각 등수나 우열이 미리 구분되었다. 태봉 후보지는 왕자녀의 왕위계승 여부와 적서 여부에 따라 3등급으로 나뉘었다. 원자와 원손과 같은 왕위계승권자는 1등 태봉, 왕비소생인 대군과 공주는 2등 태봉, 후궁 소생인 왕자와 옹주는 3등 태봉으로 구분하였다.

그러나 17세기 후반 이후 왕실이 저출산에 시달리게 되고, 왕비가 자녀를 낳지 못하면서 숙종과 영조의 서자녀 모두 1등 태봉에 태실을 조성하도록 하였다. 왕자녀 사이에 적서 여부를 구분하는 것이 무의미해지기도 했다.

왕세자는 성대한 책봉 의식을 거쳐 왕세자의 지위에 오르는 반면, 그 외 왕자녀는 왕의 임명장인 봉작 교지를 받는다.

가례를 치를 때에도 왕세자는 왕세자빈을 별궁에서 친영하여 궁궐 안에서 동뢰연을 치르는 반면, 왕자와 왕녀는 궁궐 밖으로 나가서 가례를 치러야 했다. 왕위계승자는 궁 안에서 평생을 살게 되지만, 왕자녀는 혼인 후 일정 기간 머물다 궁 밖으로 나가서 살아야 한다.

왕세자와 왕자녀가 죽으면 모두 국장을 치르지 못하고 예장을 치르도록 하였지만, 예장의 등급에서 상당한 차이가 났다. 왕세자는 예장도감을 설치하고 무덤을 원園이라 칭하였지만, 왕자녀는 국가로부터 예장에 필요한 인력과 물품을 지급 받는 정도였다. 그리고 왕자녀의 무덤은 사대부와 같이 묘墓라고 하였다.

왕비와 후궁 사이의 위계질서

왕비는 내명부의 수장이며, 후궁은 내명부의 품계에 따라 지위와 역할이 정해졌다. 정1품 빈과 종1품 귀인은 왕비를 보좌하여 부례婦禮를 논하는 일을 맡았다. 정2품 소의와 종2품 숙의는 비례妃禮를 찬도하였다. 정3품 소용과 종3품 숙용은 제사와 빈객에 관한 일을 맡았다. 정4품의 소원과 종4품 숙원은 연침을 베풀고 직조와 관련된 일을 다스려 해마다 공을 바치는 일을 맡았다.

후궁 가운데 간택 후궁과 승은 후궁은 신분상의 구별이 분명하였다. 후궁 가운데 간택 후궁은 왕비와 같은 사대부 집안의 처자 가운데 선발된 후궁이었다. 조선 전기에는 왕비가 일찍 죽으면, 아들을 낳은 간택 후궁이 왕비의 지위에 오를 정도로 위상에 높았다. 그러나 조선 후기에는 왕비가 죽으면, 왕은 다시 왕비를 간택하여 가례를 치렀다. 숙종 이후에 왕비가 불임이면, 종2품 숙의나 정1품 빈을 간택하였다.

왕비는 육례 절차를 모두 거쳐서 국왕의 적처의 지위에 올랐다. 반면 후궁은 처음에 들어올 때 품계에 따라 그 위상에 차이를 보였다. 숙의로 입궁하면 모든 절차는 생략되고 입궁하기 전에 독뢰연이라는 의례 절차만을 행하였다. 이에 비하여 후궁 최고의 품계인 정1품 빈으로 입궁하면 납채, 납폐, 책빈, 동뢰연의 네 절차를 모두 갖추었으나 약식으로 행해졌다. 왕과 왕비는 부부로서 동등한 지위를 갖지만, 후궁은 신하의 지위를 갖는다.

별궁에서는 또한 친영 전 왕비나 왕세자빈, 간택 후궁 가운데 빈을 책봉하는 의식이 거행되었다. 책비冊妃 절차는 국왕이 궁궐의 정전 뜰에서 '모씨를 왕비로 삼노라'하고 대내외에 선포하고, 가례 정사를 별궁으로 보내 왕비를 상징하는 물건들을 왕비가 받는 의식으로, 책봉례라고 한다. 책봉하는 의식을 통해 교명과 옥책, 금보, 명복과 같은 왕비의 상징물들이 왕비에게 전달되었다. 간택 후궁 가운데 후궁 최고의 지위인 정1품 빈의 지위로 입궐할 때에는 '책빈'절차를 통해 신분에 맞는 상징물들이 전달되었다. 후궁 가운데 종2품 숙의에게는 왕이 주는 임명장인 '교지敎旨'와 그들의 지위를 상징해주는 명복命服이 전달되었다.

왕비와 간택 후궁이 입궁하기 전에 머무는 별궁 장소도 다르다. 왕비는 어의동 본궁에서 별궁 생활을 하지만, 후궁인 숙의와 빈은 왕비와 동일한 곳을 별궁으로 사용하지 못하였다. 따로 궁가나 사가를 빌려서 별궁 생활을 하였다. 또한 삼간택 후에 출궁하는 문로도 달랐다. 왕비 후보자 비씨는 옥교를 타고서 궁궐 정문의 동협문으로 나갔지만, 숙의와 빈은 교자를 타고 서협문으로 나갔다. 그 외에 의장과 시위에서도 차이가 나타났다. 정1품 빈은 별궁으로 갈 때 세자빈의 시위와 의장을 참작하도록 하였다. 숙의는 왕녀와 왕자와 같은 등급의 시위와 의장이 마련하였다.

그러나 명문화되거나 전례에 따라 행해지는 왕비와 후궁 사이의 위계질서는 왕과 왕위계승권자를 낳았는지에 따라 무너지기도 하였다. 숙종의 계비 인현왕후와 승은 후궁 희빈 장씨의 위계관계가 뒤바뀌는 것을 보면, 조선 후기에는 왕위계승자를 낳지 못한 왕비의 지위가 불안정하였음을 알 수 있다. 순조를 낳은 유빈 박씨의 왕실 가족 내 위상은 거의 왕비와 동등한 데까지 나아갔다고 해도 과언이 아니다. 특히 자신이 낳은 아들이 왕위에 오르게 되면 왕을 낳은 사친이라는 특별한 지위를 갖게 되었다. 유빈 박씨의 상장례가 왕후보다는 격이 낮고 왕세자빈보다는 높은 '대왕

사친'의 위격에 맞추어 진행되었던 점을 미루어 보면 알 수 있다.

5. 왕실 가족의 신분과 사회적 지위를 구별 짓다

금혼령과 간택 단자

조선 왕실에서는 태종 이래로 간택을 통해 왕실 가족의 배우자를 선정하였다. 전통 시대에는 오늘날과 같은 자유연애는 허락되지 않았다. 왕실의 간택을 통한 배우자 선정방식은 조선 사회에서 중매혼이 일반적이었던 것과 차이를 보인다.

『예기』에서는 "남녀가 중매 없이 사귀지 않는다"고 하였지만, 조선 왕실에서는 왕실 가족의 배우자를 전국에 광고를 내 후보 신청을 받는 공개 구혼 방식을 취하였다.

왕실의 가례를 치르기 위해 금혼령을 내리고, 간택 단자를 들이는 방식은 왕실의 통혼권이 원칙적으로 전국적이었음을 의미한다. 전국적인 간택방식에도 불구하고 지역별 처녀 단자의 제출실적을 보면, 실제 한성부가 압도적으로 많은 수를 차지한다. 왕자녀의 가례를 치르기 위해 금혼령을 내리고, 간택 단자를 들이는 행위 자체가 왕실 가족의 신분적 지위를 상징적으로 구별 짓는 것이다.

왕실에서 혼례를 치러야 할 때가 되면, 예조에서 전국적으로 금혼령禁婚令을 내린다. 금혼령은 허혼 대상을 제외한 백성들의 혼사를 금하는 것이다. 혼례를 맡은 예조에서 각 도에 금혼령을 내리도록 하고, 혼인을 허락하는 허혼의 범위와 처녀 단자를 제출하는 기한을 정한다. 왕실에서는 금혼령을 내린 후에 왕실과 혼인 관계를 맺을 자격이 있는 처녀들을 대상으로 처녀 단자를 올리도록 한다.

다음은 1732년(임자) 8월 초7일에 정해진 화순옹주 부마를 간택할 때, 간택 단자의 규식이다.

> 세 개의 첩으로 구성되며, 초첩 초행에는 경중에 거주하면, "○部 ○坊 ○契 駙馬揀擇單子", 외방에 거주하면, "○道 ○邑 駙馬揀擇單子"라 썼다. 재첩에는 간택대상자의 姓名, 生年月日時, 姓本, 다음 행에는 사조(父, 祖, 曾祖, 外祖)를 나란히 쓰고, 마지막 첩에는 대연호 밑에 가장家長의 職位 臣 姓名, 着押을 한다.

왕실 가족은 세 번의 간택 절차, 즉 삼간택을 거친 후에 최종적으로 배우자를 선정하도록 하였다. 왕실의 삼간택은 왕비나 왕세자빈, 왕자의 부인을 선정할 때뿐만 아니라 공주와 옹주의 배우자인 부마를 선정할 때에도 예외 없이 시행되었다.

왕실 배우자의 삼간택 과정에서 제출한 처녀 단자나 부마 단자와 그 기록방식에서 왕실에서 배우자를 선택하는데 어떤 요소를 중요하게 여기는지를 파악할 수 있다.

간택 단자 안에 기재된 예비후보자의 거주지는 서울 출신인지, 지방 출신인지를 확인하는 과정이며, 예비후보자의 성씨, 본관, 사주는 왕실의 혼인대상자와 사주가 맞는지를 미리 점쳐보려는 의도가 있다. 그리고 아버지, 할아버지, 증조할아버지와 외할아버지의 관직을 쓰게 하는 것은 후보자가 명문가 출신인지를 파악하기 위한 것이다. 즉 단자를 제출해야 하는 양반가의 입장에서는 단자를 제출하는 행위 자체가 집안의 격[家格]을 보여주는 일종의 상징행위였다. 또한 초간택, 재간택, 삼간택에 각각 선정된 후보자의 경우, 왕실과의 통혼 가능성이 높다는 측면에서 후보자 가문의 영광으로 이해될 수 있다.

화순옹주 가례 때에는 한성부에 제출한 단자가 모두 102장이었는데, 이 가운데 28장은 사조에 뚜렷한 현관이 없거나 탈이 있어 제외하고 초간택에 한성부만 74장을 들이기도 하였다. 왕실 혼례에 각 도에서 단자를 제출하지 않아도 담당 관원이 문책을 받지만, 단자를 제출할 자격이 없음에도 제출할 경우, 그 가장과 함께 이를 제대로 살피지 않은 담당 관원 모두 문책 대상에 올랐다.

간택후보자들은 또한 궁궐 안에 들어갈 수 있는 일시적인 특권이 주어졌다. 간택에 든 후보자들은 궁궐의 간택 처소에서 왕실 어른들과 직접 대면하고 이야기를 나눌 수 있었으며, 초간택, 재간택, 삼간택에서 떨어지더라도 궁궐의 하사품(음식, 책, 붓, 옷감 등)을 얻을 수 있는 등 특별한 생애 경험을 할 수 있었다.

반면, 간택에 참여하기 위해 들어가는 비용이 부담되어 명문가의 후손이지만 집안이 가난할 경우, 단자 제출을 꺼리는 현상도 나타났다. 정조의 어머니 혜경궁 홍씨가 지은 『한중록』에도 이러한 모습이 잘 묘사되어 있다.

> 그해[영조 19]에 간택단자 받는 명이 내리니 혹이 말하되 "선비 자식이 간택에 참예치 않으나 해로움이 없을지니 단자를 말라. 빈가貧家에 의상을 차리는 폐를 더는 것이 마땅하다"하니, 아버지가 말씀하시되, "내 세록지

신世祿之臣이요, 딸이 재상의 손녀이니 어찌 감히 속이리요." 하시고 단자를 하시니…. 그때 내 집이 극빈하여 새로 의상을 해 입을 수 없었으므로 치맛감은 형의 혼수에 쓸 것으로 하고 옷 안은 낡은 천을 넣어 입히셨고 다른 차비는 어머니께서 빚을 얻어 차리시느라 애쓰시던 일이 눈에 암암했다. 구월 이십 팔 일 초간택이 되니.

왕자녀의 배우자를 직접 선택하기 위해 치루는 간택은 세 번에 걸쳐 진행되지만, 대체로 재간택에서 미리 왕자녀의 배우자들이 결정된다. 내정된 후보자가 사정이 있어 정해진 시간에 맞춰 초간택에 참석하기 어려우면, 왕은 간택 시간을 미뤄서 참석할 수 있도록 배려하였다. 경우에 따라서는 간택 날짜를 변경하기도 하였다. 『가례등록』에는 간택과정에서 벌어지는 여러 가지 다양한 사건들을 세밀하게 기록하고 있어 의궤에서는 볼 수 없는 간택 현장의 긴박함과 생생함을 느낄 수 있다.

별궁 생활

왕실에서 왕비나 왕세자빈, 또는 후궁과 대군 부인(군부인)을 간택할 때 삼간택에서 최종 선발된 여성은 자신의 집으로 돌아가지 않고, 친영 전까지 별도의 거처인 별궁에서 생활하였다. 왕비는 인조가 장렬왕후를 계비로 맞이한 이후에는 효종의 잠저인 어의동 본궁을 별궁으로 이용하였다.

별궁에는 삼간택을 통과한 여성이 생활하는 동안 사용할 기명과 생필품을 모두 갖추어 놓았다. 보통은 3개월을 머물도록 규정하였으나, 실제 길면 1달 반, 짧으면 2주 정도를 머물렀다. 예를 들면, 왕비 후보자들의 별궁 거처 기간은 인현왕후가 48일, 인원왕후가 40일, 정순왕후가 12일, 효정왕후가 41일, 철인왕후가 34일이었다. 후궁과 왕자 부인도 가례 당시 상황에 따라 친영 전까지 별궁에 머무는 기간은 유동적이었다.

별궁은 삼간택을 거친 사가 여성이 왕실 여성으로 공식적으로 책봉되기 전까지 이도 저도 아닌 상태의 전이기를 거치는 전이 공간이다. 왕비, 왕세자빈, 후궁, 왕자부인 등은 반드시 별궁 생활을 거쳐야 했다. 이 여성들은 별궁에 머무는 기간 동안 왕실 가족 구성원이 되기 위하여 왕실의 법도(예절, 언어, 인사법, 식사법 등)을 몸소 익히고, 소학을 읽으며 유교적 소양을 길렀다.

선온례宣醞禮에 사용되는 술, '향온주香醞酒'

선온은 국왕이 사온서에서 빚은 술을 하사하는 것을 가리킨다. 선온례는 납채 뿐만 아니라 납폐와 친영을 행할 때에도 동일하게 행해진다. 선온례는 내선온과 외선온으로 나뉘는데, 이를 각각 행할 때 하는 의식을 선온례라고 한다.

왕이 하사한 선온을 향해 사배례를 행하고, 참석자들은 지위에 따라 순서대로 술을 받아 마신다. 이 때 왕이 내려주는 술은 향온주로, 왕실에서만 빚어온 술이다. 누룩을 만들면서 밀과 함께 술맛을 부드럽게 하는 겉보리와 해독작용이 뛰어난 녹두를 함께 섞어 독기를 제거할 뿐만 아니라 술의 향 또한 좋게 한 술이다.

향온주는 조선시대 왕실 가족의 의료를 담당하던 내의원內醫院의 사온서에서 어의御醫들이 빚었던 어주御酒로도 알려져 있다. 이 술은 궁중에서

『기사경회첩』 〈경현당 선온도〉
1744년(영조 20) 영조가 기로소에 들어간 것을 기념하여 정2품 이상의 관직을 한 70세 이상의 관료로 구성된 기로소 신하에게 경현당에서 선온하는 장면(국립중앙박물관)

도 귀하게 여겨 외국의 사신을 접대하거나 가례와 같은 국가의 큰 경사에만 사용하였다.

왕실 혼례의 특수성 때문에 등장한 선온례는 납채, 납폐, 친영과 같은 중요한 혼례절차가 진행될 때마다 등장한다. 왕조사회의 특성상, 왕이 왕자녀의 혼례에 주혼을 맡을 수 없었기 때문에 나타난 현상이다. 따라서 왕이 아닌, 따로 선발된 주혼을 중심으로 왕실의 혼례절차가 진행되었다. 왕이 직접 혼례절차에 등장하지 못하는 대신, 각 절차마다 국왕이 하사하는 술자리인 선온례를 행하도록 한 것이다. 선온례를 치루기 위해 마시는 술과 이를 마시는 절차는 혼례절차 속에는 실제 부재하지만, 의례 참가자로 하여금 왕이 베푼 술자리를 통해 왕이 상징적으로 그 절차 속에 존재한다고 느끼도록 하는 역할을 한다. 왕의 명을 받은 승지와 중사가 각각 외선온과 내선온을 주관하고, 술안주는 기본적으로 내자시에서 삼과상三果床을 넘지 않도록 준비하였다.

화순옹주 혼례 때, 납채시 부마가 외선온에서는 가례청 소속 관원들과 거함집사, 상의제조, 서빙고제조 등이 참석하고, 옹주궁 외선온에서는 가례청 소속 관원들과 본궁거함집사, 한성주부, 사재주부, 본궁예모관 등이 참여하였다. 내선온은 중사中使가 참여하여 치러졌다.

연잉군(후일의 영조) 혼례 때, 친영은 사시巳時에 출발하여 오시午時 초에 행하도록 하였다. 따라서 10시 전에 먼저 외선온을 행하였다. 승지가 동벽에서 조금 앞, 영의정 이하가 서벽, 주혼 임창군 이하 여러 종반宗班이 동벽, 도청都廳 이하가 남쪽 줄에 앉았다. 외선온의 행례 방식은 내선온과 동일하였다. 외선온을 마친 후에 그대로 동서로 나뉘어 차례로 서 있다가, 왕자가 나와서 말을 타고 출발하면, 위요圍繞하여 차례로 나가 친영행렬을 만들었다.

화려한 친영 행렬

조선 후기 왕과 왕세자의 혼례를 기록한 『가례도감의궤』에 빠지지 않고 등장하는 것이 친영 행렬을 그린 반차도班次圖이다. 친영반차도란 친영 행렬에 참여하는 인물들의 지위와 임무에 따라 나누어 그린 그림을 의미한다. 반차도는 친영 행렬에 참여하는 참석자들이 각자 자신의 위치를 확인하고 자신의 임무를 숙지하도록 할 목적으로 미리 그려졌다. 일례로, 영조와 계비 정순왕후의 친영반차도는 실제 친영일인 6월 22일 이전인 6월 14일에 미리 제작되어 영조에게 바쳐졌다.

반차도에 그려진 왕의 친영 행렬은 크게 선도행렬, 어가행렬, 왕비행렬, 수행 행렬로 나뉜다. 선도행렬 속에는 왕의 행차 앞에 서서 왕을 상징하는 의장물이 등장한다. 그리고 왕을 수행하는 어가행렬이 뒤 따른다. 왕의 뒤를 이어 왕비를 상징하는 의장물인 교명, 금보, 옥책, 명복 등을 실은 가마가 등장하고, 왕비행렬이 뒤따른다. 왕비의 가마, 왕비를 시위하는 상궁과 시녀, 내관, 의녀 등의 모습이 나타난다.

현전하는 가장 오래된 소현세자와 세자빈 강씨의 반차도는 8면으로 그려졌다. 그 후 숙종과 인현왕후의 반차도는 18면으로 늘어났다. 영조와 정순왕후의 친영 행렬을 그린 반차도의 면수가 갑자기 50면으로 늘어났다. 총길이는 1,650㎝에 달한다. 보행 인물이 797명, 기행 인물이 391명으로 총 1,188명이 반차도에 등장한다. 왕의 친영 행렬에 참여하는 인원이 늘어나고, 그 모습 또한 화려해지고 있음을 보여준다.

왕녀와 왕자의 가례등록에는 의궤와 같은 형태의 화려한 채색 반차도는 없다. 그 대신 글자로 행렬의 순서를 적은 반차班次가 존재한다. 반차는 의식의 순서를 적은 홀기 다음에 기록하였다. 네 단계의 혼인 절차인 납채, 납폐, 명복내출, 친영 모두 홀기와 반차가 있다.

친영에는 친영 홀기를 먼저 적고, 다음에 친영 반차를 적는다. 이를 통해 실제 왕자녀의 혼례 때 친영 행렬의 규모와 모습을 파악할 수 있다.

왕자 연잉군의 가례 때 친영 반차를 살펴보면 친영 행렬에 참여하는 의례 참여자의 위치를 순서에 따라 적고, 그들이 착용해야 하는 복장을 적었다.

연잉군이 궁궐 밖에 마련된 임시 의례 처소인 길례궁에서 부인가로 친영하기 위해 가는 행렬의 반차를 준비하는 모습을 살펴보자.

친영할 때, 외선온에는 승지 임순원이 참석하고, 내선온에는 중사 신해가 참석하며, 가례에는 담당 중사 김두광이 참석한다. 같은 날 사시에 나와서 오시 초에 전안과 친영의 예를 행하기 때문에, 각 관사의 위요는 참석하고, 여러 재상은 먼저 재촉하여 참석하기를 청한다. 먼저 외선온을 행할 때, 승지는 동쪽 벽에서 조금 앞에, 영의정 이하는 서쪽 벽에, 주혼 임창군 이하 여러 종반은 동쪽 벽에, 도청 이하는 남쪽 줄에 앉는다. 다음으로 내선온을 행하는데, 모두 위와 같이 한다. 마치면, 흩어져서 나가지 않고, 바로 동쪽과 서쪽으로 나뉘어 순서대로 선다. 왕자가 나와서 말에 오르면, 위요가 차례로 나오고, 말단 관리가 앞서 인도한다.

인로군 10명 - 봉거군 20명 - 부장 2원 - 조예 3 - 안롱과 교상 - 각궁 시배 - 별감시배 - 친 6 - 집안충찬위 - **왕자** - 중사 - 주혼 - 별공작관원 - 본궁수리관 - 낭청 - 도청 2명 - 당상 2명 - 최고당상 - 위요

주혼과 가례청의 당상 이하의 위요는 모두 홍단령을 입고 말을 타고 가면서 위요하고, 말단 관원이 앞서 인도하여 부인궁 대문 밖에 다다른다. 왕자가 부인가로 들어가 전안례를 행하기 위해 나아가고, 주혼과 가례청의 당상 이하는 각각 미리 준비해둔 막차로 나아간다. 왕자가 부인가로 친영하기 위해 갈 때 참여하는 위요의 역할은 여기까지 이다.

왕자가 부인을 친영하기 위해 부인가로 갈 때 참여했던 위요들은 부인가에 도착하면 모두 돌아간다. 왕자가 부인을 친영하여 동뢰연을 치르기 위해

왕자궁으로 다시 돌아갈 때에는 부인을 전도하는 인원이 위요를 대신한다.

인로군 10명 - 봉거군 20명 - 인도부장 2원 - 조예3 - 안롱과 교상 - 시배 - 친시6 - **왕자** - 중사 이하 - 주혼 - 부인전도 인로군 10명 - 봉거군 20명 - 인도부장 2원 - 상마대 한 쌍 - 지로치 두 쌍 - 시배 - 안보 3쌍 - 친시 6 - 함부지제원 4 - 보비 2 - 기비 5쌍 - 향비 1쌍 - **부인교자** - 유모 - 시녀 - 집사의녀 - 별공작관원 - 양궁수리관원 - 낭청 - 도청 2명 - 당상 2명 - 최고당상

따라서 왕자 연잉군의 친영 행렬에는 약 100여 명 정도가 참여하게 된다.

○ 반차. 먼저 인로군 10명, 다음으로 봉거군 20명, 다음으로 인도부장 2원, 다음으로 조예 셋, 다음으로 안롱과 교상, 다음으로 시배, 다음으로 친시 6〈이상은 복색과 반차가 모두 올 때의 의절과 같다〉, 다음으로 왕자는 공복으로 말에 올라서 가고, 다음으로 중사 이하, 다음으로 주혼, 다음으로 부인 전도이다.

○ 부인반차. 먼저 인로군 10명이 건복을 갖추고 좌우로 나뉜다. 다음으로 봉거군 20명이 건복을 갖추고 좌우로 나뉜다. 다음으로 인도부장 2원이 흑단령에 검을 차고 좌우로 나뉜다. 다음으로 상마대 한 쌍이 좌우로 나뉜다. 다음으로 지로치 두 쌍이 건복과 납패를 갖추고 가죽 채찍을 들고 좌우로 나뉜다. 다음으로 시배, 다음으로 안보 두 쌍이 좌우로 나뉜다. 다음으로 친시 여섯〈복색은 왕자친시복색과 같다〉이 좌우로 나뉜다. 다음으로

함을 진 넷이 건복에 화자를 신고 좌우로 나뉜다. 다음으로 보비 둘이 좌우로 나뉜다. 다음으로 기비 다섯 쌍이 좌우로 나뉜다. 다음으로 향을 가진 비 한 쌍이 좌우로 나뉜다. 다음으로 부인교자, 다음으로 유모와 시녀, 다음으로 집사의녀, 다음으로 별공작관원, 양궁수리관원이 일렬로 서서 행차한다. 다음으로 낭청, 다음으로 두 명의 도청이 좌우로 나뉜다. 다음으로 두 명의 당상이 좌우로 나뉜다. 다음으로 최고 당상이 선다. 모두 홍단령을 입고 말에 올라 가는데 길례궁에 이르면 각각 차로 나아간다. 동뢰연을 마친다. 당상은 파하여 흩어진다. 주혼과 도청 1원, 별공작관원은 궐에 나아가 복명한다. 별공작관원이 가례청 낭청을 칭하여 몸소 승정원에 가서 고하기를, "연잉군의 친영례를 마치고서 주혼 아무가 복명하러 왔습니다"라고 고한다. 사알이 들어가 아뢰게 하고, 끝낸 후에 물러 나온다. 숙배는 없다. 〈22일에 왕자는 나갔다 들어올 때의 예에 의거하여, 길례궁에서 관상감 고개를 거쳐서 금호문으로 들어와 종친부에 이르고, 각 전에 문안하고서 곧이어 내선온을 행한다.〉

왕자녀의 친영 행렬에 국가의 주요 관원이 위요圍繞로 참석한다는 점이 그들의 사회적 신분과 지위를 상징적으로 잘 드러내 준다고 하겠다. 위요는 원래 둘러싼다는 의미이지만, 왕자녀의 친영에 참석하는 정부 관료를 위요라고 불렀다. 가례청 소속 관원은 당상 이하 모두 참여하게 된다. 그들 이외에 동반은 의정부와 오조의 참판 이상, 서반은 종친부, 의빈부, 충훈부의 2품 이상이 참여하도록 하였다.

연잉군 가례 때 왕자의 친영에 따라갈 위요를 어느 관직 까지 참석하도록 해야 하는지 논의하는 과정에서 인평대군 가례 때 위요에 관한 논의 내용이 실린 예조의 계사를 그대로 적고 있어 참고가 된다.

1631년(인조 9) 인평대군 가례 때에 예조에서는 오례의에는 왕세자의 친영일에 종친과 문무 2품 이상 관원은 상복常服으로 따르고, 대군의 친영일에는 종친과 의정부, 육조 2품 이상 관원이 따른다고 하였는데 2품이라 하는 것인지, 단지 육조의 2품 이상이라는 것인지, 육조 및 동서반 2품 이상이라는 것인지를 예문의 뜻을 정확하게 알지 못하겠다고 인조에게 아뢰었다. 인조는 육조 2품 이상이 위요로 참석하고, 훈신 및 의빈도 모두 참여하도록 하였다. 이에 따라 인평대군의 혼례 이후에 치러진 왕자와 공주, 옹주의 가례 때에도 위요 참석 대상은 동일하게 적용되었다.

연잉군이 친영할 때에는 종친과 의정부, 육조의 참판 이상, 의빈부, 충훈부의 군 이상은 홍단령으로 말을 타고 동반과 서반으로 나누어 위요로 참석하도록 하였다.

숙종은 친영에 참여하는 위요와 관련하여 비망기를 내려 각별히 신칙하고, 위요의 참석 여부를 전례대로 서계하도록 하였다. 친영 때 참여하는 위요는 왕자의 체면과 직접적으로 관련이 있다고 보았기 때문이다. 연잉군의 친영 때 참석해야 하는 위요는 모두 60명이었다. 그 가운데 43명이 참여하고, 나머지 17명은 참석하지 못하였다.

연잉군 친영 때 참여한 위요는 모두 43명으로 다음과 같다.

종친부(26명)	임창군 혼, 임양군 환, 전성군 혼, 영창군 심, 영신군 형, 진평군 택, 영춘군 정, 임원군 표, 해풍군 수, 오성군 경연, 화춘군, 능흥군 순형, 오창군 형함, 성평군 탁, 영운군 의천, 화릉군 조, 전산군 심, 밀성군 식, 금천군 지, 여원군 주, 능풍군 순겸, 화평군 시헌, 동선군 병, 동창군 정, 운흥군 영, 광선군 장

의정부(2명)	영의정 신완, 우참찬 이익수
충훈부(2명)	한성군 이기하, 해성군 오시량
의빈부(2명)	동평위 정재륜, 해창위 오태주
돈녕부(2명)	영돈녕부사 김주신, 동지돈녕부사 김석연
이조(2명)	이조행판서 이유, 참판 김우항
호조(1명)	호조행판서 김진구
병조(2명)	병조판서 윤세기, 참판 이광적
형조(2명)	형조판서 유득일, 참판 김연
공조(2명)	공조행판서 홍수헌, 참판 유지발

연잉군의 친영 때 참석하지 못한 위요는 모두 17명이었다. 그들은 참석한 명단과 함께 '유탈질'로 따로 분류하여 명단과 불참 사유를 적어 숙종에게 보고하였다.

유탈질

좌의정 이여, 대원군 광윤, 이상은 휴가를 받아 지방에 소재. 여산군 방은 연경에 감. 좌찬성 윤증, 호조참판 권상하, 청양군 김세중, 밀풍군 박계창, 이상은 지방 소재. 함릉군 극은 제관으로 차출. 동원군 집, 좌참찬 송창, 회원군 류, 서천군 황, 광평군 명, 여창군 경협, 영순군 유, 여양군 경유, 금평위 박필성, 이상은 병으로 참석하지 못함.

이와 같이 위요로 참석해야 할 사회적 의무가 있었지만, 휴가를 받아 지방에 있거나, 제관으로 차출되었거나, 병으로 탈이 나서 참석하지 못하는 관원들은 언제나 있었다.

공주와 옹주의 친영 행렬에도 종친과 의정부, 이조, 호조, 예조, 병조, 형조, 공조 소속의 2품 이상 관원들이 위요로 참여하도록 하였다.

부마가 공주궁에 나아갈 때의 반차는 다음과 같다.

> 인로군 10명 - 봉거군 20명 - 인도부장 2원 - 인도집사 2원 - 조예 1 - 안롱과 교상 - 징씨 6 - 집안충찬위 - 부마 - 가례청 별공작관과 본가 수리감역관 - 가례청 낭청겸관낭청 - 가례청 도청 2명 - 가례청 당상 2명 - 예조판서겸관당상 - 친속위요親屬圍繞

18세기 왕자 연잉군의 친영 때와 달리 19세기 왕녀 명온공주가 혼인할 때 친영에 참석한 위요는 모두 7명뿐이었다.

참석한 위요 명단
행의정부 우참찬 한치응
의빈부 영명위 홍현주
충훈부 금풍군 박윤수
이조판서 김노경
이조참판 신 현
병조참판 홍시제
공조판서 김기후

그 외 영의정 남공철을 포함하여 12명이 명온공주 친영 때 위요로 참석해야 하지만, 병이 나거나 지방에 머물고 있어서 참석하지 못하였다. 원래 명온공주의 친영 행렬에 참석하기로 예정되었던 위요는 모두 19명이 었다.

결언

상징의 숲, 등록:
문화콘텐츠의 보고寶庫, 세계기록유산으로서의 가치!

왕실 가족의 일생 의례를 담아낸 국가 기록물인 '등록'은 상징의 숲과 같다. 과거 조선시대 왕실 가족이 살면서 경험한 일회적인 일생 의례의 현장을 사라지지 않도록 등록이라는 기록물 형태로 남겨두어서 이를 통해 왕실 가족의 사고방식과 생활양식을 이해할 수 있기 때문이다.

이 책은 조선 사회에서 왕실 가족으로 태어나서 한평생을 산다는 것이 어떤 삶인지, 그리고 그 삶의 의미는 무엇인지를 의례라는 상징 행위를 중심으로 조금은 다른 방식으로 선명하게 그려내고자 했다. 탄생부터 죽음까지, 그리고 죽음 이후 남겨진 사람들에게 기억되는 방식까지 파노라마방식으로 보여주고자 했다. 왕실 가족의 탄생부터 혼인까지는 나름대로 두텁게thick 묘사 했지만, 죽음과 제례는 아직은 옅은thin 수준이다.

사실 당시 조선사람들도 온전히 이해하기 어려웠을 가장 복잡하게 위계화 되어 있는 왕실 가족의 '의례'를 쉽게 이야기로 풀어내는 작업은 쉽지 않았다. 다만, 잘 알려지지 않은 왕실 가족의 일생 의례 등록 자료를 소개하고, 또 활용하여 탄생, 성년식, 봉작과 책봉, 혼인과 출합, 죽음과 제례를 모두 한 책에 담아내려고 했다는 점을 주목했으면 한다. 궁극적으로 왕실 가족의 삶과 죽음이 따로 떨어져 있는 것이 아니라 서로서로 연결되어 있다는 것을 공유하고 싶었다.

흔히 문화콘텐츠는 각종의 문화상품 혹은 미디어에 내재된 다양한 예술적, 상품적 가치를 지닌 유무형의 문화적인 내용물을 총칭한다. 왕실 가족의 일생 의례에는 조선시대 최상층 신분 집단인 왕실 가족이 향유했던 왕실 문화가 고스란히 표현되어 있다. 왕실 복식, 왕실 공예와 같은 유형 문화뿐만 아니라 왕실 의례에 얽혀 있는 무형의 왕실 가족 이야기 소재들도 풍부하게 담겨있다.

왕실 가족의 간택 이야기를 예로 들어 보자. 화순옹주의 부마를 간택하는 과정은 극적이다. 간택이 다 끝나서 도착한 김한신을 위해 차비문差備門 밖에서 담당 관원이 기다리도록 한 영조의 배려로 그는 부마로 간택되었다. 등록에 기록된 부마의 간택과정은 김한신이 죽자 곡기를 끊고 남편의 뒤를 따라 죽은 화순옹주의 생애와 겹치면서 극적 요소를 더해준다. 숙종의 후궁 영빈 김씨의 간택과정도 흥미롭게 전개된다. 뒤늦게 간택에 참여하여 지방에서 급하게 올라오는 김씨를 위해 재간택 날짜를 뒤로 미루면서까지 후궁으로 맞아들이려 했던 숙종의 모습을 그려보면, 기사환국 때 숙종의 미움을 받고 인현왕후와 함께 쫓겨난 후궁 영빈 김씨의 처지가 더 서글프게 느껴진다.

등록은 문화콘텐츠의 보고寶庫이다. 성경을 보면 밭에 감추인 보물 이야기가 나온다. 다른 사람의 밭을 갈던 한 농부가 그 밭에 보물이 있다는 걸 발견하고, 자신이 가지고 있던 소유를 다 팔아 그 밭을 산다는 이야기이다. 필자 또한 농부처럼 우연히 등록을 알게 되었고, 그 안에 오랜 시간 감추어져 있던 진귀한 보물 같은 이야기를 만나게 되었다.

서양의 공주 이야기와 왕자 이야기에 익숙한 학생과 일반 대중에게 조선의 공주와 왕자의 의례 이야기를 매개로 하여 조선시대 왕실 문화의 정수를 전해 줄 수 있다. 조선 최고의 장인匠人이 왕실 의례에 쓸 의례 용품을 만드는 과정에서 얼마나 많은 땀과 정성을 쏟았는지, 아버지이기도 했던 조선의 왕이 자녀가 병 없이 오래오래 살기를 바라면서 다복한 의례 담당자를 선발하기 위해 얼마나 고심했는지 등록 속에 담긴 왕실 가족의 삶과 문화에 대하여 풍부한 스토리 텔링이 가능하다.

자유 민주주의 사회에서 돈을 가장 가치 있는 것으로 여기는 자본주의 시대를 사는 우리에게 익숙하지 않은 낯선 곳, 낯선 사람들인 왕실 가족의 '비효율적인' 일생 의례를 주목해 보자. 의례적인 '낭비'를 통해서 삶의 의미를 찾았던 그들의 의례 이야기가 등록 속에 실타래처럼 얽혀 있다. 등록 속에 담겨있는 생생한 왕실 가족의 삶과 문화에 얽힌 이야기를 잘 풀어내기만 하면 된다.

등록은 의궤와 동일하게 왕실 가족의 일생 의례를 기록하고 있다. 다만 왕실 가족 구성원 사이에 존재하는 위계질서를 구분하기 위해 원칙적으로 왕자녀와 후궁의 일생 의례만을 기록하였다는 점에서 차이를 보일 뿐이다. 등록 안에 담긴 내용은 의궤보다 더 사실적이고 풍부하다. 외형상의 모습은 의궤와 같이 화려하지 않지만, 오직 한 부만 남아있다는 측면에서 그 가치는 더 크다고 하겠다. 등록도 의궤와 같이 한국인이 창조한 세계적인 기록유산으로서 그 보배로운 가치를 인정받을 수 있기를 기대해 본다.

| 부록 1 |[1]

1. 왕자녀의 탄생이야기
선정자료:

    태봉등록(奎 12893)
    원자아기씨안태등록(K2-2098, K2-2909)
    원손아기씨안태등록(奎 13971, 奎 13972)
    원자아기씨안태등록(奎 13974)
    원자아기씨안태등록(奎 13977)

2. 왕자녀의 성년식이야기
선정자료:

    연잉군관례등록(K2-2661, 2618), 연령군관례등록(K2-2660)
    은전군관례등록(K2-2703)

---

[1] 등록 속 왕자녀와 후궁의 일생 의례 이야기를 재구성하기 위해 참고한 등록 자료를 의례별로 정리한 것이다.

3. 왕자녀의 봉작이야기

선정자료:

완화군관례등록(부봉작)(奎 12988)
의화군관례등록(부봉작)(奎 12987)

4. 왕자녀의 혼례와 출합이야기

선정자료:

17세기
가례등록(K2-2600)
명안공주가례등록(K2-2639)

18세기
화순옹주가례등록(K2-2731), 화평옹주가례등록(K2-2735), 연잉군가례등록(K2-2661, 2618), 연령군가례등록(K2-2660)

19세기
명온공주가례등록(K2-2640, 2641, 2642)
명온공주방등록(奎故4255-2), 숙선옹주가례등록(K 2-2652), 영혜옹주길례등록(奎 12995)

5. 왕자녀의 죽음이야기

선정자료:

　　명온공주방상장례등록(奎 故4255-3)
　　완화군궁예장시등록(K2-2989)

6. 왕자녀의 제례이야기

선정자료:

　　수진궁등록(奎 18980 1-5), 제등록(奎 19289), 각사당각묘소제향신정식등록(奎 19290), 문희묘영건청등록(奎 12930)

7. 후궁의 봉작과 혼례이야기

선정자료:

　　숙의가례청등록(K2-2653)
　　경빈가례등록(K2-2614), 경빈가례시가례청등록(K2-2615)

8. 후궁의 죽음이야기
선정자료:

장희빈상장등록(K2-3006)
가순궁현목유빈상례의주등록(K2-2912)
현목유빈상장등록(K 2-3032), 가순궁상장등록(K2-2911)
경빈예장소등록(奎 12945)
제청급석물조성시등록(K2-3580)
묘소제청도배시등록(K2-2315)

9. 후궁의 제례이야기
선정자료:

현목유빈상장등록(K2-3032)
수진궁등록(奎 18980 1-5), 제등록(奎 19289), 각사당각묘소제향신정식등록(奎 19290)

| 부록 2 |[1]

[17세기 왕실 가족]

인조 가족(재위 1623~1649)
(인조, 인열왕후, 장렬왕후, 귀인 장씨, 귀인 조씨, 숙의 나씨, 소현세자, **효종**, **인평대군**, 용성대군, **숭선군**, **낙선군**, 효명옹주)

효종 가족(재위 1649~1659)
(효종, 인선왕후, 안빈 이씨, **현종**, **숙안공주**, **숙명공주**, 숙휘공주, 숙정공주, **숙경공주**, 숙녕옹주)

현종 가족(재위 1659~1674)
(현종, 명성왕후, **숙종**, 명선공주, 명혜공주, **명안공주**)

숙종 가족(재위 1674~1720)
(숙종, 인경왕후, 인현왕후, 인원왕후, **옥산부대빈 장씨**, **영빈 김씨**, **숙빈 최씨**, 명빈 박씨, 귀인 김씨, 소의 유씨, **경종**, **영조**, 연령군)

---

[1] 17세기부터 19세기까지 재위한 조선의 왕과 배우자, 자녀 세대로 구성된 왕실 가족을 인조반정 이후 즉위한 인조 가족부터 고종 가족까지 가족별로 정리하였다. 왕자녀와 후궁의 의례 등록 자료가 남아 있는 경우, 진한 글씨로 표시하였다.

[18세기 왕실 가족]

경종 가족(재위 1720~1724)
(경종, 단의왕후, 선의왕후)

영조 가족(재위 1724~1776)
(영조, 정성왕후, 정순왕후, 정빈 이씨, 영빈 이씨, 귀인 조씨, 숙의 문씨, 진종,
장조, 화순옹주, 화평옹주, 화협옹주, 화완옹주, 화유옹주, 화령옹주, 화길옹주)

정조 가족(재위 1776~1800)
(정조, 효의왕후, 의빈 성씨, **유빈 박씨**, 원빈 홍씨, 화빈 윤씨, **문효세자, 순조, 숙선옹주**)

[19세기 왕실 가족]

순조 가족(재위 1800~1834)
(순조, 순원왕후, 숙의 박씨, **문조, 명온공주, 복온공주, 덕온공주**, 영온옹주)

헌종 가족(재위 1834~1849)
(헌종, 효현왕후, 효정왕후, **경빈 김씨**, 숙의 김씨)

철종 가족(재위 1849~1863)
(철종, 철인왕후, 귀인 박씨, 귀인 조씨, 숙의 방씨, 숙의 김씨, 숙의 범씨, **영혜옹주**)

고종 가족(재위 1863~1897)
(고종, 명성왕후, **순헌황귀비 엄씨**, 귀인 이씨(3명), 귀인 장씨, 귀인 정씨, 귀인 양씨,
삼축당 김옥기, **완화군, 의화군**, 영친왕)

| 참고문헌 |

제1장 왕실 가족의 일생 의례와 등록

1. 원전자료

『태조실록』『세종실록』『숙종실록』

『경국대전』『속대전』

『당대선원록當代璿源錄』『가례등록嘉禮謄錄』『장희빈상장등록張禧嬪喪葬謄錄』『인숙원빈궁예장의궤仁淑元嬪宮禮葬儀軌』『현목유빈상장등록顯穆綏嬪喪葬謄錄』『현목유빈입묘도감의궤顯穆綏嬪入廟都監儀軌』『현목유빈장례도감의궤顯穆綏嬪葬禮都監儀軌』『현목유빈빈궁혼궁도감의궤顯穆綏嬪殯宮魂宮都監儀軌』『휘경원원소도감의궤徽慶園園所都監儀軌』『가순궁현목유빈상례의주등록嘉順宮顯穆綏嬪喪禮儀註謄錄』

2. 단행본

A. 반 겐넵 지음, 전경수 옮김, 『통과의례』, 서울: 을유문화사, 2000.

금장태 지음, 『유교의 사상과 의례』, 서울: 예문서원, 2000.

김 혁 외, 『장서각소장등록해제』, 성남: 한국정신문화연구원, 2002.

메리 더글라스 지음, 유제분·이훈상 옮김, 『순수와 위험: 오염과 금기 개념의 분석』, 서울: 현대미학사, 1997.

문옥표 외 지음, 『조선양반의 생활세계 : 의성김씨 천전파 고문서 자료를 중심으로』, 서울: 백산서당, 2004.

빅터 터너 지음, 강대훈 옮김, 『인간 사회와 상징 행위: 사회적 드라마, 구조, 커뮤니타스』, 서울: 황소걸음, 2018.

빅터 터너 지음, 장용규 옮김, 『상징의 숲1』, 서울: 지식을만드는지식, 2020.
아놀드 반 제넵 지음, 김성민 옮김, 『통과의례』, 서울: 달을긷는우물, 2022.
주희 저, 임민혁 옮김, 『주자가례 : 유교 공동체를 향한 주희의 설계1』, 서울: 예문서원, 2000.
지두환 지음, 『숙종대왕과 친인척1』, 서울: 역사문화, 2009.
클리퍼드 기어츠, 문옥표 옮김, 『문화의 해석』, 서울: 까치, 1998.
한도현·김동노·양현아·허라금·최진덕, 『유교의 예와 현대적 해석』, 서울: 청계, 2004.
한영우, 『조선왕조 의궤-국가의례와 기록』, 서울: 일지사, 2005.

3. 논문
안호용, 「조선시대 삼년상과 기복제도」, 『한국사회』 15(2), 2014.
박종천, 「상·장례의 한국적 전개와 유교의례의 문화적 영향」, 『국학연구』 17, 2010.
이원택, 「17세기 복제예송이 18세기 복제 예론에 미친 영향-예론의 지역적 분립과 학파 내의 분화를 중심으로-」, 『국학연구』 13, 2008.
양선비, 「17세기 중후반 예송의 전개와 정치지형의 변화-예송의 정치사적 파장과 국왕-분당 역학관계 변화를 중심으로-」, 『한국사론』 60, 2014.
안호용, 「유교 상례와 상중의 개인행위 규제」, 『사회와 역사』 72, 2006.
최주희, 「조선후기 왕실관련 연구동향과 과제-왕조국가의 성격에 관한 재정사적 검토-」 『한국문화』 87, 2019.

4. 발표문 및 보고서
김지영, 「조선후기 왕실 여성의 저출산과 유교적 생활세계」, 『결혼과 출산』(가톨릭 대학교 주최 제4회 Bernard Wonkil Lee 가톨릭 인본주의 국제포럼), 2014.
_____, 「한양의 여성들이 '어른'이 된다는 것-왕실 여성들의 성년식과 출산 사례-」 (2022년 상반기 〈서울역사박물관대학〉 '한양 속 여성의 삶'), 2022.

5. 전자자료

국사편찬위원회 한국사데이터베이스(http://db.history.go.kr)
서울대학교 규장각한국학연구원(http://e-kyujanggak.snu.ac.kr)
승정원일기(http://sjw.history.go.kr)
조선왕조실록(http://sillok.history.go.kr)
한국고전종합DB(http://db.itkc.go.kr)
한국학중앙연구원 한국학자료포털(http//www.kostma.net)
한국학중앙연구원 장서각디지털 아카이브((http://yoksa.aks.ac.kr)
국립중앙박물관 외규장각의궤(http://yuigwe.museum.go.kr)
국립고궁박물관(http:/www.gugung.go.kr)

제2장 등록이란 무엇인가?

1. 원전자료

『광해군일기』『중종실록』『경국대전』
『외규장각형지안外奎章閣形止案』『의궤가구』『특별취급도서』『규장각도서출납부』『만기요람 萬機要覽』『비변사등록備邊司謄錄』『의정부등록議政府謄錄』『종부시등록宗簿寺謄錄』『장원서등록掌苑署謄錄』『통신사등록通信使謄錄』『수양시양등록收養侍養謄錄』『수교등록受敎謄錄』『칙사등록勅使謄錄』『장계등록狀啓謄錄』『계후등록繼後謄錄』『과거등록科擧謄錄』『서원등록書院謄錄』,『태봉등록胎峯謄錄』『덕온공주가례등록德溫公主嘉禮謄錄』『진주초군작변록晉州樵軍作變謄錄』『양호초토등록兩湖招討謄錄』『종묘등록宗廟謄錄』『훈국등록訓局謄錄』『수연등록壽宴謄錄』『칙사연례등록勅使宴禮謄錄』『진찬등록進饌謄錄』『내외진찬등록內外進饌謄錄』『내외진연등록內外進宴謄錄』『(의인왕후)빈전혼전도감의궤殯殿魂殿都監儀軌』『(의인왕후)산릉도감의궤山陵都監儀軌』『세종대왕태실석난간수개의궤世宗胎室石欄干修改儀軌』『계제사등록稽制司謄錄』『(인열왕후)국휼등록仁烈王后國恤謄錄』『장렬왕비가례 계제사등록莊烈王妃嘉禮 稽制司謄錄』『명성왕후국휼등록明聖王后國恤謄錄』『상장등록喪葬膽錄』『명온공주방상장례등록明溫公主房喪禮膽錄』『완화군궁예장시등록完和君宮禮葬時儀軌』『(인조장렬왕후)가례도감의궤嘉禮都監儀軌』『(대군출합공주)가례등록嘉禮膽錄』『명안공주가례등록明安公主嘉禮膽錄』『숙의가례등록淑儀嘉禮膽錄』『명온공주가례등록明溫公主嘉禮膽錄』『명온공주방등록明溫公主房膽錄』『은언군은신군관례의궤恩彦君恩信君冠禮儀軌』『청근현주가례의궤淸瑾縣主嘉禮儀軌』『(연잉군)왕자가례등록(延礽君)王子嘉禮膽錄』『화순옹주가례등록和順翁主嘉禮膽錄』『원자아기씨안태등록元子阿只氏安胎膽錄』『원자아기씨안태의궤元子阿只氏安胎儀軌』『원손아기씨안태등록元孫阿只氏安胎膽錄』『화완옹주가례등록和緩翁主嘉禮膽錄』『청연군주가례등록淸衍郡主嘉禮膽錄』『문희묘영건청등록文禧廟營建廳膽錄』『경빈예장소등록慶嬪禮葬所膽錄』

2. 단행본
고민정·안혜경·양선아·조영준 공역,『용동궁등록 탈초본』, 서울: 소명출판, 2015.
국립고궁박물관,『고문헌국역총서 제11책 국역 사자관청등록』, 서울: 국립고궁박물관, 2022.
국립중앙박물관,『145년 만의 귀환, 외규장각 의궤』, 서울: 국립중앙박물관, 2011.
김 혁 외,『장서각소장등록해제』, 성남: 한국정신문화연구원, 2002.
김봉좌 외,『한국 고문서 입문 2』, 과천: 국사편찬위원회, 2021.
김지영·김방울·나영훈·임민혁·최연우 역주,『17세기 조선 왕실 가족의 혼례: 가례등록·명안공주가례등록』, 성남: 한국학중앙연구원 출판부, 2022.
김해영,『조선왕조의 의궤와 왕실 행사』, 서울: 현암사, 2018.
민족문화추진회,『국역 만기요람I 재용편』, 서울: 민족문화추진회, 1982.
박성호·문숙자·손계영·박준호·고민정·김봉좌 공저,『한국 고문서 입문 1』, 과천: 국사편찬위원회, 2020.
원창애 외,『조선 최정예 군대의 탄생』, 한국학중앙연구원 출판부, 2017.
원창애·심영환·유재성·이왕무·임재완·장유승·정해은·최주희 역주,『역주 훈국등록 1』, 성남: 한국학중앙연구원 출판부, 2017.
조영준,『조선 후기 왕실재정과 서울상업』, 서울: 소명출판, 2016.

최승희, 『(개정증보판)한국고문서연구』, 서울: 지식산업사, 2011.
한국학중앙연구원 장서각, 『한국학자료총서44, 종묘등록 하』, 성남: 한국학중앙연구원 출판부, 2010.
한국학중앙연구원 장서각, 『한국학자료총서46, 훈국등록1』, 성남: 한국학중앙연구원 출판부, 2011.
한국학중앙연구원 장서각, 『한국학자료총서47, 제례등록3-전향사 편』, 성남: 한국학중앙연구원 출판부, 2012.
한국학중앙연구원 장서각, 『한국학자료총서54, 장렬왕비가례 계제사등록』, 성남: 한국학중앙연구원 출판부, 2017.
한영우, 『조선왕조의 의궤-국가의례와 기록』, 서울: 일지사, 2005.

3. 논문
김 혁, 「장서각 소장 등록의 문헌학적 특성」, 『한국학』 4, 2000.
＿＿＿, 「조선후기 중앙관청 기록물에서 등록의 위상」, 『서지학보』 26, 2002.
김문식, 「「의궤사목」에 나타나는 의궤의 제작 과정」, 『규장각』 37, 2010.
나영훈, 「조선시대 도감의 성립과 변천」, 한국학중앙연구원 한국학대학원 박사학위논문, 2017.
노인환, 「조선 후기 인신 개조와 문서행정-규장각한국학연구원 소장 『인신등록』을 중심으로」, 『규장각』 54, 2019.
박 경, 「파계행정을 통해 본 18세기 입후법 운영-장서각 소장 『계후등록』을 중심으로-」, 『장서각』 25, 2011.
백선혜, 「《경국대전》의 기록관리 규정」, 『기록학연구』 15, 2007.
연갑수, 「조선후기 등록에 대한 연구」, 『역사문화연구』 12, 2000.
오항녕, 「실록: 등록의 위계」, 『기록학연구』 3, 2001.
＿＿＿, 「실록의 의례성에 대한 연구-상징성과 편찬관례의 형성과정을 중심으로-」, 『조선시대사학보』 26, 2003.
유새롬, 「외규장각 어람용 의궤의 형태적 특징에 관한 기초적 연구」, 『조선시대사학보』

66, 2013.
이상백, 「국립고궁박물관 소장『사자관청등록』의 사료적 가치」, 『고궁문화』 14, 2021.
이은진, 「조선후기 궁방 수본 연구」, 한국학중앙연구원 한국학대학원 석사학위논문, 2017.
_____, 「17세기 후반 명안공주방의『가고문서』」, 『고궁문화』 10, 2017.
_____, 「조선후기 궁방의 수본 작성」, 『고문서연구』 52, 2018.
_____, 「조선후기 용동궁 문서 연구」, 한국학중앙연구원 한국학대학원 박사학위논문, 2020.
_____, 「조선후기 궁방 도서의 유형과 특징」, 『고문서연구』 58, 2021.
이한희, 「조선시대 기록물의 생산 및 처리과정과 보존」, 『서지학연구』 37, 2007.
이형중, 「조선시대 등록체계의 기록학적 의미와 현대적 변용」, 서울대학교 기록관리학 전공 석사학위논문, 2012.
_____, 「조선 등록물의 유형과 그 관리체계에 관한 연구」, 『한국문화』 83, 2018.
_____, 「조선시대 기록관리제도와 등록체계」, 서울대학교 국사학과 박사학위논문, 2020.
전인혁, 「조선 왕실 태실의 디지털 아카이브 구축 연구」, 한국학중앙연구원 한국학대학원 석사학위논문, 2021.
조영준, 「조선후기 궁방의 등록 발급과 고문서의 등서실태: 『용동궁등록』과『용동궁공사책』의 기초 분석」, 『고문서연구』 44, 2014.
하우봉, 「≪통신사등록≫의 사료적 성격」, 『한국문화』 12, 1991.

4. 발표문 및 조사보고서

김인걸, 「각사등록 자료의 기초조사 및 연구 보고서」, 국사편찬위원회, 1998.
김지영, 「19세기 왕실여성 명온공주의 일생의례와 기록」, 『기록의 생성과 역사의 구성』 (제57회 전국역사학대회), 2016.
_____, 「한양의 여성들이 '어른'이 된다는 것-왕실 여성들의 성년식과 출산 사례-」 (2022년 상반기 〈서울역사박물관대학〉 '한양 속 여성의 삶'), 2022.

정해은, 「'등록'으로 기록한 군영의 역사와 일상」, 『군영등록의 세계기록유산적 가치』 (한국학중앙연구원 장서각 주최 유네스코 세계기록유산 등재사업 국제학술회의), 2016.

5. 전자자료
국립고궁박물관(http: /www.gugung.go.kr)
국립중앙박물관 외규장각의궤(http: //yuigwe.museum.go.kr)
국사편찬위원회 한국사데이터베이스(http: //db.history.go.kr)
서울대학교 규장각한국학연구원(http: //e-kyujanggak.snu.ac.kr)
승정원일기(http: //sjw.history.go.kr)
조선왕조실록(http: //sillok.history.go.kr)
한국고전종합DB(http: //db.itkc.go.kr)
한국학중앙연구원 장서각디지털 아카이브(http: //yoksa.aks.ac.kr)
한국학중앙연구원 한국학자료포털(http//www.kostma.net)

제3장 등록 속 왕자녀의 일생 의례 이야기

1. 원전자료
『정조실록』『중종실록』『성종실록』『영조실록』『현종실록』『현종개수실록』『고종실록』
『경국대전』『속대전』
『예기禮記』『시경詩經』
『선원계보기략璿源系譜紀略』
〈덕수궁평면도〉〈태봉지도면胎封地圖面〉〈단종비 정순왕후 상시호 옥책端宗妃 定順王后 上諡號 玉冊〉〈경빈 김씨 책봉교명〉
『수진궁등록壽進宮謄錄』『제등록祭謄錄』『수진궁 병인정월일위시 각사당각묘소 제향 신정식등록壽進宮 丙寅正月日爲始各祠堂各墓所祭享新定式謄錄』『내의원식례內醫院式例』『완화군관례등록完和君冠禮謄錄(附 封爵謄錄)』『의화군관례등록義和君冠禮謄錄(附 封爵謄錄)』『호산청일기護産廳日記』『정유년호산청소일기丁酉年護産廳小日記』『명안공주가례등록明安公主嘉禮謄錄』『(연잉군)왕자가례등록(延礽君)王子嘉禮謄錄』『화순옹주가례등록和順翁主嘉禮謄錄』『원자아기씨안태등록元子阿只氏安胎謄錄』『원자아기씨안태의궤元子阿只氏安胎儀軌』『원손아기씨안태등록元孫阿只氏安胎謄錄』『화완옹주가례등록和緩翁主嘉禮謄錄』『청연군주가례등록淸衍郡主嘉禮謄錄』『명온공주가례등록明溫公主嘉禮謄錄』『명온공주방등록明溫公主房謄錄』『태봉등록胎峯謄錄』『만력36년 12월 일 경상도 함창땅 왕자아기씨안태의궤[萬曆三十六年二月日慶尙道咸昌地王子阿只氏安胎儀軌]』『강화부외규장각봉안책보보략지장어제어필급장치서적형지안江華府外奎章閣奉安册寶譜略誌狀御製御筆及藏置書籍形止案』『상장등록喪葬謄錄』『의주등록儀註謄錄』『명온공주방상장례등록明溫公主房喪葬禮謄錄』『완화군궁예장시등록完和君宮禮葬時謄錄』

2. 단행본

국립고궁박물관 엮음, 신명호 외 9인 지음,『조선의 역사를 지켜온 왕실 여성』, 서울: 국립고궁박물관, 2014.

국립고궁박물관,『국립고궁박물관 고문헌국역총서 제6책 국역 덕온공주가례등록』, 서울: 국립고궁박물관, 2017.

국립문화재연구소,『국역 태봉등록』, 서울: 민속원, 2006.

국립문화재연구소,『국역 호산청일기』, 서울: 민속원, 2006.

국립문화재연구소,『조선 왕실의 안태와 태실 관련 의궤』, 서울: 민속원, 2006.

국립문화재연구소,『국역 안태등록』, 서울: 민속원, 2007.

국립청주박물관 편,『(조선 왕실의 한글 편지) 숙명신한첩』, 청주: 국립청주박물관, 2011.

국립한글박물관 편,『덕온공주가의 한글』, 서울: 국립한글박물관, 2019.

김소현,『조선왕실 여인들의 복식』, 서울: 민속원, 2017.

김지영 외 지음,『17세기 조선 로열패밀리의 결혼』, 성남: 한국학중앙연구원 출판부,

2021.

김지영 외 지음, 『왕실 가족의 출생과 성장』, 성남: 한국학중앙연구원 출판부, 2018.

김지영·김방울·나영훈·임민혁·최연우 역주, 『17세기 조선 왕실 가족의 혼례: 가례등록·명안공주가례등록』, 성남: 한국학중앙연구원 출판부, 2022.

김지영·박지윤·임민혁·최연우·박수정·윤승희 역주, 『숙종과 영조의 일생의례: 책례가례등록』, 성남: 한국학중앙연구원 출판부, 2017.

김창겸·김선주·권순영·이순구·이성임·임혜련, 『한국 왕실여성 인물사전』, 성남: 한국학중앙연구원 출판부, 2015.

서울역사박물관 편, 『기증유물목록 VIII: 박한구』, 서울: 서울역사박물관 유물관리과, 2009.

신명호, 『조선공주실록』, 서울: 역사의 아침, 2009.

신명호, 『조선왕실의 책봉의례』, 서울: 세창출판사, 2016.

신채용, 『조선 왕실의 백년손님: 벼슬하지 못한 부마와 그 가문의 이야기』, 고양: 역사비평사, 2017.

심현용, 『한국 태실 연구』, 서울: 경인문화사, 2016.

이남희, 『조선시대 언간을 통해 본 왕실 여성의 삶과 생활세계』, 서울: 역락, 2021.

이 욱, 『조선 왕실의 제향 공간』, 성남: 한국학중앙연구원 출판부, 2015.

이재완·심현용·민병삼·김지영, 『예천의 태실과 조선시대 태실문화』, 서울: 민속원, 2021.

이현진, 『조선 왕실의 상장례』, 성남: 신구문화사, 2017.

장병인, 『조선왕실의 혼례』, 서울: 민속원, 2017.

정병호 외, 『성주 세종대왕자 태실과 세계의 장태문화』, 대구: 경북대학교 영남문화연구원, 2016.

조영준, 『조선 후기 왕실재정과 서울상업』, 서울: 소명출판, 2016.

최주희·임례련·김지영·양혜원·최진아, 『한양의 여성 공간』, 서울: 서울역사박물관, 2021.

한국학중앙연구원 장서각, 『장서각 특별전 조선왕실의 여성』, 성남: 한국학중앙연구원 장서각, 2005.
한국학중앙연구원 장서각, 『장서각 특별전 영조대왕』, 성남: 한국학중앙연구원 장서각, 2011.
한국학중앙연구원 장서각, 『한국학자료총서55, 경종왕세자 가례등록』, 성남: 한국학중앙연구원 출판부, 2018.
한국학중앙연구원 장서각, 『한국학자료총서56, 연령군가례등록』, 성남: 한국학중앙연구원 출판부, 2019.
한국학중앙연구원 장서각, 『한국학자료총서57, 화순옹주가례등록』, 성남: 한국학중앙연구원 출판부, 2020.
한형주, 『조선시대 공주와 부마』, 서울: 국학자료원, 2022.
황문환 외, 『정미가례시일기 주해』, 성남: 한국학중앙연구원 출판부, 2010.

3. 논문

강제훈, 「조선초기 종친직제의 정비와 운영」, 『한국사연구』 151, 2010.
김규영·최연우, 「조선후기 왕녀 혼례복 물목과 그 시기별 변화」, 『한복문화』 17, 2014.
김문식, 「1823년 명온공주의 가례절차」, 『조선시대사학보』 56, 2011.
김미란, 「숙선옹주의 한시 연구」, 『온지논총』 12, 2005.
김아람, 「복식 고증을 통한 복온공주 혼례 친영반차도 구현」, 단국대학교 석사학위논문, 2013.
김아람·최연우, 「복식 고증을 통한 복온공주 혼례 친영반차도 구현-여자참여자를 중심으로-」, 『복식』 364(7), 2014.
김지연, 「18세기 왕녀『가례등록』에 나타난 왕실 혼례 용품 연구」, 『한국디자인문화학회지』 23(2), 2015.
_____, 「『화순옹주가례등록』에 나타난 가례 절차와 물목 연구」, 『복식』 65(3), 2015.
김지영, 「조선시대 왕실 '권초례'의 변화」, 『민속학연구』 30, 2012.
_____, 「조선시대 출산과 왕실의 '장태의례': 문화적 실천양상과 그 의미」, 『역사와 세계』 45, 2014.

김지영, 「18세기 후반 정조대 '원자'의 탄생과 '태실의 조성-『태봉등록』과 『원자아기씨 안태등록』을 중심으로」, 『장서각』 35, 2016.
_____, 「조선후기 왕자녀의 '혼례용품'과 그 상징성에 관한 일고찰: 1749년 「국혼정례」 이전 '가례등록'을 중심으로」, 『민족문화논총』 65, 2017.
김해영, 「『세종대왕태실석난간수개의궤』에 대하여」, 『고문서연구』 42, 2014.
김혜경, 「한국 관례와 그 복식 연구」, 『한복문화』 5(1), 2002.
_____, 「순조대 명온공주 혼례의 재원과 전례·정례의 준수」, 『조선시대사학보』 83, 2017.
나영훈, 「17세기중반 낙선군 이숙의 생애와 혼례의 특징」, 『동서인문학』 55, 2018.
노경자, 「17세기 한글편지를 통해 본 왕실 여성들의 삶과 문화『숙명신한첩』을 중심으로-」, 『민족문화』 51, 2018.
박 주, 「영조의 딸 열녀 화순옹주의 삶과 죽음」, 『한국사상과 문화』 64, 2012.
_____, 「조선후기 영조의 딸 화완옹주의 생애와 정치적 향배」, 『여성과 역사』 22, 2015.
신명호, 「17세기 초반 명례궁의 연혁과 기능」, 『조선시대사학보』 67, 2013.
신채용, 「영조대 탕평정국과 부마 간택」, 『조선시대사학보』 51, 2009.
_____, 「효종대 정국과 부마 간택」, 『조선시대사학보』 90, 2019.
_____, 「조선시대 의빈가문 연구」, 국민대학교 박사학위논문, 2021.
_____, 「조선 현종~숙종 초의 정국과 왕실혼-현종 자녀의 배우자 간택을 중심으로-」, 『북악사론』 19, 2024.
심승구, 「영조 딸들의 혼례 특징과 『옹주가례등록』의 가치」, 『한국학논총』 43, 2007.
_____, 「조선시대 왕실혼례의 추이와 특성」, 『조선시대사학보』 41, 2007.
유현재, 「조선후기 수진궁의 재정운영과 그 성격」, 『숭실사학』 51, 2023.
이 욱, 「『덕온공주가례등록』을 통해 본 덕온공주 가례 절차」, 『한국복식』 30, 2012.
이남희, 「인선왕후(1619~1674)가 숙명공주에게 보낸 시가 관련 언간의 생활사적 특성과 의미」, 『영주어문』 53, 2023.
이명은, 「화순옹주 원삼의 구조 분석」, 『한국복식』 34, 2015.
이문주, 「성인식으로서의 관례의 구조와 의미분석」, 『유교사상연구』 17, 2002.

이미선, 「1749년(영조 25) 화완옹주와 부마 정치달의 가례」, 『한국사학보』 58, 2015.
이은주, 「『덕온공주가례등록』을 통해 본 공주가례복식」, 『한국복식』 30, 2012.
이주미, 「『연잉군가례등록』에 나타난 왕자가례의 절차와 복식」, 이화여자대학교 석사학위논문, 2009.
이현진, 「순조의 장녀 명온공주의 상장의례-『명온공주방상장례등록』을 중심으로-」, 『조선시대사학보』 56, 2011.
이현진·박희용, 「영조대 의소세손의 예장을 통해 본 창경궁 내외의 동선과 궁가의 공간구조」, 『규장각』 45, 2014.
임민혁, 「조선후기 공주와 옹주, 군주의 가례 비교 연구」, 『온지논총』 33, 2012.
임혜련, 「19세기 국혼과 안동 김문 세력」, 『한국사학보』 57, 2014.
_____, 「조선후기 효종 공주 후손들의 입신과 분화 양상-숙경공주 후손을 중심으로-」, 『여성과 역사』 39, 2023.
조영준, 「연잉군방의 살림살이와 경제적 기반」, 한국학중앙연구원 장서각 편, 『영조대 왕자료집5』, 2013.
_____, 「조선후기 '생애주기'형 궁방의 경제적 기반과 운영양상: 박숙의방과 영온옹주방의 사례분석」, 『한국학』 39(3), 2016.
진덕순, 「『명온공주방상장례등록』 복식연구」, 서울여자대학교 석사학위논문, 2016.
차호연, 「조선초기 공주옹주의 봉작과 대우」, 『조선시대사학보』 77, 2016.
한희숙, 「연산군 딸 휘순공주의 혼인과 이혼」, 『여성과 역사』 28, 2018.

Jiyoung Kim, 「Status, Gender, and Confucian Family Order: Royal Wedding Ceremonies in 17th-Century Korea」, paper presented at the Annual Conference of Association for Asian Studies, Denver, Colorado, U.S.A, March 21-24, 2019.

4. 전자자료
국사편찬위원회 한국사데이터베이스(http://db.history.go.kr)

서울대학교 규장각한국학연구원(http: //e-kyujanggak. snu. ac. kr)
승정원일기(http: //sjw. history. go. kr)
조선왕조실록(http: //sillok. history. go. kr)
한국고전종합DB(http: //db. itkc. go. kr)
한국학중앙연구원 한국학자료포털(http//www. kostma. net)
한국학중앙연구원 장서각디지털 아카이브((http: //yoksa. aks. ac. kr)
국립중앙박물관 외규장각의궤(http: //yuigwe. museum. go. kr)
국립고궁박물관(http: /www. gugung. go. kr)
한양도성 타임머신 시맨틱 데이터 아카이브 편찬 연구
　　　(http: //dh. aks. ac. kr/hanyang2/wiki)

제4장 등록 속 후궁의 일생 의례 이야기

1. 원전자료

『경국대전』『숙종실록』『순조실록』『정조실록』
『국혼정례國婚定例』『숙의가례청등록淑儀嘉禮廳謄錄』『경빈가례시가례청등록慶嬪嘉禮時嘉禮廳謄錄』『경빈예장소등록慶嬪葬所謄錄』『제청급석물조성시등록祭廳及石物造成時謄錄』『묘소제청도배시등록墓所祭廳塗褙時謄錄』『장희빈상장등록張禧嬪喪葬謄錄』『인숙원빈궁예장의궤仁淑元嬪宮禮葬儀軌』『숙창궁상장일기淑昌宮喪葬日記』『현목유빈상장등록顯穆綏嬪喪葬謄錄』『가순궁상례등록 嘉順宮喪禮謄錄』

2. 단행본

국립고궁박물관 엮음, 신명호 외 9인 지음,『조선의 역사를 지켜온 왕실 여성』, 서울: 　　　국립고궁박물관, 2014.
원창애・정해은・이민주・이미선 역주,『숙의가례청등록: 숙종 후궁 영빈 김씨의 혼　　　례 기록』, 성남: 한국학중앙연구원 출판부, 2016.

이 욱 지음, 『조선 왕실의 제향 공간』, 성남: 한국학중앙연구원 출판부, 2015.
이미선, 『헌종의 후궁 경빈 김씨의 혼례식 풍경을 담다-역주 경빈가례시가례청등록-』, 서울: 민속원, 2020.
이미선, 『조선왕실의 후궁-조선조 후궁제도의 변천과 의미-』, 서울: 지식산업사, 2021.
이미선, 『조선 후궁, 제도화된 지위, 감추어진 일상』, 서울: 국학자료원, 2022.
이현진, 『조선 왕실의 상장례』, 성남: 신구문화사, 2017.
장병인, 『조선왕실의 혼례』, 서울: 민속원, 2017.

3. 논문
김윤정, 「순조대 가순궁 상례와 복제 논의-다산 정약용의 「가순궁상례문답」을 중심으로」, 『다산학』 38, 2021.
이 욱, 「조선후기 후궁가례의 절차와 변천-경빈김씨 가례를 중심으로-」, 『장서각』 19, 2008.
이현진, 「조선후기 수빈 박씨의 상장 의례와 성격」, 『조선시대사학보』 76, 2016.
임민혁, 「조선시대『등록』을 통해 본 왕비의 친영과 권위」, 『한국사학사학보』 25, 2011.
_____, 「조선후기 후궁의 가례와 예제」, 『역사와 담론』 64, 2012.
정경희, 「조선후기 궁원제의 성립과 변천」, 『서울학연구』 23, 2004.

4. 전자자료
국립고궁박물관(http:/www.gugung.go.kr)
국립중앙박물관 외규장각의궤(http://yuigwe.museum.go.kr)
국사편찬위원회 한국사데이터베이스(http://db.history.go.kr)
서울대학교 규장각한국학연구원(http://e-kyujanggak.snu.ac.kr)
승정원일기(http://sjw.history.go.kr)
조선왕조실록(http://sillok.history.go.kr)
한국고전종합DB(http://db.itkc.go.kr)
한국학중앙연구원 장서각디지털 아카이브((http://yoksa.aks.ac.kr)

한국학중앙연구원 한국학자료포털(http//www.kostma.net)
한양도성 타임머신 시맨틱 데이터 아카이브 편찬 연구
(http://dh.aks.ac.kr/hanyang2/wiki)

제5장 왕실 가족의 일생 의례에 나타난 상징 이야기

1. 원전자료
『(연잉군)왕자가례등록(延礽君)王子嘉禮謄錄』『화순옹주가례등록和順翁主嘉禮謄錄』『원자아기씨안태등록元子阿只氏安胎謄錄』『원자아기씨안태의궤元子阿只氏安胎儀軌』『원손아기씨안태등록元孫阿只氏安胎謄錄』

2. 단행본
국립고궁박물관 엮음, 김동욱 등 7인 지음, 『왕권을 상징하는 공간, 궁궐』, 서울: 국립고궁박물관, 2017.
국립고궁박물관 엮음, 신명호 외 9인 지음, 『조선의 역사를 지켜온 왕실 여성』, 서울: 국립고궁박물관, 2014.
김미영, 『유교의례의 전통과 상징』, 서울: 민속원, 2010.
김지영 외 지음, 『17세기 조선 로열패밀리의 결혼』, 성남: 한국학중앙연구원 출판부, 2021.
성인근 지음, 『국새와 어보: 왕과 왕실의 상징』, 서울: 현암사, 2018.
정재훈 지음, 『조선 국왕의 상징』, 서울: 현암사, 2018.

3. 논문
강제훈, 「조선시대 국왕 의장제도의 정비와 상징」, 『사총』 77, 2012.
김지영, 「조선후기 왕자녀의 '혼례용품'과 그 상징성에 관한 일고찰: 1749년 「국혼정례」 이전 '가례등록'을 중심으로」, 『민족문화논총』 65, 2017.

정승모, 「의례에서 나타나는 의미의 상징적 표현과정에 관한 일연구」, 서울대학교 인류학과 석사학위논문, 1979.

상징의 숲, 등록
왕실 가족의 삶과 문화를 담다

초판1쇄 발행 2024년 3월 30일

지은이 김지영
펴낸이 홍종화

주간 조승연
편집 · 디자인 오경희 · 조정화 · 오성현
　　　　　　　 신나래 · 박선주 · 정성희
관리 박정대

펴낸곳 민속원
창업 홍기원
출판등록 제1990-000045호
주소 서울 마포구 토정로 25길 41(대흥동 337-25)
전화 02) 804-3320, 805-3320, 806-3320(代)
팩스 02) 802-3346
이메일 minsok1@chollian.net, minsokwon@naver.com
홈페이지 www.minsokwon.com

ISBN　978-89-285-1970-5
SET　978-89-285-1969-9　04910

ⓒ 김지영, 2024
ⓒ 민속원, 2024, Printed in Seoul, Korea

이 책은 저작권법에 따라 보호를 받는 저작물이므로 무단전재와 복제를 금지하며,
이 책의 전부 또는 일부를 이용하려면 반드시 저작권자와 출판사의 서면동의를 받아야 합니다.